弘一大师传

精装特藏版

陈慧剑 著

商务印书馆国际有限公司

图书在版编目（CIP）数据

弘一大师传：精装特藏版 / 陈慧剑著. -- 北京：商务印书馆国际有限公司, 2019.1（2022.11重印）

ISBN 978-7-5176-0604-8

Ⅰ. ①弘… Ⅱ. ①陈… Ⅲ. ①李叔同（1880–1942）—传记 Ⅳ. ①B949.92

中国版本图书馆CIP数据核字(2018)第192385号

著作权合同登记号 图字：01-2017-6118

弘一大师传：精装特藏版

著　　者　陈慧剑
出版发行　商务印书馆国际有限公司
地　　址　北京市朝阳区吉庆里 14 号楼
　　　　　佳汇国际中心 A 座 12 层
邮　　编　100020
电　　话　010-65592876（编校部）
　　　　　010-65598498（市场营销部）
网　　址　www.cpi1993.com
印　　刷　三河市紫恒印装有限公司
开　　本　710mm × 1000mm　1/16
字　　数　380 千字
印　　张　21
版　　次　2019 年 1 月第 1 版　2022 年 11 月第 6 次印刷
书　　号　ISBN 978-7-5176-0604-8
定　　价　58.00 元
印　　数　5040 册

台版出版序

近代律学高僧弘一大师的一生行谊与德性光辉，感动、启发无数心灵，海峡两岸的“弘学”蔚为风潮，陈慧剑居士与他所著之《弘一大师传》，无疑扮演了非常重要的角色。陈居士以“高山仰止”的孺慕之情，用文学记录了弘一大师传奇的一生，令读者对大师的生命光彩赞叹不已；陈居士也因为写作《弘一大师传》和许多相关著作，成立“弘一大师纪念学会”，倾全力投入“弘学”之研究、推广等，同样让世人赞叹与景仰。

《弘一大师传》问世以来，陈居士一得到新的数据，便不断进行修订使其益臻完善，到他往生的前几年，这项工作才告一段落。本书于一九九七年经陈居士最后修订，十几年来迭经刷印，版材已渐磨损，印刷效果欠佳；为嘉惠读者，同时让这本好书流传更广，爰加以重新排校制版，以更清晰、美观之字体与印刷面世。内容则除了改正少数几个明显错别字，以及统一前后用字外，悉与一九九七年修订版一致。

台湾东大图书公司

【推荐序】

一个自觉生命的完成

通常，我们对于人的看法，大约分为两种：一是平凡的，一是不平凡的。或者就行为说，亦可分出：一是恋世的，一是厌世的。这说法大约是现今世界上通行的品评人生的两个标则；实际上这两个标则，并不怎样准确。因为任何一标则之成立，都必须受到某一特定的观念限制，而观念之形成，又必有其时间与空间之关涉影响。在东方人看来是一平凡的事，或平凡的人物；以西方人看来，或又可能是一不平凡的事，不平凡的人物。反之亦复如此。甚至有时两个在同一环境下发生的同一的事，只因目的与动机不同，亦同样会获得不同的评价。因此，用平凡与不平凡二字来品评一个人的生平，这并不是最好的、正确的尺度。同样，以恋世与厌世的观点，来分判某些有特别倾向者的行为，亦犯了概念上模糊昧实的错误。因为这两个概念，在一般人的引用上，已习惯地用在表现消极与积极两面。厌世的人，则指消极一面；恋世者，则指积极一面。且把厌世者又多看成是些宗教徒(甚至说，就指宗教)。事实上，他们是否真的厌世，或者说，“世”是否可厌，又是否可恋，一般人并不清楚。尤其是有些超世俗的思想家，和佛教一部分特殊的宗教行为者，只因他们对人生抱有一种特别的看法，于是也就被一些不大了解个中深义的人，冠以“厌世”这种名词。当然，厌世并不是坏的批评，但对若干有超特思想行为表现的人，却不是正确的评价。就我了解这两个概念的意义来说，觉得只可就人生浮泛面的“感性”言，而不可作指评人生深奥一面的“理性”言。感性的人生，有痛苦，有快乐，有悲欢离合；因其有痛苦和快乐，于是便有厌弃和贪恋的相对表现。看透了世事沧桑、人生无常，自易掀起厌世之感；而若平生得意，欢场可求，则又不免频生贪恋之情。此两面均表露在人生浮泛的一层，也正是芸芸众生表现现实的一面。平凡与不平凡，恋世与厌世，在这一层上，自是可以允其作为品评的尺度。然而，冷静的思维又尝告诉我们，人生的问题，并不止于此浮泛的一层，在它内在的深处，既无痛苦、快乐可言，也无悲欢、离合之相；有的只是一片纯真纯美和至善！在此一深层之内在处，则无法用感觉界的符号概念来形容它是什么，追求此一内在真实生命之人，也就不可用平凡或不平凡，恋世或厌世等观念去衡量。

人的生命，通常亦可分为两种：一是自然的生命，一是真实的生命。悲欢、离合、痛苦、快乐，只存在于自然的生命，而不存在于真实的生命。自然和真实，固不可将其绝对的分离，但真实的生命却又绝不是自然的生命。尽管真实的生命，又必有待自然的生命去发掘、求证，然两者的价值及其意义，却相距有若干里。这所谓自然的生命，便是吾人父母所生的肤发之身；真实的生命，则是赖以禀受此身的当体之能或本性。用佛教固有的术语说明，则正是生身和法身之分判。生身——自然的生命，以其本能的活动而言，它并不与一般动物有何差别。如孟子之所谓，人之有异于禽兽者几希，此正指饮食男女的自然生命言。但人又毕竟是人，虽自然生命与禽兽无异，而其思想之创造，却又表现出人之有异于动物的精神。此精神，亦尝有谓其为文化生命。人类有此文化生命，正足以说明人之自身，原又超越自身的自然生命。平凡与不平凡，恋世与厌世，亦均可抽来在此一层次上作为证明人类生命价值之表现。(盖知有平凡、不平凡，恋世或厌世者，即显其具有文化意识及价值观念之存在。）当作这样的解释，自然，就上述所谓品评人生的标则，也应予其承认。只是此标则，不能以其评判人生更深刻的一面。人若探索更深刻的一面，既不会说是恋世、厌世，也不会求平凡或不平凡之表现。因此，应注重者，只是应求如何反察自身之存在，及生命之流行，亦即应如何认取自家之本性，而后抉择一至善价值之行径。此行径，无见于世俗观念的品评，也无顾于人生浮浅面的感受；只凝念于真实生命的任运流行，或拨开尘雾而任其往来于天地之间。对于这样的人生，我们无以名之，就名其为自觉者的超越，或生命自觉的完成。唯有把握这样生命的人，才实在地宝贵了他的一生，也才值得后人为其作传。就基于这样的观点，让我们来看看本书著者所传的主人弘一大师，他给我们表现了怎样一个生命的面目。

弘一大师的生平，就一个现实社会的观点看，我们对这位有卓越成就的艺术家李叔同（弘公俗名）先生之出家，感觉是一种乖离。他在艺术上的成就，应该说已有了一个极高的人生境界，不需要再追求什么，因为他的存在，已达到了超越他自然的生命的状态。只要他愿意，便可在他的艺术生涯上，创造出不朽的精神，做一个中国的舒伯特、贝多芬或肖邦。(且他不只是音乐上的成就，绘画、诗歌、戏剧、金石等均到达了极高的造诣。如他的弟子中丰子恺、刘质平、王平陵等都是各接受其一艺而卓然成家者。)这足可以为他的生命放出无限的光辉。然而，当他正要臻至此一境界时，却像他手下的琴键，未待曲终，便戛然而止了。这在欣赏他的听众来说，真是一个莫大的遗憾！一个已爬上艺术峰顶上的追求者，不在峰顶高歌一曲，而突然往旁一跳，这不仅是把他个人已获得的艺术生命掷弃，且给观众们上演了惊心动魄的一幕！此种廿余年追求到的艺术生命，只在一念之间，就把它毫无怜惜地掷弃，这叫世俗的一般人如何能理解呢？尤其是当他把乐谱和琴声搁下，换来的又并不是叫人有另一种叫好的表演，而是一领使现代社会人士最起冷漠感的僧衣。这突起的转变，在他个人的生命上，固是一奇峰突出，天地顿分；即在他亲朋友生之间，又何尝不是平地风起，令人惊讶。这样一个转变，以一般人的心理来推度，虽不能再以不平凡的字眼予以形容，但却可十足地谓其是“厌世”的表现。一个偶发的感触，使他改变了人生。他抛弃了爱妻，也抛弃了世誉名利、亲友门生，以一个多情的艺术家说，这是何等的决断？这除了遭受人生重大的刺激，因而愤世嫉俗以外，还有何可以形容？谓其是厌世遁尘，应该是最得当的批评。可是，假如对弘一大师出家前后的言行做一精细的察看，则又知所断者全非。他之放弃艺术而出家，不仅是没有厌弃世间，舍弃亲友；相反地，且更接近了世间，一个真实的世间；也更获得了生命，一个真实的生命。这生命不是一般社会观念所能理解的，也不是某些只知格物而不能穷理的学者们所可理解的。不能理解的原因，就在于他们把人生的意义看得太现实化和人文化了。他们以为生命的完成，只在于投注客观社会的存在关系之表现，而忽略了人之内在主体的反省与超越。人文价值，固可从事功和不朽的观念去体认那超自然生命的精神，然毕竟这只是顺自然所表现的外在的一面，而另有可驾驭自然表现于当体内在超越的一面却未曾看到。此一面即是自觉的宗教所有的独特行为。人文主义中的道德自体，固也是内在的超越，但那是客观实践上的主体价值(起用)，而非即是内在本身的自觉主体(当体)。要觉察此一主体，必须收敛外放的生命表现，而做一度自我觉照，从主客未分前寻其生命的本源。唯如此，才可找到那自我的真实面目。因此，兹就此一要点来察看弘一大师的一生，他究竟如何追寻他自觉的真实生命，而致当其觉得应如何才可完成此一生命时，便不惜一切而毅然决然地舍弃了家庭、眷属和艺术成就。这问题，虽未见他曾经向人说明，但我们从其生命的转变中，亦当可看得出来一些实在的形迹。

作为一个成功的艺术家，其心灵必然地会有异于常人的敏锐；有了此一敏锐，便对自我生命的奥秘、宇宙的奥秘，也必然地会发生深刻的怀疑。由于其怀疑，便将会引起他不断地去探索追究。他既懂得把握他的生命去创造艺术，也必会懂得生命的境界有无限的深邃。他能不满于自己所达到的生命境界，也就自然地会想到，须要做更深一层之努力。由于此种努力，他领悟到了还有一个更超越艺术精神的生命存在。此生命是自觉的，又是绝对和普遍的，但必须要以身力行，始可亲证那生命的堂奥。因此，他为了把握这更高一层的生命境界，乃毅然地诀别了周遭的一切，而走向了那西子湖畔的定慧道场。这样的走，假如我们从另一个角度（就以儒家）来看，将会说他是自私的、极端的；因为他只顾追求自家的真实生命，便不顾妻子的死活问题，甚至最后连会晤一面也予以无情地拒绝。这在若干人看来，实在是忍心和绝情（以宋明儒看便是不讲人道的释氏表现了）。以一个曾为风流倜傥而多情的才子、艺术家说，竟一旦转变，便如此决绝，这是多么地不可置信！然而，事实却是如此，且就一个类似他这样生命历程的人，也必须应该如此。此种绝情，抛弃爱妻的举动，正确地说，并非是自私的，而相反地更是消去某种原有的自私，如再进一层地看，他的决绝举动，且正代表了一个道心对人性私情的严重考验。经过了此一考验，于是，始成为一个不再是原始肉身的李叔同，而是肉身成道的李叔同，也不再属于某一人，或某一家族、社团之李叔同，而属于“将此身心奉尘刹”，献身于全众生界的李叔同，从人我差别走向诸法平等界的李叔同，打破了原有的私情的狭小藩篱，才可跨入真实世界的边际。这理由要细说，实在极广极深，非一短文可详。尽管佛教的思想，非只此一类型，然而从小向大，由凡转圣，对某一类特别根机的人说，却是一必须的过程。就追究生命的本质言，我们亦应如是了解：生命的层次可分三类，第一层是本能的自然生命，第二层是文化的道德生命，第三层是内在的自觉生命。前二者可从“我”的观念一一认取，亦可从客观的事实上去认取（如从父子亲情的关系，可以体认自然生命的价值，从文化、艺术、事业、功勋、伦理、道德等等可以体认文化道德生命的价值）。但第三层却须要从否定一般观念中的自我才可领会。故此，跨入此层境界的人物，其行为表现势无法再顺世间的私情观念造作（此中仍有顺而不顺、不顺而顺的微细密意及境界在，从略）。他必须舍弃以前的自我（包括荣誉、富贵、家属、艺业等的我所事物），作一度冬杀活埋，而后始可求得一生机焕发、清逸、超脱、无私、自在的并与法界同体的真实生命。了解此，则我们对李叔同先生之出家，不仅不得视为由恋世（卅九岁以前的阶段）到厌世的表现，也不得视为平凡或不平凡的表现。他所求的非权非名，非不朽的勋业，只是一真真实实的自我反求，一内在的超越，一自觉的完成。在此处，对于其生命所表现者，我们无法再予以评说，唯有空诸戏论，让他静悄悄地凌空，又让他无声无息地回到大地。因为这是他本来的生命，也是与他六亲眷属所共有的生命，他不但要完成自己，也要完成他人，在他那一刹那的自觉的转变过程中，是一绝对真、绝对善的生命境界。对于此，我们还有何可以言说，或予其一赞一贬呢?

是的，出家后的弘一大师，其所特重的戒律精神，与未出家前的李叔同所重的浪漫气息，迥然是生命的两极，给他个人的世界显出了极强烈的对照。可是，正因为如此，我们才看得出他生命过程中的层次境界，是从怎样一个阶段而到达了另一个阶段。凡有过内省观照经验的人，对此都可历历了然。

实在说，就我早五六年前的心境看，对于弘公的风范，曾经并不怎样欣赏；我总觉得他的出家，仍没有契入佛教的真实道。他既未担当起“一口吞下千江水”的宗风精神，也未踏入普贤境的大悲愿门，更未穿起龙树、世亲的慧业袈裟，仅仅是逡巡于南山狭谷。以他在俗之成就，实应不该如此；做一个佛教的狷士，并不能振起今日的教运，也不能利益河沙众生。但至后，当我对佛教、对人性又做了一深层的体会，发觉他的风范确是值得千万人去模仿和学习。他代表了佛教高峻谨严的一面，也表现了人性庄严的一面。他不必吞下千江水，也不必踏入大愿门，亦无须披龙树、世亲的慧命衣，他自身就是他自身，南山就是南山。没有他便见不出现代中国佛教的峻严，也见不出现代中国人还有威仪的一面！昔日儒家言圣作贤，亦必从三千威仪下手；尽管如今时异日迁，荦荦大者之日常共道，又何尝不然。更何况佛陀之遗教，再三垂意于是。虽然，我个人所省察之遗教要处，或不尽同，自身之形态，也不能步弘公之后，但毕竟后来领会了此一精神在佛教及人性中的至高伟大，对弘公之风范也即油然生出了莫大的景仰。

我以为任何一件成功的作品，都不需要附属任何无谓的赘语，尤其是写“弘一大师”这样一部传记。他的真实生命，除传记的本身在字里行间可以透露一些脉搏，不是任何附加文辞可以予其谬赞万一。且弘公的一生，不是伟人，不是豪杰，他只是一个老老实实地追求真实生命和自觉之道的人。他没有轰轰烈烈的功勋让人记述，也没有永垂不朽的事业让人传闻，他的艺术虽已有极大的成就，但自己却又把它毁掉了，剩下的只是一个求道者的境界。要写这样一个传记，除却在心灵上与他的生命境界做到极深入的默会，实无法写至恰到好处。然而慧剑居士此一传记，除握有弘一大师的充分材料，也在境界上有了极深的交会。我说过，写这样一个传记不是轻易地，即读弘公传记的读者，也不可轻易。盖因一般社会人士读到这样的传记后，并不易当下透过纸面把握到被传者的精神，也许还有人会做一些相反的看法。原因便在于他只是一自觉生命的追求者。他不同于现时下一般的中国和尚，也不同于现时下一般的中国艺术家，故此要求一位相契于他的精神的读者，或可真实了解他的读者当不太多。但假如我们不过于依执自己的主观，从体察人类精神生命的观点去看，则读来想必就有了极大的意义；从任何一阶层、一宗教、一角度的人士来看，都可能获得一生命的启示。至少，我愿意先提示某些读者一个原则，弘一大师的一生可分作两个阶段去看：三十九岁前的李叔同，所表现的是人类宝贵的纯艺术的生命；三十九岁后的弘一大师，所表现的则是更宝贵的纯庄严的生命。他之一出家，即走进佛教最谨严最刻苦的一门，就正因他有过一段最灿烂和浪漫的艺术生命。没有佛教的严峻戒律，不足以收敛他的艺术精神；没有以往的艺术生涯，亦不足以形成他后来的庄严生命。本此原则来认识弘公，那么，我想就可能在这本传记里取得莫大的收获。如果我这前记写的不算废话，其意义也当就在于此了。

澹思

佛历二五〇八年十月七日

于日本大谷大学

【自序一】自古圣贤皆寂寞

王国维《人间词话》云：“古今成大事业、大学问者，必经过三种境界：‘昨夜西风凋碧树，独上高楼，望尽天涯路。’——此第一境也。‘衣带渐宽终不悔，为伊消得人憔悴。’——此第二境也。‘众里寻他千百度，蓦然回首，那人却在灯火阑珊处。’——此第三境也。此等语皆非大词人不能道，然遽以此意解释诸词，恐晏、欧诸公所不许也！……”

我想，人类的宗教（道德）生命情境，亦可用词人的情境来比类。由“风华绝代”到“独超穷径”，归于“淡泊寂寞”，此之陶子“采菊东篱下，悠然见南山”之世界，此之渊明能超绝古人，独享于诗的广大无垠王国也。

自古圣贤与人不同处，不在于油米茶醋生活上事，而在于精神生命之凌天越极；同时其实际生活，亦必是回归于真璞，还我于宁静，才达于圣贤的分际。如精神生命与世俗生活不能相结合，其与凡俗仍无所分界。由一个血肉凡夫到圣贤境地，其过程也都经过山穷水复的“心路历程”，才能使山水自还面目。而“众里寻他千百度，蓦然回首，那人却在灯火阑珊处”，辛词的高处，正是弘一大师生命之写照！

忆及三十一年前本书定稿之时，到今天流传世界各地，除了很多师友赞叹、朋辈嘉美，其中也有极少数人认为李叔同先生的生命，不是“落于枯寂”“失于伦理”，便是“流于感伤”“惑于自了”，不乏当代高级知识分子（例如胡秋原先生），其“批判”，皆不出儒家“辟佛”之思想范畴，而心理样态多受掣于狭隘有形生命的空间，难见弘一大师的广大风貌。

其实，就弘一大师的生活言，作为一个伟大的宗教家、修道者，其形象都已足传千古。如果从超越群峰与睥睨世情的角度来观察，弘一大师的无象之象，才会蔼然照耀。

一九七七年夏天，我在（台湾）历史博物馆看“古今名联展览”，其中有一幅署名“李婴”（叔同）的长幅五言联句，其文是“法谛宝千偈，德言尊五经”。笔下庄严伟岸、纵横千军，使朱熹、章太炎、翁同龢等名家名联，均为之失色，围观者众，后来台北各报及艺术杂志加以摄影转载，到此时，我才知道群峰顶端之人，是何等形象！其风貌岂是市井之人所能窥其真容？唯其情境是俗人无缘窥测的，因此其大我也是孤独的，寂寞的，乏人了悟的。

《弘一大师传》出版已三十余年，由于海峡两岸文化交流频繁，弘一大师生前史料已有新的发现，因此，根据新的文献，重新修订此书，而庄严之，精致之；得使海内外私淑于弘公的有缘人，能看到更精确的弘一大师史实，以供珍藏。弘公的生前，弃俗生活是孤寂的，而今，能有更真实的史料补充，他老人家在常寂光中俯视苍穹，也必然是怡颜有慰了！

陈慧剑

一九九七年十月一日

重修于台北市杜鱼庵

高山仰止

【自序二】

“高山仰止，景行行止，虽不能至，心向往之！”

对于弘一大师一生而言，只有用《诗经》上这几句话，才能表达个人追思仰慕的心情。

当我写《弘一大师传》到“空门”章，老友心澄法师，以所存的一份月刊从二四八到二五五期，全部送给我。原来，这八期刊物上，连载了刘心皇先生的《从艺术家李叔同到高僧弘一法师》这一长达十万字的文章。这篇文字，是中国文学界第一次用最多的功夫，收集弘一大师数据，组织成篇，叙述大师史实的作品！

这是一九六三年秋天的事。

在骤惊骤喜的感触下，我陆续地读完了全文，在心理上，把这篇文章与我写的《大师传》做一对比，结果发现两者不同点是：

刘先生的作品，是弘一大师既有文献的归纳、整理，在中国文艺之坛重新提示弘一大师的成就，同时客观地托出一代高僧的精神境界；但无生活上的描写。

我的作品，则是纯文学的、生活的、思想的描写，从一个人生平行为着眼，并赋予人物生活方式的再现，务使读者有“身临其会”之感，但文学的写作，也需要全部生活史料为素材，再加上作者的想象、模拟等等。

因此，刘先生的作品是论述的，我的作品是表达的。读者同时读这两种作品，自有不同的感受！

但是我与刘先生作品中有一点相同的：便是我们数据的收集大致相同。我的作品则因为是表达的，是传记文学形式，所以篇幅多得很多，但以刘先生来说，以一个佛教门外人能用这番功夫整理高僧资料，殊令人敬佩不已！因为，在我们今天所处的环境，包括缁素两界，像刘先生这样收集弘公资料如此的丰富，这是少有的！可见，他是一个有心人了。

复次，刘先生在其作品中说：他期望有人为弘一大师作“传”，并且他以为作传者，以丰子恺为最适当(当时刘先生并未发现我写的《弘一大师传》，已先他而发表了近十五万字)。刘先生的意思是丰子恺先生与弘公的关系深，他承受了弘公最多的遗珍，了解弘公生前最多的逸闻，而丰子恺也具备了文学上的才华，因此，为弘公作传，舍丰子恺，别人甚难承当。这就写作“文学传记”言，是非常关键的！

读刘先生作品后，我的感触是：为弘公作传，论我的知识、器度、魄力、与弘公关系，都嫌不够；如果仅凭数据，是无法刻画入微的。写传记不同于作论文，如果写作内容太抽象，便注定要失败！

然而，不幸得很，当我还未能考虑到这些客观因素时，便于一九六一年元月尾在台中菩提精舍，已经大胆而不计成败地写下第一章。这样写下去，如何收场呢?我没有考虑到。而且，在本书脱稿之后，在历史上的功罪如何，也未能使我如临深渊！当写作过程中，我曾受到佛教界许多高级知识分子以及素有修养的前辈所激励，他们对本书的欣喜之情，成为我写下去的动力！于是，我产生了一厢情愿的看法：我以为弘一大师一生，丰子恺先生虽了解得多，可是作传他已无能为力(这并非我故意菲薄)，因为他的境遇不能使他为一位高僧作传。如果丰子恺不写，再遍数与弘公有渊源的人，其处境也与丰子恺相同。而李芳远在多年前，曾有心要写“弘一大师评传”，终因变乱，失去了写作的时机；只可惜的是，弘公老友夏丏尊，为弘公作传的条件更多于他的学生丰子恺，但是他于弘公圆寂五年后，也相继去世。这样，轮到佛门中的师友，知弘公深者，也不乏人，但都以因缘逆阻，不能如愿。

弘公住世时，曾强调一“缘”字的重要。他说“万事要随缘”“菩萨度生，不度无缘之人”。我想，我与弘公，该有一段前定之缘！

我把刘心皇先生对于为弘公作传的意见，告诉心澄法师。他说：“丰子恺该写时他不写，李芳远可写时他不写；现在却等着你来写，这就是缘！”

同时，我有另一套想法：过若干年后，如果有人发愿为弘一大师作传，其条件将比现在更恶劣，而材料的收集也较现在更困难；那时与弘公有缘的前辈已日益凋零，而无人咨询。即使佛教界能出现一位文豪，也无法像今天去弘一大师不远的时代，像我这样凭想象而“大胆妄为”。因此，与其留待后人臆测地写，便不如趁今天资料易集，有缘人尚在时，及早提笔。

我感觉，令一位哲人复活，除传记而外，别无他途。我写弘公生平的凭借，除了一堆死的数据，便是以仅有的文学创作经验，依据经常所听到有关弘公思想、生活、性格的模式，像写文学作品一般，去表达大师的一生。基于这一理由，我不在乎做历史的罪人，而要求得心之所安！

此外，我要说说，我景仰弘一大师的经过。

早在三十年前，我还是个孩子，在朦胧的记忆中，家父、伯父、三叔，每从外地归来，在傍晚，兄弟三人，便临时组成一个小型乐队，到祖母的房里，去吹奏一番，有时吹到深更半夜，我在祖母枕边入睡，但他们的乐曲还在我梦中缭绕。

我记得家父用的是箫，三叔是笛，大伯是笙、琴之类的古乐器。他们合奏的，多是祖母爱听的《花弄影》《三潭印月》《落花流水》《梅花三弄》《送别》《骊歌》等这些幽美的名曲。他们悠扬地吹奏起来，令人心弦舒畅，余音绕梁，根根毛孔都有欲仙的意思。

尤其三叔那支笛子，吹了雨声像雨，吹了风声像风，吹了哭声，叫人流泪……并且在乐曲间歇时，祖母和大伯便讲故事，来调节音乐气氛。

那时候，别的我还听不出什么来，每当吹奏着《落花流水》《送别》《骊歌》时，我便想哭。

好时候，像水一般，不断地流；春来不久，要归去也，谁也不能留……

这是《落花流水》的开头。

长亭外，古道边，芳草碧连天。晚风拂柳笛声残，夕阳山外山。

天之涯，地之角，知交半零落。一杯浊酒尽余欢，今宵别梦寒……

这是《送别》的两段词，吹奏起来，那种离愁别绪，令人心酸。

后来，我听家父闲谈中说:《送别》是李息霜所作。李息霜是谁？我茫然无知。

若干年后，我自己读书时，在音乐课上唱到这支曲子，又是李息霜先生的曲子。在台湾的中小学课堂，有些爱好古典乐的音乐教师，依然教李息霜先生谱的曲、作的歌。

李息霜是谁，依然无人知晓。如果不是我写《弘一大师传》，有很多人还不知李叔同、李息霜便是弘一大师！

另外有一次，在我十多岁时，有一位大我十岁的表兄告诉我一个故事。这位表兄肚里装着不少诗词逸事，他教我背过许多首苏曼殊的情诗、纳兰性德的词，讲述过陈独秀、李叔同、胡适之、吴稚晖、林语堂的轶事。

谈到李叔同，他说："音乐家李叔同（也就是息霜），在杭州教书的时候，有一天他看破了红尘，到西湖灵隐寺去出家（其实，那是他说错了，弘公出家于虎跑寺）。有一位工友替他送行李，到了寺门口，李叔同先生便把袈裟一换，回头向那位工友作了个揖，说：'闻居士！你回去吧，我们就此分别，我出家啦！'

"谁知那位工友一看，李先生真的做了和尚，便放声大哭说：'李先生出家，我也索性出了家，我也不回去啦！'

"'你怎么能出家呢！'李先生说，'你回去吧闻玉！我们再见！'

"'我舍不了你！李先生，我要跟你出家！'闻玉嚎啕地说。"

"结果，你猜如何？"我那位表兄说，"李叔同先生便真的带那位茶房出家为僧了！"

他说得可妙，他说："从此他们云游天下，最后便成了佛了……"

这个故事，经过千万人，传了无数遍，才传到我耳朵里，多少已走了样子。但是李叔同先生的影子，却深入我的心灵，拂而不散。

后来，走进社会，由于知识渐广，见识加深，于是李叔同先生的影子在我的心镜上，日益分明。而学佛的十五年过程，使我了解，音乐家李叔同——息霜，便是我写的"弘一大师"。但是，直到如今，社会上唱他歌的人，已不尽其数，但知他是谁的人，却寥如晨星。

弘一大师，累成我心灵上的接天高峰，是由于下列三点：一、他性格的坚强、突出，但没有凡俗之见；二、他淡泊名利，但不嫉世愤俗，心情坦荡；三、他不顾生命，出家前献身于教育，出家后献身佛道，胸中从无一个"我"字。在我三十八年的生命过程中，从未见过这样充满性灵光辉的人。弘一大师的住世，毋宁是人类神性的反射！虽然，古代的高僧都有他们巍巍的德性，然而高僧传与本人事迹，有许多竟过于神化，而不似弘一大师在多彩多姿的生命中，表现的却是"平淡"。"平淡"，是人生最难达的理境！

弘一大师法侣——广洽法师这样说："衲虽亲近大师有年，但觉其语默动静，无非示教，固不敢以文字赞一词也！"

又说："大师生平庄严示范，缄默凝重，身教重于文采，是故衲不敢妄赞一词！……"

从这几句话中，我感到哲人的光华，乃是多生多劫以来德行的累积，生活在器世间的我们，是无法全部追及的。

然而，这刚好是平凡人一面心灵的明镜。我之崇仰大师，并不在他的音乐、诗词、书画，却在他的“生活艺术”。我个人学他宁愿走了样，能学他生活中一点一滴也就满足了！我以为他的学佛境界，便是他的“生活艺术”。

准此而言，我写“弘一大师”，换句话说，便是学习大师“生活艺术”的一点结果。一个人的内心生活，往往不为外人所知，因此，也常常被人误解；如果求其心安，也就是了。我们能以弘一大师这一面“德性之光”的镜子，时时反照自己，虽贩夫走卒何憾?

《大师传》的写作历程是三年。付梓时三十八万言。这部六百余页的作品，要说是我个人的创作，那是冒犯的。这其中我要感激过去许多前辈给我们留下那么多的大师文献。写作中，林子青长者的《弘一法师年谱》供我史实的引导；乘如、仁恩法师，为我搜集素材；校改时瑞今、广洽、广义、传贯、元果诸上人，黄寄慈、刘梅生先生先后提供参考意见，因此，就作品的精神言，我是述而不作的。《大师传》，是一袭千补百衲衣，使它成为法宝者，是以上诸多因缘，我个人只是一个缝工的角色地位！

在另一方面，就传记本身，应加以说明的：

弘一大师自出家后，对在俗时私生活，已避而不言，因为他曾发愿：“非佛书不书，非佛语不语。”有人问他，他也是笑而不答。但因此，却埋没了他前半生许多宝贵而正确的史料。亲者如夏丏尊、丰子恺、刘质平，我相信也未见得全知。因为弘公的性格是一贯的，并未因他出家与否而有所改变。他一生生活的转捩，段落极为分明。那好像从海上跳到陆地，再从陆地走上飞机一样，对于世俗的看破、跳过、斩绝，在他是出乎自然；不如此，即不显弘一大师之为弘一大师。弘公虽前宗蕅益，后崇印光两师，但却不同于他们；而其分野尤其明澈！

我以为对于弘一大师的生平，任何人有意作传，所遭遇的困难，将和我同样多。这也许是他们不肯下笔的原因。

传中，使我困扰的，便是弘公出家前那段漫长的私人生活，那只是一堆并不统一的数据，几乎人云亦云。而弘公的留学生活，更是片断而又片断。六年的“上野”留学，仅仅用一个直线故事穿插，真是可惜！

从上野到上海，与弘公共缔十年生活的，是日籍诚子夫人。在本书九版之前，

诚子夫人是以“雪子”的假名代替，经过漫长的二十年之后，才由远方友人查出她的真名诚子，现在书中已完全更正。当时，在不得已的情况下，以不违背史实为原则，暂以“雪子”身份出现，我深感歉疚。

我深深感谢为本书遍访弘一大师早年亲友，而为诚子夫人正名的好友杨锐。他为《弘一大师传》的修订，提供了不少珍贵的材料，并且几乎踏破铁鞋，终于能使诚子夫人含笑于九泉之下。

在弘公史料中，有人说：弘公出家，未取得诚子的同意，诚子到虎跑寺求见最后一面，弘公不见，诚子悲恸数日，最后回上海，送幼子至天津，然后返国回日本。这里有不确的地方。

据弘公自己在信中告诉郁智朗居士：他出家是得到家人充分同意的！因此，他劝郁智朗，不可在妻子反对下出走，要这样会招到恶果。弘公岂有妄言？所以我在文中写这一段是：弘公取得诚子同意后出家，至于诚子留有一子，又送到天津故居的传言，并非事实。

弘公在我们这一代化导世间，他的史实尚且如此复杂、迷蒙、人云亦云，可见历史的人物，真实性的史实有几分可靠了？因此，写名人传记是煞费苦心的！

所谓“文章千古事，得失寸心知”！这其间关乎个人的修养问题。弘公说：“士先器识而后文艺。”又说：“文艺应以人传，不可人以文艺传。”这两句话包括了文学上的真知灼见。没有器识的文人，写出的作品妄想传世，当然是不可能的！

基于无限忠诚的愿望：《弘一大师传》在此一时代问世，我祈求着在世界每一个大学图书馆里，都能见到它！让它为人类的灵魂，带来一服清凉剂，让弘一大师的光芒，烛照幽黯的人心。

陈慧剑

一九六四年九月四日

（弘一大师圆寂二十二周年纪念日）

（最后修订于一九九六年八月一日）

【目录】

【壹】降生

一颗庄严的、灿烂的晨星，拖着一条彩色的长尾巴，从“大马骑郎”星系的遥远深空，迅速而冲动地划破黎明前乳白色的画布，奔向我们这个银河，没入在我们这个星海；我们地球上的人类，既无法证明它代表一个星球的陨落，也没理会它是否代表着一颗星辰的降生。

太空的奥秘与星球的无际，使天文学者摇头叹息，使物理学家的“四度时空”依然停留在“大假设”的阶段。

仅仅是一颗割裂宇宙海的流星美丽的尾巴，像一把发光的电刀，把“太空装”裂破一个口，钻了进去。

大千世界，是何等庄严、奥秘、美丽？

秋风瑟瑟晓风寒，北国的初醒大地，它揭开人们梦里的面纱，抖落胸脯上的寒霜，把斗大的金球，从东方的大海深处，捞出来；捧它升上去，冉冉地升上去！

老人在书房里，同往日一样，照常衔着一袋烟，让一口口雾一般的烟圈，从花白的胡须里发散出来，升到他的视线平行点，开始幻化为一朵朵浓淡不均的烟云，迷乱了那双苍老的眼。

“咳！”老人喷了一口烟，念道：“人生七十古来少，前除幼年后除老，中间只有五十年，一半在夜中过了！……”

老人感慨地把唐六如《惜阴歌》念了几句，然后望着洒满阳光的庭院，自言自语地说：“我李筱楼，再过两年，也就七十整了！”

老人满口地道的官话里，依然保留着读书人的雅韵。从灰白的烟圈里，透过一层薄薄的愁雾，望过去，窗外的天井里，他那个先天不足的孩子，正摇着消瘦的胳膊，跑得气咻咻地，嘴里想要吆喝什么，可是连吆喝的劲儿也使不上，眼看一头就要栽到青石板铺着的院子里了。老人吃了一惊，慌不迭地扔了天竺木镶玛瑙嘴的烟袋管儿，抢两步，跨出大门，把儿子拦腰揽住，半疼半恼地骂道："你看你慌的什么呀？是什么急事儿呀？这么一头栽坏了，这这这，这怎么得了？我说孩子，你这怎么啦？"

那个瘦得不见血肉的小家伙，让老人这一挡，又连疼带骂，才定了定神，喘了口气还还原，正要报告什么消息，刚巧，西院子奶奶屋里的丫头小莲，也急急地奔过来了。这个丫头长得似个肉圆儿，人很结实，活似一个实心儿皮球。

老人看着这个傻不楞登的丫头，禁不住咧咧嘴，等到丫头一仰脸，看到了老爷，一愣，这才收了缰，竟傻得跟老人道个"安"也忘了，狮子大张口，煞神似的嚷道："老爷！您，您得了个儿子！您得了少爷了！……"

这个丫头还没叫老人听清她的嘴里吐出什么骨头，就打算往回跑，老爷一跺脚，"咳！站着！"这一声就把她吓骇了，钉在那儿。

"小莲！"老爷的右手，还搭在他孩子的头上，不忍心放下来。"唉！你这个傻大妞儿，别吓了他好不好？你说的话，好像嚼牙糖，怎么老是不嘹亮？"

小莲噗嗤一笑，精神可来了。老人是什么官儿她也不想想，把两只眯缝眼儿一收一放："我说老爷，我跟您报喜的呀！您，您听着，我们奶奶，就是刚才，您，听着喜鹊儿报喜吧？喳喳！喳！喳！喳喳！喳！就是这么个叫法，您添了个贵子啦！"

"你说是？小莲——"老人睁大眼睛，看着脂肪球般的小莲，好像看一个大美人儿，把瘦孩子推过去，"你说的是？"

"是的老爷！奶奶刚添了个贵子！"

老人还是几分不相信，看情况，他老心里已经有了个准儿，便迈着大步，快七十岁的人了，走起步子来，像个小伙儿，赶到西厢院子，先停在门口，瞧瞧动静，厢房里挤一屋人，乱哄哄的。他老先在门口咳嗽一声，屋里人一听老爷来了，全静了下来，他这才理着胡子进屋。

"恭喜老爷！恭喜老爷！恭喜老爷晚生贵子，锦上添花！……"

老爷摆摆手，脸上流出一抹含蓄的笑。小莲刚好又从门外赶上来。"啊，老爷！我的话还有呢！"

有人送过一张宽背太师椅子，老人坐下，瞅着小莲，说："小莲！有话慢慢儿说，老爷有你一份赏钱!”

老爷今天真高兴，苍老而庄重的声音，也变得年轻、慈祥了。一句“小莲”，叫得她那张肉红脸，红得似高粱粉搓的汤圆，红里发紫。小莲的脸越红，老人越高兴。

老人拧着一把花白胡子，每一根胡子都有一份新的喜悦。屋里人全忍住笑。可小莲的厚嘴唇噘得似莲蓬头儿。

“老爷！”小莲放松噘着的嘴唇，“我说呀，别人可没有我更明白了！我们的哥儿呀，老爷！我在书房那边怎么讲的？啊！我说呀，我们哥儿刚露出一张红扑扑的小脸儿，你说呀，就有只鸟儿朝着我们厢房门里飞进来，我只道它认错了窝？嗨，你说它可怪！这么不多不少，不前不后，不左不右，就落在奶奶的窗沿上。我的爷！吓了我一跳，那只喜鹊儿，你说多漂亮，黑得似锦缎，身上像浇层釉子，油光水滑，哪有这么个鹊儿呢，我道。您猜怎么呀？它停在窗上还不说，嘴里还衔着一根长满绿叶的松枝，枝上密层层的叶子还不说，叶子上还带着露水珠儿，露水珠儿呢！……”

“呵呵呵呵呵!”老人真乐了。

“那您说奇不奇呢？”小莲比画着水萝卜粗的手指头，唾沫花乱飞，全无体统。“我说呀，那只喜鹊儿喳喳！喳喳！这么一报喜，嘴巴要张吧，可是松枝儿就落在窗户栏上了，我们的哥儿，也就落了地，哇哇唱了一支曲子。老爷！您说怎么着——那鹊儿胆也可不小，这么亮亮翅膀再叫两声，才逍遥自在地飞走了！老爷，您说说吧，这是什么意思?”

老人没理她，可是好像在追想什么。

“小莲！那根松枝儿在哪里？让我瞧瞧!”

小莲一旋身，像着了魔，钻进产房，把鹊儿衔的松枝拿在手上。“呶，老爷!”

老人把那根鲜绿青嫩的松枝接在手上，端详端详，嗅嗅，真香。

于是，悄悄地遣开婆子们，走进产房——这在他那个时代，头上有“顶子”的官儿进产房，是犯忌的，可是他心里没存着这个意思。因为，他已皈依了佛陀——他撩开产妇的帐子，他敬爱的妇人，这个青春年代的妇人，为他，为他的下一代，经过一番剧烈的阵痛，平静地躺在床上，面孔虽然苍白，倒也显得圣洁、光彩。一个不十分胖，却显得出奇挺拔的婴儿，偎在他母亲身旁。老人忍不住倾下身子，喜悦地，又带着一丝垂老而伤感的气息，在妇人额上亲一亲，又亲了亲甜睡中的婴儿。

老人的眸子，有两滴感激的清泪，不知是感谢上苍，还是感激妇人。

老人在床前又站了片刻，妇人微微睁开眼——那双长而美丽的眼，因为她有了新生命，而洗去痛苦。现在，那双眼有一种满足的、无可比拟的虹彩浮动；那是一种无法解释的、值得牺牲的母爱。

老人愈发觉得女性的伟大了。退出来把房门带好，把那根松枝藏着，等着将来好传给他这个孩子，那是他生命降临的征象！

是一种奇突、慈爱、无畏的生命象征。

“啊！我的孩子！”

老人满足地说着。这是一种伟大的满足，它不同于世间任何的满足，有一股父性的圣泉，从老人心灵间流过去。

【贰】父死

一八八〇年九月二十日（农历）这一天，辰巳交替的时分，在我们北国的大城天津市，河东老人李世珍（筱楼）的寓所，呱呱坠地的婴儿，正是中国艺术史上，二十世纪初期的奇才；中国佛教史上，光芒迸射的弘一大师，也就是《送别》的作者，音乐家李叔同！

老人李筱楼，内心充满了喜悦，回到书房。在他这一生，这是他最后完成的一桩心愿，上天是如此地安排。他觉得世间没有比这种“老年得子”的心情，更能使人感到美满无缺了。

“常言道：‘无官一身轻，有子万事足！’”老人晃着头，吟哦着。到今天，只有从这个孩子身上，才体验到真正的人生，是怎样地充实、愉快、满足。

老人心灵间突然点燃了青春的圣火，他那双苍老的眸子里，飞舞着千万条少年时代所幻想的彩色缎带；老人的心，充满着爱，爱孩子，爱妇人，爱人类，爱众生，无一而不爱。美丽的大地，多彩的阳光，都足以证明活着毕竟有其意义。他的生命之火虽已近熄灭，而最后，却升起更辉煌的火炬！他拥抱着，假使能把整个世间抱起来，这个丑恶的声色市场，居然有它光明灿烂的一面！

老人经过一阵剧烈的欢愉，待情绪平复，重新把衣冠整理整理，在香案上，取下他朝夕课诵的《佛说金刚般若波罗蜜经》，再燃起一炉檀香，于是虔诚地合掌问讯，坐下来，从“如是我闻，一时佛在舍卫国，祇树给孤独园，与大比丘众，千二百五十人俱。……收衣钵，洗足已，敷座而坐……”这一节开始，一字一铿锵，声声入耳，直诵到“一切有为法，如梦幻泡影，如露亦如电，应作如是观。……”霍然截止，顿觉满身清凉。诵经毕，又闭目合掌说：“愿以此功德，庄严佛净土；上报四重恩，下济三涂苦；如有见闻者，悉发菩提心；尽此一报身，同生极乐国！”

之后，提起笔，在一张朱红色的纸上，落下“李文涛”三个字，老人觉得他在世间要做的，他都做了，便带着一种坦坦荡荡的心情，走进书房的内室床上，睡了。

四年后，在同一个桂花香染庭院的季节，老人从这张床上醒来，似乎觉得人生的梦太长了，长得令人没有归处，这时候梦也该醒了。

老人忽然觉得小腹有点儿痛，便往厕所走了一趟，回来，更有点不对劲儿，肚子一直隐隐地作痛，直到八月五日这天傍晚，正如太阳落山前的多彩多姿，红霞抹遍了长空，老人的病，也就痊愈了，精神也特别兴奋。特地叫人把他两个孩子叫过来，大的文熙，小的文涛。

“喏，孩子！”老人的精神是矍铄的，病没有了，但脸上似乎有火在燃烧。“我让你们看这个，文熙！你是哥哥，书也念得不少，你大他十二岁，照理，也该负起照顾弟弟的责任了！”

文熙机械地嗯了一声，文涛则天真地扑过去，仆在老人胸前。

老人手里落下一张纸，文熙伸过手捡起来：“爹！就是这个吗？”

“嗯！”老人严肃地凝视着两个孩子，“把它展开！”

文熙把纸摊开，纸上原来有几行字，写道：

煮豆燃豆萁，豆在釜中泣。
本是同根生，相煎何太急？

文熙手一软，把纸掉了：“爹！这可不是曹植的诗吗？”

“你知道也就是了。”老人说：“你知道爹是什么意思！”老人的眼角瞟向文涛。

“我知道。爹，你放心好了！”文熙勾转头，瞅瞅这个幼小的弟弟，心上暴起一片疙瘩；文涛则报他一片天真无邪的笑！

老人说：“我希望你们两兄弟要亲如一母同胞！”

文熙恭谨地应了一声：“嗯！”

文涛说：“爹！爹！我要那张纸！”

老人说：“爹要离开这里，你们要记住爹的话啊！来人——”

家人李升早就在门口侍候着，他听到老人教训孩子这一片话，像要出远门的样

子，就知道有点儿不妙，不过从老人的神色看，却看不出什么不好来。

李升走进书房，作了个揖：“老爷，我在这儿！”

“噢，李升？你这就去佛泉寺，请老和尚来，懂吗？学法老和尚！”

“知道啦，老爷！”李升却皱皱眉毛，心里琢磨，老爷请和尚来家，可不是吉利事儿啊！

“快去吧，李升！去迟了，我怕晚了！”老人说。

老人脸上浮起生命的最后一片红火，然而，他非常平静，那种生命最后的回光，仿佛与他的平静不相关。这正如精神与肉身，在实质上是两回事而又是一回事一样。

李升知道情况严重，匆匆地走了；一小时之后，学法上人——老人的方外朋友，便匆匆地来了，走进老人的卧室。

老和尚一进门，便知道怎么回事了。老人坐在床上，向上人合掌问讯，他说，请老和尚这就开始念他朝夕课诵的《金刚经》。

“让我安静地听佛说话，让我毫无罣碍地走进佛陀的光里。——不要有一个人讲话，孩子都出去吧，家里的男男女女不要哭，哭就扰乱了我，告诉他们！照我的吩咐，上人叫你们什么时候动，你们什么时候动！……”

家里上上下下，全沸腾起来了。事实上避免不了哭。李升照着老人讲的，向全家宣布，他把两个孩子也叫出去了，还有太太、奶奶、丫头、婆子们。要哭，尽管回房里哭去，可别叫老爷听见，让老爷最后清静些，平安些！

和尚的诵经声从老人临终前的屋子里播送出来：“……时长老须菩提，在大众中，即从座起，偏袒右肩，右膝着地，合掌恭敬，而白佛言……”

老和尚朗朗荡荡，如鹤唳夜空，幽远而沉重，念至“复次须菩提，菩萨于法，应无所住”，老人陡然睁开眼，睇视上人良久。

“应、无、所、住！”老和尚一声棒喝！“行于布施，所谓不住色布施，不住声、香、味、触、法布施，须菩提！……”老人的眼又闭上了。

清脆而幽远的引磬，木鱼的轻击，随经声朗朗进入老人的耳根，引导那一个将要归去的灵魂，让精神归于佛性，让色身归还大地……

上人周而复始，一遍又一遍地诵经，从傍晚到深夜，老人起初是小声伴着诵，以后声音便逐渐微小，以至于默念，意识念，潜意识念……直到他的那一点灵性，完全像脱了衣服，把那层世间的壳子脱掉。

卧室的门帘，好像被一阵微风拂动，门外走进一个神采奕奕的孩子——那就是文涛。

他停在门槛上，看着安静中走了的父亲，家里人都说老爷死了，可是他依然不相信，他睡眠中的父亲死了吗？他是那样安详，颜色一如生时。虽然他没有见过“死”，可是对“死”的严重性，已经深深地知道；而他父亲的死，却是如此轻松，自然。

他再端详一下那位高大的和尚，趺坐、闭眼；腔调中放出低沉、清澈的诵经声，是那么庄严、圣洁！一个和尚——他的心灵中油然浮起一缕崇敬之思！

老人死后，一切器官都已舍去了它的知觉，由于学法上人的吩咐，家人才开始料理丧事，开始哭；在第二天，又请了许多和尚来，分班为老人诵经、念佛。

学法上人，最后又在这里主持着老人往生的法会。

家人全陷入极度悲哀里。文熙也不例外，这个幼年时代羸弱的孩子，已是十七岁了，身上已蕴含了相当的血肉，眼泪也哭得相当多。文涛呢，却是“视死如归故乡”，老人死了，而天真未凿的他，还是那么单纯。他哭得并不多。待老人衣冠骨肉下葬以后，在那一段金色的年代里，他最爱好的玩意，便是领着一群孩子，披着红布当袈裟，装和尚，高踞上座，作为人类心灵的导师。

（注：文熙为老人次子，亦为次妻所生；文涛行三，寡母为李世珍小妾，生文涛时，仅十九岁；老人长子文锦，少年早逝，遗有一妻孀居。）

【叁】出岫

老人李筱楼之死，也不过如斯而已！他带不走“亦官亦商”世代蕴积的财富，与“爱新觉罗王朝”敕封他一些功名的“顶子”。

人生这场戏，他还是演得失败了！世间的浮华，带不走倒也罢了；扔下那个“家”的古董摊儿，比他世间的财富更难收拾。虽然他从学法上人诵经声中，大化而去，但业力不饶人，它依然保留着对老人身后做适度的告诫——使他撇下一个大而无当的家，而最重要的，他丢下两个天赋极高、尚未成熟的孩子！

老人一死，正如一只木桶散了箍，箍一散，这个家再也无法收拾了。虽说文熙也算嫡子，这一年十九岁了，掰着指头算，这份大家业，也轮到他承担了。对家的里里外外，男男女女，上上下下，他都不能不摆出一副县官的模样。他的线装书读得可不少，但他却没有完全成熟。

家是一种传统的、宗法上的责任，要他担起来；但是，他的家很复杂，娘儿们多，都有尖有棱儿，顶扎手的，还要算文涛的娘，因为她有一个护法金刚——文涛！

“要让我呀，”文熙端坐在书房里的太师椅子上，神情古肃，一如他的父亲生前，瘦削的方形脸上，流露一片轻蔑的表情，“我开格他们！给他们几个钱，就完了！”

“可是，”他又说，“我要教育文涛，他也是我父亲的骨血，我们献不得丑啊！”

他的心里很矛盾，看到文涛在感觉上越发不成器的样儿，那一身不屑不羁，天下事没他份儿的轻松，他就恼！这使他更矛盾。他联想到贱妇人不会养出好胚儿。好像遗传律决定了小妾的孩子，天生的狡黠但有点灵性，可见根儿太歪，不成器！

文涛呢，对他哥哥那种“老子天下第一”，不可犯侵的圣人牌位似的头脑，有几分烦，对于他那颗小心灵所处的环境来说，他哥哥的行为，对他是一种侮辱！他不予正视一眼。但他不矛盾，他玩世不恭地同他哥哥闹两党政治！

老实说，当父亲死后，家庭组织变化，他已觉察到，这个家，对他只是一袭破狐裘，他在家里是“正而不足，偏而有余”的。

尽管这一家人，人人都怀着一颗冷淡的心，彼此间，在表面上倒还没有真正的视为路人。因为，处在那个时代，家庭伦理还是维护亲人关系的一种力量。

因此，责任、荣誉、孝悌，这三道紧脑箍，紧箍着文熙，他责无旁贷地做了他弟弟的启蒙师。他每天把文涛关在书房里坐两个钟头，对于学问，从开始，便以“道德”灌给他这个稚龄的弟弟。从《千字文》《朱子家训》《养性篇》《黄石公素书》，到《论》《孟》《学》《庸》，乃至秦文、汉文、唐文……他都像填小鸭似的喂胀了文涛，他希望把他弟弟塑成个“经院式”的传道士，虽然认定他不成功，他还是一心一德地，训练文涛服膺一切君君臣臣、父父子子，乃至兄兄弟弟、夫夫妻妻的古老教条。

他对这个脑袋里生就“胡思乱想”的弟弟，所采取的教育态度，是“宁可严死，不可宽活”的；他深知“棒下出孝子，世乱见忠臣”的大道理，因此，他对文涛的行坐住卧、应对进退，都订了尺度。

但问题是，这个小家伙脑筋太自由了，对哥哥那一套多少有点不在乎。

而且，文熙的作风，在家里是一套，在外头，却又是一套；对自己，倒是宽而且厚的！

“你神气的什么？”文涛有时候这么呕他一句，“爹才死了几天啊，你就管我了！我有娘呢！你为什么不管管自己？”

小家伙坐在书桌前，捧着一本《古文观止》，眼里却瞄着他那瘦脸庄严的哥哥，心里在念着“大悲咒”！

“……唵，萨皤啰罚曳，数怛那怛写……”为什么咒儿都加上个“唵”呢，他想。但不知怎的，忽然又跳到“哀，哀莫大于心死，悲，悲莫悲于无常”《黄石公素书》里去了。然而还是留不住，滑了嘴，念到了《滕王阁序》：“滕王高阁临江渚，佩玉鸣銮罢歌舞……”直到朱柏庐“鸡鸣即起”，这才管住他的舌头。并且在“哀莫大于心死”那句上，已念出了声。

“你胡嚼的是什么经？”文熙觉得弟弟念走了腔，吼道：“你以为我不知道？你这个调皮的家伙！看我不揍你戒木！”

文涛呢，不屑地笑笑。

文熙想：那双眼睛，不太大，但是有星火似的光！

"念对了又怎样？"文涛把书本一正，"'南昌故郡，洪都新府，星分翼轸，地接衡庐……'我怎么能知道这些鬼东西上头，说的哪家话呢？我念的，我自己不懂！"

但是，他还是大声念了起来，声音又高又亮，其实，那是对他哥哥的一种抗议。他的心，也许又去主持一个"灵魂的法会"去了！

"你哪，你念的书可不少！"他一面瞎七瞎八地念着，一面把眼投向文熙。他觉得他哥哥有一种不可宽恕的罪行，"你对我们家里人哪，讨饭的人哪，靠我们吃饭的贫苦人哪，你总是摆出那副马脸算的啥？那张脸上哪有一丝书卷味呢？"末了，他吃吃地加了几句："老吾老以及人之老，幼吾幼以及人之幼，鳏寡孤独废疾者皆有所养！"

末了这句"鳏寡孤独"云云，那是他附加的。然后，他心里说："穷人不喜爱你，你不及爹爹好！你整天'周吴郑王'——除了跟我讲'君子小人'，你野出去，哪天不吃喝玩乐，泡戏园儿，捧娘儿们，那就是书本里教你的？

"哼！你呀，你以为我是你眼里的沙子，你肚子里的疙瘩，我怎么不知道！——你对我的娘，为什么没有你的娘好呢？你是小皇帝登位，就不甩老皇帝的妃子了！但是她是我娘呀！她岂是无缘无故私奔来的？只有这一点，你弄得最清楚了！——你对我的娘，如此罢了！你现在是小皇帝是不是？——也——罢！"他吼一声戏台上的"须白"。

他的心遨游、奔放，从他的周遭环境，到伦理学上的基本教条，飞着，跃着，再从嘴巴里念出来，凡是未经记忆上允许的，都冒出来了。念，也不过因袭着陈腔滥调。头脑里充满"飞跃"的他，受了他哥哥五年的启蒙教育，之后，他又接受了"经院教育"，在家里设学，死攻了五年"经史子集"，这就是他所受的全部正统课程！

十五岁以后，他不管别人，别人也管不了他！他有一张锋刃般的嘴，和一头脑快速如流星的灵感。

可能由于他生来在脑肌上就比别人多几条皱纹，想起的问题，比别人也古怪些。遭遇一点点不如意都会叫他警觉。对于他的家庭传统，"庸而不中"的道学气味，使他愈感到威胁鼻膜的存亡！

因此，在家庭里，文熙遭遇了他，像民主国家议会里的在野党一样，那时，他刚好是他哥哥的魔难。

他的家里，有一息游游丝丝，让人呼吸到，而抓不到的气息，叫人受不了。那位被陈腔滥调埋藏的他年轻的寡母，所受的压力，使他要爆炸，使他不入主流，使他认为家不如地狱!

在十五岁之前，他什么都让它们进来，无所谓理想与兴趣，只是脑筋受得了，所以什么都接触，什么都钻，儒家的典籍，佛家的经论，街坊的管笛、平词、皮黄，还有书法上的钟王曹魏，文学上的唐诗宋词，文字学的《说文》、训诂、《尔雅》……他的脑筋如一张作画的布，什么颜色来抹，只要不伤大雅，就让它抹去吧!

“呃，我要挑孔子的衣钵大梁吗？呃，我要成为一个宗教的教主吗？呃，我是个艺术家的胚子么？……”这，他从来没有想到这些人生的尖峰问题。因此，他念过的那些，正如鸿雁掠过秋天的长空，过了就过了；什么都在，什么都不在。归根结底，这种“视万物如敝屣”的格调只为了他的亲娘，他的心灵里藏着一份默默的赤子真情。

他不喜欢那些道貌岸然的老道学，对那些奴隶成性、可怜兮兮相的低层人，也觉得辱没了人性。这些人倒没有猫狗来得真些。他爱猫，是反对那些在上骄、在下谄的人，就是反他哥哥把自己当上流，把贫苦人当下流的态度。他把爱人的情感给猫，猫比人懂得理性，猫是良知的真正化身。

“谁要说我是疯子！谁要说我是猫转生，是‘猫王’，刚好!”

到十五岁以后，他的思想渐渐丰熟了。他家境无形的压力——对一个小妾之子的压力，一个年轻寡母的压力，他愈来愈感触到了！是一种人的自卑感与自尊心的结合。他年轻的母亲无罪!

“喂，你看，那个小子是李家小姨奶奶养的，小的养儿子，都是那样：精灵，邪门儿!”

从心理上他摸触到他哥哥这种下意识作祟，他忽然觉察到，他成了这家人的“旁门左道”!

“钱对，人更对!”他想。但是经济条件压倒了人性尊严。这个人能压倒那个人，好像东风压倒西风。

在十五岁除夕，家人正忙着祭祖，赶年货，乱得一团糟，他却一个人坐在自己的房里，身边围着十几头猫，黑的、黑花的、白的、黄的、斑斓的，什么颜色都有，大大小小，咪呜咪呜……围着他，好不热闹。

有的睡在他怀里，有的坐在他膝上，有的打哈欠，打滚，舔爪儿，洗脸，逗着他玩。

他任凭这些温柔如棉的小东西，抓他，舔他，把他身上当“乐园”；在他没有与家人共度除夕之前，他先为猫兄猫妹安排一顿过年的晚餐，并和它们小聚片刻。

直到一个小厮叫他，他才懒懒地站起来。

“等一会儿我再来，猫兄猫弟猫姐猫妹们！”说完，恭而敬之一揖，逗得那个小厮笑了。“等我回来，我，我母亲，我们大家同乐！”

他一本正经地说完，直直腰，走出西院——他同他母亲住的那栋房子。他人高，瘦长，走起来像一只白鹤，走得很快，很轻；因为他急于回来与猫同乐。这时候，他的桌上，正摆满《史记》《汉书》……同时他正在学小篆。他精读这些东西，其目的，在同古人谈天说地；他很寂寞，他那修长落拓的外表里，装着一个苦闷的灵魂！

【肆】南迁

如一朵出岫的云，带着一种妙曼与野性的山林气息——文涛，这位“浪漫世家”的产儿；当他处于生理上到达丰熟，精神上散发着火焰的年龄，同时，在这颗空洞寂寥的心灵深处，也积蓄着足够读书人“玩票”的经史子集、金石书画、诗词歌赋、吹拉弹唱的博杂知识；这时候，亦如运动场上的球员，十八岁上，他的智慧、爱力，都发展到巅峰。他那瘦长的手与高耸的脑袋，不用则已，用则都是上乘的；每一动作都有分寸，也有风格，有出处。这叫人对他脑子里多方面的东西，感觉惊奇。

譬如他的字吧：他写前人百家的书法，以张猛龙为主，到最后，却没有任何前人的痕迹，便形成他自已的一格；那是一种古拙的，无锋的，带一点棱角的，藏神蕴骨的点与线的结合，像活的蠕动的昂头的蚕一样，那便是他的手笔！还有词啊，诗啊，金石啊，只要他心智上历练过的，经过他的窑烧出来的模型，那必定是他的，这便是“创造”！

呀！年轻人哪！一个快满十八岁的小伙子，算起来简直是乳臭未干呢，可是他一切都成熟了，已走到一个峰顶，为什么呢？

他是个小小子，他母亲是个年轻的寡妇，这都不能让人家说半句闲话。形势与遗传加速了他精神领域上的丰收。

不过，这年轻人，深知他的周围空气不适宜他，好像浊水里不能养金鱼一样。尤其是他的母亲出了他家那两扇黑漆朱字的大门，空气是臭的，带着血腥；进了门，则充满着北方大杂院的霉气，令人窒息。他每天的习惯，回家时，走西院侧门，那是他们这一房的院落，至于正面的房子，去，也是有条件的！一个人不自由，其原因不仅受掣于外界的政治环境，而且受到上一代行为后果的折磨；这真是不可思议，不敢想象，不能忍受！

“啊，一个小妾的儿子！”他总是这样想，“是我！我母亲没有犯罪，但是她却有罪！我要离开这里，这个里里外外的无形的枷锁！”

“人，必须承认现实，可是偏偏有人就不承认现实，而且歪曲现实！他同你一样从胎盘里挣扎出来，他偏偏歪曲你同他的方式不一样！”

“世间的知识、艺术有何用？怎么也消灭不了人类的先天‘权力狂’！任何人都可以清你的底，挖你的根！”

他把上衣扣子拉开，用力咬着下唇，因为咬得过了火，几乎出血。

他正在自我折磨，忽地门外来个姐儿，说母亲叫他，他压着满腔将要喷出去的血，到母亲的房里，向母亲行个礼，站在镜台旁。

孩子都成了一个满肚子斯文的学者了，母亲还不到四十岁。她又不显老，叫爱管闲事的人们品起来，说母亲是孩子的姐姐，有人相信。可是，这位母亲心上蒙着一层灰烬。

母亲的神色很庄严，也很蹊跷，端详着他。

“我有一句话！”母亲开了腔。

“娘，请说吧。”

母亲再度沉默了片刻，又看看这个出落得闲云野鹤般的高瘦孩子。虽然在外表上，孩子长成了人，而且在知识上，着实也吸收不少；但在母亲面前，他还是个孩子。从他呱呱坠地，捧在娘手上，这是捧大的！“唉！”母亲深长地叹口气，“一个人生儿育女倒不一定为的是防老！可是，不仅此也；到头来，那个孩子，别说要他怎么孝顺老的了，末了，那孩子对生他的老妇人能和和气气地叫声娘，也就不错了！但是，有许多人就没有这个福气！”

“孩子，娘想到一个问题。你说假如你成了家，是不是对我们母子好些？”母亲说，把眼神向文涛脸上照过去。

文涛的精神系统马上起了一场风暴。他深知，母亲这句话正触着他们的现状。

“这，这，只要娘以为对的，孩子遵命！”他也感觉结婚过早，究竟不像话；但为了能替母亲找个聊天的女伴儿，这也好。同时，媳妇顺了婆婆的心，同女儿还不是一样！

“你考虑考虑！”母亲沉重地说，“你应该有你自己的立场。我不逼你。”

“不!”他慌了，恳切地告诉母亲，“我愿意——但是人哪?”他忽然笑起来，长脸上泛起一片红。

母亲也跟着笑了，问题是“人在何处”？母子顿时跌进欢愉的气氛里。

“娘！我早想到要找个伴您的人了，可是这里的姊妹，怎么也寻不出合适的，全是一股丫头气。假如，儿能成婚，那再好没有了，娘我愿意——”

“娘倒不一定要人伴，”母亲说，“有人照顾你，比娘方便，而且家里多个人，也热闹!”

“好，那样娘就决定，是谁，说准了，我们就把她抬过来!”

母亲莞尔一笑。桌上放着一方新镌的印，是文涛的作品，文曰:“南海康梁是吾师。”

母亲把这方印摩挲一会儿，重新放下来。

“那么孩子，你看芥园大街俞家茶庄的女儿如何?”

“芥园大街俞家的女儿?这，孩子还没见过，假如，娘看合适，儿总是如命的!”

母亲只是点头:“你是太好讲话了，文涛！男儿汉，不必要这样百依百顺!”她把印重新拿起嗅一嗅，端详一番。她的心，还是喜爱多于责难。但她觉得男人应该有血性，不要像泥捏的，见不得风雨!

其实，文涛的性子，母亲哪有不知道的。

文涛抿着嘴，一只小花猫从胯下穿过去了。

“娘！儿在外头，这股傲气是没人惹的。”他辩白道，“儿对那些家里有功名的纨绔子，我抓着他们弱点都攻；他们狗嘴里吐不出象牙！他们吐出来的空气都臭，虽勉勉强强也念过几天古人书，虽然能说几句人话，却不做人事，能不男盗女娼也就几希了！这些人你不反他，剥他的皮，让他得势，病还得救?”

母亲心里暗暗地道了个“好”！然后把话接过去:“那就一言为定吧！待亲事说成，赶腊月，为你成家，过新年。”

“觅个妞儿伴娘过新年!”文涛说。

“哎！你什么事都要扯到娘身上，真的有朝一日娘死了，怎么办?”

“娘，您能活千岁！万岁！万万岁!”文涛嚷。

“这样是‘犯讳’！万岁不是你娘!”母亲说。

“当今，算什么！它就快完了。”

文涛把“当今”代表“朝廷”，他知道这个王朝的日子没有几天可延了。

也正是这一年残冬岁底，瑞雪弥漫着北国原野；俞家的女儿戴着凤冠霞帔，坐八人大轿，到李家来了。

这件婚事，在天津城也轰动了半边天。但在文涛的心上，竟没有那样重的分量。家里多了一个人是事实，不论怎么，这个绮貌年华的女儿，长得还端庄，母亲也喜欢，只要合娘的意，那比什么好吃的、好看的东西好！

文涛新婚第二年八月，戊戌事变发生之后，这时他们一家人已到了上海。

当时立宪派的康长素同梁启超变新法不成，惹得“太后老佛爷”烦了，抓得整个北京城的新党分子鸡飞狗跳。除了康梁看风不对，逃到天津，躲在六国饭店避风，之后又乘洋船逃到外国去了，像谭嗣同那些鼓吹新政的“君子们”，不是下狱，就是叫慈禧杀了！

中国已经够狗屎的了，偏偏朝廷要把狗屎朝脸上当粉搽，那个妇人，不只杀了新党，后来还杀了她的“儿子”——光绪帝。这个可悲的青年，像苏格拉底一样，是饮鸩自裁的！

这就是政治现实，文涛把它一丝一扣地看到眼里，而且整个北方都处在那个昏乱的老女人掌握下，在南方的人们，倒因为天高皇帝远，活得有生气些！何况康梁也都是南方人，南方人接触到西风早，他们知道，不实行新法是不行的！不接受新的东西，旧的壳子就舍不得剥掉；金銮殿是何等的辉煌？

北方哪，中国的大原野，没有可为的了！

文涛气极了。如说气极，不如说叫这些醉生梦死的人们，弄得连活的勇气也没有了。这些人没有一天不喊“忠孝仁爱孝悌”的口号，刚好就证明这些东西，真正地灭亡了！

不如意！于是他主动地利用一个机会，拉着新娘子，到母亲屋里，开了一个“圆桌会议”。

“娘！”文涛跟娘请了安，先开口，“我们这家人，到现在算全了！可是在这里，即使传上一千代，种一万个种，出了的芽，总不会周正！北方的局势这么乌烟瘴气，叫人头痛。娘啊！我突然想起来了，我们何不到南方另砌炉灶？”

母亲听文涛这突然一提，不由一怔！

“到南方！南方什么地方好呢？”母亲瞪媳妇一眼，新娘子却是笑而不答的。她知道，有婆婆同丈夫在，她不便多舌；而且，这不是家常话！

“到上海！”文涛说，顿时眉飞色舞起来，“上海是大江以南的人文集粹区，目前，长江的人文形势逐渐代替了黄河流域的人文地位了！那儿有新人，新事，新学；那儿少的是雉鸡翎子与复古，那儿是大有可为的！”

“依你的看法，我们这就搬吗？”母亲有点疑惑。

“这就搬！我们走，还有谁留恋？”

母亲郑重地点头同意，裁决了这项措施，说：“这件事——做得有脑筋，也有分际。那就该准备吧！要你们整天在我眼里走动，我总会把上海当天津的！”

于是这一家人，便择了吉日，文涛，奉着母亲，带着妻子，与二哥文熙告别，由水路直下上海。

上海是一片新气象，它最大的长处是，在北京不敢说的话，在这里可以大放厥词！凭着文涛这股子“异端”，一下子就打进去了。要说不杀人是可以的，不变法，凭什么生存？

当时，他很快地加入了一个文化团体：“城南文社”。

在那个青年文化人的集团里，他突然像长了翅膀，于是他又镌了一方印，印文曰：“父兮生我，母兮鞠我，拊我畜我，长我育我，顾我覆我，出入腹我，欲报之德，昊天罔极。”

这是一方小篆大印，篆文笔力俊逸而灵秀，是一种最新的阳文作品，边儿是碎花的！

这是戊戌冬天的事！

【伍】本色

文涛，到上海之后，对外正名为“成蹊”，此时，他突然投进了中国新文化的摇篮上海，上海的“沙龙”里，也就够热闹的了！

上海滩的“文化沙龙”，不仅包括了少年文士和一批新学分子；这个本性风流的十里洋场，还保留了中国另一浪漫传统。它把“艺妓、歌女、唱昆曲的旦儿”也都一网打尽，有志一同。

文涛为迁就那一批文学界的盟友，第二年，便从法租界的卜邻里，搬到城南好友许幻园家住下来了。这一伙文坛上的同志：许幻园、张小楼、蔡小香、袁希濂，都是那个时代尖儿顶儿的人物，再加上李文涛这位北方公子爷；他们还不过瘾，干脆，他们择个以文会友的“有酒、有女”夜，连结成金兰之好了！如果，这些人真不在乎自己的祖宗在坟墓里号啕大哭的话，像能诗能文的小狐狸朱慧百，多愁善感的名妓李苹香，还有以后的评剧名旦杨翠喜，都曾“红袖加盟”；而且事实上，这些“艺妓”，既有文采也风骚。

于是，这个集团，三天一征文，两天一聚会，除了诗云子曰，文涛的书、画，文涛的金石，样样都突破当时的水平线。

他的心情，对上海文坛也许还感觉不够满足吧，或许当时的情况，比之“唐六如”寄情怀于“九秋香满镜台前”的景况更糟，他虽有“昭容”，而且他的妻，在这一年也为他生下第一个孩子了，他还不满足呀！他深觉得心情落寞而苍老了。在夹缝里，以文名为号召的“青楼艳妓”，为倾慕李瘦桐的风流本色，而文涛也为了情另有所钟，也就来往于美人、名士、文坛、香榻之间了！

“瘦桐”，这是文涛另一私号。

朱慧百为表现她的文采，便写道：

“如君青眼几曾经，欲和佳章久未成。回首儿家身世感，不堪樽酒话生平！”像这种浅入浅出的歪诗，能表达什么风骚呢？

到上海第三年，由于文涛有了第一个孩子，这位瘦桐先生填了一曲《老少年》，他写道：

“梧桐树，西风黄叶飘，夕日疏林杪；花事匆匆，零落凭谁吊。朱颜镜里凋，白发愁边绕……”这就是活灵活现的老夫子了，一个二十一岁的老夫子了！

“长江后浪推前浪，我的孩子都出世了，我还有什么可为的？老了！老了！”他被一种痛苦煎熬着，“我二十岁出头时，已经老了！现在，光阴正与人类赛跑！”

他这一惊慌，便从“李苹香”的香馆里溜出来，带着一头汗，悄悄地回家，上楼，走近母亲的房门口，敲门。

“娘在吗？”

“啊，文涛！你整天都野啊！又是到那儿去逛啦？”母亲放下手里的一枚针，精神有点儿恍惚。

“娘！我感觉我要正正经经读几天书才好！我进南洋公学好吗？”

“娘问你又野到哪个女人那里去了？”母亲微有些愠意，叫文涛心里吓了一跳。

“李苹香……”

“嗯，娘就知道！”母亲自然知道她的孩子，他在上海的文名，也算屈指可数了，“娘自然知道！”

“娘啊，我心头太枯燥！”

“总之，娘知道，你也不要表白！只要你守住你自己，不要叫她们美色给你迷住，同她们填填词，散散心，也算不了什么。可是，文涛，你要守得住自己呀！”母亲把他的个性老早熟读了。世界上，有几个母亲不知道儿子的？

“啊，娘呶！”文涛突然觉得变小了，“您不知道我心里多么闷！”

“唉，这种形势也不会长久的！好吧孩子，你就上南洋公学去！”

文涛上南洋公学，名字又改为“李广平”了。因为他瘦，他本已起了“瘦桐”做别号，这一年是二十二岁，李苹香已成为他的红颜知己。

李苹香剪水似的大眼儿，长在一张美女神的画面上，足以令人倾倒；但这位南国佳丽，倒有意无心地恋上他了。她竟没一天不能没有他，没有他，这个世界将成个什么样儿呢？假如，他能答应的话。

⊙一九〇〇年，李叔同二十一岁时在天津留影。

李苹香的爱，充分是充分，但是破碎的。凭着她没读过几天书，竟能同天才打交道！

文涛进了南洋，与苹香的过从似乎更深些。除了上课，他把空余的时间，总留给她。红颜知己，风尘侣伴，凡夫俗子是无法获得的。而文涛的气质，也如痴如醉地感染了她！

“瘦桐！瘦桐！假，假使能奉上我的一生……”她伏在他的怀里，断续地说。

“不，苹香！那样是没有意思的！一夫一妻，没有意思；那是一种责任！苹香，人生如此而已矣！”

这年初秋，文涛要到天津去归省一下，离开了上海，只是小别；苹香，这个情感上负担得太重的女孩子，她忍不了，于是，为了诀别，她送几首哀诗给文涛。

她写道：

潮落江村客棹稀，红桃吹满钓鱼矶。不知青帝心何忍，任尔飘零到处飞！

春归花落渺难寻，万树荫浓对月吟。堪叹浮生如一梦，典衣沽酒卧深林！

凌波微步绿杨堤，浅碧沙明路欲迷。吟遍美人芳草句，归来采取伴香闺！

她把诗亲手交给文涛：“我们永别了……”说着，两行晶莹的泪从苹香的眼里洒落下来。

文涛握住她一只手，紧紧地用力握一下，猛地松了！

“哎呀！怎么啦，瘦桐？”

“我们将要国破家亡了！”文涛对天叹一口气；苹香知道，她的朋友，是一个有骨气的汉子，不过叫他的诗文与行径掩藏罢了！

“呶，苹香！你看，这是我给那些朋友写的！”

于是苹香凑过来，读：

故国三千里，深宫二十年，一声何满子，双泪落君前。

世界鱼龙混，天心何不平？岂因时事感，偏作怒号声。

烛烬难寻梦，书寒况五更？马嘶残月坠，金鼓万军营。

“喏，这阕《南浦月》，苹香！”

苹香更挨近些，两个人偎在一起读：

杨柳无情，丝丝化作愁千缕；惺忪如许，萦起心头绪。谁道销魂，尽是无凭据，

离亭外，一帆风雨，只有人归去……

“苹香！这是我给朋友写的！我们男人同女人不同，女人只要爱；而男人除了要爱，还要同道，要事业；我的老师蔡孑民，我的朋友许幻园、谢无量、袁希濂……我同样地少不了他们。

“苹香！我马上会回来的，我同你，正如我同许幻园一样。我爱你，我也爱他；爱的格调不同！”

苹香只是默默地哭泣，事实，除了朋友的关系，最重要的，是获得他的“爱”。如今，她觉得这一别也许是永别了。

月上柳梢，文涛欲行又止地跨出苹香卧房，心情有些凄然。月光下，看到苹香的泪光闪动，如夜空将流灭的星光。

“不说了，瘦桐！不说了！望你保重！”

“卿亦保重！……”

文涛去天津原本是探视文熙一家人的，却不料因八国联军之乱，家人已避难去河南内黄。文涛在天津住了半个月，只好再回上海。回到上海已是春末夏初了。到第二年的冬天，南洋公学发生了学潮，他与同学谢无量等先后退学。心情更为苦闷，于是他决心把李苹香的情感“放下来”。“再拖下去，我会害了苹香！”他琢磨着。

可是，他对女人的情感、缘分，始终没有了结；除了在报上写文章、读书，他又结识了名妓谢秋云。这次，对谢秋云的心，却没有对李苹香那么专一了。他觉悟到什么，他的诗表达了这些。

一天，他闲荡，荡到谢秋云家里，顺手写道：

风风雨雨忆前尘，悔煞欢场色相因。
十日黄花愁见影，一弯眉月懒窥人；
冰蚕丝尽心先死，故国天寒梦不春。
眼界大千皆泪海，为谁惆怅为谁颦？

这就是“情”，情爱的结果，都是悲剧！

“悲剧，我们这个右倾的王朝要演！而我们也充当了一部分角色，演吧！庚子赔款，辛丑和约，悲剧的‘大国主义’！

“我的同道该是许幻园、谢无量；我的朋友是谢秋云、杨翠喜、金娃儿啊！——苹香，我只有留她在心里，作个梦中的侣伴吧！她太深情了！”

不涂涂歪诗邪词，心真快要炸了！

“金郎，来！看我的词！”一天，他把一阕填好的《金缕曲》送到歌郎金娃儿的手里。

金娃儿迎窗，唱道：

秋老江南矣！忒匆匆。春余梦影，樽前眉底，陶写中年丝竹耳，走马胭脂队里，怎到眼都成余子？片玉昆山神朗朗，紫樱桃，慢把红情系，愁万斛，来收起！

泥他粉墨登场地，领略那英雄气宇，秋娘情味。雏凤声清清几许，销尽填胸荡气，笑我亦布衣而已。奔走天涯无一事，问何如声色将情寄？休怒骂，且游戏！

“我的心苦闷哪！不将声色将情寄，又如何？”

文涛心里说：“杨翠喜！谢秋云！金娃儿！我们都是同病相怜的朋友，你们沦落歌台舞榭固可怜，我们读书人活在这个时代，比起你们，不知又高贵到哪里？”

燕支山上花如雪，燕支山下人如月，额发翠云铺，眉弯淡欲无；夕阳微雨后，叶底秋痕瘦，生小怕言愁，言愁不耐羞。

——《菩萨蛮·忆杨翠喜》

“可羞的不是你们，而是我们这些读了圣贤书，误尽天下事的伪君子们！”他出了金娃儿的香巢，冒夜色回家。

文涛每天都到深夜才回家，回家时，先悄悄地在母亲楼窗下听听，看母亲睡熟了没有。

哎呀，春尽了，母亲还没睡哩！只是房里没有灯火，咳得很厉害，怕是着了凉啊！唯有母亲的事，才能使他心动；母亲咳得他心痛，他蹑手蹑脚退到院子里！

“母亲病了？我苦难的娘！为我，受尽了磨折……”

【陆】亲情

春天的夜空，流荡着一种刚健吸人的生意；院子里的杨柳，挺劲儿比赛着放苞的青芽，给夜色涂抹一层暗香。这种气息，冥冥中使人无端地想到，假使一个久年痨病的患者，到春未尽时不死，也许还能熬过这一年。

“死！”这个可怕的字，枯白的、无血的、没有生命的形体，开始在文涛的脑际膨胀；无底的深空，每颗星星，每一抹极光，都是白色无情的死亡。

父亲死时，他隐约地记得，哭：只是学别人的样子，无所谓“情感”。到今天，想起来，除了伦理关系，也不过像天上掉了一颗星，与地上人无关。

以后，只要见到死人，都没有使他警觉。死，距离年轻人还有一段路。“君不见，白杨墓地尽是少年人……”唱道情的那些话，鬼吹灯而已！

“咳！咳咳！”母亲的咳声，无法不使耳根尽量地承受着一种接近死亡的熬煎；这种痛苦，不像死了人那样轻松！

原因是，这个母亲，与别的母亲不同。第一，她是无辜的，活在富贵人家，过的却是贫贱生活；在精神上，上了锁；即使金枷银锁，她总是被损害的。第二，……他忽然想到，这个母亲的精神受磨折，到目前活得刚有点意思的时候，恰巧，也正是她的回光返射的时候，她的精神始终抑郁着；她不愿被任何人发觉，尤其是自己的儿子。到这晚，病，不过是从脆弱的肉体上表露精神即将崩溃的预兆！

有许多人，都是这样，看外表好像没病似的，可是一旦病起来，挨不了一合，便倒下去了。而且，最是做“母亲”的人，受到旧式藩篱所困扰、所迫害，精神上得不到支持，只有忍受，忍受；其实，人的肉躯和精神的忍受，都有极限。如超过这一极限，其结果，不是疯狂，便是自杀。细菌在她身上会疯狂地繁殖；她忍受，忍受；忽然有天，她头痛了，身上发酸，发烧，午夜胸口沁汗，隐隐地会咳一两声，首先，以为是伤了风；忍下去，过几天，胸口有点痛，开始咳痰，喉头发痒，眼圈发黑，舌苔苍黄，她忍下去，忍下去；再两天，啊呀！撑不住了，在床上呻吟，咳得更厉害，吐带血丝的痰，最后血和痰混合着咯出来，脸白得如死去的月亮，就这样，被抬进棺材。

乡下人说，这是"杂疾症"！

这种病，是如何"杂"起来的呢？简单地说，是她的祖宗，她的丈夫，她的远亲近邻，她的儿女各人凑一份儿！

文涛怔怔地站在院子里，呆呆地望着向右旋的天幕，大熊星的胳膊向东北角斜过去，斗口里现出一个中年妇人的浮影，带着凄切的慈爱的笑容，当文涛意识到那个妇人似曾相识时，不料，正是他自己的母亲。

"咳咳！咳咳！"咳声又从母亲房里响出来，那片天顶上的浮雕，忽然幻灭了。

文涛想：

"这几年，我们搬家到上海，母亲总是很宽慰的，我总以为母亲活得够幸福了，我——"哎呀，他突然回溯到这几年的生活，一种吟风弄月的骚人作风。整天在女人与文人窝里泡，在"邦有道则仕，邦无道则隐"的两者间，他毕竟承认这个"邦国"无道到不可救药的地步；"隐"在李苹香与杨翠喜之间，倒是够诗意的。

"唉！何处不能寄情呢？偏偏要寄在女人闺阁！女人与诗情不可分，正如女人与男人不可分一样。总而言之，这都是色情的高级表演，何必说这是'养性、立志'的隐者方式？

"我总以为这样是可以原谅的！但是坏，坏在这个公子爷脾胃，我们搬到上海，认为离天津远了，母亲可以忘了一切，我呢，离母亲也远了；整天为庸俗的情调所迷，真正地'菽水承欢'，我的娘没有享受到！李文涛啊！……"

"母亲病了！"好像她从没有病过。"在平时，我总以为母亲的身体很好，她不会倒，她才四十多岁的人哪！"然而有一种意念告诉他，春尽了，该走的人，也要走了，命运是挽留不了的！

"命运！谁说有这个玩意呢？"他说，向着墨黑的天空；天空默默无语，好像宇宙这个庞然大物，如一尊魔神的不吉眼睛，在睇视那些怀疑命运的人！

"不管如何，明天我要抗母亲的命，为她请医生！"这个母亲很别扭，生小病从不找医生，而文涛又是个乐于从命的儿子。

文涛带着满心的痛苦、决心，走回自己的房子，妻子每天深夜都守候着他，直到他回来；他一敲门，刚好，俞氏夫人便站在门里，把闩子拉开，两个人便站在对面。

“你没有睡?”文涛说。

“嗯。”

“娘病了?”

“咳嗽几声，娘说不要紧，它自己会好。”

“别这么乐观!”文涛的声音重一点，“我看咳得很急!”

“……”

床前放一盏油灯，灯芯如豆。

天拂晓，文涛掖着衣服，轻轻地走到母亲房门口，停步听听，没有动静。他想，大约咳得好些了，便踅回来，妻子也起来了，忙着弄孩子。

他倒在床上，歇一会儿，金色的晨晖，从窗口爬进来；他翻起身，出房，上楼，走到母亲的门口，敲门。

“娘啊！娘醒了吗?”

“……”

“娘！娘啊！……”

“推……推门……”母亲的声音低微而嘶哑，她显然在使它正常，可是依然改不了那种微弱的战栗。

文涛推门进去，母亲躺在床上；眼球上爆满红丝，脸上也带着烧晚霞的红意。

“娘，您病了?”

文涛走到床边，坐下，伸手摸摸母亲的额角，滚烫!

“娘！您病了！您的头很烫!”

母亲摇摇头。

“您昨晚上咳得很厉害，我去找医生，娘哪，不要说您没病，小病拖着，也会拖坏人的!”

母亲的眼角，有两滴眼水溢出来，融合在凝结的泪水一道。

文涛知道母亲的眼水，是高热烧出来的。发烧的人，易流泪水。

母亲的病，不轻了!

文涛匆忙地走出母亲的房间，往街上跑。他在南门就近一家“参茸国药号”里，请了个驻号应诊的大夫，他们叫一辆马拉车回家，到家时，母亲的眼眶，添上一层焦黑的晕圈，躺在床上拼命咳！媳妇在她背上不停地捶着。床前地上铺一小块青灰，灰上吐满铁锈色的浓痰，偶尔也带点血丝。文涛猛然看在眼里，看母亲咳成这个样，魂都吓散了！紧张地弄张椅子给医生，叫妻子搬几本书叠起来，放在床头桌子上，就请大夫为母亲切脉。那个大夫留着山羊胡子，优哉游哉地坐下，从袖笼里伸出一张风干腊肠似的手掌，按在病人的脉上，闭上眼睛。左脉切过，又换过右脉，念念有词地，背一段“汤头歌诀”，便要过文房四宝，就地开了方子，方子无非是“杜仲、阿胶、生地、冬草、牡丹皮、地骨皮、柿霜、桑白皮、白芨、侧柏叶、黄檗、知母、郁金……”这类去热凉血的草药。

文涛待大夫看完病，把他拉出来：“哎！请问大夫，我母亲的病怎么样？”

这医生又闭上了他的眼睛，晃晃脑袋，因此，连带辫子也荡几荡。然后说：“令堂的病么，是肺火太旺，夏至以阴生，受春寒过甚，连同积郁一道发作出来，便郁久成痨。嗯……”

文涛没让他说完，便拦住他说：“该怎么治？”

“嗯，这个，降火，退热，清补，是必要的。先用凉药，火降了，再用温平的，病轻些，体质恢复，再补。”

“照大夫说，我母亲的病，是积郁很久了？”

这个“参茸医生”怀疑地翘了翘山羊胡子，端详端详文涛；觉得这位公子爷一表人才，穿着一身锦绣，高耸的额角把乌黑细软的满发垂在颈后；论这份人家该说不出有什么麻烦事的！于是他顺口说：

“这个我可不敢说，论这种病，都是由心病引起，加上时令季节犯冲，就来得快啦兮！”

“我母亲病得很重，是不是？”

“吃服药看看，”医生说，“烧能退下去，也许好得快一点。”

文涛再问，觉得也问不出什么结论来，心里烦得乱得要命，胡乱封一包洋钱，打发了大夫。

一服药熬两水，药吃下去，母亲的脸却渐渐地发黑发干了，手脚也比平常僵直些，两条腿也有些抽搐。

文涛一急，便到处请医生，中医、西医，请来七八个，大家不约而同聚在客厅里，先经寒暄一番，各抒己见。会诊结果，李家太太的病，是慢症急来，病因很复杂，难得一下子好；不过这种病，到这样程度，慢治是来不及了，急好，也似乎不可能！

三天过去，母亲床前的药方、药罐子，摆成堆。可是，她老人家连茶水也禁口难咽了；声音哑得话也说不出，有时睁着干涸的眼看着文涛，又重新闭上。

“娘！”文涛伏在床边，轻微地叫一声。

没有回音。

眼看看，神已出窍了。而且，咳到最后，怕两个肺叶儿也咳出来了。烧虽轻些，但脉搏却低得摸不出，人也瘦得像一张皮，贴在被下面。

文涛知道母亲的生命已无法强留，他噙着满眼泪水，到市上去，想找一口好寿材，算是最后报答母亲的恩惠。

“母亲艰苦的一生，只落得这一点报偿！”文涛从母亲病后几天，衣不解带，人本来瘦，这就更瘦得没谱了！

这一天，是乙巳（一九〇五年）农历二月五日（阳历三月十日）。

他清晨到街上寿材店，总想选一件上材，等寿材订好，再送到家。当他回家时，在门外一听，妻子的哭声却从里面传出来了。许幻园家的男女老少也过来了，知道不好，一头栽进门，母亲的寿衣已经穿好，闭着眼躺在床上。临死时，也没留下一句话，因为一切都来不及了！

文涛一脚踏进门时，先看到妻子撑着床沿痛哭，帮忙的人则乱成一片；他木然靠在门上，张开嘴，想喊声娘，可是嘴没张开，晃几晃，便晕倒在地上。

文涛的朋友们，得着噩耗，也都来了，这些人先把活着的救醒，文涛甩脱他们，踉踉跄跄，移到母亲身边，跪下来，捧起母亲冰冷的手，只是无声地、幽幽地哭！

“娘啊！二十六个年头的养育之恩，只有在梦中报答您了！

“娘啊！您活在世间四十五年，除了带走难忘的痛苦，世间有什么东西给您安慰？

“娘啊！从今天起，孩子的幸福，已经伴着您的灵魂，一道离开了人世！

“娘啊！为了您这一生所遭遇的，孩子永不会忘记，永不会忘记！……”

母亲去后，他整天伏在灵前，忏悔自己寄情于声色的过失，追念母亲生时对孩子的千般信任，与她的一言一笑。

母亲去后，他埋掉“李文涛”，刷去“李成蹊”，更名“李哀”，追念母亲。

没有母爱的生活，对一个性情真纯的人来说，忽然如天空游丝，没有牵攀，任情飘荡，可是也没有归处了。母亲一死，他竟把世相看穿了一部分！于是他也就放下那一部分，那便是所谓人间的“情爱”。

他在哀痛的母丧中，遵旧俗“守七”，就这样过了四十九天。

七期之后，在中国古老的社会习俗下，如果死者棺木仍未下葬，那么丧家必须要遵从旧习，选好墓地，看好吉日，守丧到死者入土为安。最少要满百日之后，才算是尽孝。文涛在“守七”期中，便以信函与天津旧宅的次兄文熙商量，母亲的灵柩，要送回天津东北郊李氏祖茔安葬；在安葬之前，于百日之后，由海路扶柩运回天津，灵柩应该安置在家中五间正厅中间，以供亲友悼念，然后择日举行一次“追悼纪念”(告别式)，再下葬祖茔。

他这封信发出之后，经过二十多天，才接到文熙的回函，语气非常婉转地表示:“在外地故世的家人遗体，依祖先旧规，不得安灵于家中正厅，最好另找一个地方安厝，然后再觅地安葬。”信中语气，已拒绝了文涛的要求。接信后，文涛深感中国旧俗不尊重死者，便再度复函强烈地要求文熙，“母亲的灵柩必须供于大厅”，除此，别无选择。不管旧规如何说，时代是向前走的，旧法也可以修为“新法”，他断然说，“母亲是李氏家族最后一位尊长了，请兄长尊重死者在天之灵吧！”由于文涛的词严义正，文熙无言以对，只好回函承允这项要求，兄弟间这才消除彼此的愤意，和好如初。

文涛在这一年阳历七月上旬，离母丧日已有一百二十多天，才把自己在上海的有关事务清理停当，便携带妻子家人，由吴淞上船，从海路回到天津旧居。

到天津以后，母亲的灵柩安厝在前面大厅正中，供亲友凭吊，而此时，叔同则在天津《大公报》刊登一幅《追悼李氏王太夫人哀启》。

《大公报》于一九〇五年七月二十三日，以“文明丧礼”为题，披露这次丧礼的消息。报导说:“河东李叔同广平，新世界之杰士也。其母王太夫人月前病故。李君特订于本(七)月二十九日开追悼会，尽除一切繁文缛节，别订仪式。”

七月二十四日，《大公报》又以“天津追悼会及哀歌”为题，公布了这次“新式丧礼”的内容。当日除“备有西餐，以飨来宾”，并附《哀启》三则:

一、凡我同人，倘愿致敬，或撰诗文，或书联句，或送花圈花牌，请勿馈以呢缎轴幛、纸箱扎彩、银钱洋圆等物。

二、请君光临，概免吊唁旧仪；倘须致敬，请于开会时，行鞠躬礼。

三、追悼仪式：甲、开会，乙、家人致哀词，丙、家人献花，丁、家人行三鞠躬礼，戊、来宾行鞠躬礼，己、家人致谢词，并向来宾行鞠躬礼。

在这次“追悼会”中，孤哀子李叔同，自弹钢琴，唱悼歌，袖带黑巾。

当日上午九时“李氏王太夫人追悼会”进行中，各界来宾云集。有当时驻天津的各国使馆人员、日本驻天津代表、天津教育文化界首长，达四百余人与会为李母致哀。

李家的“追悼会”，透过报纸，震惊了整个天津市古老社会。

在这一新潮派“告别式”启事发表之同时，又附了两首《哀歌》。这两首哀词之第一首，题为“追悼李节母之哀辞”。

辞曰：

松柏兮翠姿，凉风生德闱；母胡弃儿辈，长逝竟不归？
儿寒复谁恤，儿饥复谁思？哀哀复哀哀，魂兮归乎来！

这是二十六岁的李叔同，对母亲最后的悼念。

“告别式”过后，叔同将母亲灵柩安葬于天津北郊李家祖茔，到八月初，将自己准备东渡留学的事准备好，到八月中旬，便告别次兄文熙与妻子家人，由塘沽登轮。

在海轮上，这位青年唯一的消遣，是引吭高歌他自填的词，在海风拂拂、海浪滔滔的浩瀚声里，他不能自已地唱：

披发佯狂走，莽中原，暮鸦啼彻，几枝衰柳。破碎河山谁收拾，零落西风依旧，便惹得离人消瘦。行矣临流重太息，谈相思，刻骨双红豆；愁黯黯，浓于酒；深情不断淞波溜，恨年来絮飘萍泊，遮难回首。二十文章惊海内，毕竟空谈何有？听匣底苍龙狂吼，长夜凄风眠不得，度众生那惜心肝剖？

唱到“长夜凄风眠不得，度众生那惜心肝剖”戛然终止。两行不甘于埋没的英雄泪，直泻出来，海风催着万层海浪，海轮在海上奔腾……

【柒】

上野（一）

随着一九〇五年八月的海浪滔滔，贵胄公子爷的李文涛时代，贾宝玉式的李成蹊时代，南洋公学的李广平时代都成过去。在浩瀚太平洋的无际波涛上，也埋藏了另一过渡期的李哀时代；这个时代，是属于灿烂的艺术慧星李叔同的！

李叔同到达日本之后，起初住在留学生会馆。

此时，他的正名，已改为“李哀”。初到日本，因为日语还无法应对于社会，所以这一年便专心补习日语，并没有直接申请入学。在补习日语之暇，他兼学钢琴，自己又独立创办了一份三十二开的《音乐小杂志》，寄到上海发行。此外，也参加了当时东京文化人，像森槐南、大久保湘南等所创办的“随鸥吟社”，从一九〇五年冬天开始，叔同便经常出席“联吟赋诗”之雅集。到一九〇六年七月初，在一次雅集中，曾有绝句二首，以“李哀”之名发表于这个诗社的刊物——《随鸥集》。

其一：

苍茫独立欲无言，落日昏昏虎豹蹲。
胜却穷途两行泪，且来瀛海吊诗魂。

其二：

故国荒凉剧可哀，千年旧学半尘埃。
沉沉风雨鸡鸣夜，可有男儿奋袂来。

在这一年底，他又回到天津故园一次，在天津，写下《喝火令》一阕。词云：

故国鸣鹈鴂，垂杨有暮鸦。江山如画日西斜。新月撩人透入碧窗纱。陌上青青柳，楼头艳艳花。洛阳儿女学琵琶。不管冬青一树属谁家，不管冬青树底影事一些些！

叔同从一九〇六年二月，到这一年底，陆续以“李哀”“息霜”为笔名，发表于《随鸥集》的诗词，还有《朝游不忍池》《春风》《前尘》等多首。因此，在东京的诗坛，已与日本汉诗名流打成一片。一直到一九〇八年，因功课繁忙，才自诗坛隐身。

在一九〇六年秋天，他结束了日语补习，考入了东京上野区的“东京美术专门学校”油画科，并将住所迁到“下谷区上三崎北町三十一番地”。他入学的正确时间，是一九〇六年九月二十九日。入学的正名，改为“李岸”，别署则以“叔同、息霜”，以文会友。

在他入学不久，于十月四日，接受了东京《国民新闻》记者专访，突出点，是因为他是中国留学生中专攻西画的第一人。当日见报的消息，并附以身着西服、理西发的全身照片一张，风姿卓越。

不久，他的住所，再度由下谷区迁到留学期的最后居住地，也就是欧阳予倩在《春柳社的开场——兼论李叔同的为人》一文中所提到的“上野区，不忍池畔”。

他进入上野美专，没有人知道李岸是谁，在二十世纪初期的东方社会，任何人都有天天换名字的权利。李叔同，一个傲岸的、长瘦的中国学生，在东京上野住宅区，一家公寓楼上，安住下来。

李叔同消灭了李文涛、李瘦桐的荒唐岁月，如今，安安静静、严严肃肃，可是依然多彩多姿地度他的留学生生涯！

似乎艺术门里，路路相通，诗不离书，书不离画；因此，一个已有成就的词家、书家、金石家、音乐爱好者，转锋习画，自然就不必惊奇。

叔同进上野，目的是攻中西各派绘画；但他天性深爱静态美的中国画风，而他的个性却倾向动态的泼辣的西洋油画。画，不仅表达了诗境、情境，也表达了人类灵魂的深思——表达人类语言无法表达的语言。如达·芬奇的《蒙娜丽莎》《最后的晚餐》，米勒的《晚祷》，伦勃朗的“画家的妻子”，以及中国敦煌的壁画，赵子昂的“马”，八大山人的“写意”，如果统一起来，不知成为什么奇迹。这些用笔、彩色、油膏和人的情感创造的东西，之后，成了人生的一部分，或者点出了人生哪一脉，令人如痴如醉，这便是叔同倾心它的缘故！

但在学画的余隙，他以同样的理由，爱上了钢琴，也爱上戏剧，这个人脑海里的空白多的是，任何一种艺术只要挤进来，都能占一席。

由于他在东京已补习了一年日语，刚进上野，开始时语言上虽然还不够应对如流，但日本人多的是汉学专家，文字上却无问题。中国学生总算讨了这方面的便宜，一面读书，一面继续学话，这样一来，不到半年，普通的场面，便能应付了。

而且，李叔同天津的家里，有的是钱，他名下的房地产、银号里的财富，足够他读一辈子书，搞一辈子艺术了。

画，是一种重工具的学问，各式各样的纸，各种各类的笔，红黄黑白青紫蓝靛的彩色油膏，还有调色板、写生架，落款的金石，研究人体时必需的“模特儿”，都缺不了！

照学画的历程，中国画先写“山水”，而西洋画则首重“人体”。山水画，大自然界有活生生的山、水，供人写生；而“人体”，则不能弄个“死”的临摹，或者活人的画像去翻版。

艺术，是生活的体验、情意的表达，没有实际的感受，便没有艺术。为这，叔同便决定先做“日本人”。

到上野的第二季，便全部开始“日化”。他住的是“榻榻米”房子，吃的是“沙西米”生鱼片，穿的是两个大袖的和服，讲的是日语，晨间起床先沐个浴，喝起茶来也是一小盅，说话的声音低如昆虫，有客来访腰弯到地，满脸是卑下的笑容。他的房东是本地人，附近更没有一个中国的留学生。他孤独的一个人，生活在日本人的社会里，绝不开玩笑，他逼真逼肖地做起日本人来。

怪啊！半年过去，公寓附近的人们，竟不知道他是个中国的学生。

他羼入日本社会，为的是求知识，对一种专门知识、艺术不到入迷的程度，是不能得到其中三昧的！

一个初春的傍晚——

他托房东“阿卡米桑”(老板娘)，替他找个漂亮的女孩来。

“啊，找艺妓？”阿卡米桑没有会意。

叔同摇摇手：“不，我请您找个普通的、健康而长得不难看的女孩子给我。”

“做什么呢？”阿卡米桑神秘地一笑。

“替我找一个来就得了，我给她薪金，知道吗？我要画她的像！”

“我，可以吗？”

“您？不行！”

“噢？”阿卡米桑像梦醒了一般，向叔同弯了个腰，“哈咦！哈咦！”

起初，阿卡米桑找了几个乡下女孩，结实倒很结实，无奈都犯了日本姑娘的通病，全是矮粗矮粗，手脚又各不相关地“粗枝大叶”，如上了画，说她是女人，怕令人怀疑。

这时，叔同也找，他经常溜达“职业介绍所”。一天，在一家身份不明的介绍所门前，他发现了一个素装淡抹，身材适度，风度很美的少女。

他一眼发现这个女孩，觉得她不可能是“职业模特儿”，可能是个“新人”。

他没放过机会，拦在门前的阶下，等着那女孩过来。

这女孩看样子，不足二十岁。走近门阶，有点犹豫，有点羞态，又似乎有一股勇气跳火坑似的，终于闯过来了。

“请问先生！这里是介绍‘模特儿’工作的地方吗？”

“是啊！”叔同发现目标之后，觉得这个少女的高度、曲线、脸型，都是上乘，质而言之，简直超出了日本女孩子的遗传之外。便直接地告诉她，他不是这里的主人，但他却急于要找个“合作”的女孩子。为了双方避免出佣金，就不如私下商量的好。

“你愿意吗，小姐？我是上野的学生！”

“哈咦！”女孩听了他这番话，脸开始泛白，后来又转为羞红。“哈咦！”她似乎没有自己的主张。

“我是学画的，请不必怀疑，有什么问题，你直接讲好吗？”

“……”这女孩紧咬着嘴唇，两只手绞在一起。

“如果你同意，现在就到我那里谈谈如何？”

少女望望他，睁着长长的水晶石似的大眼，点点头。

叔同放了心，便在前面走，她跟在后面，一直到他的楼上。

这是傍晚五点钟左右，夕阳染红了窗帏，三月的东京，晚风还是砭人入骨。

叔同的温厚、庄严的表情，足不致使一个孤独无援的女孩感觉到人性的可怕。她跟他进了这一套很讲究的房间，她觉得这个很潇洒的瘦子，很有气派，很特别，满屋的书籍、字画、花卉、金石、乐器，以及新式的家具，清净无尘的气氛，都令人谢绝一切邪念。

“这里如何？”叔同与她对坐在分隔于一张日本式茶几的两边沙发上。

少女看他一眼，没说话。

"我们的工作时间，是每周六下午三时到六时。这是我私人作画的时间。"

"哈咦!"少女轻微地应了一声。

"你每周的薪金是银币五元。"

"啊!"少女失声惊叫。

"是太少啦?"叔同深感觉五块钱买一位少女的尊严，已经太菲薄了。不禁脱口说:"那么，每周十元，请你考虑。"

"天哪!"少女失声地说，"这超过了我父亲一个月的薪金，我怎么会嫌少？先生，我惊异您这样支付我一大笔的钱，我真觉得太多了!"

"原来如此!"叔同平淡地一笑。

"我是'诚子'，先生！还有我的家……"

"那不关紧要!"叔同接住她的话，"只要你按时上班，我们为一项艺术，你献出身体，我献出精神就得了!"

"哈咦!"少女对于叔同这别开一面的处事手法，感觉奇怪，她缓缓地站起来，"我的父亲京口先生，是京都乡下一个小学教师，可是，他不久前死于醉酒，留下我和母亲、弟弟、妹妹。……"

"你的父亲死了?"叔同注视她一眼，这少女的脸上一片纯洁无瑕，"家庭的担子落到你身上来啦?"

这少女的侧影，很像蜡人馆里的塑像，而她的性格却是纯粹的东方风。

"不!"诚子反驳，"家不靠我维持，我母亲以洗衣养活我们，我还上学，我上的是音乐女校预科。……"

"哦，你读书？你学音乐?"叔同从茶几上抓过紫砂茶壶，沏一杯茶过去。

"谢谢您!"诚子受宠若惊，把头俯到膝下。

"你学的是音乐?"叔同重复一次。

"声乐!"诚子说。

"哦，那么我们竟是同道!"

于是，叔同走近窗口，在新买的英制钢琴边坐下来，旁若无人地，放手弹一曲中国的《潇湘夜雨》。

诚子凝神细听，到"雨声"淅沥而终止时，她如梦初醒，怔怔地呆望着叔同，似曾相识。

"先生！您弹得比我们老师还要好!"诚子说。

"我正式学钢琴的历史，还不到一年呢!"叔同微笑。

"先生!"诚子兴奋地说,"我该怎样叫您,我?"

"我?我叫李岸,也叫李叔同!"

"您是东京人吗?听口音您是这一带的人。"

"不,我是中国人,我家在中国的天津!"

"中国人?"诚子好像受了伤害一般,"您是中国人?"

"中国人不是很好么,诚子姑娘?"叔同正色说。

"中国人……"诚子讷讷地红着脸,"我们日本人对中国,正如我们对'朝鲜'和'琉球'一样,中国是我们祖先的藩属!"

"谁告诉你?"叔同温顺的表情完全消失了,满脸凝霜,瞪看诚子。

"是我们上一代,我们的父亲和教师。"

"那错得太远了!"叔同说,"日本之与中国,正如中国之与日本一样,彼此并无藩属关系,不过照历史家的说法,日本国里,倒有中国人的血液和文化传统。"

诚子对叔同开始怀疑、失望,她没有再辩,她的眼睛充满矛盾的情绪。

"不会错,诚子!"叔同说,"从这周起,你到我这儿来,以后,你从我身上,便知道中国人是何种民族,将来,让事实证明它!"

诚子站起来,太阳落山了。

"我们这就开始,照我所说的时间来,再见,诚子姑娘。"

春末,西山夕照,从窗口伸进叔同的画室,长沙发上斜倚着一个凝思的美丽少女,肘下放着几本洋装书;她的目光,正睇视着一张西洋油画上一个半裸的画像,那画中的女人,胴体丰熟,长发披肩,好像是古典派的作品。

现在,叔同便把诚子凝思的侧影,用炭笔在画布上涂,诚子的一颦一动,都得听叔同指挥,直到初步投影完成。

这是叔同第一次用人体写生,而诚子则是第一次供一个陌生男人做绘画的模特儿。

这一天的工作,非常美满,因为诚子的体态无懈可击。一种典型美,充分在她身上每一部分表达出来,这在别的女人身上,叔同没见过。因此,他深深地欣赏了她。而诚子,觉得这个中国青年,态度的严肃,写画的刻意,和多方面的艺术成就,也使她极其倾服。

她离开画家视线之后,再浏览浏览叔同的这一套房间,哦,原来壁上的字画、金石、诗词,全是叔同本人的杰作。对中国艺术、文字,诚子也有些底子,这一来,她发现叔同真正的不平凡!

"叔同，是个与众不同的中国青年！"诚子想。

夏天来了，同时因为画的习作程序，是由浅入深，由点到面，由静到动，这时候，叔同作画，诚子就常常要脱去衣服：从半裸，到全裸；从单一的面部表情，到全身动态美的表达。

由某一角度的表达，到全面的立体的表象；从写实的人体写生，到抽象的写神、写意、写情，这都要借自然人体做试验。

起初，诚子以裸体让男人欣赏、复制，心里总是想哭。但是叔同说：

"诚子，我们合作已经两个月了。本来，模特儿——原是让人做裸体写生的，否则，谁要她呢？在艺术的境界上，你只能存着美与丑的观念。艺术是求美的，而模特儿所表现的，便是自然人体美，如果女人外罩和服，像一捆布，那又怎能看出自然美来？

"诚子，你既然学音乐，你就知道：音乐的美，寄情于声；绘画的美，则表现于色。两者的共通精神，与其他艺术一样，都是写人的精神活动。人心如画，你心里想，裸体是可耻的，便不能见人；你心里想，艺术是庄严的，你便感觉'模特儿'也不卑贱。但是，你对你的庄严工作，如动了凡心，神圣也会变为邪恶，神仙也会成为魔鬼。

"假如——男女之间，有了情感，美色当前，一个凡夫俗子，自难承受！"

叔同说这些话时，并没有看诚子，他的眼睛在画布上，一面记忆着诚子每一部位的明暗度，一面认真地用笔勾绘。

诚子，虽然十九岁了，还没有经历过人世风险，但生理上、情感上，都已熟透。叔同了解她。第一回，她做得很不自然，背向着他，像撕羊皮似的，一块块把衣服撕下来，但三次过后，便做得很自然了，以后，更很大方了。她随时让叔同安排角度、衣着，调配光线。她深知，西洋画家，大多成名于人体画，不像中国人，成就于山水鱼虫之属。这是两个世界的不同处。西方的画，多半是表现真实的人物，表达人类精神的冲力、野性和美感。唯有人体，才显出人类的爱和力、美和丑、邪恶与神圣。有人，世界上才有别的东西。

中国画表现山水鱼虫，在人物禽兽上的表达则欠缺力量。日本画也开始循这条路走，但后来变为日本人的路，不西不中。看来很好笑，正如日本的风俗人情一样，岛国的和服、木屐、艺妓；比中国更逊一筹；好像没有艺术。但是，他们在近代向油画进军，变了作风。

中国画的山水，表现的是安静的人生，知足常乐，缺乏动力；赵子昂的马，看来没有西洋航海画上的水手更英勇，令人感动。

时间从容地消逝，除了作画，叔同与诚子也常常弄弄钢琴，有时叔同奏琴，诚子低唱，一曲终了，两人默然良久。

“诚子你想什么?”

“叔同，你呢？”人类无论如何逃不开情感的罗网，无意中，诚子冲口叫一声“叔同”，而她的内心，该早已是没有樊篱了！

“我想，我们如做戏。”叔同淡淡地说。

“戏?”

“戏剧！”叔同从沉思的境界里出来，“我想到一幕戏剧，我们刚才表演的一幕，正和谁的传记中一段相仿。我记不清了，是一个音乐家的一生，啊呀——贝多芬！他聋了耳朵，听不见声音，在大风雨之夜，沉醉在乐章里，按着琴键，他的爱人，那个比他小二十岁的女人，我忘了名字——她站在一旁，风雨越来越大，最后，他终于完成了著名的《暴风雨交响曲》!”

“叔同，你什么都知道!”忽然，诚子兴奋得哭了，人向前方冲两步，压在叔同的肩上，“请原谅我，我如此软弱!”

“诚子！”叔同转过身，扶住她，“你很好，你是个天生的画家朋友，没有天生的模特儿，可能就没有天才画家！诚子，假如换一个平庸的、缺乏情感、没有知识的女性，你想，我的画，应该怎样?”

这时候，双方都觉得情感在灵魂里鼓动，感到又惊又喜。

诚子怕的是：叔同是中国人，终要回到他的祖国去；叔同，则受了母亲毕生的创痛，他不敢再去想象，一个女人，如果没有地位是如何地难堪！

另一方面，惊喜的，是互相发现在艺术上能结合到如此情境的异性知己，因此，双方深深地吸引了。

“诚子！”叔同好像想到什么，“我读过世界上许多名作，每一种名作都表达苦难世间的一面，而令人感受相等的痛苦，像《椿姬》(《茶花女》日文译名)、《悲惨世界》、《黑奴吁天录》，我忍不住想把书中人的情感发泄出来，心里才舒服些。但是，我不知如何去表达，我不知如何把他们的苦痛，表现给大多数人知道，去同情书中那些可怜的人。今天，我们在这儿弹琴，当曲终时，那一瞬间，我突然想象到，我是不是可以去演戏，我不知有没有那方面的才能。我和朋友，已经创办一个‘剧社’，集合我国留学的同学，我们正在排演那些名著剧本，让那些苦难的人，借着我们的身体上台。诚子！我发觉我们刚才好像在一幕剧情里，我是男主角，你是女主人……”

诚子的眼正噙着泪，听叔同这些话，不知是感激，还是懊悔。

她设想，自己正站在悬崖的边缘，所攀附的，竟是向高空发展的白杨——李叔同这样的人。

“我不会演戏，叔同！”诚子默流着泪，“我只能无力地让情感蹂躏，我想，你会演戏的，你经过处都有光，你搞什么都有成就！”

“哦，诚子！”

叔同不禁也对诚子刮目相看了。

他把她挽过来，两个人面接面凝视着，互相看到他们眼里涌出而停留的泪，转动的眸子，和嵌在黑色水晶体上两个小小的人像。

双方胸口的颤动，血液的奔腾，手与手的绞紧，如一场旋风，足以毁灭一座无驻防军的美术城……

【捌】

上野（二）

这刹那间，仅仅是一刹那，如同走遍一座黑暗的地狱，经过一片破碎的坟场，面临一次毁灭的决斗，令人窒息而紧张；这时候，暗室相对，正是情感诉诸理性制约之时……

“诚子！”叔同突然放下箍紧而沁汗的手，“你听说过‘宫本武藏’这个浪人吗?”

诚子白皙的脸上，顿时变得血红而羞惭了。

“不，没有过！”诚子懦弱地避开叔同的眼，这双眼如一潭久经澄清的水，再度从翻浑中重新沉下它的浊物。

“没有过？啊，诚子！你有看过‘浪人戏’？日本的浪人，就是中国《水浒传》里的人们；这些人，也是人啊！可是他们都有不平凡的遭遇，处在恶劣的社会，他们被‘矮化’为乱民贼子！这些人哪里有贼性呢？不过是逼上梁山罢啦！我决心表达他们，唉，人生！苦难的渊薮。

“诚子！你，我，梁山泊上的英雄，日本的宫本武藏式的人物，都是如此。我们都是被‘矮化’过的。小姑娘们，或许不懂这些，但做男人的我们就不得不懂，不容你不懂，过去如此，现在如此，将来也如此。每个时代都造就些浪人、盗贼、妓女、骗子；说是命，可以，你说是社会的病根，也是！”

“我从未听说过，叔同！我好像在梦中，听神仙说《天方夜谭》的故事！”

“总之，”叔同顺手把诚子的肩一压，便同诚子挨肩坐下来，“世间多的是苦难，够人们享受的，比方说‘玛格丽特·哥吉耶’吧，她只代表某一阶层人物的苦难而已；中国的林黛玉，为了痴情，熬干了自己。世界上，还有比这更不幸的，那便是某一阶层广大的众生群，如非洲的黑人，被英国的绅士们卖到美洲去做奴隶。他们如一群畜生，被贩来贩去，女的被强奸，男的被枪杀，司空平常，而奴隶主，却是文艺复兴以后的文明人，我们要拯救的，便是这一群黑皮肤的朋友，他们因为种黑和缺乏文明人的奸诈而被出卖‘人权’！”

诚子睁大眼睛，对着叔同一张痛苦的脸，如同对一本无字天书，迷惑而向往。

“我决心干，现在就干。”

“干什么？”

“演戏！”

“浪人戏么？”

“嗯，无非都是浪人。”

“我能做什么角色，我，叔同？”

“你呀，做我的模特儿，我的——”

诚子脸上抽搐了，哀伤地瞟着叔同。

“做我的‘观众’如何？”

“观众？”诚子战栗地默认。

“你是不能做‘演员’的，诚子，演员的心境太苦！”

诚子听叔同讲人生问题，如同听十三世纪的西方小说家讲《金驴记》的故事，这头苦恼的驴，忽而变人，成为贵妇人的入幕之宾，忽而大现原形，成为驮夫的奴隶，被打得有气无泪，欲哭无声；而且，它竟自认天性中禀赋着“苏格拉底”的智慧。

“我敬爱的观众！”叔同重复一句。

“再见！”诚子凄然一笑，起身告别。

叔同望着走在夕阳余晖下，诚子窈窕的背影，不禁深深地叹口气。

“人类难道一定要走回头路，重蹈上一代的覆辙？”

正是“老病未愈，新病又生”。

要说人，是理性的动物，谁信？

一夜过去，使叔同辗转不成眠的，并非诚子的问题，而是演戏的冲动。

对于重复加于人类情感上的压力，只有闯一关，过一关；这种事，实在说不到哪里。

晨起，沐浴后，便去拜望藤泽浅二郎先生，他把他的冲动、理想，说给这位日本的文明戏专家听听。藤泽先生，因为上野黑田清辉教授的关系，知道这个中国籍

的学生，天赋并不单纯。

藤泽说："凭你们学艺术的年轻人学演戏，自然没问题，可是，目前演戏，却是赔本的交易。西方的剧本，不是日本的浪人戏和傀儡戏，西方的戏，要一群人去合作演出，没有固定的形式。它不似中国人的京剧，穿一样的古装，千篇一律的脸谱，走一样的方步子，哼一样的皮黄，排出的角色用生、旦、净、丑去象征世相。像莎翁的戏，简直包罗世界上一切人物、故事，在这种场合下，一个人演独角戏没人看；两个人演双簧，也令人作呕。戏要打动人心，要一群人扮演一群不同的角色，翻版人间的苦难和不平，离合和悲欢……"

"哦，这正是我们的理想。"叔同的眼一亮，舒开两道疏朗的眉毛，"本，我们不怕贴，只要有您指导我们，做我们精神上、技术上的支持者，我们就非常感激了！"

"你说得这样简单吗，李岸先生？除了精神，还有物质上的条件呢，演戏不能叫几个人上台学学古人的话就完啊！"

"钱，我有办法，请您答应我们吧，我们都在期待您，先生！"

"噢，哈咦，好，好。"

在日本学艺术的中国学生，也只有李叔同、曾孝谷、陆镜若、马绛士、黄二难、欧阳予倩这一伙人；当剧社开始成立时，也只有李、曾两个学西画的青年和几个上野的同学做台柱。

于是，"春柳剧社"于一九〇六年十月，便在李叔同、曾孝谷两个青年人大胆的尝试下，推出这块响亮、富有青春气息的招牌，它拥有一群热血沸腾、献身艺术的中国英才。

他们第一系列，排出的戏码，是小仲马的《茶花女》，以次便是大排场的斯托夫人名著《黑奴吁天录》、雨果的《孤星泪》。

一九〇七年二月初，他们第一次在东京"留学生会馆"上演的，便是《茶花女》，李叔同反串了剧中的女主角。

五月，熏风起了，二十世纪初叶的东京，有一种风气，一方面灌输他们下一代的侵略意识，把中国人当作第一块肉；另一方面，对中国的革命党新派人物，又似乎带着同情与可畏的尊敬，这便是他们的"相对论"。

此时，已有了《茶花女》的演出经验，他们便动员了《黑奴吁天录》的试演。角色的分配，经过商讨后列出来了。

庄云石（法科学生）：饰乔治·谢尔比（白人），是黑奴汤姆叔的老主人。

曾孝谷（上野学生）：饰乔治的妻子；兼演莱葛立（白人），汤姆最后的主人。

黄二难（上野学生）：饰海雷，乔治的债主（白人，黑奴贩子）。

李涛痕（国文教员）：饰一个黑奴贩子，白人。

李叔同（上野学生）：饰爱弥丽，莱葛立家的女奴；兼演圣克莱尔（白人），汤姆第二位主人。

欧阳予倩（剧校学生）：饰贩奴商人之子，小海雷。

其他的角色，如汤姆叔（本书要角，老黑人）、伊拉莎（女黑奴）、哈利斯（黑人，伊拉莎之夫）、小乔治（老乔治·谢尔比之子）……这些人则由“春柳”社员分别出演，凡是黑人，都得长相丑的、个子大的留学生扮演。

这一场五幕现代剧，在六月一日、二日两天下午一时在本乡座演出。

——这是一八三〇年的美国，肯塔基州一个农场主人乔治·谢尔比（庄云石）家里畜养一群黑奴，但他心地仁慈，从没有虐待过黑奴；可是他正因宽待黑人，致负债破产；债主上门，逼着他卖掉黑奴作为债务的抵偿。

债主海雷（黄二难），来自新奥尔良州，对贩卖黑奴，有杰出的一手，并因此而发迹。所以，他硬要收买乔治家的两个黑奴，这两个黑奴一个是老汤姆叔，虔诚而忠实的老家伙，另一个是女奴伊拉莎五岁的儿子小哈利斯。

伊拉莎听说主人要抵押掉她的儿子，就去告诉她的丈夫哈利斯（一个长得很棒的黑人）。哈利斯是另一个农场上的奴隶，但他因受场主无理凌辱，久已蓄心想逃生去加拿大。于是伊拉莎同丈夫商量，便决定带儿子逃命。

但老汤姆叔并没有打算逃亡。当老乔治与债主签约要卖掉他的那天傍晚，他正和妻子儿女，和一群难兄难弟在小屋里唱诗，主人的儿子小乔治还为他们朗诵《新约》。

等到他们被出卖的消息传来，汤姆的小屋里，立刻充满了悲哀的气氛，而汤姆叔为了主人和黑奴兄弟的名誉，便宁愿接受“上帝安排的陷阱”，去让他主宰一切。

第二天，债主海雷发觉伊拉莎母子俩失踪了，暴跳如雷，便去追捕，但已来不及了，主要的，因为谢尔比夫人（曾孝谷）故意迟开了早餐，使债主耽误了时间，等他追到俄亥俄州边界河岸时，伊拉莎已抱着孩子，从一块一块正流着的浮冰上，逃入俄州境内。到俄州后，母子俩得到教会庇护，过了几天，丈夫哈利斯也逃了过来，他们便继续向加拿大逃生。

债主海雷虽没有追上伊拉莎，但还不甘心，他便雇了两个追捕黑奴的捕手马克

⊙一九〇七年，李叔同留学日本期间出演《茶花女》的主角玛格丽特的剧照。左为李叔同；右为曾孝谷，饰演男主角阿尔芒。

斯和洛克，去追捕伊拉莎，如果捕到，人便是他们的。

海雷没追上伊拉莎，重回到老乔治家里。他怕汤姆叔也会逃走，便给他上了脚镣，押到新奥尔良去。临走时，谢尔比的儿子小乔治，偷偷地送汤姆叔一块银币，以作纪念，这孩子申言，他有一天一定要把老汤姆找回来。

汤姆被押到新奥尔良的路上，救了一个小女孩爱娃的命。她父亲圣克莱尔先生(李叔同)——新奥尔良的一个富豪，他们也同乘这条船，从北方回去。有一天爱娃失足落水，老汤姆便冒险跳下河，救起爱娃，爱娃便劝说父亲把汤姆从海雷手里买下，带回家去。她告诉汤姆，以后，他便自由了，因为她的父亲圣克莱尔先生是一位仁者。

果然，汤姆叔被留下来了，住在爱娃家里，真很舒服。主人让他做车夫首领，小爱娃天天晚上唱圣诗给他听，又教他写字。但是小爱娃天生弱质，不久一病夭亡，她死以前，曾要求父亲释放家里所有的黑奴。圣克莱尔先生，便决心遵从女儿的遗言，可是还没有来得及实现，他便因替别人劝架，结果误遭刀伤不治身死，而他的太太圣克莱尔夫人，天生头脑顽固，又把老汤姆送到奴隶市场上去拍卖，把汤姆卖给地主西门·莱葛立(曾孝谷)。

话分两头，当汤姆在爱娃家安住下来，女黑奴伊拉莎正带着孩子同丈夫哈利斯，和另外几个黑奴，一同逃往加拿大，结果途中被海雷手下的捕手马克斯和洛克追上了，双方展开一场枪战。黑人哈利斯智勇双全，打伤捕手洛克，马克斯则弃甲曳兵而逃。于是黑奴们得以顺利逃走。

再说汤姆，被卖到西门·莱葛立手里。这个两腮瘦削的地主，专横残暴，为富不仁，虽然他的田产已日渐衰败，而他的黄汤却越喝越多，整天酩酊大醉，醉后不是殴打黑奴，便是任黑奴忍饥受饿；而且他弄了一群猎狗，专一对付黑奴，以防逃走。

有一天，汤姆叔把一些棉花送给一个患病的女人，让莱葛立看到了，他就命令汤姆叔鞭打那个妇人，老汤姆不肯，他就把老汤姆击昏，恰巧，幸有老女奴凯茜救醒了他。凯茜是黑白种的混血儿，她在莱家做奴多年，并且熟知主人许多丑史，所以主人怕她三分，而莱葛立又迷信魔鬼，他觉得凯茜有一身魔气，使他不敢近身。

而后，凯茜和另一女奴爱弥丽(李叔同)设计逃亡，她们知道，如让莱葛立抓到，绝没有好下场，于是这两个女人便设法伪装逃入森林，等莱葛立带着人和猎狗追捕时，她们又溜了回来，躲在阁楼上。莱葛立在森林里搜了几天，毫无所获，他怀疑老汤姆参与同谋，就毒打汤姆，终把汤姆打死。

汤姆死去的那天，他旧时的主人谢尔比的儿子小乔治长大了，特别赶到莱家，准备把汤姆叔赎回去，可是汤姆已死；小乔治便控告莱某“谋杀罪”，而莱某反唇辱骂，小乔治一时火起，把莱葛立杀猪似的捶了一顿狠的！

此时躲在阁楼上的凯茜和爱弥丽，使用白被单裹着身体，装作鬼魂，下楼吓唬莱葛立，莱某吓得魂不归窍，便灌酒拒鬼，一直醉得不省人事。凯茜和爱弥丽便趁机逃走，小乔治帮她们搭上一条船，开往北方。

她们在船上遇到一位苏克斯夫人（黑人），她说她是哈利斯的姐姐，而哈利斯正是伊拉莎的丈夫，苏克斯夫人谈到哈利斯太太时，老凯茜才知道伊拉莎就是自己的亲生女儿，在多年前被奴贩子带去而失踪的。

伊拉莎和丈夫已逃到加拿大，凯茜和爱弥丽也逃到加国，于是母女亲友得以团聚。

最后，小乔治回到肯塔基州老家，老乔治死后，为纪念他的黑人老奴汤姆叔，便把家中所有的黑奴解放……

中国人演西洋戏剧，这是历史的开端。

叔同为了爱弥丽和圣克莱尔这两个角色，他不惜一切造成黑人悲剧的气氛。他全心全力烘托出黑白种族不平的悲剧。而这个剧本上的角色，各人的比重，倒没有距离差等，你不能分别谁是主角，谁是配角，这一群黑人们，在全剧的分量上，都一样重。黑奴，便是全书的主角。其中的老汤姆，不过是剧中一根贯穿的线而已，他使黑人的命运连贯展开高潮。

“黑剧”在东京乐座演出的晚上，同样使日本人对中国民族造成一个深刻的印象，中国学生在戏剧上能演出这一手，不能不令岛国的人民有所警惕和觉悟。

浪人戏和黑人的悲剧，正在这个世界上到处串演着；浪人的生涯和黑人的命运，不过是其中个体和整体的悲剧代表而已！

幕落，谢幕词引用林肯的名言：

“只要有人的地方，绝不许有一半自由，一半奴役，并存于世界。……”

黑奴的命运与白种人的野蛮，正反映这个世界，一半自由，一半奴役，两种不同的待遇。

谢幕词被一片潮水似的掌声淹没，当日本人的内心被自由、博爱、怜悯所感动的时候，他们同样倾向人性光明的一面。

谢了幕，演员下妆，后台被热情的观众包围，有许多素不相识的大学生、教授、知识分子向演员伸出手，因而许多年轻人便认为他们是黑奴的代表人，拼命地挤上前慰问他们。中国留学生，没有参加演出的，则争着要加入“春柳社”，一显身手。

夜深时，人们陆续地离去，叔同和曾孝谷最后出来。到剧场外分手。这时一个女人的身影，从走廊的阴影下闪出来拦住叔同，向他弯下一百二十度腰肢，向他说许多卑微崇拜的话，说他是中国的“莎士比亚”。

“先生，愿意我陪您走一段路吗？”说话的女人，修长，美艳。

“啊呀——诚子？”叔同的心灵还浸沉在刚才的戏里，这正如他初演《茶花女》时一样，他被“玛格丽特”，那个沦落的女人蛊动，因为那个女人，要他这个男人来演，表达玛格丽特，等于表达《红楼梦》里的林黛玉一样，那种复杂的性格，困扰的心境，痛苦的现实，都使他不得不进入“剧中人”的情境。

今天，表演爱弥丽，亦复如是。

当诚子站在他面前，说了许多崇敬的话，他还不知道这个女人是谁。直到他从恍惚中清醒，这才认清诚子。

“你入迷了，叔同！”诚子露出两排贝壳般牙齿。

“噢，哪里的话。不过，做一种功夫，不入迷，总难成功，你说对吗？当我们绘画时，你叫我，我常常如入梦境，忘其所以，其实，那一瞬间，我正把三魂六魄投射在那张画的人物上；在演戏时，我的心则沉在角色的情感里。我演《茶花女》时，除了我要研究玛格丽特的性格、装束、内心的情操；我还要对着镜子，扮演她的表情。否则——谁看你表演？换句话说，谁同情剧中人呢？要得我们的心血不白费，迷一下子又何关？只要不执迷不悟，就好了！”

“说起话来，你总是一套断绝人间烟火的哲学家言，好像你看透了这个世界似的。别演绎你的哲学警语了，我恭贺你成功！”诚子说。

“好，我也祝贺你——诚子！”

在东京的月色下，诚子偎在叔同肘边，走一段人间最寂寞、最有诗情的夜路。直到叔同的上野不忍池公寓，叔同说：“还回去吗，这么晚？”

诚子仰望半圆西垂的缺月，充满凉意的深蓝天空，几颗闪烁的星辰，一抹淡写的银河，欲言又止。她背着月光，瞧着叔同。

“那么诚子，你便在我这里将就一晚吧。明天除了排戏，我们还要作画。”

诚子无语。

“难道——诚子？……”

诚子摇摇头，然后，柔顺地跟叔同上楼。

画室里，交错着月光和暗影；在月色里也能看到阴影下景物，在阴影处，看月色筛过的角落，更清楚。

叔同拉一条薄被给诚子，安排她睡在“床”上，他自己则拼起两张沙发，用毛毯盖着身子，脚垂在榻榻米上。

静静的夜，轻拂着过去。

如水的夜，轻拂着过去。

对于诚子，在中国留学生的眼里，这个漂亮而文静的女郎，不仅是李叔同的模特儿，也是他的异域情侣。

虽然，叔同有诚子来往，但并不能证明他“文采风流”。叔同那张欠表情的瘦长脸，单调而严肃，除了演戏就很少见他笑，他会绷着脸训别人，同样，他也会寡情地虐待自己——唯一的例外，他和诚子相处时，温和得像阳光一样。

春柳社上演《黑奴吁天录》以后，社员激增，日本的青年、印度的学生，也挤进来了。

他们演戏，有时用汉语，有时用日语，言语只要统一，戏剧一如音乐绘画一样，总是不分国籍的。

中国的戏剧运动，从此萌芽了！

上海的“春阳社”也随着“春柳”的脚步，站起来了！

中国的李叔同、曾孝谷这一班青年，在戏剧上的成就，正染红了东京的文化圈，也启迪了艺术上一个新的时代；但中国人天性不愿为新风所鼓动，留辫子的人还称之为“异端”，“斯害也已”！这些人从没有想到，演戏也如书画，可以走进庙堂，睥睨大千世界！

【玖】

上野（三）

古今一色，不管是二千年前的祭师，还是二千年后的梨园子弟，其浪漫的意味，多半在他们辛酸的生活上，涂上一层釉彩；在他们苍白的皮肤下，注入些颜色。人生的悲剧，都在这种方式下演出。

叔同不是一个职业演员，如今西方的“演员”意义，又和中国的“戏子”意义不同；二十世纪以前的东、西方社会，“戏子”都是不入流的。活在十七世纪的莎士比亚，严格地说来，这个人也仅是会写故事的戏子而已。请看留学日本六年后的中国戏剧先驱李叔同，为这位戏剧大师译为中文的《自选墓志铭》吧：

“好朋友！请看上苍的面上，请别掘我的骨灰！祝福保护这里墓石的人，诅咒移动我的骨灰的人吧……”当时的莎士比亚，对自己所操的行业，似乎并不满意，他的位置，最多也不过被封为“伯爵”，一个名不见经传，多如过江之鲫的拖油瓶贵族。

但是一百年后，英国人说：“我们宁可失去印度的领地，也不愿失去我们的莎翁。”想想看，也许今天有人会说，我们宁愿失去一个美洲，也不愿失去一个莎士比亚了。

李叔同之爱好戏剧，正如他喜爱书画、金石、音乐、诗词一样，他的灵光过处，便照亮了一个角落，发现了一种东西。对戏剧，他干起来坚决、认真，直到有成就为止。如果说他演戏，想在这上头成名，错了，他仅仅是一个严正的票友。

在日本创立的“春柳社”，一方面由于新文化的浪潮，进袭东方；另一方面，则是一股新鲜的爱国意识的冲动。中国的黄河百害，两淮水灾，经常使千百万同胞的生命财产，付之洪水。再加上清末王朝的蹩脚内政——只要黄河的祸水淹不到紫禁城，与皇帝奶奶总是拉不上关系！

《茶花女》的上演，动机是“中国两淮水灾卷走了无数同胞的生命”，身在国外的人，对祖国的灾害，总比国内的官吏更敏感，于是《茶花女》在急筹赈灾捐款义演的大旗下揭幕。

《黑奴吁天录》则强烈地反映中国民族自决的心理；黑白种族的不平，正是世界上一切自由与奴役的对立。《黑奴吁天录》的思想，不只揭发了美国种族歧视的黑暗面，也否决了世界上任何种族的歧视与不平，自由与奴役的对立！《黑奴吁天录》上的黑人，由中国学生演来，正是中国青年苦闷的宣泄，面对列强的抗议。

“春柳社”不仅是中国戏剧运动的新芽，也是中国青年站在二十世纪尖端，从事爱国运动一种突出的表现。中国人的思想不平凡，正如中国人的性格不保守一样。

叔同一觉醒来，感觉两只眼里直冒金星，再睁眼一看，自己身上正盖着一条薄被，这床被不知什么时候从诚子身上移过来了。

再看诚子，床上空空如也，不知什么时候走了。

非常纳闷，非常寂寞。

太阳已从窗帘外拼命向窗缝里插脚，好像有人挤过来一样。看看壁上的自鸣钟，八点只欠五分了，这才翻身坐好。

“奇怪？”他没有说，只是想，“人到哪去了？”看着空下来的床褥。

但时间不容他想，想想，八点钟，还有约会。要在这里等朋友来——你总不能让别人来了看这个房间像一堆垃圾。

画笔、画架、颜料，演员的行头，刻字的刀，女人的余韵，名士的派头，零乱地充满空间。

他匆忙到盥洗间绕一遭出来，八点已敲过，“黑人贩子”还没有来，便把窗帘拉严，窗门关上，沏一杯茶，走到钢琴边，先用两个指头试试琴，在B调的键子上轻轻地点两下，清脆。正待坐下练练柴可夫斯基的《B小调第六号悲怆交响曲》。

“喂喂，李岸先生！”有人在房门外叫。

是管公寓的“阿卡米桑”，从两门之间伸进一只手递过一张名片。

“欧阳予倩”。

他看看钟，八点七分，再看看琴，觉得太对不起柴可夫斯基先生了。

于是他别转头，走到窗口，把帘布拉到一边，推开窗门，向下一望，一个面容姣好、中等身材的中国学生，正在向上看。

“叔同，叔同！喏，怎么啦？”

下面人很急，期待叔同的话。

“哟，予倩兄！我们约会的时间是几点的？”他是压根儿准备按时练琴了，而且这架琴，又是属于两个人的。他练后，得排出时间来让诚子。

即使琴可以宽恕人，人，又何必强求宽恕呢？

火车开动前你晚到一秒钟，都会造成你失败、灰心。

“八点，叔同啊！但现在是八点五分了，看我从牛込区老远跑来，又是假日，天还早咧！”

“可是这里的钟已是八点十分了，你延误了十分。按照我的功课程序，现在正在练琴，予倩！对不起，我们改日再谈如何！”

“哦，我这么远来……”

“对不起，欧阳兄——”叔同向这位学戏剧的朋友点点头，便把窗门合上，隔断了窗外的话。

“欧阳予倩？……”他在心头重复一句，便转身安然自得地坐上琴前的凳子，好像没有发生过任何事，打开琴盖，十只细长的手指，伸直，先随便在键上走一趟，正待奏出《悲怆交响曲》，他又似乎听到什么东西悉索在响，是猫，还是什么？

想到这儿，便觉得人这东西，任他自生自灭，准不成材料，要成材料，除了折磨他，别无其他办法！

人类的要求，哪里有止境？

一箪食，一瓢饮，在陋巷，人不堪其忧，回也不改其乐——这是生活！

衣轻裘，乘肥马，朱门酒肉，广厦千间，还有无归宿处的杞忧——这也是生活。

“叔同！”有人剪断他的思绪。

“啊——诚子！”他回头正对着端一盘热气氤氲的面点的诚子姑娘。

诚子轻盈地、熟练地放下盘中的点心，满盘的点心全是面捏的，不是包子，又不是馒头，这是一肚子孕育着甜食的点心，诚子把它送到叔同右首的矮桌上，这才去冲两杯牛奶。

“诚子，你把我震了一下，你变动了我生活的程序！”

诚子绽出两排洁白的牙，嫣然一笑：“你还没有吃早餐，吃完了，再让你震我一

下好了!”

诚子说话的表情，极其美丽；不是日本女人的被动美，也不是中国女人的拘束美；不知那是哪一种美质，从她身上馥溢出来，令人心意清凉。

她自己靠在一张沙发上，隔着桌子，待叔同讲什么。

叔同没有笑容，也没有什么反响；在情感上，似一只燕，穿过白色的梨花丛，静静地、平静地飞翔。

“诚子！你走，没告诉我，你来了，也没打个招呼，这不好啊!”叔同说话了。

“请吃吧，李岸先生。”她把盘子推过来，叔同无法推托地吃了。

“我承认人心丑恶，亦复承认人心善良；我深深喜爱诚子，这正是一体的两面。人，对内是丑恶的，对外则极其善良！”他说，只是心里说，嘴里吃着。中国的包子，最上乘的是一包“混水”，下乘的是一包“肉”。但日本的包子是一窝“甜粥”。

他们随便说话，因为他们已没有距离。诚子对叔同的身世已全部了解，譬如天津，他有一份家业，天津的家里，有一个古式一点的妻子和两个孩子；他母亲，则是他父亲的继室；过去他有过风尘上的知交，他是个放得下、看得破、重情感，而表达严肃的读书人。他的性格如此，任何人都无法加他的帽子，说他“浪漫”或者“寡情”。在这个时代，男权高于一切，英国的女人还没有投票权哪，还谈到日本和中国吗?

他们中间最大的问题，是中国人和日本人的关系。

他有一天终要回到他的祖国去，诚子会如此想。

“对诚子，我有沉重的情操与责任。”叔同想。

练琴的时间已过去了，要练，只有明天；十点以后，便是习字。

“我承认，我非常欣赏你，诚子!”

“噢?”诚子一怔，然后一笑，“欣赏我，模特儿?”

“不，欣赏你音乐的质量，我过去见过的女人，有诗书素质的，有经典素质的，有绘画素质的，只有你——音乐素质，并非由于我们是同好，而事实，你的本质，便是音乐；但又非因为你是学音乐的。”

“叔同!”诚子沉着面容，“你不以为我们是异国人吗?”

“音乐，一切艺术无国籍。”

“假使我要去中国呢?”诚子说。

“我欢迎。”

“一个中国人的……”

“中国人的——”叔同重复一句，“我们人住着的世界，迟早有一天成为一个‘大联邦’，我们是同文同种!”

“我们贵国人民就不作如此想。”

“那真不愧是贵国的人民了，”叔同瞅她一下，“诚子，你什么时候出去的?”

“啊，你说我出去了？我没有出去，也没有回来过，我不去不来。”

“怪话，你还会打禅机呢!”

“什么禅机?”

“不来不去，便是禅机。”

“这怎么讲?”诚子问。

“这呀——不来，便是不生；不去，便是不死；不来不去，便是不生不死；不生不死，便了脱生死，入无生死地，这岂不是‘禅机’?”

“这好像钻棉絮，使人有朦胧的感觉。”

“好啦，我们不说这些，我也不是行家，从知识上学来的，并不见得真能受用。你们日本人东翻西译的东西可真多，从印度的奥义书，苦行婆罗门修持法，柏拉图、苏格拉底言论集，荷马的史诗，中国的道德经，孔子，释迦，乃至王阳明，张道陵的神符，吉卜赛女人的巫术，应有尽有。大学图书馆里，读不完的尽是这些东西，还有埃及木乃伊的配方，阿拉伯人的炼金术，印度教苦行派的绝食，和瑜伽行持法……”

“我不喜欢这些东西，这些东西并非我所爱，我最喜爱的，是我最喜爱的东西，因为它能创造这些。”

“你们日本人哪!”

“我们日本人信天照大神，敬佩武士道，还有禅宗。但是，我依然不了解禅。”

“我知道。历史告诉我们，隋唐之际贵国的‘大礼’小野妹子两度出使到敝国，结果把印度传给我们的经典，装许多船回去，便是你们今天的禅和武士道的祖宗。”

“我们扯到什么时候?”诚子说。

“十点。”

“我得走。”

“走吧。”

“对啦，让你写字。我不能破坏你的生活。”

“这是什么话?”叔同怔了怔。

诚子走了。

然而，一分钟后，诚子又回来了，她忘了带走一条手帕，同时她告诉叔同她早上并没有走，只是上街等点心，现在真正是走了。

“我想到，人与人间，应该互相负责。”叔同自语。

“这便不是你说的话了！”诚子扭回头，抛下一句。

“谁的话？”

“我便不要任何人负责，缘合则聚，缘尽则散；什么负责不负责？我只对我自己负责！”

“互相负责，才有良好的社会。”

“这句话有点靠不住，向自己负责，才有良好的社会。”诚子说。

“走吧！”

“就走。”

诚子走了。

“我不必向诚子负责。”叔同望着摆在桌上的宣纸，纸上隐约地浮现着要他负责的层层叠叠的人像：从他早死的母亲，他的妻儿，他的社会，乃至朱慧百、李苹香、杨翠喜这一班人物，这些人，隐隐约约，面容所表露的，是悲是喜，无法看清，但有一点最相似，便是“爱”。

不管知识上，还是情境上，有一种造作，到瓜熟蒂落的时候，你拒绝它，它也要自动地做一个或好或坏的结束。人类的一言一行一念，都包含着无数层“造作”的罗网；最后，束缚自己。

上野的第三年，诚子与叔同开始同住，那是自然的结果。在法理上，自无法解释；在情感上，如叔同先生这样的人，却无法不履行这种由友谊到情谊的过程。歌德活了八十岁，最后爱上一个十六岁的小姑娘，这个老头儿，也结过婚，但他恋爱了几十次，第一次他串演了“少年的维特”，在精神上，自杀了一次；但在西方，没有人评论他；他的《浮士德》却与日月同辉。

上野的春天与秋天交替。

诚子来了，

诚子去了；

诚子去了，

诚子来了；

最后，诚子通过她母亲的同意，终于与叔同共宿双飞。

爱情最后的归宿，便仅只如此。

“春柳社”一条美好的嫩芽，已从日本移到中国的南京和上海开花结实，成为中国戏剧与爱国运动的根源。

但在上野的第三年开始，春柳社的剧运，便随着大学的课业繁忙而终止。

代替春柳的，是学生的私人学术活动与中国革命运动的发展，人们心灵被火一般燎原的庞大血花所吸引。叔同除了加深画的研究与音乐的造诣，也把心寄托在中国的文化事业上；他想象中的将来，是把艺术带给新的中国命运，一个国家的兴盛，其艺术也一定是多姿多彩的；一个积弱的国度，几乎没有新兴的艺术与天成之才可言。

从一九〇五年九月到一九一一年三月，叔同在日本求学五年七个月，也消耗完了上野的全部时间；上野不仅造就了李叔同，也决定了他而后三十年艺术上的宿命与精神领空的成就。

没有“上野五年七个月求学生活”，可能也没有三十年后的李叔同。

更应注意的是，没有诚子，也可能没有“出世的李叔同”；诚子在这一方面高于“朱慧百与李苹香”；她的质地影响了他。假使在上野没有诚子出现在他的生命里，而在他日，他的生活方式如何写，思想过程如何演变，都无法预卜！

看过卢梭《忏悔录》的人，都知道这位自由大师的少年“肮脏到何种地步”，但他毕竟洗刷了这些！

一九一一年的春天，正等待迎接学成归国的李叔同！

学校只造就些璞玉，但并不雕琢。

“你终将要回到你的祖国去的！”诚子说。

叔同黯然。

“你走吧！”诚子说，“人在任何恶劣状况下，都有生存的理由；好像人活在北极雪原上一样。”

“你也同去，诚子！”

“我？”

“我把你安排在上海我的朋友那里！”

诚子垂着头，显然，离开日本——她的故国与她的母亲，这是重大问题。

“不吗？”叔同问。

"我只要看到你，便可以活。"诚子说，"可是离开这里，也令人伤心。"

"诚子！我以我的信誓保证，你会活得很好，你是知识分子，诚子。人总不要叫知识迷住了；除了现象界的差异，在本质上，万有都不能分尔我！"

"我回去看看我母亲，她老了。但我母亲非常喜爱你的，叔同！"

"这我同意，但我是中国人。"

"这我了解。"

"怎么决定呢？眼看就毕业了。在天津，已由我的朋友，决定了我的差事。"

"等我母亲赞成我到上海，我们便同去看看你们贵国的景况；我只当游历一番如何？"

"你这话就非常透彻了！"

"有时也并不透彻！"

"除了我当和尚，我想不会背弃你，诚子！我的病，将因你更形加重！"（叔同到上野第二年发现自己有了肺病的征候。）

"这我知道。"

"我母亲——"

"别再说了，叔同！对你——我不取任何报酬。我不要任何信誓。我只认为这是前世决定！"

"这——我还是扭不过宿命论，照我这个人的一生，便不应该再糟践你了，可是我又走了老路——唉，人生！想到这，便对不起我那可怜的母亲！"

"别再说了，人总是如此的。人心都是肉做的，不提炼，哪里有精华呢？"

"你很高明，诚子。委屈你，等于降低我一样，我们的格调绝不会有差异；我们是平衡的；其实，对女人来说，我只了解你一个；我也只承受你一个，你永远是明澈的。"

"可是，叔同——我要回去一下。"

"你走吧！"

诚子便收拾一点东西，下楼，回京都的家里去。

叔同的内心越是接近行期，越苦闷；觉得带诚子回国，不知是否正确。但留下诚子，也错。

诚子回家了，三天后捎回来她母亲的口信，到上海去她同意，但诚子每年要回国看她一次。三月末，上野的学生，终于结束了他们五年整的全部学术生涯。叔同辞别了教授们。黑田清辉，是他最崇敬的教授之一。

回到不忍池公寓，诚子正在烧碎纸。

人生，从许多角度的逐渐转变，最后变为全面。

当行期已定，他便带着诚子，这一双异国儿女，由神户同乘英国圣玛利号邮船，驶过太平洋，由中国沿海，向南驶；叔同把诚子送到上海，住进法租界海伦路一栋宽敞的住宅里，自己回到天津。

在上海有一架钢琴伴着诚子。

因为在天津工业学校的叔同，在不久的将来，便会到江南来。

在人间离合悲欢的场面下，只有精神生活，才能使彼此有所慰藉，赋予期望。

【壹零】转捩

诚子孤独地漂泊上海，对叔同，是一种新愁。诚子扔在上海，无异于扔在日本。

他在世间活了三十年，除了五岁以前，在深广的院落里，度过襁褓岁月，余下二十五年，便活在女人与艺术之间。诚子，是他最后一个——女人与艺术的总体。

过去，专为读书、写书、刻书而生活的日子，专为宣泄、孕育、制造情感的岁月，由于人生道路的突然转道，而不得不与之诀别。过去，二十五年间知识的吸收，情感的储藏，到上野归来，都变为一种母性植物的花粉，并准备向下一代的中国青年传播与嬗递。

文学与艺术，现在只能算是生活的瓔珞，而不能作为传道的工具。现在，诚子对于他，忽然间竟成为一种责任；可不是上野时代，模特儿的诚子了。

在人类开始觉醒的时候，生活便是责任。

天津的码头上，挤满了欢迎叔同的人群，他的哥哥文熙——当年严厉而寡情的李氏嗣子，现在已是四十开外的忠厚长者。这位学医的哥哥携带着一家人，和叔同的眷属、李家的亲友，一道来迎接海外归来的弟弟。

生活的磨炼，使人心的棱角变为光滑可爱；以往的“创伤”，似乎也失去了回忆的分量。

文熙与叔同，这一双同父异母兄弟，互相间都有着歉疚的表情，好像过去都犯了一种不可原恕的罪责；但他们的内心，实际已经完全宽恕了。

如果，古老的中国，有互相拥抱的礼节，文熙一定要扑上去抱住他这位年轻多才多艺的弟弟亲吻——可是，事实不能这样露骨地表达兄弟的爱，正因为形式上不能表达以往欠缺的手足之情，所以文熙的内心，也就更加热爱着叔同。

这一群人，刚到家，文熙便把“工业专门学堂”的聘书，捧了出来。也许是由于文熙的至诚，与叔同的造诣，使这所学府为叔同开了一科“绘画”课程，十多年前，叔同的书画在天津已经出了名。但叔同在日本主修的，则是“西洋油画”，这在中国画界，则更为新鲜、稀奇。因为，中国画用的是“墨、烟、彩色”，画在纸上。西洋画，则以“油膏、木炭”，涂在幅度不同的布上，而且涂得血淋淋的，不成名堂，可是，一旦悬挂起来，则赫然成为一种活的野的神乎其神的东西。

这种画经过画家用手、用油涂抹在画布上，正如他用血、用灵魂赋予那块画布以活的生命。

因此，西洋画显得野性、冲动、突出。这正如航海人的性格与牧马人的不羁。

从画的意境与理境去教育青年，这似乎决定了叔同这一生的路。艺术的路，没有时间与空间；其成就，犹如沧海之一粟到大千世界。而叔同，将来的路，并不在北方。

无论如何，诚子使他把半颗心已寄归江南。重要的，江南是新文化的摇篮。

一九一一年的秋天，叔同脱去留学生的洋服，换上了流行的教师服式：灰布长袍，黑呢马褂，布袜布鞋；上讲台，第一次为人师表。

面对台下眼睛会动、心里会想、嘴里会说的莘莘学子，他觉得，教师的肩膀，绝不可能同钱庄里的掌柜负荷相等。

站在讲台上的师表，不是戏台上的跑龙套角色；花脸与花旦，也不能表达师道的尊严；严格地说来，只有唱老生的胡子，坐有坐相，站有站相，走有走相，起心动念，都有尺寸，这种典型的人，才是真正的师表！

师表，不仅在外形上静如止水，在内心里，也应如老僧坐禅。若不能如此，便不能为人师，便不足为下一代楷模。

为人师表的感受，从踏上讲台起，便通过叔同的大脑；过去的生活，譬如死了，只有当下的生活，最真实，最有意义。

叔同，白天在工业学堂上课，晚间与暇时在家里照他过去的习惯，绘画、练琴、习字；但金石、诗词，则是偶尔试刀。

文熙现在依然照管家务，同时挂牌行医。没事儿的时候，则找叔同聊聊。兄弟

间，兴致一来，总是小酌一番。

一九一一年的初冬，北国大地，逐渐被寒冬所笼罩，一天傍晚，叔同从学校里回来，正待写一封信，给上海的诚子。

这时刚巧，文熙从门外神色匆忙地回来了。

“啊，叔同！事情糟了！”文熙走进他们古老的书屋，嗒然若失地，倒在椅子里，呆呆地望着叔同。

“什么事，哥哥？”叔同站起来。

“天津的盐商通通垮了！”

“他们失败与我们何干呢？”

“我们失败也就在这里了，叔同！我们也是盐商哪！我们还是大盐贩子呢，我们入股的‘义善源钱庄’，全部投资于盐；它活活埋了大家五十万！五十万块银币！”

叔同一愕。他从没有想到做盐生意也会失败，而且为什么会失败？对于家庭经济，他通常是讳莫如深。义善源钱庄，有他们五十万两银子被吞掉，这是他突然地听到；据他所知的，在天津、上海、北京都有他的资产，但这些资产的盈亏状况，他也无法知道。他深知他的哥哥是一位理财专家，不仅是一个医生！

但这次垮了。盐的失败，是失败于官价的剧降。

文熙摊开两只手，在椅把上。

“五十万？”叔同重复一句。

“嗯。”文熙答。

“假使我们生活在北京呢？就算遭了八国联军的烧杀吧！一座北京城比起我们的五十万，也不算渺小了。哥哥，您平平气；大难不死，必有后福。我们还没垮哩。垮了我们兄弟的家业，能垮了我们骨头吗？”

“你说的是，可是这都是祖先血汗惨淡经营来的财富啊！”

“逢到天灾与人祸，就不能论及什么人的财富该不该毁灭了。如果不毁灭的，那才是侥幸。”

“侥幸？”文熙直视着门外的天空，一片白云浮了过去。

“人生总是变幻无常的。”叔同低喟一声，“清廷的命运，已是朝不保夕。哥！我们弄杯酒来，我们与生而来的——除了赤裸着的身子，别无长物！”

于是叔同叫一个小厮，到后头厨房里，要几样小酌的菜，便无言地对饮起来，直到红日西沉。

此后，天津盐业的不景气，如一排巨浪，向经营这一行的人们做无情的打击；

直到半个月之后，李家另一座钱庄“源丰润号”，也全军覆没；使文熙丧失了全部经济动力，而李家的百万财富，除了河东的一座住宅而外，在天津的全部流荡了。

文熙遭受这种沉重的轰击，已到面临绝境的边缘。叔同，则由于艺术的陶冶，更感觉世间的财富不可靠，简直如同一堵粪土之墙；而艺术的创造，实际上则是创造了不朽的生命。从此，他的表情更严肃，教学更认真，衣着更朴实了。这好像一个人走路，本来前面有两条路的，但此刻另一条路忽然阻绝了；因此，不得不一心一意地循这条路，向前奋进。

给诚子的信里，他没有提到家业的破产。

给上海朋友们的信里，他没有说到他的窘状。

他面临的，是一种更庄严、更刻苦的人生；这与过去的生活对比，过去的似乎靡费得过火了。当前的庄严、刻苦，刚好是对于过去的补偿。

在教学的余暇，他便专心于油画的创作。

一九一一年（辛亥）十月的革命火花，在大江中流的武昌爆发！革命的怒潮涌到祖国河山每个角落：爱新觉罗王朝在黯然无光不流血的政潮下，结束了二百六十多年的辫子统治。孙逸仙先生，在南京就任民国的临时大总统。知识分子从梦中醒来，叔同上过了清廷统治下最后的一课，便决心南下上海。

北方，比革命前更为悲惨，遍地流荡着辫子兵，这种遍地招兵买马的景况，使人悟到中国的老百姓，沉沦苦海，永无出期。

明代宸濠之乱，中国民间传播着一段流言：“贼如梳，兵如篦，官如剃。”看来，天津城厢以外，士兵横行，过兵如过蝗虫，比剃还彻底！

一九一二年春天的一个傍晚，黄浦江码头，落着霏霏的细雨，一艘从天津开来的客船，载来南下的叔同，码头上拥挤着接待归客的人群。客人们从扶梯鱼贯地走下来，人群里，有熟悉的声音热烈地呼唤：“叔同！叔同！”

叔同愣一愣，停在扶梯的中途，向人群里搜寻，刚好有一小簇人向扶梯口涌到，有几张多么热情、熟悉的面孔！

“幻园！孝谷！啊，诚子！你们都来了……”

“叔同！叔同！”

“叔同！快下来呀！”诚子欢呼着。

这是由叔同初到上海结识的义兄许幻园、上野的同窗曾孝谷和诚子组成的小小欢迎场面。

"天津还好吗？叔同!"孝谷说。

"还好，但比光复前好不了多少！唉，说来中国的余孽还没有消灭干净。"

"我们这儿不同，叔同！"幻园插上来说，"我们这儿已与革命的人们结为一体了。叔同哪，陈英士先生继革命的《苏报》《民报》，将要创办一家《太平洋报》！人们正等着你这支笔哩!"

"咳，上海的人才多如过江之鲫，我谈不上呀!"

"你等着瞧吧！有你的份儿的!"幻园紧加上一句，"黄包车来四辆!"

于是幻园、孝谷、叔同与诚子，坐车回到法租界的寓所，诚子当下交代阿妈弄些小菜和酒来，于是他们便从亡命的王朝，说到革命的民国。

叔同看到大江以南的新气象，与古老灰色的北方，相差太远了，不禁心有所感，当时诚子递过笔来，一气呵成《满江红》一阕。

幻园马上接过纸，念道：

皎皎昆仑山顶月，有人长啸：看囊底，宝刀如雪，恩仇多少？双手裂开鼷鼠胆，寸金铸出民权脑；算此生，不负是男儿，头颅好。荆轲墓，咸阳道，聂政死，尸骸暴。尽大江东去，余情还绕；魂魄化成精卫鸟，血花溅作红心草。看从今，一担好河山，英雄造!

"好一个'一担好河山，英雄造'!"孝谷击掌。

于是三个人扬声，照着词牌儿抑扬顿挫地唱起来，诚子站在叔同背后，低声吟哦。

"怎么样，中国人不平凡啊?"叔同反视诚子。

"被压迫的民族，形势逼迫它奋斗、创造，不然就要亡国哩!"

"诚子的话，诚然!"孝谷插上来。

"你们这一双，才是珠联璧合!"幻园说。

"我们因缘前定，谈不上珠璧!"叔同瞅着诚子，诚子眼里润湿着。

"叔同的话太悲观些了!"孝谷说。

"叔同与曼殊上人，倒有几分——"幻园忽然提到苏曼殊，与叔同一比，又觉得滑了嘴，赶紧咽下去，便低吟，"乌舍凌波肌似雪，亲持红叶索题诗。赠卿一钵无情泪，恨不相逢未剃时!"

曼殊的身世，太悲哀了!

一席团聚的酒宴，从兴高采烈开始，最后由兴奋的《满江红》，到曼殊的诗句

"恨不相逢未剃时"结束。

孝谷与幻园在春寒料峭中，叫两辆街车告别。

诚子与叔同在灯下相对，直到三更。

叔同到了上海，很快便传遍了文坛。旧时"城南文社"社友们，决定三月十三日在愚园路的"愚园"集会，柬邀叔同入席。因为他的字、画、印同样在文坛著名，此时，他又加入了柳亚子所发起的"南社"。朋友们请他在《南社通讯簿》上设计图案并题字（这时起，又署别名：李息）。之后，城东女校慕名聘请他为文科教席，三个月后，陈英士主持的"太平洋报社"，以叔同是一个艺术通才，请他主编副刊（包括广告设计），叔同欣然就任。

曼殊上人以"比丘"身，撰长篇小说《断鸿零雁记》，在副刊逐期与沪上文坛见面。

上海的文坛，曙光初现。苏曼殊、李叔同、柳亚子、叶楚伧，聚会一堂，以《太平洋报》为中心，展开了文艺活动，由叔同发起组织"文美会"，编集名家书画印稿，但不幸的是，搞文化事业，千古如斯，以喜剧始，以悲剧终，《太平洋报》场面大而收益少，到九月间，被警察查封大吉。

报社的文化人，走的走，散的散，叔同感觉世间无常，终于再度离开上海滩，进入杭州的"浙江两级师范"，主持图画与音乐两科。

李叔同的出家因缘，便在这里酝酿成熟。

夏丏尊——《爱的教育》翻译者与三十年后的弘一大师，结了不解缘。

【壹壹】悲欢

一九一二年的滨沪岁月，花残叶落。

上海滩，这块杀人不见血的屠场，使叔同深深地印证到人世的离合悲欢，幻化无常。这个器世界，颠颠倒倒，真真假假；当你泪未干时，歌声起了；歌声未落，枷锁又套住了你的脖子。你是哭不得，也笑不得；从外壳上，你能决定谁是谁非呢？

“走了也——罢！”他幽幽地道了一句凄楚的“白”。

这是九月天。

太平洋报社刚关门不久，叔同到杭州去了一趟，为的曾经也在日本留学的杭州两级师范校长经子渊的约。到杭州师范的因缘，其一：是经校长对这位艺术全能的上野天才，久已动了他的念头；现在机会成熟，便决心把他请来。其二：由于夏丏尊、姜丹书、钱均夫，这几位新知旧雨，在静如处子的“杭州”，使他有“如归故乡”的甜美之感。同这些朋友抵足高谈，足使你忘掉时间与空间的残酷。

回到上海的家，已是晚间九点了。晚风萧瑟地浸来一股轻寒，诚子正围着一件丝绒的外套，坐在外间的长沙发上，低着头幻想。

“突，突。”有人敲门了。

“诚子！诚子！”叔同的低音调，被迎面的夜风，呛咳了两声。

“啊，叔同！”诚子围着外衣，快步出了外间，穿过客厅，到前院的门口，抽下插门的闩子，“学校的事，可安排好了？”

“嗯。咳！咳！”叔同忍不住又呛了两声。

“你看，你又咳了！在上野时，你也是常咳的，咳到发烧、咯血。”诚子扶着他进去。

在卧室里，诚子抽出一条毛毯，把他围上。

“小病！咳！人生难得的小病，何况这又是我的‘老病’！”

“这又是你的哲理了！你的病也够多了，胃啊，喉啊，胸啊，都痛过，还谈什么‘难得’呢?”

“拿我的‘枇杷膏’来，唉，人生一世，离合悲欢，我们又要小别了!”

“杭州到上海，不过是咫尺之地，难道你一去——”诚子怔了怔，“要放寒假才回家不成?”

诚子说着，从衣橱的抽屉里取出一瓶“川贝枇杷膏”，撬开瓶盖，把黑黑的膏汁倒两瓢在杯子里，再掺半杯滚水，递给叔同。

“我母亲，往年也咳。痨病，诚子！好一阵，坏一阵。‘春蚕到死丝方尽’，这句话，便是这种病的脚注。”叔同接下杯子，吞了一口。

“你离开家，也该有个安排!”诚子焦虑地瞅他一眼，声音里有点黯然，叮咛着说:“快些吃枇杷膏，你的喉便不痒了!”

叔同仰头，一口气吞下所有的枇杷膏。

“我想想看，从上野开始，就吃上瘾！噢，我记得幼年时，母亲也给我吃过这东西，诚子，你说，我这个病，病在肺上，是不?”

“不要伤我的心，叔同！对你自己，总该保重!”

吃完枇杷膏，觉得喉里清凉些，诚子又冲了一大碗滚烫的莲子汤来。

“哦——为了我们的巢穴，我应该保重。可是我这身皮肉，却偏偏反动。我有安排。我的计划是，家还在这里，人在杭州，半个月我们聚首一次。小别，别有风味!”

“你先把汤吃了，每次你离开，我都有一种预感。这种心理，是无聊的。杞人忧天。而我，竟这样愚蠢。想到伤心处，便忍不住打开钢琴盖，按一曲柴可夫斯基先生的《悲怆交响曲》。六年前，我们在上野常练的那支悲怆乐曲。叔同，你看我多么蠢!”诚子说到这里，颓然倒在身边的椅子上。

“并不愚蠢，诚子。人生无常，自古皆然。我们有一天会分手的！我活不长——你相信吧！我一身是病，但是看起来，神光外烁，像好人一样。这好似一盏油灯，这盏灯，虽然亮着，它肚子里的油可不多了，油耗尽了，还不是完!”

“哎呀！叔同，你又说这些话了，这我怎么受得了呢？”诚子低泣，“你这么认

真地肯定你的寿命!”

“夜深了，诚子。啊，命运是创造的旅程。假如我会另外创造一个我呢？放下那种悲剧的想象吧，我们天长地久，睡吧！假如我要死去，我会告诉你，我们相约来生再见；假如我远行，我也要告诉你，我们诀别是短暂的；我们的路，非常悠长！……”

第二天黎明，叔同起来时，诚子正忙着为他整理行装。

他的行囊，包括简单的被褥、文具、雕具、画具，必要的几本诗词、乐谱，还有两身云灰布长衫，黑哔叽马褂。穿起这一身，加上他笔直高瘦的身材，高额，细眼，庄严的长型面孔，笑起来，只动嘴唇而没有声音，总令人想到儒家的正统派书生与他们的殉道者，像文天祥、史可法那一流人物。然而，他正在渐渐远离那条道。有一种神圣的、悲悯的神韵，这与那少年的李文涛，青年的李岸，有着根本的差异；看来几乎脱胎换骨。如若有一面镜子，这镜子里映下的，将有三种类型的影子，同时投射在一个躯体上。名士派，艺术家，殉道者，依次重叠。

这种改变，看来很突然，但在诚子眼里，却又没有改变。诚子知道，他做一样，完成一样；他放下一样，便永不回顾，这便是诚子悲哀的缘由。

这种看得破，忍得过，放得下的断魔腕力，是别人所没有的。由于这种性格，他突然从一个艺术家，变为一个儒家的传道者。如道不足传，他便是殉道士了。

一切都收拾好了，诚子叮咛嘱咐，他默默地坐了一会儿，便叫了街车，把行囊拉到上海北站。

古老的车厢，把他带到一生重要的栖止处杭州。

杭州师范的七年正规教书生活，从这一天开始。

他无声无息地来了。在师表与学子之间，没有引起人们的注意；原因是他教的科目，太平凡，太不足道了。

“音乐与图画”，平凡得无人问津的“游戏科”。

但是，只有校工闻玉，因为替他搬行李，收拾房间，引起了他研究叔同的兴趣。他觉得李先生这个人，与别的先生不一样。安详、严厉、友爱、不大说话，没有笑容，但有一股奇异的引力，使这个年轻的工友对他起了怀疑、向往。

虽然，夏丏尊、姜丹书、钱均夫、堵申甫，这几个朋友打破他教学上的寂寞情调，但他的眼睛是雪亮的。图画、音乐，在中国的学府，自古便被人踩在脚底下，因此，使“戏子”与“剪财神”的卖艺人永无翻身之日。除非在热闹的日子里，点缀点缀岁月是无伤大雅的。如说弹琴的、画画的能治国平天下，岂不是骂人？

在几百个学子的学府里，热是热闹的，但心里很寂寞。他没事的当儿，不是背着手在校园里转，便是在自己屋里作范画、写字，否则，便走进孤独的音乐教室，顺手弹一章乐曲。

当他一动手弹琴，大笔地用油膏写血淋淋的大幅油画时，才隐隐地引起了学生们的注意。

他把心底寂寞、情感与诗思，一齐用音乐表达了。他把自己的灵魂带上课堂。起初一年多，他谱的曲，写的词，便震动了音乐界，正如他在一九〇五年写的《祖国歌》一样。“上下数千年，一脉延，文明莫与肩；纵横数万里，膏腴地，独享天然利……”歌声传遍了中国每个角落，而作词曲的李息霜，却不为乐坛所了解。

在杭州的最初几年，他又作成许多著名的曲子与歌词：

长亭外，古道边，芳草碧连天。晚风拂柳笛声残，夕阳山外山。
天之涯，地之角，知交半零落。一杯浊酒尽余欢，今宵别梦寒。
长亭外，古道边，芳草碧连天。晚风拂柳笛声残，夕阳山外山。

这是《送别》。

十里明湖一叶舟，城南烟月水西楼。几许秋容娇欲流，隔着垂杨柳。
远山明净眉尖瘦，闲云飘忽罗纹绉。天末凉风送早秋，秋花点点头。

这是《早秋》。

春风吹面薄于纱，春人妆束淡于画。游春人在画中行，万花飞舞春人下。
梨花淡白菜花黄，柳花委地芥花香。莺啼陌上人归去，花外疏钟送夕阳。

这是《春游》。

西风乍起黄叶飘，日夕疏林杪。花事匆匆，梦影迢迢，零落凭谁吊。
镜里朱颜，愁边白发，光阴催人老。纵有千金，纵有千金，千金难买年少。

这是《悲秋》。

纤云四卷银河净，梧叶萧疏摇月影；剪径凉风阵阵紧，暮鸦栖止未定。万里空明人意静，呀！是何处，敲彻玉磬，一声声清越度幽岭，呀！是何处，声相酬应，

是孤雁寒砧并，想此时此际，幽人应独醒，倚栏风冷。

这是《月夜》。

……这些幽美的乐曲，在大江南北学府里洋溢。

这位音乐家纯粹为人类情感谱出的东西，在若干年后的今天，依然活在每个人的心灵里！

纷，纷，纷，纷，纷，纷……惟落花委地无言兮，化作泥尘；
寂，寂，寂，寂，寂，寂……何春光长逝不归兮，永绝消息。
忆春风之日暝，芳菲菲以争妍；
既乘荣以发秀，倏节易而时迁。
春残，览落红之辞枝兮，伤花事其阑珊；
已矣！春秋其代序以递嬗兮，俯念迟暮。
荣枯不须臾，盛衰有常数；
人生之浮华若朝露兮，泉壤兴衰；
朱华易消歇，青春不再来。

（《落花》）

仰碧空明明，朗月悬太清；
瞰下界扰扰，尘欲迷中道；
惟愿灵光普万方，荡涤垢滓扬芬芳，
虚渺无极，圣洁神秘，灵光常仰望！
惟愿灵光普万方，荡涤垢滓扬芬芳，
虚渺无极，圣洁神秘，灵光常仰望！

（《月》）

大地沉沉落日眠，平墟漠漠晚烟残；
幽鸟不鸣暮色起，万籁俱寂丛林寒。
浩荡飘风起天杪，摇曳钟声出尘表；
绵绵灵响彻心弦，眑眑幽思凝冥杳。
众生病苦谁持扶？尘网颠倒泥涂污。

惟神愍恤敷大德，拯吾罪恶成正觉；
誓心稽首永皈依，瞑瞑入定陈虔祈。
倏忽光明烛太虚，云端仿佛天门破；
庄严七宝迷氤氲，瑶华翠羽垂缤纷。
浴灵光兮朝圣真，拜手承神恩！
仰天衢兮瞻慈云，忽现忽若隐。
钟声沉暮天，神恩永存在，
神之恩，大无外！

（《晚钟》）

叔同把“无常”表达在《落花》的“纷纷”“寂寂”里，把宇宙的神秘寄托在《月》的圣洁中，最后，在《晚钟》里才表出“佛家的灵境”。

这些歌声飘荡在校园的每个角落，他把思想的过程，通过音乐，注入年轻人的心灵。

于是歌声如春水，倾注流溢；使这座学府以“歌声”成为它的“表志”。另一方面，叔同大胆地，以裸体写生，去制造年轻人的想象与活力。

一九一三年之后，浙江两级师范，改名为“第一师范”。

两年之后，南京高等师范（中央大学前身），以同样的原因，由校长江谦，聘请叔同教授音乐与图画两科。叔同自此始，往返于京杭之间。

学校的布告栏上，便经常出现“音乐李师”请假牌子。不是病，便上南京。学生们难得看到这位高瘦严肃的李师了。

但当他不请假时，学生们对音乐、图画教室，便起了特殊兴趣，而且感觉严肃、新鲜。

上课堂的预备铃摇过了，因为音乐、绘画两堂课多半在下午第一、二两节，年轻人的心情不免松懈些。大伙儿摇着头，哼着曲子，结队向教室里漫步。

江南的气候，带着一种恼人的情调。斜阳发散着晕红色的光辉。

那是惯常的，大伙儿一拥，把教室门推开，啊！讲台上有人端坐着，如同参禅一般。这叫人猛吃一惊。

在后边的学生们嘴里还叫着闹着唱着骂着，跨进门猛一见“李师”端坐在讲台前，这一怔，唱、骂、喊、叫、闹笑声到门槛上，忽然戛止了！然后，低着头，红

着脸，伛着腰，一个个溜上自己的位子，再等会儿，偷偷地抬起头，这一群青年人里，便有十年后成名的画家丰子恺、音乐家刘质平、作家吕伯攸……

李先生高而瘦，上半身穿着整洁、平滑的长衫，站在讲台上。宽阔的前额，细长的眼，垂直的鼻子，厚而大的嘴唇；动作时，有时做成深窝。这样便使人觉得温和，否则，便显得严厉。

他的面前，放着点名簿、讲义、粉笔，钢琴已脱了外衣，盖子开着，一只金表，放在琴面上。黑板上，已写满了密密的白字。

大家瞪着眼，凝视着台上的老师。教室静如无人。直到上课铃当当敲了，台上老师这才站起来，向学生们深深地一鞠躬，音乐课便算开始了。

这种上课方式，有点新鲜、异样，这属于"李叔同教学法"。

叔同在台上先说明"单元"的要点，讲述歌词；然后，便开始范奏。

清韵的琴声，正从叔同的指缝间流出来，从钢琴的平面上，俯视台下的学生，有一个正在勾着头，叔同注意到，这个大孩子，在看闲书。而他，却以为老师没看见他"偷课"，便继续"偷"下去。

"当当！当当！"下课铃声响了。大家站起来。

"那位看闲书的同学请等一下再出去！"叔同声音很低，轻轻地、郑重地说。

那位"偷课"的年轻人红着脸留下来了。直到大家走完。

"年轻人！下次上课时，请你不要再看别的书了！"叔同沉重地、温和地说。

"是的，先生！"

于是叔同微微地向他一鞠躬："你走吧！"意思是如此的。

于是"偷看书"的小伙子，红着面孔溜出去了。

一次音乐课完了之后，最后出去的一个同学把门一带，碰得"砰"的一声重响，他有这种不尊重别人耳朵的毛病。走出教室十几步，叔同跟出来，满脸和善叫他转来，进了教室，叔同说："下次关门，请轻轻地！"向他一鞠躬，送他出门，然后自己轻轻地把门带上。

因此，这种不尊重别人耳朵的暴君，才越来越少！

叔同"范奏"钢琴的时候，一群学生围着他看他"奏琴"。偏巧一个学生忍不住，放出一个屁来，空气中顿时浸入了"阿莫尼亚"的臭气。这时候，同学们个个屏息，叔同眉毛皱着。课上完了，同学们还没离座，叔同说："我有一句话，大家等一等。"

大家停住了，不知李师葫芦里又装什么新药。

“——以后方便，要放出去，不要放在教室里!”

说完，低沉地、严肃地，向大家一鞠躬。

“我怕李先生那一鞠躬!”一个捣蛋鬼在课后，吼着，“叫‘夏木瓜’骂一顿，吃得消；让‘贝多芬’一鞠躬，我怎么活呀!”

“我宁愿叫老夏骂，不愿让老李嘀咕!”

“李师心慈色厉，从语言上看似严父，而那种细致、爱学生如己出又像一位母亲!”

杭州的流光，是一段悲欢岁月。

悲的是，岁月无情，器界无常，苦海无岸。

欢的是，得天下英才而教育，是人生一件乐事。

杭州是大江以南的“佛图城”，叔同在教书生活里，逐渐接触到出世的思潮；在南京，他则以书画、金石，借佛寺陈列，蔬食淡饭。

这是实践佛家生活的开始。

一个儒家的传教者，开始突出汉儒以后的樊篱，向释迦牟尼的金色光环探试。

【壹贰】桃李

命运，诡秘而弯曲地决定着人的一生；但唯有哲人，一生支配着诡秘而弯曲的命运！

看过杭州西湖全景的人们，一定会联想到“极乐国依正庄严图”，杭州，是人间的净土，不是妄论！这里的人物、山水、佛寺，都有几分佛经上翻版的气息。

叔同到杭州三年多，淡雅的西子湖，出尘的山僧佛寺，深厚的友情温暖，还有几个足以传承艺术衣钵的弟子，这都使他的心灵上植下了情感的根，亦如他之与诚子一样。

每当他离开杭州时，回到上海的家里，同诚子说离情，叙叙学校生活，一定要提到丰仁、刘质平、傅彬然、李鸿梁……这几个突出的青年人。

“诚子！”这使他一再忍不住地称道，“啊，天才！天才！年轻这一代还是大有可为！不管他们的天赋与器识——其实，当我们一阵怨气上升的时候，总是认为中国人一代不如一代——说真的，这正是弄反了，下一代比这一代强过千倍！”他在诚子面前兴奋地、热烈地讨论着他的弟子：“你打着灯笼还找不着呢，我的这些学生们。”

“你把这些学生说得像一朵花哩！”诚子看到他严肃的面容，片刻间添上一丝生意，也觉得心花大放了。

“——呵！仰不愧于天，俯不怍于人，一乐也；父母俱存，兄弟无故，二乐也。这第二乐，我是乐不全了！……”

“得天下英才而教育之——三乐也！”诚子莞尔一笑。

“正是如此。”叔同两颊间做了个深窝。

“太上忘情，天道无亲。这是你最近几年的思潮，可是你并不忘情！”

“呵呵！”叔同竟笑出了腔，“‘情与无情，同圆种智’，这正是‘无限之情’咧！”

“——叔同，你的思想又变了！”诚子忽然像发现了什么。

“变了？青山常在，流水常清。诚子啊！变的不是叔同，而是随着知识、智能、季节而更动的荣枯得失，李叔同依旧是如此。”

诚子沉吟了片刻，摇头说道：“叔同！这不是现象的变，在实质上，你也大大的变了！”

叔同掀了掀宽厚的上唇：“拿证据来？”

“证据？——那便是你整天啃的《佛氏内典》呀！半年前，你还是埋头于老庄哲学，日常间徘徊于烧汞、炼丹、御精、养气、化婴的道术之间呢！”

“这个，不究竟！我追的是人生究竟的知识！”

从这一类知识探讨上，叔同与诚子，严格地说，又不像夫妻了。

“那么，什么是究竟的知识？”诚子逼过来。

“——开始，我学诗，学书，学金石，回头思量思量，不过是庙堂心理的反映而已。学得刚上路，便不屑于专一了！之后，我再追求西洋戏剧、音乐、油画。我想，这才是‘平民阶级’的东西，戏，谁不爱哼哼呢？曲子，谁不爱听？你顺口溜一曲民谣，也会引动几个村野的小姑娘。大约，这可以满足我的‘艺术’胃囊了，咳，刚进入这种境界，学他个皮毛，我又不屑了。仅仅是‘画匠的画，卖春联人的字，票友的戏，风花雪月的滥曲子’，能济哪一门的世，满足哪一点神圣的文艺心理呢？人类与生俱来的哲学质地告诉我们，我们必须有智慧、有器识、有定境，才能创造更美好的世界。而事实上，我自小便欢喜鬼怪仙狐之类的夜话，与神道仙佛的道听途说。可是，我并没有著作《聊斋》的兴致。等我到贵国日本，开始读一些汉译的巴利文与梵文的印度宗教经文，与少时不屑一顾的佛经，那只是为知识而浏览，想从那些古董里吸收一些知识。回国以后，我重新拾起我们的‘国宝’——排列于老庄门外的符咒，啊，我发觉我受了骗！

“在杭州，同几个初相识的朋友，不相识的老僧，谈起印度来的佛经，忽然勾起了我幼年时代的记忆：我父亲是学佛的！诚子——我研究佛经，并非走我父亲的老路，你别误会这一点。我不是师我的先父。

“我想通了，一切世间的艺术，如没有宗教的性质，都不成为其艺术。但宗教如没有艺术上的美境，也不成为其宗教。佛经上的至理，足可说明它是一种艺术，

一种精神界的艺术。一个人，死时能如脱衣服，甩去这物质的壳而不痛惜；死后，他可以像花蕾一样，当花蕊落了，会留下一把种子——舍利子；同时，他静坐、反观自性，只靠精神，便能打开另外一个光华的世界，这些都是平凡人所不能的，他们有方法创造这种人的精神艺术境界，这种知识，还不究竟么？

“一个人一生可以放弃一切，但这种迎面赠送你人生艺术的画笔，你不可以失之交臂。你不能在这一刹那间，留下千古的悔恨——但这要靠自己用肉体和精神去实验，不实验，则等于向这份试卷，留下一片空白。

“诚子！佛经，可以说是艺术的经典，你遵从它，不仅别人可以欣赏你，而你自身也可踮着脚尖欣赏你自己，如同看一片云，看一山野草闲花。

“佛典，最主要的是产生智能，制造器识。

“所以，读书人应具有智慧与器识，他创造的作品，充满宗教气氛，才能传之后世；否则，会贻害千年。因此，‘文艺应以人传，不可人以文艺传’，有宗教虔诚的人，传文艺，文艺的寿命，都是千年不朽的。如屈原、陶潜、杜甫，虽不是教徒，而他们的作品，足以令人感到像宗教的感染性；莎士比亚，如说他是‘戏剧’的教主，无人反对。原因是，他们都以生命的虔诚与器识加上智能，他们的作品才会辉煌万世。

“现在呢，诌几句人家读不懂的一堆字，算是诗人；涂几笔刚成形的鱼虫花卉，便是画家；写几篇‘怨女旷夫’的白话，便是作家，这种人的文艺岂能载道？我看哪，你先把话说明白，叫人听起来像人说的，再说吧。

“以佛氏的经文，拿来做我的标准比量比量——像世间的文章、艺术，老聃、孔子、耶稣、莎士比亚、苏格拉底，也要退一步了。它是一种究竟的知识与智能。它改变你，在刹那之间。它使你坚决、坚强、英勇、沉毅、牺牲、果断、无我……一千多年前，一个慧可和尚，为了印证思想上的境界，去找达摩，达摩考验他，让他站在雪地上三昼夜，末了慧可断臂，以表其虔诚。这在别的宗教里是没有的，在艺术上，也是办不到的！这便是人的火候，已到圣境，只有这种人，才有精神上伟大的魄力。”

诚子听得定了神。叔同这一停顿，她恢复了官能的感觉。

“我对学生们都如此说，我自己也要这样做！”

“这是说：你也不够传承文艺了？”诚子诧异地说。

“我——‘先从人的艺术’着手，人类的心灵，是艺术的园地，人做得剔透玲珑了，便是艺术。那时你可以舍身取义，你可以视死如归，你可以视金银如粪土，你可以视富贵如浮云，你可以视色相如敝屣。这并不是高调，并不是那些以善行、以文章沽名钓誉的人的台词。你往历史上注意一下：孔子、耶稣，在政治上，都是失意的。而孟轲、荀卿、老子，更不必说了。最可叹的，世风日下，遍街走着的，写文章的文人，写十四行诗的诗人，谁不是纸上三从四德呢？这便是我要遵从的‘士先器识而后文艺’的路线了。

“我自己也不够格呢，我的恶德并不比别人轻些；但从现在起，我要学学蘧伯玉，彻底做人，洗净这一心肮脏。不怕你见笑，诚子姑娘，我学佛了！”

“你学佛？”诚子失声说。

“别惊慌，诚子！”叔同懊恼地说，“学佛也不一定削发为僧啊，削发为僧也不是与世隔绝啊！”

诚子忽然又破颜为笑。诚子还不到三十呢。

叔同从家里回到学校，每个假日，都是如此。到校之后，晚上要找几个有器识的学生谈谈。

这是一九一六年的初春，黄昏的校园内，有几盏煤气灯亮在教室里，叔同打发闻玉去学生宿舍看看丰仁他们在不。

闻玉去了不久，门外的脚步声便起起落落地响着进来了。

丰仁、刘质平、傅彬然他们都来了。

因为是星期天，李先生又是个教艺术的老师，所以师生间的心理界限也薄些。

“坐着谈谈！”叔同指着写字桌对面的几张椅子。

桌子上的书，摆得满满的。最上面的一本书，是磨损了的刘宗周写的《人谱》。《人谱》的封面上，叔同恭写着“身体力行”四个字，字旁加四个朱圈。

“我偶然地想起了——”叔同微笑一下，嘴角掀起一个窝，“当我在上海上车时，我想到，为什么不把这几句话告诉你们呢？这几句话对你们这几个人，又是终身受用的！”

大家吃了一惊，又一喜，不知先生说的什么。

“想到什么话，老师？”丰仁是叔同最接近的门徒了，他与叔同，等于曾参之与孔子，阿难之与释迦。

在短短的受教两年中，丰仁的命运，便决定在叔同的几句话里。

一天下午课后，叔同告诉他：“……你的画，进步得奇快，是我料想不到的。我在南京和这里两地教课，从没有见过你这样有天才、肯努力的学生；你，照这条路

走，将来必有一番成就……”叔同低声地、严肃地、和蔼地告诉他。

从那时起，丰仁便天天偷懒、逃课，专一于绘画。

李先生缓慢地从案头把《人谱》拿下来。他叫几个人都围过去，刘质平是专于音乐的，丰仁专画，黄寄慈、傅彬然爱好文学。这四个人凑起来，便是文艺的全格。

“李先生是留过洋的，学的是西洋艺术，而教我们的又是‘琴与画’；念起莎士比亚的戏词来，比他说中国话更美。他肚里的知识，是世界性的，但他没亮过一手。却想不到，他拿这本明代的古董，当经典呢。”学生们琢磨着。

“唐初——”叔同用左手理一理长衫的绉裥，轻咳一声，指出其中《裴行俭传》的一节，念道，“……王、杨、卢、骆，皆以文章有盛名，人皆期其显贵，裴行俭见之，曰：士之致远者，当先器识而后文艺。勃等虽有文章，而浮躁浅露，岂享爵禄之器……”

叔同吃吃地接着说:“像王勃这种天才，传说在十三岁上作了《滕王阁序》——你们多数读过《古文观止》的——王勃那种锋芒毕露、浅薄浮躁的性格，怎能有福德呢？于是，不及壮年，便以覆舟死在洞庭湖上。——这便是说，弄文章艺术的，不能没有量，没有涵养；不能没有方寸，没有人格；德行陪衬着艺术，才有绿叶扶持牡丹之美！

“没有人品的艺术家，他的作品绝对没有生命。有生命的作品，它的作者，一定有其突出的性格。所谓世传‘江郎才尽’这句话，正是点出江淹这个人，最后失品到不能自圆其说的时候，再也写不出有风格的文章了。即使有，也不过是一堆繁词杂典而已！请记住这一席话。无论如何，我是不希望你们这几个人，落到‘江郎才尽’的地步！”说这话时，叔同好像宣誓一般，极其庄严、沉重。

一身灰长衫，黑布马褂，钢边眼镜，使叔同简直摆脱了青年时代的全部灰烬，而成为一个儒家真正的传道者！可是，他毕竟不是个迂儒，腐儒，道学儒。

活过三十七个年头的绚烂生涯，使他的朋友、学生，觉得他的生活像海上的浪，雪山上的峰，波谷深，波峰险，变幻奇诡；一变便是脱胎换骨。

围着他的四个十八九岁的青年，驯服得如四匹良马，他像母亲，温厉地教训他的儿子们。从事他们这种艺术的人，应该以品德为基础，文艺是品德的花果。

临去前，叔同送他们每人几个字，都是《人谱》与《人物志》的箴言。

“‘母亲’的思想、行为，愈来愈叫人担心喽！”丰仁出门之后，慨叹一句。

“你说什么?”刘质平插嘴问。

“我说的是李师。我嗅得出，他愈来愈变了。他每一次教训我们的话，都有点像办后事，留遗言的意味。”

“子恺你瞎说!”刘质平说，拍他一下肩膀。

自修室的煤气灯通亮，照在方砖铺的校园道上。

“我不是胡说。我是看他的表情!”

“还有什么可变的?”寄慈说。

“他是最后一个娘生的！”子恺叹息说，“变什么？我数给你听。他幼年时，是个门阀子弟；他父亲有一串太太。他活在财宝堆里，挥金如泥土。他学遍了北平天津所有玩乐的家伙。到上海时，进南洋公学，但他的诗词字画，金石八股，已风行文坛，左右‘南社’：早晚出没于名士美人之间，是个风流文采的人物。到日本留学时代，演话剧，创剧社，念莎翁剧本，把戏剧传到中国。而学绘画，造人像，成了中国西画的接力人。学钢琴，又成了一鸣惊人的钢琴家，他作词也作谱。回国来呢，在天津先教西画，不久，到上海接编《太平洋报副刊》及《文美杂志》，成了沪滨著名的编辑人。如今，他做我们的先生，五年了，古穆如一尊塑像，我看，他又要变了。不知又向何处去变呢？这一变，似乎没有痕迹。如拿他十八岁时同现在一比，你能找出他少年时代的影儿吗?——也许啊，他要变为高髻道士呢!”

“那你便猜走了！”质平说。质平学钢琴，他得了“李先生的心法”，他不仅承认李先生是他的老师，而且把自己当作儿子似的孝顺他。

“我们看着好了!”子恺说。

“他不会变。上海，还有我们一个日本籍的师娘!”

“谁都知道！”子恺摇摇头，“他能在乎一个女人？如果他要在乎，他便不是李叔同了！你要认清，质平，我们的先生!”

“他们有神圣的爱情!”质平强调。

“爱情？李师能断!”

自修室的人愈到愈多了。他们的话歇下来。

不过，最后子恺说：“我们的李师，最不同于别的先生！他的日文好，但我们从没有见过他说过一句日语；他在日本读了五年大学呢！别走了眼，他的英文也比我们的英文先生棒，而我们没听他卖弄过一句英语；他的国学，不用说了。但他所主持的，却是音乐与绘画两科。他拿各种知识来充实这两科，质平！我们的李师深不可测!”

质平静默着，沉静地走进自修室。

“李先生的精神是献身的！”子恺打算结束他的话。

“他除了吃饭、睡眠、作曲作画，整天都准备功课，和个别指导我们。”傅彬然结束了最后一句话。

他们走进自修室，本想弄弄功课，但没有弄成。人们成组地在讨论什么。后来一阵混乱，说宿舍里一个同学丢了钱，夏木瓜（丏尊雅号）正在那里查贼。因此，他们也就无心讨论功课，大家不约而同地研究可疑分子。

自修时间看看快完了，听人们说舍监夏木瓜要讲话，嘴说着不迭，丏尊已在台上开了腔。

“唉唉，大家静下来。各位同学！现在我有几句话向大家报告——不幸得很，我们校舍里居然出了乱子，有一位同学，叫人家撬开箱子，丢了钱。这简直是丢了我们师范学校的面皮了！真是辱没念书人了！而我们将来却又都是负着教育责任的人。各位，想想看！我们颜面何处放呢？我除了彻底查赃查贼，希望大家同心协力查贼追赃。把贼查出来，好洗大家的面子。同时，我要警告那位贼！你拿你同学的东西，快点安稳地把东西送归原处，我不再追究！限你三天考虑。否则，我要查出你的证据，为了铲除一匹害群的马，我是请你走路的！并且，我可以武断一点告诉你，我已知道你是谁了……”夏木瓜把每个字咬得嘣嘣响，以示痛心切齿。

但是，一晃三天过去了，那笔钱如石沉大海，贼既没出来自首，赃物也没送出来。反而又有人掉了被子。这真叫做舍监的木瓜先生苦恼了！

一个星期的时间，马上过去了，贼影子也似乎愈走愈远哩。

没了主张，他便找叔同商讨商讨。唯一能使他佩服的人，便是他日本留学的前期老大哥。他们相知深，情感重。

他一进叔同的屋，就把这件事发生的经过告诉叔同，希望这位“灰布衫”能帮他出个主意。话是丏尊先开口的：

“学校出了窃案，你听说了没有？”

叔同摇摇头，宽厚的嘴唇掀动一个角。

“很不幸，我们学校出了贼。我呢，又是这个学校的舍监，不破案，多丢脸呢！贼一去无踪，像漏到地壳里一般。苦恼死人，叔同，帮我想个办法！”丏尊摊开双手，摇着他橄榄形的前额。

叔同想了一会儿，突然说：“你宣布自杀呀！”

“自杀？谁自杀？”丏尊吓了一跳。

“当然是做舍监的人!”

“这话当真?”丏尊苦笑,“我希望是那个贼!”

“不,这是真的——你若出一张布告,贴在校门口,说做贼的人快出来自首,如三天内不出来的话,足见舍监德不足以服人,便以死殉道,要真能这样,那一定就使贼感动了,也一定有人出来自首了。你这话要说得诚诚实实的!”

“三天后要没人出来自首呢,难道我真自杀去吗?”丏尊苦恼地皱了皱前额。

“果真那贼还不出来,那你便得自杀了!否则你这话不成了假话了吗?”叔同的脸一直是没有笑容。

“我的天!”丏尊叫起来,“我的李老哥,你这计当头棒,真叫我受不了哩!自杀,我的天,可下不了手啊。”

丏尊搓着手:“请你原谅我,叔同!”

“假如你真的自杀,那窃贼一定会感动!”叔同说。

“这真是大胆的尝试!”丏尊作个揖,走出房,他们相知情深,知道叔同没有戏言,他的心灵,如他的灰大褂一样,没有皱纹。

但丏尊心里了解,要真是以身殉道,也许那颗贼心会感动得如丧考妣了!

【壹叁】空灵

丏尊的心里，一直苦恼；窃盗案石沉大海，叔同又要走了！

他与叔同的友情，是世上一般的知交所无法了解的；要知道，也只有他们两个人才知道。那种情感，含有着一种骨肉的情分，鱼水的相投，与乎“恍然隔世相逢”的奇异感觉。六年前，他们第一次在上海“文美会”上见面，猛然间，便深深地互相吸引了。那是一种心理的、哲学的、性灵的直觉，告诉丏尊，也告诉叔同，他们的情感，是“前定”的，刚开始便“肝胆相照”了。

然后，在杭州一师六年，一滴一点地注入着。

友情的基础是平稳的，友情的况味是平淡的，友情的深度却不可测。

因为，谁也不能失掉谁；谁有心事，也瞒不了谁。

因为，叔同说要走，所以，丏尊便突然感觉寂寞、孤独、生活乏味。

他想试试看，能拖住便拖住他，否则，他也走。

这是一九一七年的初春，古老的中国大年夜刚过不久，学校也开学了。

叔同虽说要走，毕竟还没有采取行动，只是口头上告诉丏尊，他要走的动机。

每天傍晚，学生们上“自修室”，便是先生们围炉聚首聊天的时光。

三月初的晚风，夹着阵阵砭人的奇寒，从棉袍的角缝里，往上钻。

丏尊从学生自修室巡视一周，便绕到叔同这里来。他想彻底了解了解，叔同要走到哪里。

叔同的门缝里，筛出疏疏的灯光，轻微低抑的诵读声，从室内传播出来。

丏尊停在门外，轻敲一下门。

“谁?”叔同的诵读声停下来了。

“丏尊。”

于是丏尊推门进去，正想在对面墙壁边的椅子上靠下来伸脚烤火，刚巧，映入他眼帘的，是椅子背面壁上，新添了一张彩色鲜明的画像；这尊像是黑发、肉髻，眉间有盘起的白毫，眉睫下垂，方嘴、大耳，双手平迭在胸前，座下是一片彩云，身上则披着彩衣。似乎在冥想。

还有，一串黑色的念珠，赫然出现在彩色画像右首的墙上。

这像，当然是“佛像”，那念珠，自然是“佛珠”。

“你读书，是不?”丏尊望那佛像说。

“诵经。”叔同说，也跟着丏尊，看那佛像。

“《易经》? 《道德经》?”

“《金刚般若波罗蜜经》。”

“噢?”丏尊似乎省悟。“你是学佛了，叔同!”

“嗯。”

“好像你对理学、玄学读得不少，研究佛经，倒还不久吧?”

“研究理学、玄学，也不过是知识上的浏览；这类东西，还谈不到‘哲学的内容’，而且，它们本身也不是自己的。”

丏尊木然。对理学、玄学，他的知识没有叔同多。但起码的“朱程”之学，他是知道的。他们非儒非佛，亦儒亦佛；结果，成了当代的理学。玄学呢，无非是点金术、苦行、御女，乃至印度的瑜伽，吉卜赛人的星相，张道陵的神符，广成子的“原人论”。

“学佛我不反对。”丏尊伸手摸摸前额，“像你上一年去大慈山断食一样，我根本没有理由反对，是不是? 只要于你有益。”

“不仅是如此的，丏尊!”叔同对他的老朋友从没有放浪过形骸，他这一次依然笑得那么小心，那样淡泊，“我是说，你应该举双手赞成。事实上我完全接纳了近年来的思潮，放下音乐、金石、绘画，乃至于教书生活、家室之累——打算在大慈山安住下来，长期研究佛经，从佛经里梳出人生最上乘的理路! ……”

“什么?”丏尊吃了一惊，“你说得太快，你放下教书生活?”

“是啊。我想不干了。暑假后，到大慈山去做居士。出家，对我而言，还有障碍。要出家呢，也得像个样。出家人要持二百五十戒哩。苦行僧，还有更多的‘单行戒’。严格地说，要出家，便要对得起那一身袈裟。因此，我目前只打算做居士。

茹素、念佛、看经……”

“照这样说，你将抛弃我们遁入空门了？还有诚子，诚子如何处置？”

提到诚子，叔同微微一怔。

“这个问题，我还在想。然而这也不是问题，我还没有出家哩。”

“即使如此，对诚子，对朋友，都是寡情！戒，戒什么？何必如此刻薄自己？居士大约也有‘戒’啰？”

叔同点点头：“只要学佛，便要持戒。”

丏尊因为他的朋友竟为了信教，没有为自己的情感留下一席地而烦恼，于是大声说：“叔同！你这样做居士还不彻底，索性出家做和尚多爽快！何必拉藤扯葛的做什么居士？”

叔同看丏尊头上青筋暴起，两眼发红，不由得动了情感，眼里也觉得润湿了。

“出家做和尚——现在还有障碍！”叔同重复他刚才说的话。但他心里却爽快地答复丏尊：“居士是在家的和尚，出家正是我最后的目的！丏尊啊，正给你不幸而言中了！”可是，他没有说出口，怕伤了那颗沉重的心。

他也觉得，他一去，第一个是丏尊受不了，即使强忍住内心的情绪，也是柔肠寸断。然而，除此之外，别无他法可想了，世间的葛藤太多，斩不断，理还乱；还有诚子，是他更大的牵绊，对这种与生命、思想有血肉关系的人，都要付出更大的力量。

他想，要出家，便不能庸庸俗俗，去做个庸僧，招摇撞骗，沽名钓誉，离经背道地污辱了佛门。他要做和尚必得一分一寸都是和尚。

“你想想？”良久，丏尊摇晃着映在墙上的身影，“到杭州六年了，你要挂冠而去，何止一次？”

“大约有三四次。”叔同想。

“前几次，看我们深挚的友情分上，你都留下来了。比这里更高的教席职位，你没有走，难道这一次，不能看我的老脸，再留下来吗？”

叔同回想到过去，南京高等师范的校长苦苦地聘他担任音乐教席，那种求贤若渴的虔诚感动了他。他把聘书接下来了，诚子也赞成他换换地方。但是，丏尊那一关，他竟没有通过。为了这，丏尊哭丧着脸苦说他，逼他。“叔同！你不能走！这里那里还不是一样；请看看这一张黄脸吧，我相信，你不忍拂我，聘书退还他们吧——难道我们的友情抵不上那一张教席的聘书吗？难道这里你的心爱的学生们，你的旧朋友们都不能拖住你吗？……”

三番五次的苦劝苦逼，声嘶力竭地劝他，哪怕是一学期都好。

叔同终于留下来了。老实说，丏尊那一关，是世间至深至厚友情的力，甚至比“爱”的力更难挡，使他不忍绝情舍此他去。

这一次，又面临他的抉择了。

“丏尊！”叔同终于带着悲哀的、伤感的声调说，“这回可不同以往的事了！以前，只是世间的名位逐鹿，那时，我走不走，都不足以跟现在比。现在，我是投奔一个……”

“空门！空门！空！空！空！”丏尊几乎带着哭声。

“空门，是的。世间无不散的筵席。丏尊，人迟早要死。入空门，我们好修得永生不朽的法侣，这不比世间短短几十寒暑的友情，更能满足你我的至性？”

“我深悔从前不该留你，留你在杭州，卖给空门！叔同，如果你从前走了，也许今天不会遁入空门！”丏尊没有理会刚才的话。

“因缘很复杂，丏尊！这就难讲了。我们还是建立个道友的情分吧。我不出家呢，你要常来庙上看我；万一我出了家，还得你护我的法哩。只要你闲着，都可以到我的寺院来。我们一炷馨香，一碗清茶叙旧。”

“诚子呢？怎么办！”

“人总要死的，丏尊。呜呼人生如朝露！从佛眼看人类的社会，是极其可悯。虽然，肉眼看人生，并不可笑，也不可悯。但是那一刹那，你看破了，一切问题都会解决——将来我要真的出家，第一个要通过诚子，诚子不通过，我不会出家。……”

“我希望你再想想，叔同！这个世界，还有可爱处，像你的成就，你的朋友，你的妻子，你的社会。……”

“这个世界之可爱，正如这个世界之可悲。我们都不能否认，好像我们爱大自然，爱银河星系一样。只是结局，没有好的。”

“你宗教的虔诚与决心，我是感佩的。但当暑假到来，前一天，能告诉我：‘丏尊！我们开学再见，我在上海候你的信！’叔同？”

丏尊回想到过去一年间，叔同几乎是秘密地在着手一种计划。他之研究某一种知识，都是在不知不觉间，突然放出光彩。丏尊几乎不知道叔同过去除了教书，还研究些什么别的！

从表象看，叔同一天一天严肃而沉默了。他的那颗心，几乎逐渐地变为一种透明的结晶品，其中再也看不到人世的污脏。

丏尊最深悔的，是上一年秋天，他从一本日文杂志上，看到一篇断食治病的文章，他把那篇文章给叔同看了。今天的“恶果”，便自那时埋下。

“日本人真是一种奇怪的动物！”丏尊指着那篇断食的文章告诉叔同，“他们不仅发明了‘天照大神’，发明了‘武士道’，发明了‘浪人’，还发明了‘绝食疗病’的方法。叔同！假如断食能治病、净心，我倒想断一回试试看。”

“给我瞧瞧!”叔同把丏尊说的话看得似乎很认真，同时伸手接过杂志。

“上面说得很明白，还介绍一本断食的专著呢。在我们贵国，这是‘今古奇观’!”丏尊哈哈一笑。

“不过，”叔同略作沉吟，“好像断食修心，是来自印度婆罗门教一个支派，他们断食不是绝食。他们有断食的方法。丏尊，我可想起了，当年我在上野读书，便看过一种日本翻译的雅利安语婆罗门经文；让我看看，这本杂志如何说?”

于是，叔同兴冲冲地把刊物揣进了口袋。

“叔同!”丏尊惊奇了，“你早就知道吗?”

“我似乎有那么个印象，在上野图书馆涉猎过，我们倒真的可以试试看。只要能使肮脏的人心干净，何乐而不为呢？断几天烟火，算什么?”

说着，叔同又莞尔一笑。

这话说过，直到阳历年假前几天，他们也聊过两次，说要试试二十天不吃饭的滋味。那篇文章，叔同看过了。实质地计算一下，不吃人间烟火，也只有七天。

“丏尊，我们试试如何?”他们在一起时，有时总会提到这件事。丏尊，说过也就算了。阳历年假将到，老师和学生都要打点打点回家了。

照往例，丏尊回老家上虞，叔同回上海，与诚子相聚。

丏尊在十二月二十三日下午先走了，叔同本应回上海的，可是他没有；他一个人在卧室里逗留着，想着心事。

到第二天下午三点多钟，他望望窗外，一眼瞥见闻玉在校园，心一动，便向闻玉招招手。

“闻玉！闻玉!”

“哦？李先生！您没回上海?”闻玉拖着扫帚，走近住在东廊楼上的叔同。

“没回去。”叔同低声说，“闻玉！我想请你帮个忙，有空吗?”

闻玉对叔同先生，好像也有了前缘似的。这么大的学校，十来个先生，唯一使他仰慕的，便是李先生。李先生，会写、会画、会唱、会弹；而且整洁、和气、不多讲话……最重要的，李先生对他——闻玉，也像对自己朋友似的。因此，学校里发生什么事，都会从闻玉的嘴里传给叔同。

“要我给您做事？有空，这就来吗？”

“我们进来谈吧！”叔同说，伸手把帘子掀起，让闻玉进来。

闻玉的树叶也就不扫了，把扫帚放好，跟叔同进屋。

“我，这回要麻烦你的事儿可大呢。”叔同递一杯茶给闻玉。

“那没说的，您老！只要您吩咐，我没说的。”

“这回，我不回上海去。这回我要上大慈山虎跑寺去住二十天，待过了年假，开学后再回来，你有空的话能帮我个忙，到虎跑来吗？”

“那怎么不能，您就去吗？”

“这就要走了。你看，我的东西都准备好哩。你也去准备一下好吗？”

闻玉一看，叔同的房里，果然收拾了一个行李卷儿，一大包书笔纸砚什么的；便匆匆回到自己的住处，收拾些换洗的鞋袜，又回到叔同的宿舍。

太阳已偏西了，校园里显得分外寂寞、荒凉。叔同提着一网袋文具和衣服，闻玉掮着行李，他们一同出了校门。

他们走到西湖大慈山虎跑寺，已是下午四点多了。

叔同踏进虎跑寺的山门，好像叔同与寺里的和尚已有协议，并且已为他们准备好两个房间，以便第二天叔同开始断食生涯。

他也准备写“断食日记”。

断食换心，是一种科学的也是哲学的试验。

叔同告诉闻玉，断食中，不会任何亲友，不拆任何函件，不问任何事务。家中有事，由闻玉答复，处理完毕，待断食期满，告诉他。

断食中，尽量谢绝一切谈话。

整天定课是练字、作印、静坐，三个段落。

食量：早餐一碗粥；中餐一碗半饭，一碗菜；晚餐，一碗饭及小菜。这是平日三分之二的食量。

晚间，准备笔、墨、纸，明天开始习字。

闻玉是一个虔诚的护法。以下《日记》依农历纪事，这是民国五年，丙辰农历十一月三十日。

三十日晨，命闻玉携蚊帐、米、纸、糊、用具到虎跑。室宜清闲，无人迹，无人声，面南，日光遮北，以楼为宜。是晚食饭，拂拭大小便器、桌椅。

午后四时半入山，晚餐素菜六簋，极鲜美。食饭二盂，尚未餍，因明日始即预备断食，强止之。榻于客堂楼下，室面南，设榻于西隅，可以迎朝阳。闻玉设榻于后一小室，仅隔一板壁，故呼应便捷。晚燃菜油灯，作楷八十四字。自数日前病感冒，伤风微嗽，今日仍未愈。口干鼻塞，喉紧声哑，但精神如常。八时眠，夜间因楼上僧人足声时作，未能安眠。

十二月一日，晴，微风，五十度。断食前期第一日。疾稍愈，七时半起床。是日午十一时食粥二盂，紫苏叶二片，豆腐三小方。晚五时食粥一盂，紫苏叶二片，梅一枚。饮冷水三杯，有时混杏仁露，小桔五枚。午后到寺外运动。

余平日之常课，为晨起冷水擦身，日光浴，眠前热水洗足。自今日起冷水擦身暂停，日光浴时间减短，洗足之热水改为温水，因欲使精神聚定，力避冷热极端之刺激也。对于后人断食者，应注意：

(一)未断食时练习多食冷开水，断食初期改食冷生水，渐次加多。因断食时日饮五杯冷水殊不易。且恐腹泻也。

(二)断食初期时之粥或米汤，于微温时食之，不可太热，因与冷水混合，恐致腹痛。

余每晨起后，必通大便一次。今晨如常，但十时后屡放屁不止。二时后又打嗝儿甚多，此为平日所无。是日书楷字百六十八，篆字百零八。夜观焰口，至九时始眠。夜微嗽多恶梦，未能入眠。

二日，晴和，五十度。断食前期第二日。七时半起床，晨起无大便。是日午前十一时食粥一盂、梅一枚，紫苏叶二片。午后五时同。饮冷水三杯，食桔子三枚，因运动时，体倦故。是日舌苔白，口内粘滞，上牙里皮脱，精神如常，但过则疲□□。运动微觉疲倦，头眩晕。自明日始即不运动。

晚侍和尚念佛，静坐一小时。写字百三十二，是日鼻塞。摹大同造像一幅。原拓本自和尚假来，尚有三幅明后续□□。八时半眠，夜梦为升高跳跃运动。其处为器具拍卖场，陈设箱柜几椅并玩具装饰品等。余跳越于上，或腾空飞行于其间，足不履地，灵捷异常，获优胜之名誉。旁观有德国工程师二人，皆能操北京语。一人谓有如此之技能，可以任远东大运动会之某种运动，必获优胜，余逊谢之。一人谓练习身体，断食最有效，吾二人已二日不食。余即告：余现在虎跑断食，亦已预备二日矣。其旁又有一中国人，持一表，旁写题目，中并列长短之直红线数十条，如计算增减高低之表式，是记余跳越高低之顺序者。是人持以示余，谓某处由低而高而低之处，最不易跳越，赞余有超人之绝技。后余出门下土坡，屡遇西洋妇人，皆与余为礼，贺余运动之成功，余笑谢之。梦至此遂醒。余生平未尝为一次运动，亦未尝梦中运动，头脑中久无此思想，忽得此梦，至为可异，殆因胃内虚空有以致之欤？

三日，晴和，五十二度。断食前第三日。七时半起床。是晨觉饥饿，胸中搅乱，苦闷异常，口干饮冷水。勉坐起披衣，头昏心乱，发虚汗作呕，力不能支，仍和衣卧少时。饮梅茶二杯，乃起床，精神疲惫，四肢无力。九时后精神稍复元，食桔子二枚。是晨无大便，饮药油一剂，十时半软便一次，甚畅快。十一时水泻一次，精神颇佳，与平常无大异。十一时二十分食粥半盂，梅一个，紫苏一枚。摹普泰造像、天监造像二页。饮水，食物，喉痛，或因泉水性太烈，使喉内脱皮之故。午后四时，饮水后打嗝笃，食小梨一个，五时食粥半盂。是日感冒伤风已愈，但有时微嗽。是日午后及晚，侍和尚念佛静坐一小时。八时半眠。入山预断以来，即不能为长时之安眠，旋睡旋醒，辗转反侧。

四日，晴和，五十三度。断食前第四日。七时半起床。是晨气闷心跳口渴，但较昨晨则轻减多矣，饮冷水稍愈。起床后头微晕，四肢乏力。食小桔一枚，香蕉半个。八时半精神如常，上楼访弘声上人，借佛经三部。午后散步至山门，归来已觉微疲。是日打嗝儿甚多，口时作渴，一共饮冷水四大杯。摹大明造像一页。写楷字八十四，篆字五十四。无大便。四时后头昏，精神稍减，食小桔二枚。是日十一时饮米汤二盂，食米粒二十余。八时就床，就床前食香蕉半个。自预备断食，每夜三时后腿痛，手足麻木。(余前每逢严冬有此旧疾，但不甚剧。)

五日，晴和，五十三度。断食前第五日。七时半起床。是夜前半颇觉身体舒泰，后半夜仍腿痛，手足麻木。三时醒，口干，心微跳，较昨减轻。食香蕉半个，饮冷水稍眠。六时醒，气体甚好。起床后不似前二日之头晕乏力，精神如常，心胸愉快。到菜园采花供铁瓶。食梨半个，吐渣。自昨日起，多写字，觉左腰痛。是日腹中屡屡作响，时流鼻涕，喉中肿烂尚未愈。午后侍和尚念经静坐一小时，微觉腰痛，不如前日之稳静。三时食梨半个，吐渣。食香蕉半个。午、晚饮米汤一盂。写字百六十二。傍晚精神稍差，恶寒口渴。本定于后日起断食，改自明日起断食，奉神诏也。

断食期内，每日饮梨汁一个之分量，饮桔汁三小个之分量，饮毕漱口。又因信仰上每晨餐神供生白米（上句疑为“每晨餐，供神生白米……”）一粒，将眠，食香

蕉半个。是日无大便，七时就床。是夜神经过敏甚剧，加以鼠声、人鼾声，终夜未安眠。口甚干，后半夜腿痛稍轻，微觉肩痛。

六日，晴暖，晚半阴，五十六度。断食正期第一日。八时起床，三时醒，心跳胸闷，饮冷水桔汁及梅茶一杯。八时起床，手足乏力。头微晕，执笔作字殊乏力，精神不如昨日。八时半饮梅茶一杯。脑力渐衰，眼手不灵，写日记时有误字，多遗忘。九时半后精神稍可。十时后精神甚佳，口渴已愈。数日来喉中肿烂亦愈。今日到大殿去二次，计上下廿四级石阶四次，已觉足乏力，为以前所无。是日共饮梨汁一个，桔汁二个。傍晚精神不衰，较胜昨日，但足乏力耳。仍时流鼻涕，晚间精神尤佳。是日不觉如何饥饿。晚有便意，仅放屁数个，仍无便。是夜能安眠，前半夜尤稳安舒泰。眠前以棉花塞耳，并诵神人合一之旨。夜间腿痛已愈，但左肩微痛。七时就床，梦变为丰颜之少年，自谓系断食之效。

七日，阴复晴，夜大风，五十四度。断食正期第二日。六时半起床。四时醒，心跳微作即愈，较前二日减轻。饮冷水甚多。六时半即起床，因是日头晕已减轻，精神较昨日为佳，且天甚暖故早起床也。起床后饮桔汁一枚。晨览《释迦如来应化事迹图》。八时后精神不振，打呼欠，口塞流鼻涕，但起立行动如常。午后身体寒益甚，拥被稍息。想出食物数种，他日试为之。炒饼、饼汤、虾仁豆腐、虾子面片、什锦丝、咸口瓜。三时起床，冷已愈，足力比昨日稍健。是日无大便，饮冷水较多。前半夜肩稍痛，须左右屡屡互易，后半夜已愈。

八日，阴，大风，寒，午后时露日光，五十度。断食正期第三日。十时起床。五时醒，气体至佳，如前数日之心跳头晕等皆无。因天寒大风，故起床较迟。起床后精神甚佳，手足有力，到院内散步。四时半就床，午后益寒，因早就床。是日食欲稍动，有时觉饥，并默想各种食物之种类及其滋味。是夜安眠，足关节稍痛。

九日，晴，寒，风，午后阴，四十八度。断食正期第四日。八时半起床。四时醒，气体极佳，与日常无异。起床后精神如常，手足有力。朝日照入，心目豁爽。小便后尿管微痛，因饮水太多之故。自今日始不饮梨桔汁，改饮盐梅茶二杯。午后因饮水过多，胸中苦闷。是日午前精神最佳，写字八十四，到菜圃散步。午后寒，一时拥被稍息。三时起床，室内运动。是日不感饥饿。因天寒五时半就床。

十日，阴，寒，四十七度。断食正期第五日。十时半起床。四时半醒，气体精神与昨同。起床后精神至佳。是日因寒故起床较迟。今日加饮盐汤一小杯。十一时杨、刘二君来谈至欢。因寒四时就床。是日写字半页。近日神经过敏已稍愈，故夜间较能安眠。但因昨日饮水过多伤胃，胃时苦闷，今日饮水较少。

十一日，阴寒，夕晴，四十七度。断食正期第六日。九时半起床。四时半醒，气体与昨同。夜间右足微痛，又胃部终不舒畅。是日口干，因寒起床稍迟。饮盐汤半杯，饮梨汁。夕晴，心目豁爽。写字百三十八。坐檐下曝日，四时就床，因寒早就床。是晚感谢神恩，誓必皈依。致福基书。

十二日，晨阴，大雾，寒，午后晴，四十八度。断食正期第七日。十一时起床。四时半醒，气体与昨同，足痛已愈，胃部已舒畅。口干，因寒不敢起床。十一时福基遣人送棉衣来，乃披衣起。饮梨汁及盐汤、桔汁。午后精神甚佳，耳目聪明，头脑爽快，胜于前数日。到菜圃散步。写字五十四。自昨日始，腹部有变动，微有便意，又有时稍感饥饿。是日饮水甚少。晚晴甚佳，四时半就床。

十三日，晨半晴阴，后晴和，夕风，五十四度。断食后期第一日。八时半起床。气体与昨同。晨饮淡米汤二盂，不知其味，屡有便意，口干后愈，饮梨汁桔汁。十一时饮浓米汤一盂，食梅干一个，不知其味。十一时服泻油少许，十一时半大便一次甚多。便色红，便时腹微痛，便后渐觉身体疲弱，手足无力。午后勉强到菜圃一次。是日不饮冷水。午前写字五十四。是日身体疲倦甚剧，断食正期未尝如是。胃口未开，不感饥饿，尤不愿饮米汤，是夕勉强饮一盂，不能再多饮。

十四日，晴，午前风，五十度。断食后期第二天。七时半起床。气体与昨同，夜间较能安眠。五时饮米汤一盂，口干，起床后精神较昨佳。大便轻泻一次。又饮米汤一盂，饮桔汁，食苹果半枚。是日因米汤、梅干与胃口不合，于十一时饮薄藕粉一盂，炒米糕二片，极觉美味，精神亦骤加。精神复元，是日极愉快满足。一时食薄藕粉一盂，米糕一片。写字三百八十四。腰腕稍痛，暗记诵《神乐歌序章》。四时食稀粥一盂，咸蛋半个，梅干一个，是日不感十分饥饿，如是已甚满足。五时半就床。

十五日，晴，四十九度。断食后期第三日。七时起床。夜间渐能眠，气体无异平时。拥衾饮茶一杯，食米糕三片。早食藕粉米糕，午前到佛堂、菜圃散步，写字八十四。午食粥二盂，青菜咸蛋少许。夕食芋四个，极鲜美。食梨一个，桔二个。敬抄《御神乐歌》二页，暗记诵一、二、三下目。晚饮粥二盂，青菜咸蛋，少许梅干。晚食粥后，又食米糕饮茶，未能调和，胃不合，终夜屡打嗝儿，腹鸣。是日无大便，七时就床。

十六日，晴，四十九度。断食后期第四日。七时半起床。晨饮红茶一杯，食藕粉芋。午食薄粥三盂，青菜芋大半碗，极美。有生以来不知菜芋之味如是也。食桔、苹果，晚食与午同。是日午后出山门散步，诵《神乐歌》，甚愉快。入山以来，

此为愉快之第一日矣。敬抄《神乐歌》七页，暗记诵四、五下目。晚食后食烟一服。七时半就床，夜眠较迟，胃甚安，是日无大便。

十七日，晴暖，五十二度。断食后期第五日。七时起床，夜间仍不能多眠，晨饮泻油极少量。晨餐浓粥一盂，芋五个，仍不足，再食米糕三个，藕粉一盂。九时半大便一次，极畅快。到菜圃诵《御神乐歌》。中膳，米饭一盂、粥二盂、油炸豆腐一碗。本寺例初一、十五始食豆腐，今日特因僧人某死，葬资有余，故以之购食豆腐。午前后到山门外散步二次。拟定出山门后剃须。闻玉采萝卜来，食之至甘。晚膳粥三盂，豆腐青菜一盂，极美。今日抄《御神乐歌》五页，暗记诵六下目。作书寄普慈。是日大便后愉快，晚膳后尤愉快，坐檐下久。拟定今后更名欣，字俶同，七时半就床。

十八日，阴，微雨，四十九度。断食后期最后一日。五时半起床。夜间酣眠八小时，甚畅快，入山以来未之有也。是晨早起，因欲食寺中早粥。起床后大便一次甚畅。六时半食浓粥三盂，豆腐青菜一盂，胃甚胀。坐菜圃小屋诵《神乐歌》，今日暗记诵七下目，敬抄《神乐歌》八页。午，食饭二盂，豆腐青菜一盂，胃胀大，食烟一服。午后到山中散步，足力极健。采干花草数枝，松子数个。晚食浓粥二盂，青菜半盂，仅食此不敢再多，恐胃胀也。餐后胸中极感愉快。灯下写字五十四，辑订断食中字课，七时半就床。

十九日，阴，微雨，四时半起床。午后一时出山归校。嘱托闻玉事件：晚饭菜，桔子，做衣服附袖头，轿子油布，轿夫选择，新蚊帐，夜壶。自己事件：写真，付饭钱，致普慈信。

按：在日记中，所提到的“福基”和“普慈”是同一个人，这个名字，便是叔同为他的日籍夫人诚子所命的私号。诚子，在她的故乡，生于一个天理教的家庭，因此，叔同也会引用天理教的传道书，像《御神乐歌》来感谢“神恩”了。但诚子的身世，直到李叔同出家以后，多年，依然是一个谜。

阳历新年假满后，夏丏尊从家里回校，先到自己房里休息一会儿，便去找叔同。叔同从年假以后，便没信给他。

平时，他与叔同分别后，都是赓续地往返书信，如果环境不允许谁写信，也得先写信说明。否则，丏尊会以为叔同不是病了，便是死了！因为叔同有慢性病在胸腔里燃烧；他的肺，又出过血；他的气管也经常失灵。一旦断了消息，不能不令人怀疑。

星相家说：叔同活不过三十七岁！

叔同十天的年假，加上两周的事假，没信给丏尊，这使他心头起了疙瘩！

当他用手推叔同的门，门锁着，室内阒无人声，这才垂头丧气地掉头，在校园里荡两圈。

末了，走到传达室，一打听，闻玉也跟叔同走了，这更使他迷惑不解。

开学以后十几天，丏尊仅知道叔同和闻玉请了事假，但行踪不明，令他困扰！

直到一九一七年元月十二日（农历十二月十九日）下午三时，叔同回来了，丏尊便匆忙赶到他的房间，看看叔同是否走了模样，如果他生了病，那也该有消息才对。

"叔同！叔同！"丏尊老远地叫过来，其实，这位以文学见长的翻译家，还是三十一岁的年轻人。一顶"舍监"的帽子压在他头上，使他老了二十岁，不由地显得道貌岸然。他比叔同小六岁。

叔同刚回来，卸了行李，抹过脸，听丏尊叫他，便探头到窗外。

"丏尊，丏尊！"

"啊呀！息霜老哥，这么多天你到哪儿去啦？害得我以为你病倒了呢。天爷！这还好，你只瘦了些，黑了些，精神还好。叔同！病了吗？"

"哦！没病过！"叔同分辩。

"那么，你怎么啦？"

"断食去咧！"叔同欣喜地说，嘴角边做成两个深窝。

"怎么？"丏尊以为耳朵听错了字音。

"到大慈山断食，二十天啰。"叔同说。

"你断食？真的？"

"正是。"

"啊！老哥！你怎么不告诉我呢？这么神神秘秘的，这还是我开的头。"

"告诉你，我也想告诉。"叔同顺手撩起一根鸡毛掸子，把桌上灰尘拂两拂，叫丏尊坐下。"只是我告诉你了，又怕你下不了决心，索性也就不讲了。而且，这种宗教性质的事，叫别人知道，大惊小怪的，也会发生波折，别人会以为我去自杀哩！我们俩一同去自杀，你说严重不严重！"

"哦！我们的军师爷！你这锦囊妙计，害得我这'周公瑾'好恼啊好恼——"

"你听我说！"叔同拦过丏尊的话，"我去断食，人家不会说我去'断食'的，人们会说我离了经，背了道！人们不骂我发疯？还是秘密些儿吧！你说是不？"

"断过食，怎样呢?"

"这个，我不敢做主了，丏尊！我在虎跑二十天，有此为证。"于是，叔同把他写的字，搬上桌子，又择了两方印出来。

那两方印，便是："一息尚存"，"不食人间烟火"。

"丏尊，还有哩，我记了日记，你闲时再看。那简直是精神界的开荒。这两颗印，这卷字，将来留给你！还有，日记看看再给我。"

丏尊凝神端详着叔同，又看看印，看看那叠一尺多厚的宣纸，不由得呆了一呆，然后坐下来。

阳历年假过去，接着便是农历年。

叔同给诚子写了一封信。

诚子：

旧历除夕，仍有大事待办，未能回沪聚首，至用歉然。

岸　丙辰除夕

农历年，叔同决心再到虎跑，随老僧了悟学静坐功夫。这时候，他入佛的心灵，已逐渐深入堂奥，虽欲罢而不能，即使舍弃寿命，也在所不惜。

叔同在除夕当晚，又到了虎跑。事实上，虎跑寺的比丘僧，对音乐家李息霜，已久仰大名。

叔同进了虎跑山门，先往大殿参拜佛像，再走进后面的院子，参拜老和尚。

刚巧，他的好友杭州名士马一浮也来了，同时带来一个朋友到这里学佛。

"息翁!"马一浮居士首先做介绍，"我来介绍一位朋友给你见面。"

叔同抬眼一看，一浮身后站着一个高大的汉子。

"这位是息翁，便是我们久已闻名的李叔同先生。这是彭逊之先生，我的朋友。息翁！如不是你断食，我们还不知道这里幽静呢。"

叔同断食后，确实和马一浮说过，虎跑不仅幽雅，而泉水又好。这是姓彭的朋友到这里的因缘。

他们经一浮介绍，互相作礼一番。

这位彭先生，体型高大，重眉，方脸，满腮短髭。看到这个人，便令人感觉到，沉稳、厚重、坚决。

这个人与叔同相比，叔同反而显得平凡、清淡、落落无情了。两个人互看之下，都发现不了对方的本质美。如不是叔同在中国音乐界有了成就，彭先生无论如何不会相信，站在他面前的瘦削人物，便是名垂大江南北的音乐家李息霜。

年一过，虎跑寺的退居方丈了悟老和尚，为叔同安排每日的功课，另一位法轮长老，则为彭先生说法，他们各自用自己的功夫。

一晃日子过了八天。

彭先生拣一个清早，突然说：他要削发出家了。

这位彭先生的突然决心“出家”，使叔同心灵震了一下。

然而，这是铁一般的事实。

彭先生便在正月初九早上九点钟，请法轮和尚，为他剃度为僧。

“这倒看不出，这个看来没有宗教气质的中年人，会放下世情而出家！”叔同默想。“这须要大智、大勇的！”

彭先生的出家，变为和尚，高大的外形，突然显得庄严而温厉了！使人不由得泛起一种欣羡仰慕的情操。

“这倒叫他占了先机！”叔同想。

本来，要削发，他也能跪下来。

然而，他的世缘未了。

“请和尚慈悯！”就在第二天晚上，他面对老僧了悟，顶礼膜拜，“我李叔同愿尽形寿，皈依三宝，宏传佛法，誓成佛道，请您为我接引吧！”

“你我有缘！”了悟老和尚说，“佛门有幸接引像你这样的大知识！老僧倒有福哩！”

于是了悟老和尚，为叔同正授三皈依，成为一个正式的佛门弟子。

当时的法名，便是后来的律宗大师“演音·弘一”。

“大慈演音”，这是李叔同先生未出家前就用过的隐号。

【壹肆】水月

一九一八年，春寒笼罩杭州城。

叔同从虎跑大慈寺回校。他的朋友、学生起初没有觉出什么异样。只有校工闻玉，发觉李先生突然转了辙！

原因是——叔同回校，静悄悄地，把闻玉叫进屋。

“闻玉！”叔同面带欣喜的、庄严的浅笑说，“从明天起，我又要麻烦你哩！”

闻玉觉得，李先生好像有一场喜庆事，托他安排。

“喏，李先生，您的事，也就是我的事，有什么麻烦？”

“我说，闻玉！你看看我这间小房子里的布置！”叔同用手划了个弧形，引闻玉看去。

闻玉虽然那么敬爱叔同，他的房间，也去过很多次；可是，房间里什么东西摆在什么地方，倒没有记在心上。他经叔同这一指引，这才仔细浏览。

“哎哟，李先生，您这儿摆设得像个和尚的禅房！”

闻玉一面注意那墙上挂着的佛像，一面出奇地凝视佛像旁挂着的黑色念珠，四壁纤尘不染。

“呵！”叔同笑吟吟地，“这真叫你看准了。住禅房，还要有福的人哩。闻玉啊！也正因为我供佛、拜佛、念经，所以，从明天起，我的菜饭，请你关照厨房一声，不要荤腥，明天，我开始素食！”

“素食？”闻玉瞪着眼，“食素？”他把这两个字颠倒一番。

“对啊！”叔同说，“念佛的人，原该素食。”

“那，那，素食……”因为叔同一向吃沙西米、芥末、日本料理惯了的，今天突然改吃中国素，闻玉也惊住了。

“对了，素食，没有什么花样。你想想，去年我在虎跑，二十天断食，结果，还不是一样。人同皮球差不了多少，不打，它不会向上！”

“真的，李先生！我总把那件事当作你治病的方儿，我们肉眼凡夫，看的总是眼前事！”闻玉仰望着高而且瘦的叔同，如仰望一尊塑像，“明天，我记着了！”

“闻玉——”叔同又想说什么，话到嘴唇边，又止住了！

他想说：素食，是佛教行者水到渠成的自然行径；从理论到实践，素食是它的分水岭。他涉猎佛学虽不算深，不声不响，也已经三年。在论理上的瓜熟蒂落，结果，他正式皈依了佛门，正式做了佛教实行家；他所实行的，便是“慈悲”这两个佛教徒唱破嘴皮的字，没有比这再平凡了。

这些，咬文嚼字的东西，闻玉不了解。

从此他自自然然地，在自己的生活圈内，素食、读经、拜佛，做朝暮功课。

直到清明节，学校放了春假，他没有再去虎跑。离开家，已有两个多月；他觉得，这一次回家，应该向诚子宣布他的心事。

清明前一天晚上九点钟，做完晚课，坐夜车，回到上海法租界的家——

诚子还没有睡，百叶窗内，透出乳白色的灯光。

叔同敲门。

诚子知道叔同回来了，隔着窗问：

“是叔同?”

“诚子——”叔同说，“你还没有睡?”

“我来开门!”家里的女佣，听到敲门声，便从偏房里走出来把门开了。

“我看书。今晚读的是《断鸿零雁记》!”诚子从房间里，迎出来。

“曼殊的——《断鸿零雁记》?”叔同重复一句。

这时候，由于“起信”后的宗教虔诚，由虔诚、急进而产生的感悟，一点一滴地抵消了他的凡俗之念。相对地，出世的彻悟力，迫切地在意识间造成一种“形势”。

当他与丏尊为“辞聘”事辩论时，那时他确实想到诚子，想到天津的家，想到他在世间艺术的造诣，还有些攀藤扯葛的俗念未消。那时，他仅仅想到做一个在家的居士足矣！至于遁入空门为僧，心里虽有浮泛的冲动，但是，能不能创造一种出

家的机缘，那是大有问题的。

皈依了悟老僧之后，仅仅两个月，内心的构想，突然起了变化。他想到，放不下，世间一草一木、一瓜一葛的牵绊，都使你放不下；假使放得下，即使脱下这张人皮，也不足痛惜。世间还有比生命更重要的东西吗？此身之外，如不是牵你上天堂，入地狱，还有什么使你牵挂的？因此，他的脑际急速通过一项决定，便是：这一学期结束，暑假去大慈山出家！

至于天津的家，没有什么不了。诚子，先要在心理上做个安排。诚子，他想到漂泊异国的诚子，心灵间不能不怀着一丝如缕的忏悔之情。然而，业缘如此，夫复何言？在不久之前，他告诉过丏尊："要出家，也必先通过诚子！"

他相信，诚子的眼睛是雪亮的！不过在情感上放不下，她太深情了，情深必堕，佛氏名言。他不禁为"情"字，这个苦恼千古圣凡的根绊而哀伤。

因为回家时，已经很晚，所以也没有同诚子多谈。他吃了枇杷膏之后入眠。

假期是三天。

他把准备好的话，留第二天谈。第三天，用来平衡诚子剧动的悲哀。第四天，他可以在不伤情感之下离开。以后几个月，让诚子做深一层的哲理上的考虑。在暑假前，他还要回家两次，处理身外之物，处理诚子问题。

放下情感上的重担，百痛不如一痛。但愿他日，莲池会上相逢，让今生斩却"地狱"根。

平时，叔同与诚子相守，多是谈些文学上、书画上、音乐上的知识。诚子也算得半个音乐家。诚子爱好音乐，这是他们相契的焦点。

自叔同去杭州教书以后，或许是这块"人间净土"感染了他。近两年，使他钻入佛学的故纸里；之后，每逢回家，话锋转向，总不离"佛经"的故事。

诚子与世俗儿女千古一辙之处，便是放不下那份夫妇之情——与叔同那份性灵的结合关系。假使诚子重视所谓世间的"名分"观念，她不必远离故国。但也正因她情深意重，所以对叔同的情感，一直是难舍的。

他们在上海一住就是八年，诚子也不过三十岁。她受叔同那种孤高而不可及的情操所熏习，在观念上，对世间名利，已感觉平淡无奇。可是，相左的，则是对叔同的那份情感，更加深刻。叔同学佛后，佛家的"立"与"断"的魄力，又自叔同的行为上传给她几许。于是，她对世间的变化，也感觉"空门"，有它的深邃哲理！

第二天白天，在朋友们访晤中度过。直到晚上诚子把药弄好让他吃了，便在灯下对坐。他对叔同的宣布素食，略略表示了一点意见。

“叔同！你的素食，我原没有异议。不过像你这种体质的人素食，不能不令人怀疑，素食能拯救多少生灵？”诚子说话的声音很沉痛。但她的容貌，好像没有老，还同东京上野时那种模样。

叔同的嘴角，习惯地做个浅窝：“诚子，你这种素食见解，刚好同丏尊他们差不多！你们都会说，素食会把我埋葬！我不能相信这种生物学上的论调。为什么呢？如果素食会吃坏人，那么照理：肉食，应该青春永驻了。可是，这又不可能！所以，肉食，素食，对人体的能力，都没有人实验过，证明哪种更能接近人体的健康。这种争论，如两个小儿争‘日出’，那是没有道理的。我只证明，素食，因为我要这样做而已！”

“像我们国家的僧侣，肉食、娶妻、住庙的，大有人在。”诚子说。

“这在我的眼睛里都见过。诚子！你们贵国那种肉食、娶妻的和尚，不过是一个宗教蜕化的样本，佛教在日本，也如武士道在日本一样，都是文化的变形虫！论历史，我们只能如此说。你们日本有肉食的僧侣，黑社会的浪人，我们中国何尝没有‘肉食’的和尚，‘黑社会’的‘袍哥’？”

“你是居士，叔同，素食会为你招来无端的烦恼，是不？”

“这个——”叔同略一停顿，“我有一劳永逸的办法，诚子！”叔同那一双抑郁的眼睛，突然间伤感地看着诚子，很久很久。

诚子似乎觉得有什么事要发生了！

“什么事，叔同！什么办法？与尘世隔绝，与社会绝缘吗？”

“在生活上永远隔绝！”叔同的话坚定又伤感。

“那为什么呢？在家，我可以维护你的素食生活，可是，在外面，便不能随心所欲了！你可以永远守在家里，放弃社会的生活吗？”

“诚子，这还不是我的意思。千言万语，一个偏爱肉食者，素食自然有问题。你要了解，即使素食，也要勇气、决心、毅力！人们可拿‘损害健康’‘特立独行’，这些词穷理拙的幌子来压制素食运动。但是他们没想到比这更重要的宗教徒的原则总要建立！一个人，自必要有与人不同处！这个不同处，才是真正的你！否则，你仅只是别人的‘积层’！孔子之与人不同，在乎他能‘作《春秋》’，司马迁之与世不同，在乎他有勇气‘写《史记》’，他们有胆子，用史家之笔，使乱臣贼子惧！我们要效法先贤，也要求得一个与人‘不同处’！

“我的素食历史很短，可是，我很欣慰！我实行素食，也是以一生为准。中间没有折扣，没有偏私，没有假定。为的只是完成一个与人不同的‘我’！”

“呵！”诚子说，“这只是你素食的道理，但不是办法！”

“还不止此呢！”叔同看看诚子灯下的眼神，晶莹而光洁。在这个世界上，她是一个最贤惠的女人，最美好的伴侣。于是，他放胆说：“你赞成我学佛吗？”

诚子惊异地表示赞成。这不是问题。

“是出自内心？”

“是出自内心！”

“如果你真心同意我学佛，认为我做得对，请相信我。也许今生不能获得什么，这不是一种马上兑现的功夫！”

“叔同，”诚子打断他的话，“我们俩只有上苍知道！”诚子眼角，落下一滴清泪。

“假使——”叔同想一想，觉得必须要讲下去了，“你要注意到一桩事情，那便是一个尽形寿学佛的人，一个倔强的佛教行者，很可能，他会遗世苦行，走上出家那一条路！”

诚子的脸色一变，忍不住打了一个战栗。

“你现在是个居士，居士不也就够了！在家学佛，并没有人阻碍你。在家学佛的人，不是很多吗？”

“在家学佛的人很多！可是，在家学佛牵绊也多。《华严经》道：‘家宅’犹如‘火宅’，‘女身’犹如‘蛇身’，这没有一丝侮辱女性的成分，女人也有佛性，女人也是人生的。然而，过来人都知道。在一个学道人的眼里，家是无辜的。但那颗意识着家的心灵，却坏了事。并且，我学佛的念头，自与别人不同。诚子啊，我在佛道上，是发了大愿的！我要在佛道上，苦修一番；假如李叔同有一天成佛，将来第一个我度的人，便是你了！”

诚子听到末尾这句话，破颜一笑！

觉得叔同蜕变得太突然了。但是，他那份崇高的至情（非夫妇的情分），足以令人感动。

她说：“我期待着你！”

“如果，”叔同这才言归正传，“我要决定出家呢？”

“这，这个，这个，叔，叔同……”诚子的身子一软，抛开手上那本乐谱，倾倒在沙发上！

叔同站起来，在诚子身旁，轻按着她颤抖的肩膀：“平静些，平静些，诚子！”

“叔同！我的耳朵有没有听错？”诚子呜咽地哭。

“你没有错。”叔同解释说。

“你为何要出家?”

“便是刚才我说的目的，成佛道，度群迷——这个大前提!”

“好了，出家前，请先毁了我！叔同，你学佛、素食我都同意。只，只是你出家，我，我不能……”

“平静地想，诚子！平静些！我即使要出家，一定要通过你，不通过你，我绝不出家。诚子啊！一个用功的人，功夫成熟时，你应该考虑考虑，他进一步该怎么样？你能否定你最挚爱的所坚决从事的深行大愿么？诚子！我至少有这种要求，要求你，为李叔同想想。我，是你所深知的。请你平静深思，然后，通过我的要求。我们十年的夫妻关系，不过镜花水月罢了！想想看吧，如果我的决定正确，你通过我。我，正从事一种精神上艰险的奋斗。我以为，最低限度，在知识上，你会知道我，在认识上，你也会了解我，我为什么放弃世间艺术?

“在上海这个家，诚子，我所有的身外物，全归你。事实，我是孑然一身的！这点东西，足够你一生之用。至于去日本，或者留在中国，都任你选择。不过，我不管身在何处，精神上都永远在记念你。为我牺牲的你。诚子！你是我生命上握有绝对权力的人，因为你的同意，我才能心无罣碍，过我的云水生涯……”

“不，叔同。让我想想。如果没有你，那是什么日子！……”

“不，诚子。在精神上，你没有失去什么！我的钢琴、乐谱、书画……与我们生命有关系的东西，都是你的精神寄托。你想它们，便想到李叔同，一个出家为僧的李叔同！啊，诚子，忘了这一切吧，每人都有一条自己的路，中国人说得好:‘人人头上都有一颗露水珠儿!’诚子，珍重!”

诚子伏在沙发背上，起先是失声痛哭，之后便是战栗、呜咽、低泣。她并非不了解叔同，也并非说叔同之断然弃俗，便是恩断义绝。她舍不了的，是她的情爱，他们十年多来，甘苦与共、心灵交感的深情，一旦绝缘，她会疯狂!

叔同反复地解释着，安慰着。终于，她平静下来。仰起头，远远地凝视着叔同。

“让我想想——”诚子双手拢着头发，身向后倾，“让我想想。现在，我没有勇气，因为，我是女人。我不能舍弃我爱的人……”

叔同第三天晚上回到学校去了。

他也想到，当他决定出家时，诚子的心情是如何地绝望。一个平凡的女人，丈夫便是她的“世界”。她们宁愿失掉世界，也不愿失掉丈夫；不平凡的女人，在失去丈夫之后，会重建她们生活的信心。在“绝望”的刹那间，除了圣贤，没有人会摆脱那一关；一种情感的绞刑所加的煎熬。诚子，即将面临那种煎熬。过了那一阶段，她将会活下去；平静地，带着一种悲剧的心理活下去；假使她能全部接受佛法——她将可能活得更好。

在学校再过短暂的三个多月，便是叔同离俗为僧的日子。他在这三个月间，写两封信给他天津的哥哥和家属，说明他坚决出家的原因；任何牵攀阻止不了他。

他的哥哥文熙，为他即将出家，着实为叔同的下一代苦恼一番。“一子入佛门，九祖尽升天”的玄远妙论，他不了解，他站在世俗的兄弟之情上，词严义正地说：“你人不做，为什么做和尚呢?”而叔同也干脆地回答:“你们只把我当作‘虎列拉症’死了，也就完了!”

此事出乎意外者，他的俞氏夫人竟没有表示意见。

在学校里，有些要好的朋友，像夏丏尊、姜丹书、经子渊，他们依然希望能挽留他放弃出家那一途，那一种为人所不屑的途径。

叔同没有理会这些。他认为做得对，便是对。也没有同谁研究。

他在这一段时间，把身外之物分配停当，准备去虎跑前一天，请他的朋友、学生，到房间来宣布他的决定。

这中间，他把世人对佛学的迷惘处，慢慢灌输些到学生们的耳鼓里。他同时希望，诚子在这一阶段能完全“起信”，接受佛法，等他出家后，做一个“优婆夷”。

直到学期结束前，最后一个假日，他托人带了一封信给诚子，意思这样说:

诚子:

我的决定出家为僧，目前已在事务上向有关人们交代清楚了。现在你已考虑了两个多月，如果你认为我做得对，请你告诉我！你绝望的心情，与失去一个生命关系的人所受的摧残，我并非没有想到。可是，你是不平凡的，请吞下这一杯苦酒：忍耐，忍耐，靠佛力加被你，菩萨护持你。诚子，你的光辉永住！我想你体内住的不是一个庸俗、怯懦的灵魂。

这在我，并非寡情绝义——人同此心，心同此理，唯一的不同，我为了那更永远、更艰难的佛道历程，我不仅放下了你，诚子！我也放下世间的一切已享有的名誉、艺术的成就、遗产的继承(我可能还有三十至五十万的遗产可继承)，可见，我并非厚彼而薄此；世间的一切，都等于烟云；我们要建立的，是未来的光华无垠的世界，在佛陀的极乐国土，我们再见!

诚子！永别了，我不再回家，免得你目前痛苦加深，我们那个家，还有足够你维持生命的东西；我们的钢琴、贵重的衣物、金钱，悉数由你支配，作为我们的纪念。但望你看破这一点，人生几十年，有一天我们总会离别现在，我们把它提前几刹那而已！大限总要到来。

在佛前，我祈祷佛光照耀你，永远如是；请你珍重，念佛的洪名。

叔同　戊午七月一日

叔同的信回去三天后，诚子的信来。

叔同：

我知道万事不必勉强，对你，我最崇爱的人，亦复如此；请放下一切，修行佛道吧！我想通了，世间竟是黄粱一梦，梦醒时，什么都是一场空。将来，我能否去看你一次？我希望如此，至于今后，我的行踪还无法确定，在贵国，除你，我没有第二个可以聊解愁苦的人。目前，我要试着念经、念佛；这一切都是宿世前缘？

为了那种圣与凡之间一层蝉翼似的隔膜，我同你一起走，去追求那个远似银河星宿般遥遥的佛道，望你珍重。

诚子

接到诚子的信，叔同的心，完全放下了。同时，他已把诚子的“去留问题”，做了妥善安排。六月中旬，有一天他把心爱的学生丰子恺、刘质平等，叫到房间里，把东西分类，准备分赠朋友与学生。

暑假来临的当天上午九点钟，叔同叫闻玉到房间来，要他把丏尊和学生丰子恺、刘质平、黄寄慈、李鸿梁他们都找来。

丏尊刚一到，丰子恺、刘质平、黄寄慈……还有闻风而来的学生吴梦非、王平陵都来了，拥得满满一屋。

叔同身上只穿一袭麻质长衫，黑色布鞋，坐在床上。要请的人都来了，便笑吟吟地站起来，请他们坐下。

“今天麻烦丏尊兄和大家，非常惭愧！我马上便要离开这里了，在这里七八年，没有别的供养，现在只留些身外之物，奉赠——”叔同停了停，大家互相看一眼，愣愣地等叔同接下去。

“这里，是丏尊的，这是我历年所藏的书法，以及往年写的折扇、金表——我还要交代的，我所作的印，已在半个月前，全部封在‘西泠印社’石壁间，建一个

‘印冢’。以前所作的油画，则已寄到北京国立美术专门学校。丏尊，后会有期了!”

丏尊黯然一笑:“这些东西都是你心血的结晶，你都不要了?”

“身外之物，出家做和尚用不到，艺术创造，也不能为，给你们，还有个用处!”叔同说。

“这些——”叔同又告诉子恺与质平几个学生，“我所有的画谱及自己作的画，画的理论作品，全给子恺；所有的乐理、曲谱、音乐界名著，给质平；所有的世界名剧、南社文集和我自己东西，给平陵……我这些用不着的俗家衣服，给闻玉!”

“啊呀，李先生，我怎么敢当呢?”闻玉吓了一跳。因为叔同的衣服，差不多全是上乘的质量。

现在大家也不能说什么了，各自心头压着一块沉重的石头。

还有些别的东西，叔同又托丏尊送给校长经子渊了。

把俗家衣物典籍，都分散给每一个来送别的人，叔同的心情也觉得荡然一空；使心灵上负担卸去了许多。剩余的，便是一小卷儿行李。

中午饭后，请闻玉挑着，便向大家告别，他们都跟着送出来。在校园里，学生没走的，知道李先生去大慈山学佛，下学期不再来了，从校长，到学生，围着一大群，问长问短，最后，由丏尊陪着他出校门，走了一程。

“丏尊，不必再送了。这样惊动如许人，后会有期吧!”

丏尊惨然咧咧嘴。“我永远护持你，叔同！我们的交情不同寻常！现在……珍重！……”下面，是一串眼泪串成断续不清的别意。

站在校门外的师生，遥看着一个高瘦奇特的身影，在夕阳照耀的人行道上，隐没。

【壹伍】永诀

两个被夕照拉长的人影，走在湖滨人行道上，太阳已经落在丛山的谷里。

黄昏的回光荡漾在西子湖上，湖光山色，晚寺钟声，带给人无限出尘的幽情。

这时候，游人如鲫，扁舟停在湖面，柳堤幽境，时时出没三三两两的少男少女，欣赏湖上的景色。

叔同和闻玉，默默地走着，仿佛世间踽踽独行者，只有这两个人，直到大慈山定慧寺（虎跑寺）的山门。叔同先进去，在大殿上俯地三拜，然后要闻玉把行李放在阶上，他自己便悄悄地到一个小院落见了退休的了悟老和尚。

老和尚住在最后一座小院落里，这里是虎跑寺为退居方丈所准备的一间单房。老和尚为了李叔同的出家，特地从他的别院接引庵回来。老和尚退居的院内花木扶疏，叔同穿过两进院落，刚越过一道白石砌的月形门，老和尚已知道他来了，坐在小禅堂的阶前等他。

“师父!”叔同猛然看到老和尚，倒身便拜。

“啊，你来了？”老和尚欣喜地站起来，合着掌，“我们真有缘啊，佛门有你这样的人立志出家，真难得!”

“我孽障深重!”叔同谦逊地弯弯腰，站在一边，等老和尚开示。

“你的行李呢?”

“在前院大殿上。”

“那就赶快拿来吧，我们为你准备一间僻静的小房子，在未剃度前，先了解了解出家人的生活，然后再择个吉日——披剃。”

“谢谢师父。”

说着，老和尚便叫一个沙弥通知方丈法轮长老，派人引叔同去他自己的寮房。

叔同跟一个年轻的沙弥，在老和尚附近的一排僧寮里，找到一间幽静的小屋，事实上，那是一明一暗两间屋，内间“挂单”，外间“供佛”。

叔同心里非常欢喜，之后，他要闻玉把行李拿进来，在这个境况下，他已经两袖清风，剩下的只是一套被褥和随身穿的单衣几件，外带文房四宝、洗盥之具而已。但是，等他剃头之后，恐怕这些世俗之物，也有一半以上要“四大离散”了。

这座幽静雅寂而以泉水著名的佛寺，对叔同而言，虽然在一年多以前，在这里断了二十天的“食”，那时缘于他是作客，并且急于“实验断食”，断食后又急于回校，所以寺里每个角落，都没走遍。在一块佛土上，东张西望，到处走动，总不像个样。因此，对定慧寺，还等于第一遭来。西湖的定慧寺，远没有野史上写的济颠和尚那个“灵隐寺”来得显赫。但比起国内一般的寺院，可也并不寒酸。这里出家人有四五十个，常来常往挂单的游方僧侣，总是有的。云水堂上，座位常满。

寺院的房子，曲曲折折的好几进，在这里安住下来，只要你心不乱，意不烦，便等于做了隐士。

安住下来，遍礼佛像以后，叔同便做了内心的宣言，纵使肝脑涂地，也不准任何人把他从这里拖出去。

在寮房里第一晚，思潮起伏，如心电图上的曲线，蛇行鼠窜地把尘封记忆，一一挖掘出来，从十九岁到上海，二十六岁出国，三十七岁断食，三个阶段，勾出他半生如幻如水的梦境。他觉得越想越多，想到他无辜的母亲，无辜的俞氏，无辜的诚子；乃至风月场的情怀，文字相上的旧事……突然，他意识到这些都应该被划除的，它们来了，便是“魔障”。便当下长念一声佛号，深深地呼一口气，一切心理的对立境界都一扫而空！

当晚闻玉便回去了，叔同也交代他几句话。

“我能出家，你的功德是不少的，闻居士！”他感激地叮咛着。

“咳，李先生！那怎么可以？”闻玉闪在一边，吃吃地说。

“一年前，你还在这里照顾我断食哩，不是那一次断食，也许还没有这一次的出家。喏，这一回，又是你送我来，真是缘啊！”

闻玉痴痴地点着头，他对叔同，像一个小顽童对他的父兄一样。说话时，总是一片恭敬、虔诚。

“我们后会有期，闻玉！”叔同弯下腰，向闻玉合掌。

“哎哟，那怎么行?”闻玉说。他对叔同的合掌、弯腰，感觉有一种难当的重量。

“我走了，李先生！要是您用着我，只管写信叫我来就是!”

“阿弥陀佛!”叔同送他出了寺门，闻玉走了。

转身回寮房，忽地大殿通明。

“晚香”开始了，他这才想到，这一生，在今天竟是一个急转弯。

这一晚，叔同和老和尚一同吃饭，又谈说了半晌，回屋里，整理整理，闭上眼，坐一会儿，前观后照一番。觉得活在世间三十九个年头，像从上海的马路上走了一趟相仿。往事如烟，轻轻地消逝。这后半生，看将如何处断了。

西湖南滨，大慈山阴，定慧禅寺幽幽地深藏在湖山的一角；这里有著名的冷泉，风景幽邃，可是天晚游人为了路远，爱热闹的年轻人倒很少到这里来。这里对一个追求灵性生活的修士来说，是潜修的好所在。

叔同来后第二天，寺里的僧众，都知道音乐家李叔同要在这里出家了，因此，也是从第二天开始，他便随着比丘们，一天两堂功课，三堂静坐，鱼板梵钟，开始了他的僧侣生活。

农历七月十三日是“大势至菩萨”的生日，这前三天傍晚，老和尚叫一个沙弥负责招呼叔同。

他跟着那个沙弥，到退居的院子里，走进丈室，见了老和尚。老和尚眯着苍老而多纹的笑眼，叔同向他恭恭敬敬地顶了礼。

“李居士——”老和尚说，“七月十三，是大势至菩萨生日!”

“是的，师父。”

“你是要决定出家吗?”老和尚瞅着叔同。

“我决定出家了，师父！只要师父叮咛，在哪一天削发，都是一样!”叔同说。

“噢？那么我们就择这个日子好不好？大势至菩萨生日。”

“谢谢师父!”叔同听老和尚要在大势至菩萨生日那天为他剃度，又仆下来虔诚地顶礼。

由于心情的激动、欢欣，与乎突然而来的悲剧情怀，使得他战栗地倾泻着泪水。

“就在我们寺中的大雄宝殿上，好吗?”

“这，这看师父的意思。”

“你是大根的人哪，李居士。”老和尚郑重地说，“这次我为你披剃，你是我最

后一个剃传的弟子哩！”

“师父度我的恩惠，永不能忘。”

“能直下承当佛陀的正法，便是！”老和尚恳切地叮咛。

“是的，师父。”叔同辞退出来，心里落下一块石头。

回到自己的住处，悲喜交加地念了一阵佛号，把眼泪念得倾注如泉涌，等心灵重归平静，又想到上海的诚子。并非说“器世间”使他挂念的只有这一个女人，问题是：在世间使他仍然沉重地顶戴忏悔之情的，便是诚子这个异国的女人。要说这一段业缘是“罪”，那么他该背起这人生旅程上最沉重的责任。过去在十里洋场的上海，飞觞醉月于李苹香、朱慧百、杨翠喜之间，那段回忆使他了无遗憾；人生的过程本是一种曲线。

对于诚子，则是无辜的；比起他死去的母亲，更为悲惨。就世间的假相说，与他相厮守十年，落得个什么呢？天啊，想到这里，又不禁为这个牺牲了自己半生的“女性”涌出感激之泪来。虽然，在行动上，他那么冷漠、坚定；而这颗心，未尝不是浮动的。也正为这层缘故，他必须决绝一切，向精神界寻个落脚处，去忏悔、深思；乃至把“无明”“烦恼”“劣根”，净化为纯粹的、至上的“佛性”。

不这样，便谈不上救世救人。

然后，又想到夏丏尊、丰子恺、刘质平、李鸿梁，这一些渊源深厚的朋友和学生。自己一旦出了家，不知他们将以何种眼光相视？

短短的一个月，眨眼便过去了。在这一个月当中，他把出家人要用的衣具都准备好，在家的衣物，都分散给穷困的人。

大江南岸，西子湖的秋色，已由几枝垂柳、数度金风，带到人间。湖岸上被秋风吹落的柳叶，悠悠地飘在湖面，缓慢地沉入水底，积成厚厚的腐叶的积层。

定慧寺隐约在山坳间，秋来得早，而色调更深。这一天高照的秋阳，给人一种高爽的快意，既不炙人，也显出秋的温存；碧天与湖水相接处，长空如镜。

叔同在寮房里，披好“海青”，穿上“芒鞋”，九点整，便到前一进大殿上等着。那座大殿上已挤满了观礼的出家人。

佛龛前，红烛高烧，炉香乍爇，金身佛像前新换了新鲜的“香、花、水、果”。叔同到殿前静穆地向佛像顶礼三拜，然后，向观礼大众顶礼一拜。

停片刻，一个“引礼”的出家人，“当——”一计大磬长鸣！接着是，钟声震响，寺院里所有的僧众，都急急地赶到这里来了。

老和尚从禅房里庄严地踱出来，身披金红色袈裟，面色在严肃中带着喜悦。走进大殿的佛龛前，敛神闭目。

第二声大磬长鸣，僧众与叔同就位，瞬息间，万籁俱寂。

第三声大磬再响，于是大众随着引磬声礼佛三拜，梵音佛曲，“戒定真香”开始嘹亮而幽远地响彻山间。接着是《大悲咒》，《般若波罗蜜多心经》，三称“摩诃般若波罗蜜”，大众面对而立，叔同则面对了悟老和尚。老和尚就“叔同出家的因缘”而说法，然后称念：“金刀剃尽娘生发，除却尘劳不净身……”偈文，之后，侍者献上一个托盘，里面放一刀、一帖。老和尚拿过刀，在叔同先已剃光了的头上比画：三称“誓断一切恶心；誓除一切苦厄；誓度一切众生”，然后为叔同说“皈依佛，皈依法，皈依僧”这三皈依，上供。最后，叔同向披剃师顶礼三拜，向大众顶礼一拜。

叔同于“剃度礼”完成后，展开那张“帖子”，老和尚替他起的法名，正名便是“演音”，法号“弘一”。

他从这一天起，正式成为释迦牟尼传法的“沙弥”了。

这时，全寺僧众围着他，恭喜祝贺，他一面带着惭愧而兴奋的笑容答谢，一面向大家作礼。

等大家散后，他又回到自己的世界——那间小房，伸手摸摸削了发的头顶，默默地自念：“假使，你今天仅仅是削了发，便是和尚，那是不必为的！因此，愿佛菩萨加被你！给你坚定的信心，勇气与愿力！要用你的一切，堆积在学佛的功夫上，直到形寿销尽！”

叔同出家那天，丏尊没有来，子恺、质平，在剃度前来过几回，看看他们已披僧衣尚未出家的老师。

“丏尊——也许有什么事故缠住他了！”他数着念珠，默默地想。

七月十四日下午三时，叔同从大殿上“坐香”出来，刚下石阶，忽然丏尊来了。两个老朋友相见之下，做和尚的欣喜地一笑；而丏尊则茫然愣住半天。

“丏尊！”叔同说。

“啊呀！”丏尊看他剃光了的头顶，身披着“染污”的飘然长袍，手上拿一串念珠，俨然一副“僧相”，脱口说：“叔同——”他是那样吃惊地：“你还是出家了？”

“嗯，是昨天落的发，大势至菩萨的生日，老和尚选的日子哩！”

忽然间，丏尊觉得他的朋友跌入“迷信”的深渊里去了，可是，他把那种对释迦牟尼的信仰，看得那么认真！他居然以生命供献给他那一身袈裟，不由得倾其至

⊙一九一八年秋，李叔同出家。此照于李叔同出家两年后，四十一岁摄于杭州。

诚而感动了！

“叔同！我倒以为你来这里学佛，也不过学学佛算了，又何至于落发为僧呢！”

“噢，”做沙弥的叔同，一面把他引着，穿过几个院落到一间小佛堂里，“我出家，也是你的意思哩，你不是说出家比在家更好吗？”

“这个——”丏尊眼里一阵热，一阵润湿，有千言万语阻塞在心里。好似叔同当了和尚，像被他推上断头台一般，使他万分苦恼。

“丏尊！”他拍拍地上一个蒲团，“你看，你苦恼哩！这不过如此说说而已。一个月不见，倒很记挂着你，你在我出家的这一天，偏偏没有来。”

“我早就想来的。只是家父病了，不很轻，所以耽搁住了！”

“尊大人病了，这却是一个觉悟的关节，有许多人都是由此而入佛。可是，可是，丏尊！”他想说什么，终没出口。“你在这儿小坐片刻，我回房里拿一幅字给你做我出家的纪念！”

丏尊点点头，他心里一直感觉叔同那一身灰色的僧衣，像千万里外飞来无边际的云，软软地、窒息地压在他心上，一种沉重的、痛苦的责任，使他卸不了，放不下。

“假使，当时我不赌那口气呢，也许他还不致这么快便出家，抛下漂泊异乡的诚子和他的艺术生涯。如今诚子与他的艺术，都将一并埋藏了！”

这声犹在耳：“学佛，学个什么佛呢！抛弃妻子，摒绝社会，做居士不彻底，索性做和尚，岂不干脆！我的天哪，不幸而言中了！”

片时之后，叔同手上捧着一幅字出来了。这幅字上，上下有款跋和后记。

丏尊强抑心头剪不断的纷纷妄想，看着那幅三尺长、一尺多宽的条幅，叔同念道：

大势至法王子，与其同伦五十二菩萨，即从座起，顶礼佛足，而白佛言：“我忆往昔恒河沙劫，有佛出世，名无量光；十二如来相继一劫，其最后佛，名超日月光，彼佛教我念佛三昧。譬如有人，一专为忆，一人专忘，如是二人，若逢不逢，或见非见；二人相忆，二忆念深。如是乃至从生至生，同于形影，不相乖异；十方如来，怜念众生，如母忆子，若子逃逝，虽忆何为！子若忆母，如母忆时，母子历生不相违远。若众生心，忆佛念佛，现前当来，必定见佛，去佛不远，不假方便，自得心开；如染香人，身有香气，此则名曰：‘香光庄严’。我本因地，以念佛心，入无生忍，今于此界，摄念佛人，归于净土。佛问圆通，我无选择，都摄六根，净念相继，得三摩地，斯为第一！”

叔同抑扬地念完这一幅字，说：“丏尊！这幅字，是我出家后第一次以字赠人，这一章，非常重要，将来，我亦将于半生中竭诚奉行！这是《楞严经》中的一节，不仅这字作你纪念，万一你做居士时，这经文也可奉行终生！”

丏尊逐句看完这幅字，他对这一小段简洁扼要精致的述理小文，非常欣赏，只是所谓“念佛三昧”“香光庄严”“入无生忍”“得三摩地”这些奥义之文，颇为茫然。

文之末，写的是：“愿与丏尊，他年同生赡养，共圆种智。”什么是“同生赡养，共圆种智”，这不经译过，也不是可以了解的。

“这是大势至菩萨得证佛果的一个小故事，”叔同说，“大势至，用的是‘念佛方法’，证得了‘佛性’，它的方法则是‘都摄六根（眼、耳、鼻、舌、身、意），净念相继（没有妄念浮沉）’，便可获得‘三摩地’了！”

叔同做一点扼要的解释，丏尊还是迷惘，因为佛学，你不实行，总是迷惘。

“叔同！”丏尊望着他这位多年老友，如隔着一层雾，看一幅故人遗像，“你的出家，是我想不到的……”言罢，泪如雨下。

叔同看丏尊悲伤不已，便道：“丏尊，不必伤神了！我的出家，岂是平常的因缘？我们这么吧，在我有生之年，你能从世间的观点护持我，也便够了！”

“我护持你，叔同！我愿以我的生命护持，我愿立志素食一年，纪念你的出家！”

“阿弥陀佛！”叔同合掌、默念。

“诚——诚——”丏尊脱口想说“诚子”，又吞下去了。

“诚子还在上海，”叔同说，“我做了和尚，那个俗家便不能应用在此身了。”叔同的嘴角做一个窝，好像做和尚，是一种了不起的荣誉！

“好吧，弘公。”丏尊说，“我这就走了。”

叔同高兴地笑了：“阿弥陀佛！丏尊，假如你到上海去，请告诉诚子，李叔同已出了家，异乡总没有故乡泥土香，在上海，不是长远的办法！……”

丏尊看着他，觉得叔同——这个和尚，真是不可思议。

他们互道一声“后会”！丏尊向叔同弯腰合掌，留下凄苦的一笑，他们在山前门分手。

丏尊走出叔同的视线，觉得思潮一直起伏不定，他想到像诚子这样的女人，不知如何才能度过未了的残生！

诚子获得叔同的消息，不是得自丏尊，而是从上海一个朋友处，知道叔同出了家！

一个艺术家一旦弃俗为僧，使许多报纸，都刊出了李叔同的出家新闻。

这一向，诚子的心情一直不定，她已有两个多月没有接到叔同的信，这是不常有的事。除非他真正地出家！

叔同的出家，这是她一场春梦的觉醒；晨夕的枕边只落得一摊清泪。等到她证实叔同在杭州一个寺院里出家，她一生唯一可信任的梦，终于化为灰烬。然而，她知道叔同，如同她了解自己的一样，她知道叔同，永不会给她片纸只字！在中国，这块令人伤心的异域土地上，还有何留恋？人生是如此罢了！

那个朋友口中，好像暗示她，住在上海倒不如回到日本去。“这似乎在逐客哩！叔同何尝会生这种心呢？”她说，“我留在这里，与不在这里，你我的缘已尽，又何在乎世界上多一个诚子呢？”想到这里，诚子又不禁为叔同的寡情绝义而悲痛，但静下来之后，她想到叔同的性格绝不会这样。可是为了她自己，离开上海，倒是较好的选择。叔同遁入空门，她的世界已宣告破产，夫复何言？即使学佛以了残年，也得回到故国！

她要决定到日本去，但那颗放不下的心，总要想见见出家后的叔同，做最后的诀别。她要到杭州去，她从叔同许多朋友那里和报上，抄下杭州大慈山定慧寺的地址，然后，择一个绝早清晨，雇车到上海北站，乘四小时火车到杭州钱塘江边闸口车站，下车后，便叫了人力车，循马路，向北走。

太阳已逐渐接近傍午，人与车穿越在柳明荫暗的路上，湖山的景色，峰峦的青翠，都没有引动诚子的心。这时她万念俱灰，只想见叔同最后一面，便值得此生回忆，除此而外，别无所求！

他们十年多的性灵结合，她以为有权要求叔同给她最后一面！

车到大慈山下，在山坳里找到了定慧寺，从山门前向那广阔的寺院内一望，寺院里，空寂寂地，阒无一人。

诚子付了车钱，轻移脚步，走进前殿。穿过院落，越过一个铁制的焚香炉，迈上大殿的石级，她那颗破碎的心忐忑地急跳着，她似乎预感到，叔同实在没有出家，他的出家，只是出诸人们口里的谣传。而且，她觉得叔同并不在这个空落落而净无纤尘的寺里。因此，她急切想见到叔同一面，同时她暗中祈祷，叔同不要在这里出现。

她不能承认一个光头、黑衫、露孔鞋、手持黑色念珠的长瘦人影，会在她面前

出现，会是当年留学日本饰演“茶花女”的李叔同！

她的眼泪在三个月前，为叔同的出家问题已流干。现在已没有眼泪可流，唯有血在心房澎湃。

大雄宝殿上，也是空落落的，莫说李叔同，除了几尊一丈多高的佛像，闭着眼坐在殿中央若有所参，连一个僧人都没有。

诚子走到大殿中央，强忍内心的颤动，痴痴地望着佛像，她实在不知道那是什么佛，小立片刻，面对佛像，忍不住倾倒身子拜下去，那干涸的泪泉里，竟然又涌出热泪，落在光滑无痕的石板上。

“请佛慈悲！让我——见李叔同最后一面，死也瞑目！我这一生没有做过一件绝事，佛啊！您能照顾我，成全我吗？……”她眼泪盈盈地抬起头，忽然，微闭的佛眼，似乎一亮，诚子的心跟着一颤：“我与叔同厮守十年，一无所求，亦无所有，那只是上天的安排。如今，他出家了，我也要回国了，在离开这里以前，我要求的，是诀别的一面！……”

她又伏在地上，反复地抽泣、祷告，直到有人的脚步声从佛像背后响过来，才抹去泪水。

一个出家人，穿着过膝的“罗汉衣”，手里拨着念珠，走过来。他看看诚子，是这么苍白、瘦削、荏弱，便说：“女居士，有什么事！”

“请问您，这里有一位李叔同先生吗？他在这里——出家……”

“李叔同？我们这里的人太多，一时也分不清哪位是李叔同？这里时常有人剃度。请你等一下，我去替你问问！”

“谢谢您，师父！”诚子说，“我是他上海的——家人——来看他！我叫——诚子！”

“好的！请您在这里稍歇一会儿。”

那位出家人从大殿的侧门走向后一层院落。

诚子在大殿前的左角休息的地方，坐不安，立不稳，来回地踝躞着。这个寺院比日本式佛寺显得相当大，以大殿为基点，向前后左右延伸，都有院落深藏着，因此，也不知叔同在哪里！

眼看天色接近正午了，大殿后侧钟楼内钟声苍茫地震响起来，山谷都震动得直抖，从大殿侧门向里边觇视，后境左右两边侧房里有许多出家人听到钟声都走出来了。他们有的往后走，有的上大殿，有的绕过大殿，走向铁香炉，跟着大殿上的磬声响了，有几个出家人披着黑色的海青上殿，另有人端着新鲜的饭菜，换下佛前的供品，几十个僧众排列着，开始唱念。

约莫半个钟点，那个出家人还没出来，诚子急了。

这时有一个身材高大的僧人，从她身旁走过，她问：“请问您，能请您帮助我找一个人吗？”

那僧人听她这一问，愣住了。

“找谁呀？”是北方的口音，他打量着诚子。

“李叔同，刚在这里出家不久！”

“李叔同？”那个出家人又一怔，端详着诚子，“你从哪里来？”

“上海。”

“噢——”声调里若有所悟地一声长喏。

就在这时候，那个找人的年轻僧人遥遥地从后院出来，脸上没有表情，显得单调而歉然。

“那位师父来了！”诚子说，“刚才是他帮我去找叔同的！”

那位年轻僧人脸色很沉重地走向诚子：“女居士！你找的人见是见到了，只是——只是，他不见俗家人！你是他家里人吗？”

诚子心中像挨了重重的一击！

“他拒见一切亲属！”那出家人无可奈何地说。

“您有没有说，他的家人来见他呢？……”诚子的话悲伤地吐不成声。

“居士！我都说了，什么人都一样。请珍重！我们这里很方便，吃一餐粗茶淡饭再走！”

“那么——”那高大的僧人，觉得情况很尴尬，插过来说，“请你等等，我去瞧瞧！”

说罢，大踏步走了！

但不到十分钟，又回来了！

他摇着头：“居士！真想不到。他刚出家是不见俗家人的，您得了解他！珍惜自己，用过斋再回上海去！”

诚子孤单无助地斜靠在大殿一根柱子上，手中紧紧地绞着一条手绢，脸色苍白，目光迷蒙地看着那两个出家人，骇在那里。

这两个僧人想要诚子吃过饭再走。但是快要晕倒的诚子，终于咬着牙，强撑着身子，大殿后面“鱼板”响了！寺院里的僧众开饭时间已到。诚子向大殿上的佛陀圣像，凝视最后一瞥，吞下满怀绝望与辛酸，向那两个出家人点一下头，摇晃着身

子出了山门，沿着西湖山边的小路，也不知是向哪儿摸索，一直走到天黑尽，星火满天满城，依旧彷徨在西子湖畔。

她的幽幽哭声，直哭得湖水嘤嘤如泣。她把一生所有的眼泪，都洒落在西湖之滨了。

杭州艮山门开出的九点夜快车，快要过去了！

最后，她在迷茫中，雇了一辆车，拖着麻木的躯壳，到车站。

回上海后，第三天便买舟离开这碎梦的异域。

"久客不归无异死，故人入梦尚如生！"诚子终于又回到她久别的故乡——日本，埋名在她的故居。

叔同在自己的寮房里，正在读《华严经疏钞》，忽听有个妇人来要见他，已知道是诚子来了！这给他吃了一惊，但瞬间便平复了那种突然而来的起伏情绪。而后，那个高个子僧人——从前的彭逊之居士，来对他说："弘一师兄！上海——您的——"话只说大半，叔同起身向他深深一躬："阿弥陀佛，惭愧！"

"她要见你最后一面！"

叔同摇摇头。

"难道不成吗？"

叔同垂目同意。嘴角边浮出一丝凄凉的抑郁。

"师兄！我出家不久，恐业力牵绊，断失佛种，因此礼佛发愿，不见一切眷属，此时一切众生均无不是同体之亲，再存个夫妻父子之情，岂不留一条地狱之根？……"

"哦哦！"这位僧人睁大着眼，"这倒是确实的见地！"

"拜请师兄，请她回去！弘一恕难接待，未来际，她自会体念此中因缘。"

僧人走了。

叔同心底一阵酸楚，悲从中来。便直起身，走到明间佛像前，焚上一炷香，翻开《地藏菩萨本愿经》，为忏除自己宿业，为消除诚子的积欠，虔诚地持诵一卷。

"愿一切有情，共生赡养，同圆种智，佛陀的光辉，照耀这苦难的世间……"

祈祷毕，大师掩卷，默然良久。

【壹陆】空门（一）

思想上的毛虫，蠢蠢欲动地不由人意，在潜默间，又回到刹那以前的活跃……

谁能控制思想，谁便能执持这血肉之躯的灵魂。

披着灰色的僧衣，光着发亮头顶的叔同，想到一个多月以前，还没有离开那座浙江第一学府。将近暑假，一天傍晚，与丏尊、丹书，几个知交对坐。叔同在沉默中，忽然站起来说："愚弟明天将入山学佛了，相聚只有今夕，盼兄等珍重！……"

叔同入山学佛的事，在师生之间已传播很久，大家知道他志不可夺，想到相契七年，一旦别离，相对不禁泫然。

"叔同！你出家何为？"丹书是一个佛学门外汉，他以为叔同之出家，与世俗相悖，儒学相左，究竟不是"正道"。

"无所为——"叔同垂着眼帘，凄然地道出这三个柔如无骨的字。

"喔？"丹书顿一顿，以为叔同的"无所为"是搪词，其内容抽象而空寂；实在不及儒家之道来得近乎人性。他接着说："你是个重情感的人，怎能抛弃夫妻骨肉之情而不顾？"

"丹书！譬如一个人罹急症死了，他的至亲骨肉将怎么样？"

"那是出乎假定，这个假设不能成立！"丹书想一想。

"那是一个通例，丹书。我们在一切事物间找一个通则——这便是哲学上的'归纳法'，何时何地，皆有天灾人祸临头的可能，你怎能说，这是假设呢？"

"三界犹如火宅"！这火宅的源头，便是骨肉之情，夫妻之爱。叔同观察到这一点，于是回到现实中来。

“出家乃大丈夫事，非匹夫匹妇所能为也！”叔同套了两句老话，不过他觉得人间“卿相”，与乎匹夫匹妇在情感上，是一而二，二而一的。

“从今天起，你可不要再弹‘弦外之音’了，不是佛意的语言、文字，一切皆断尽、戒绝；譬如基督山随法里亚长老被活埋在马赛那座人间地狱十四年，他的结果，是躯壳的突变，灵魂的更新，他不再是十四年前那个被谋害的水手唐泰斯了，他已神化成一个超人！要得精进，便要苦练，除了‘佛事’，别无所求，别无所有，以此为誓！……”

叔同从沉思中整衣而起。

农历八月十九日，灵隐寺开坛传戒的第一天、报到日。他将寻求这一次机会受比丘大戒。于是他从容地收拾衣物，准备接受一次三十天的身心熏陶。

“一切的尘缘已尽，所有的宿因现前，在这种万劫难逢的关头，有四事，当为我明镜，不做一个碌碌于岁月轮下碾得魂飞魄散的啖饭僧——

“第一——我必须放下万缘，一心系佛——宁愿堕地狱，不做寺院住持，不披剃出家徒众。

“第二——我必须戒除一切虚文缛节，在简易而普遍的方式下，令法音宣流，不开大座，不做法师！

“第三——我誓志拒绝一切名利的供养与沽求，度我的行云流水生涯，粗茶淡饭，一衣一衲，鞠躬尽瘁，誓成佛道。

“第四——我为僧界现状，誓志创立风范，令人恭敬三宝，老实念佛，精严戒律，以戒为师！”

他在心灵间起誓毕，并再三叮咛——“你不要忘掉前人的创痛，做历史的疮疤！时时刻刻，观照自身，如临深渊，如履薄冰——我的罪，已深重如海域，既现僧相，能不忏悔力行？……”

灵隐寺、虎跑寺、玉泉寺、白云庵，与许许多多大大小小的佛寺构成了翡翠般的西湖—— 一幅庄严极乐的画面。苏堤两岸的榆柳、湖心亭、雷峰塔、三潭印月、钱江的远景近境，如没有暮鼓晨钟的佛寺隐藏在碧山绿水之间，西子湖也不过是一潭清水，几座峰峦；但由于柳荫深处的拂晓钟声，与乎梵音缭绕，才使平凡的西湖美如西子！

八月中秋已过，柳叶片片飘落，叔同以一个“沙弥”的身份，打好行李，在十九日下午四时，辞别了“了悟上人”与寺中同参，背起衣物，拜过大殿上的佛像，便出了山门，沿着小径向灵隐寺漫步走去。

走到灵隐寺的山门前，要经过西湖西滨小径，未出家前，他与丹书、丏尊、子恺、质平这些知友弟子们，结伴而来，湖上泛舟也不止一次。然而，湖山的景色，每来一次，都给人各有不同的感受，当他出家后，这是第一次侧行湖滨，觉得西湖景色又不同了！

这天傍晚，云高水碧，栖鸦疏落，晚寺的钟鼓已苍然低鸣，好像这个世界正向尘寰之外的星空移动。

灵隐寺也是一样。灵隐是西子湖的灵魂，它在西湖千百年的史实上，有着特殊的位置；它现身于西湖之滨，使湖山跳出人类血肉之心，与西子的幽魂，成为地理上的精神标志。

叔同跨过灵隐寺那道与大殿相隔遥遥的山门，他的身后——湖滨平坦的石道上，零落地走着三三两两云水僧和求戒而来的戒子们。他们掮着行囊，踽踽而来；到山门口，汇合成一种疏稀的散列队形，走上一条青石铺道。头顶上，古木参入云杳，夕照从浓密的树叶间，筛下金红色的不规则投影。这条从山门到大殿的石径，越来越幽深，越走越寂静；飞来峰下白色如缎的瀑布，从峰顶飞下红尘，冲激在古老而平滑的岩石上，迸出无数浪花。

头上是蔽日的松、柏、梧、柳，脚边是飞瀑流泉，一群戒子们踏落西下的秋阳，一直走进大殿，恍如身游化境。

这正是息心学戒的好去处，戒子们在一片明湖幽林之中，接受佛家生活基础的陶冶。

“戒律”的定义，是制心守身的规范。沉心静虑，纯化气质，才能产生智慧。追求佛道最重要的前提便是“戒”。它在日常生活上，使每一个献身于佛道的人，从衣食住行育乐上，化除“掉以轻心”的积习，使那些乐于严格自我陶炼的人们，由形式的戒文，轨正那颗瞬息万念的心。没有严持戒律的佛教行人，如谈到高深的定力与大智大慧，那便是一片谎言！佛言“佛灭度后，以戒为师”是千古不移的真理！

叔同夹杂在戒子群中，同寺里负责总务的比丘，办好求戒一切手续，他便被分配到大殿后面一间侧殿的楼上，得到一份受戒期中生活上应遵守的规约。他晚间是一人独居一室，但与大伙儿同吃同坐，倒也觉得这种受戒的生活，颇富诗意。

在几百个戒子群中，听到许多南北的方言，见到许多张端正丑陋的面容；他们已牺牲了世间一切可征服的东西，到这个刻苦自己、洗炼自己的地方来，这能说，这一群弃俗出家的人，没有自己的理想吗？

戒期从第二天开始，高僧如云，被安排做他们的得戒、说戒、羯摩、教授与尊证诸师。虎跑寺的现任方丈法轮长老也是尊证师之一。

这一群人们所接受的，如果外界人不了解，一定以为他们在接受一种神秘的巫术引诱。其实，佛家戒律的过程，百分之七十的时间，用在生活教育的磨炼，使他们在生活上养成一个遵守佛教教制的传教者、修道者；其余的时间，便是在戒坛上，熟悉戒文，接受“教授师”的熏陶；最后，便是接受戒文上的规定，燃顶香以表起誓的虔诚，终身奉行，尽形寿而不渝。末了，得戒和尚郑重庄严地把一个正式比丘所必备的袈裟、戒牒、钵、锡杖，颁给他们。此后，他们便脱去“沙弥”的名义，成为一个遵守二百五十戒的比丘了。

叔同在灵隐寺住了三十天，在整个受戒期中，他为那种细密而针针见血的戒文感动过，他觉得能确实不渝这二百五十戒，这个人在圣贤的路上，才算起了步！一个和尚，能遵守不渝这二百五十戒，那个和尚才活得有点意思。否则便是一个“破比丘”“垢比丘”“旃陀罗比丘”……

佛律的戒文，每一条都有分寸，都有严格的规定，它不是一部柔性的“佛教宪法”，只表出原则性的义务与权利。它是刚性的，不可曲解的。它只限于一定的时间与空间，错了一毫，便是犯戒！在任何一页戒文上，都有“宁可牺牲生命，誓不杀害一虫一蚁……宁可牺牲生命，誓不妄取一草一木，宁可牺牲生命，誓不……”的字样；归根结底，它硬性地律定了一个出家比丘的行为与身份。

戒律亦不同于儒家的“仁爱孝悌忠信”那些抽象伦理观念。所谓“仁爱孝悌忠信”，没有一种实践的准则，在何种情况下都可确定一个冠冕堂皇的字眼，没人敢大胆绝对地加以界定。

在灵隐寺戒期中，叔同的老友马一浮，到戒坛上访晤他；这位朋友，先他而服膺佛法多年，叔同之倾心于佛道，毋宁说这位马居士站在主动的“因地”。他获得叔同受戒的信，便赶到这里来，专为他送来两部戒律方面的著作。

其中之一，是明代蕅益大师的《灵峰毗尼事义集要》；另一部，是清初见月律师的《宝华传戒正范》。

“弘公——”马一浮这样改口称他的老友，“这两部戒律著作供养您，以表我这份虔心与敬意。……”

“多谢多谢！”叔同恭而敬之地双手接下来，并且先把书供在佛案上顶礼三拜，默祷片刻，再和马居士叙谈。

叔同在这一个月中，除了演习“披衣”“持具”“托钵”“请师”“长跪朗诵戒文”，乃至一切僧家日常生活的琐事，闲下来，便是专心凝志于这两部戒律的研究。

从这两部看来尚有许多地方不完备的律典中，他发现这个时代，贩忏、付法、随俗，已粉碎了佛陀崇高的救世救人的目标！

古德有言：“秀才是孔夫子的罪人，和尚是释迦的叛徒！”

他想到僧林的德行破产，现实的一片黑暗，去佛遗教一千二百万里，不禁悲从中来，难怪知识分子们，从表象上把沙门列入“三教九流”的江湖人物！

为此，重建佛门的戒律生活是迫切的！

为此，复兴佛门的戒律之学是必要的！

为此，佛门的清净应自比丘个人做起！

他想：“律学到今天一千年来，由于枯寂艰硬，而成为绝学，无人深究力行；于是佛门的德行败坏，戒律成为一张白纸，令人悲叹！

“如我不能誓愿深研律学，还待谁呢？佛菩萨啊，请加被我！我如破坏僧行，愿堕阿鼻地狱！……”

他这一片天性的流露，虔诚的抒发，沥血的表白，使他在佛像前泪流满面，不能抑止！

同时，他想到人人如遵行佛陀的戒律，绝没有什么难度的岁月。那种戒律生活力行之后，只有使当事人觉得，他的人格更洁白，他的德行更崇高，对金身佛像而无惭无愧，心地如一台明镜，无罣无碍，除此而外，有什么更令人满足的呢？

人类精神生活的最高点，便是自身的自爱与爱人！

叔同既然发心学戒，便立志“实践”，便“过午不食”。

恰巧，戒期中马一浮走后，夏丏尊也来了，丏尊为叔同受戒，特地来看他。本来佛教对他无瓜葛之亲，自叔同出家后，佛门忽然与他结不解缘；于是，他渐渐了解佛家的内容——他渐渐觉得佛道对他也有了吸引。

这次丏尊来，表情很抑郁，叔同知道他的身上有什么严重的事发生了。

“受戒的生活还好吗？”丏尊说。他们坐在一棵梧桐树下。

“好。非常好。”叔同含蓄的眼看着丏尊，“你有什么不如意事？”

“家父在上个月中逝世了！”

“阿弥陀佛！”叔同马上合掌默念几声佛号，“等满戒后，我要为尊大人念几卷《地藏经》，祈老人早生赡养！”

“谢谢，弘公！”丏尊说，悲苦地用袖子沾沾眼角。

他们又默坐了片刻，每人都没有什么话，只觉得人生很悲苦，丏尊这时在感觉上更锐敏。他们伤感地把时间拖延下去，直到丏尊站起来，告别。

“满戒之后，我写一章经文给你，丏尊！你在服丧中，恭敬诵念，可以为老人消业灭罪！”

“噢，是的。”丏尊漫应一声。他们便在寂寞中分手。

农历九月十九日，也就是观世音菩萨成道这一天，戒期圆满，大家都掮着行囊，离开灵隐寺，如同一群学子离开学校，走入社会；在社会那口大染缸里，近朱者赤，近墨者黑，你能不能保持白璧无瑕，那只有靠“戒行”的甲胄去披坚履锐。

受戒后的叔同——弘一大师(我们为了崇敬这位伟大的高僧、艺术家、行者，从这里开始，使用这个德号)重新回到虎跑寺，整理整理简单的衣物，为丏尊的父亲诵念一天《地藏菩萨本愿经》，又写了《地藏经》的一节，赠与丏尊诵念，这一节，录的是《嘱累人天品第十三》：

尔时世尊，举金色臂，摩地藏菩萨摩诃萨顶，而作是言：“地藏！地藏！汝之神力，不可思议！汝之慈悲，不可思议！汝之智慧，不可思议！汝之辩才，不可思议。正使十方诸佛，赞叹宣说汝之不思议事，千万劫中，不能得尽。

“地藏！地藏！记吾今日，在忉利天中，于千百万亿，不可说不可说，一切诸佛菩萨、龙天八部、大会之中，再以人天诸众生等，未出三界，在火宅中者，付嘱于汝，无令是诸众生，堕恶趣中一日一夜，何况更落五无间及阿鼻地狱，动经千万亿劫，无有出期？

“地藏！是南阎浮提众生，志性无定，习恶者多，纵发善心，须臾即退；若遇恶缘，念念增长。以是之故，吾分是形，百千亿化度，随其根性，而度脱之。地藏！吾今殷勤，以天人众，付嘱于汝。未来之世，若有天人，及善男子善女人，于佛法中，种少善根，一毛一尘，一沙一渧，汝以道力，拥护是人，渐修无上，勿令退失。

“复次地藏！未来世中，若天若人，随业报应，落在恶趣，临堕趣中，或至门首，是诸众生，若能念得一佛名，一菩萨名，一句一偈，大乘经典，是诸众生，汝以神力，方便救拔；于是人所，现无边身，为碎地狱，遣令生天，受胜妙乐！”

恭写了经文，仔细诵念一遍，觉得这一节对丏尊很合适，便折起来，请寺里的同参，转给丏尊，他自己便应嘉兴佛学会范古农居士之约，去精严寺“阅藏”。

弘公与范古农相识于未出家前。他在春假间，回上海时路过嘉兴，拜访了这位当代佛学大家，他们相约，弘公于出家后，到这里来阅藏。

为了阅读藏经，弘公于农历十月二十以后，到“嘉兴佛学会”挂单。

这时，大江南岸，已是遍地飞霜时节。

到嘉兴精严寺佛学会，会长范古农居士、精严寺常住僧人与一大群居士们，在山门前恭候，弘公连称“不敢不敢”，合掌回敬，入寺后，上香、拜佛；天色将晚，整理寮房之后便入“藏经阁”，参礼经卷。

他初次接触到这套线装的浩繁佛典，深觉得茫无头绪，便动一个整理的念头，按照“目录学”的方法，分函夹注签号，这样便省去许多时间上的浪费。这一点小小的方便，于有志读藏的人们，是一种很大的功德！

在佛学会，除了偶尔之间，范居士有事相商，所有的时间，完全埋头在写标签与翻阅佛经上。

冬日显得极为短暂，向阳的藏经楼，冬天的太阳刚刚晒进朝南的窗口，一瞬间便滑下地平线消失了。

一天，太阳刚滑下藏经阁，忽听说，有一个青年人来找他。他从藏经阁走下来，到大殿上，看到走廊下，站着一个陌生的青年，手上拿一卷纸，木然地向佛殿上看。

“你找人吗?”弘公走下大殿问那陌生人。

“我找李叔同先生，听说他出了家。……”

“在下便是。”

“那，那，我很冒昧。”那人讷讷地说，“久仰您的高风，并且很想得到您的一幅字，能赏光吗?”

弘公沉吟半晌，然后说:“居士请坐，稍等一会儿。”

师走回大殿，转一个走廊，到后头寮房来，刚好范老居士从方丈室里出来。

“范老！”弘公笑盈盈地合掌说，“刚才大殿前廊，有一位居士，向我索字；本来，文艺上事，我已决心摒弃，不再重作冯妇，可是，总不免有人找，而后，也难保无人问津，您看，这将如何处置，才能皆大欢喜?”

“这个，”范老捋着长髯，笑道，“这正是植净因的好机会哩，师如慈悲，不妨以墨宝接引众生，令未入佛者植佛因，已入佛者，佛道令增长，岂不是功德无涯，皆大欢喜?”

“您老说的是——这么，我便去写一幅字来，赠给那位居士。”

“您的墨宝，我与我友，此间常住，佛学会道友们，莫不欢喜赞叹，也请师慈悲！”范老大笑。

“好，好，悉皆如愿。”师点头入室。

回到自己的房里，拿出一支笔来，润笔、磨墨，约半小时，恭写楷书“应无所住，而生其心”八个字。上款写戊午冬月，下落“大慈一音”。字迹稍干，便捧出寮房，到前大殿，赠与那陌生人。那人感激零涕，满脸欣喜，合掌为礼之后，捧着那幅字，走出山门。

弘公目送那位陌生人走后，这才想到，以字结缘，有意想不到的大用。在潜移默化间，便给人们以佛性的觉醒。

因此，他请寺中人，买了几支规格不同的大笔与墨砚宣纸，首先供养精严寺常住一联。这副联是——

佛即是心心即佛，

人能宏道道宏人。

以字结缘，这是一个开始。精严寺的常住、云水僧、范古农老居士及其佛学会的会友们，皆如愿以偿，获得一代书家的墨宝！

弘公想到，最简赅的义理，要以书法表达，便想到许多短句，用横额、条幅应人们索书。

例如——

无住生心

是心作佛

老实念佛

无上清凉

慈悲喜舍

以戒为师

阿弥陀佛

南无阿弥陀佛

……

在精严寺短短两个月中，写了几百个单幅，赠与有缘人！

到十一月底，忽接马一浮居士自杭州来信，说：

“弘公！您去嘉兴阅藏，匆匆两月，此间至好，怀念殷切，今适逢海潮寺法一禅师主持禅七，盼师速归，同往打七！……”

弘公放下信，同时放下阅藏之念，便与范古农居士作别。他原是一个誓志于实行戒律的云水僧，浮云白日，漂泊何地，都是学佛。因此，心中无罣无虑，便径自回到杭州，先回虎跑，习静一天，然后与马一浮居士，同赴海潮寺。

“参父母未生前本来面目”，已成为六祖以后禅宗的老调，如果不是意识的差别，把话头与静坐分开，便成了空门的“止观”与有门的“念佛”了！

这种千百年的老调，由菩提达摩东来，到六祖思想的大放异彩，成了中国化的“绝对观念论”，也造成了中国近一千五百年的禅学世界。它使中国思想界从泥古不化的领域中解放，使中国文学界获得生机。由于所谓“禅思、禅意”，中国式的诗、词、歌、曲，染上了一种豪迈而奇谲的色彩；由于禅语，它使中国文字跨过僵死的古典桎梏，走上白话的文学活路。但是，一千多年以后的今天，它渐渐被简易的净土宗代替，佛家的思想方法，在基本学理上，完全是“禅”的分身；用不着再抱着经典，在“空与有”的“相对论”上短兵相接，这原都是一家人。

由于人类文化史、思想史、进化史的演进，在最近的明天，世界不仅成为一家，世界的文化不仅是一个源头，世界上的人类也必将被发现来自一个祖先；中国的佛教，势必走上思想界进化的老路，形成一个统一的“念佛禅”，而代替过去的祖师禅！

弘一大师未出家前，从定慧寺断食时起，那时他对坐禅的倾慕，形成一个高潮；但他一经遍读经籍，便忽然会悟“条条大路通罗马”，所谓“耳根圆通”“念佛三昧”“一心三观”“拈花微笑”……都是禅化了的最高亲验的表现。因此，他选择了“念佛三昧”。

可是，随缘参一次禅七，对他而言，却并不是平泛的！

七天坐禅，使他的心灵专一而澄静，思想坚定而周密；这是初履空门，一个急进的高潮！佛学虽如万花筒，但被他所发现的，被他珍重的，都全力去追究！

七天过去，除夕将临，便与老友分别，挂单在西湖玉泉寺，与程中和居士（两年后出家的弘伞法师）相聚。他们是纯道友的关系。

残冬岁底，大雪纷飞，师住玉泉，除加深修持外，开始注意到比丘的“戒相”问题。这是一种须要详实而明畅的文字表达，令人方便，做来易行的功夫；但在古代，律本上的文字，不是抽象、含混，便是复杂、繁琐，要补正的很多，不适用的

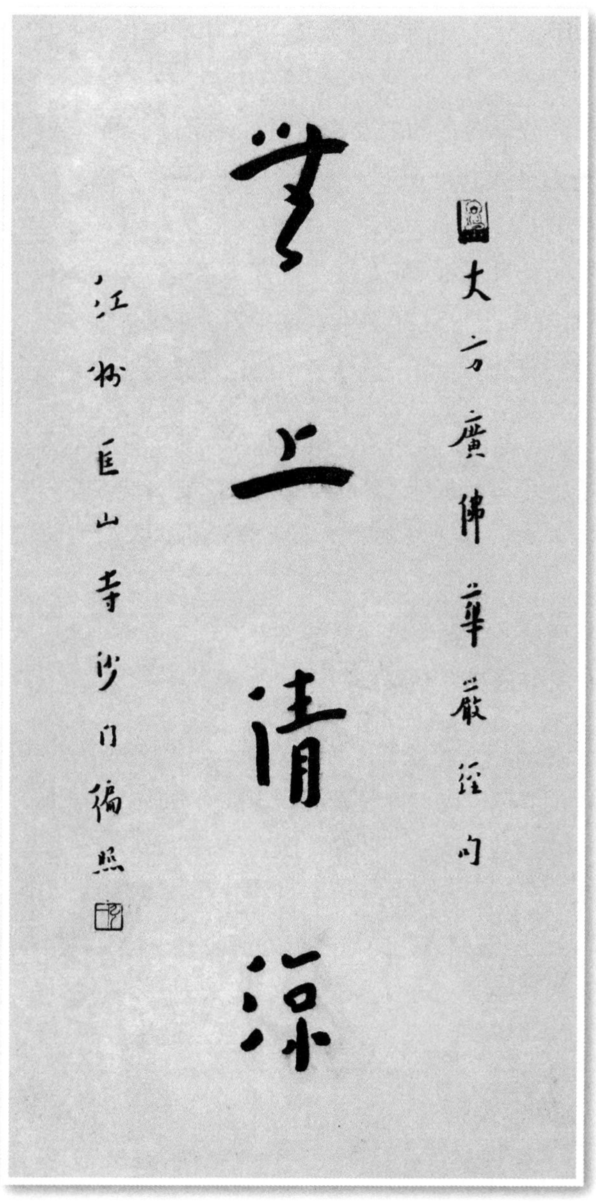

⊙弘一大师的书法。

也不少。这种“戒文”实用起来，使后来的戒子如背重负；因此，必须经过一番分析、整理、批注，才能发挥它实际上的功能！《四分律》的时代，在时间与空间上，已经沧海桑田哩！

这种动念分析《四分律》的愿望，便是《四分律比丘戒相表记》最初的胚芽！大师的全部著作中，最伟大的一种，它决定了中国比丘“戒相”的模式。

除夕前，南洋公学时代的老友杨白民，怀念过去的李叔同，带着浓郁的兴趣，到杭州来与这位方外友共度旧岁，他因为李叔同的学佛，对佛学引起了一股冒险精神！

一九一九年的元月下旬，正是戊午的残冬，过了年，这位学律的大师便是四十岁。为这个原因，白民居士带了一堆素果与素食来供养他。

师为老友的至情，便恭写一篇格言，与白民结方外文字缘。弘公写道：

古人以除夕当死期；一岁末了，如一生的尽头。往昔，黄檗和尚说：“你事先如不准备一番，等腊月三十来到，恁你手忙脚乱，也嫌晚了！”

因此，一年开始，你便准备除夕的大事；初识人间悲欢，便准备生离死别的来临！

人生是一场断梦，荏荏苒苒，悠悠忽忽，谁知道哪一天，死神来临！因此，生命无常，不要把美好的岁月蹉跎！

另外是一个附记，师写道：“我与白民是二十年的知交，今年，我弃俗出家，白民依旧埋首浊世，岁在暮尾，白民来杭州玉泉寺相聚，写上幅古人语，我与白民共勉之！”末了，署名“戊午除夕。雪窗。大慈演音”。

艺术家李叔同的一生，从三十九岁这一年，遁入空门，形成后期“人类精神艺术的崭新创造”，这不过是人类中最杰出的演员，一场戏，两幕登台，这在历史上，是一条越过天幕的“彩虹”，令人惊奇、赞美、倾服！

【壹柒】

空门（二）

大师老友——上海城东女学校长杨白民与师度罢除夕归去，过了古老的中国年，便是民国八年己未的新春。晓雾从湖面升起淡淡的氤氲，时间的轮回下，又开始另一个空间生命的萌芽。

有人承认：人类生命的连续，也像时间与空间脉络的交流。春天，是一切生机的初轫与成长；夏天，万物形成一度最饱和的欲望高潮；秋天，壮年的光辉开始走下坡，下一代的热力冲化了上一代的深谋远虑，惆怅不前；冬天，瑞雪飘扬，世界开始突变，生命从这里埋下了种，形成一个死亡期、冬眠期、蜕变期，它与春天严格分为两个极端。这仅是造物者的神奇手法。蝉的蛹，在地层下生活五年到十二年，待它的生理成熟，掘开地层，爬到树梢，经过一夜露水，松解它透明的外衣，然后受到白热的阳光鼓舞，便展开双翼，翱翔太空。

人类从死的刹那到生命创新那一关，恰同自初冬进入冬眠的虫，当他的假合之身变为白骨，他的生命已表现为另一种形式。

生命是不死的，流转的，轮回的巨流。

现在，弘一大师开始钻入律藏的故纸里。他潜居玉泉，遍读“南山遗学”，并以《四分律》为中心，展开辐射式的演绎研究。

玉泉寺的长老印心、宝善，为这位艺术大师持“过午不食戒”，特地把午斋提到上午十一点来，以便使这位刚出家不足半年的比丘，维持他严净的戒行；同时，午斋之后，好使他小憩片刻，然后开始埋头苦修。

这些日子里，正是他舍俗后钻研佛乘、刻苦修道的巅峰，其态势是一日千里。

以大脑如李叔同这种多样天才，遁入空门，弄起佛学，僧林中任何角色，都只有呆望着那一条瘦长的身形，疾逝而去。那是所谓“望尘莫及”的！照佛家的轮回观说：只因夙慧深，善根厚，多生多世植慧植福，到今天，才有多方面的成就，这也不过是他多生来所储蓄的一顿丰美果实而已！

他日日如是，刻刻如是，除了早粥、午斋，全部时间支配在那间小佛堂里，他对佛学与学佛，每一分每一秒都是供献的！

虽然，他对自己的修学生活，排得如此谨严，而依然有许多新知旧雨，因慕名与怀念而来看他，欣赏他！

杭州、西子湖、李叔同、弘一大师，是一串诗句连成一组动人的念头。往日，当弘公未出家前，本已断绝音书的朋友，道路遥闻李叔同出家的消息，也不禁蠢蠢欲动，要来看看这位艺术家了。这是一种新奇、迷惘、关怀与怜悯的混合情绪；这使许多知识分子与艺术工作者，对西湖有更迫切的理由动心！

袁希濂，是他初到上海，加入城南文社时代的老朋友之一，他们二十年故旧，在天涯海角，仅仅三度相逢，平常是鱼雁鲜通的。

第一次，他们相逢在日本求学时代，他们同在日本读书，但研究的却是不同的知识，而且各搞各的，老死不相往来。

第二次，相逢在天津，弘公的俗家，他们都是学成归国，在天津，一个做官，一个传授知识。

第三次，他们在民国三年，又在杭州相逢，加上贡院师范的夏丏尊，便成三角知交。

这一次呢，是民国七年（一九一八年），做法官的袁希濂，又调到杭州来了。其中一半是因为无缘，一半是法官没空，所以整整的一年，他们没会过面。到这一年三月初，西湖白苏二堤的杨柳已抽出新芽，袁又要随官位而走了，在临去前夕，他忽然念头一闪，想起了在西湖出家的李叔同来，二十年前，他们与许幻园、蔡小香、张小楼，还是金兰之交呢！

有人说，出家后的李叔同，现在的弘一法师，还在杭州西湖玉泉寺挂单。“去看看他！”他想，这也许是一种缘吧！

他一个人乘车摇出西城，心里带着一种惭愧的情操，找到玉泉寺的山门。他告诉一个和尚，要找李叔同——弘一法师。

“弘一法师？他正在诵经，你自己去吧！”出家人说。

于是，他便悄悄地向里走，拐弯抹角，穿过几条幽径，找到一排僧舍，又找了一个出家人把他领到弘公的佛堂前。这时，正是下午三点敲过，春天的阳光，透过院中稀疏的新枝，跌落在佛殿的阶前。

佛堂很小，仅可容三五人跪拜之地，但谈到静修，参究经藏，也只能容纳一二人罢了！

佛堂的礼佛蒲团上，长跪一个僧人，上身笔直而瘦削，身披栗色袈裟，光顶，芒鞋赤脚，正凝视堂上的佛像，低念某一种经文。

从背影看去，恰似多年前的李叔同。可是，这位和尚似乎未闻人声，袁希濂走进去，他依然长跪不起，口中低沉而清晰地随着手中小木鱼的笃笃声，一字一唱；袁希濂似乎为那种静境所折服，没有惊动他。

时间无休止地流走，袁希濂这时不由得怀疑起来。"这位和尚究竟是不是李叔同呢？"他想问问，可是他不能那样放肆——在一座清静的寺院，扰乱了出家人的清修。

他向前走两步，站在和尚的右后方，只有几步，贪婪地扫视佛堂一周。

小佛堂，净洁无尘，二尺高的佛像、供桌、蒲团、青石铺的地面。

他等了快到一个钟点，和尚唱了一首偈子，起身了，向佛像顶礼三拜。之后，熟练而无声息地卸下身上的袈裟，折成长方形，搭在左手臂上，便转过身，往袁希濂看看，淡淡地倾出一脸笑意。

"呀！叔同！"袁看出这位和尚正是当年的瘦桐——李叔同！

"希濂！"和尚说，"我们到里面小坐。"

说这话时，和尚便走到佛龛左侧，推开一扇小门，把访客引导入内。

这是一个最简单的单人房。

房里有一张木板床，床上叠着一套灰色布质的被褥。一张古旧的方桌，代替写字台，一个小书架，两个挂钩，吊着洗面巾。除此而外，四壁萧然！

他们进去，和尚把袁希濂邀到唯一的一张带扶手的木椅上坐着，他自己趺坐在床上。

"我们又是四年多没见了！"袁感叹地说。

和尚没作声，脸上浮现一丝沉默的笑意。

"那还是民国三年的秋天，你到浙师不久——"

"……"

"真想不到，四年后的今天，你在这里落发遁入空门。"

"——这，倒是稀有的缘！"弘公终于道出了这句话，脸上顿时显得欢欣鼓舞。

"官场里的事，绊住了我。去年我便到杭州来了，一拖便是一年，可是，现在又要走了，现在，我特地来看看你的生活，同时告别。唉——人间离合悲欢，真像一场梦。"

袁希濂说到这里，师忽然抬起眼，向他睨视一刹。

"你前生也是个和尚!"

"我吗?"袁乍听这句话，心头一怔，瞬息若有所悟地说，"我做过和尚?"

"请珍重！忙里偷闲，晨昏念佛，自有归处。"

"噢，不错，不错!"袁连声诺诺。

"在佛书里，有一种《安士全书》，不可不读，那是一部为居士们开辟思想栈道的名作。"

"《安士全书》,《安士全书》!"袁一再地默记。

"你点破了我的黑灯笼！"袁希濂感激地站起身，"我未能脱俗呀，老朋友！我这样叫你可以吗?"

弘公放下袁的一席话，庄严地从书架上层，取下袈裟，"我的下一课时间到了——人身难得，是万古一瞬的因缘；佛法难闻，是历劫不遇的际会。错过了，没有人能承担这份过失，阿弥陀佛，珍重!"

袁手足无措地退出佛堂，"叔同，后会有期了。你的照应，使我永志不忘。"他们在暮色苍茫中告别。

师送袁出门，站在石阶上，待袁希濂走出他的视野，不禁叹息一声。

"菩萨也有隔阴之迷，何况一个根基未深的凡夫？"他这悚然一念，通过脑中；然后，便匆匆走下石阶，向大殿走去。

袁希濂走后，回家想了一晚，终于五年后，在江苏丹阳任所，无意中检得一部《安士全书》，经细读之后，第六年便皈依了当代净宗印光大师，成一个入门的佛子，但他皈依不到半年，又再度皈依了西藏持松金刚上师，改"行"学密，这使老实修行的佛学行者，有一种欲速不达的惋惜之感。

密宗，这种"毋庸甚解"的心法，与显学的念佛在理论上的差异，究竟在何处，一时还不能断言其基本的分野。

在玉泉寺，弘公所行的，是律、净两锋并入的功夫，他以持律的功夫，作为专治时代病的清凉剂。问题是，末法时代的狮子虫，虽为佛子，而做的却不是"了生死"的大事，他们把"追名逐利"搬上佛殿，并把它变为一种"真理"。这是佛门"乡愿"的温床，佛法破产的绝症；没有律学，无人行律学，都不足以救这种"歇

⊙弘一大师生前寮房中的床帐。

⊙弘一大师生前用过的书桌。

斯底里”性的精神衰弱症！最重要的是：比丘灭尽，白衣传法，那是连鬼神都要讪笑的！

另一方面，大师以念佛的功夫，作为“明心见性”的资粮；他深信，念佛与一切法门毫无二样，能深入这一门，便足够了！你多跨几门，除了白费精力，好高骛远，则一无是处。虽然，古今“禅净双修”“禅密双修”“净密双修”，乃至“禅净密三修”的比丘居士们多的是；但成为一代偶像的，却都是那些一门深入的龙象！

弘公，每天在那间小屋里，摒除一切，除了研律，便是写经、念佛。

到清明节前后几天，日课改为专诵《地藏菩萨本愿经》，并持“地藏王菩萨”圣名。如有人问，地藏是谁？他便是宏佛法于九幽地府，以“我不入地狱，谁入地狱”的誓愿，常住地狱的那位身骑怪兽的大士！

正值弘公在清明后一天，念《地藏经》为亡母加被，恰巧嘉兴范古农居士带着佛学会的道友们，到玉泉寺来了。

范古农居士与玉泉的印心、宝善两老熟稔，他们这一行人，进山门，在大殿上礼佛后，便径自来找弘公。

小院里寂寥无声，弘公正在焚香、伏地膜拜，范老已走上台阶。

这时师已做完第一堂功课，转身便看到了佛学会这些人。

“呀，范老，各位居士，阿弥陀佛！”师合掌敬礼。

“我们参见法师！”范老说，“我们请法师开示念佛法门来了！”

“啊！”弘公避开正面，居士们顶礼一拜之后，各个环座而坐。“念佛法门，惭愧，我还是非常浅薄；这是行起来简单，说起来非常深奥的法门，这个，范老是功德中人，请范老开示开示吧！”

“哎哟！法师言重了！您夙慧天来，我这个痴汉哪敢放肆，还是法师慈悲！”

师默然很久。

“当代普陀山的印光大师，是一时龙象，弘一不敢妄充善知识，念佛一门，唯佛与佛，才能究竟。这里，有一部《华严普贤行愿品疏钞》，请范老带回，与诸居士结缘可好？”

范老看弘公要他承担这桩公案，便只好偕道友们告别了。

从春到夏，柳丝、梧叶、池水、白色的石板地、幽静的禅院，又使玉泉回复到幽美出尘的庄严世界。

大师住在玉泉寺，到端午前后，听说虎跑寺了悟上人集众僧结夏安居，便欣然离开玉泉，回到定慧，准备以这三个月的时间，实地过一过佛制的生活：静坐、听

经、念佛。……多一分修持，少一分罪报，增一分福慧。

到定慧结夏，是已未四月十六日，弘公与出家后的彭逊之居士——现在的安忍法师，又再度成为同参的道友。

这段生活，安谧而宁静，淡泊而幽长，使师体会到念佛上许多实际功夫。而从这开始后，二十多天，丏尊来了。

这时，夏丏尊对佛学已有一段“尝试”性的体验。他在弘公的坚苦卓绝的行为感动下，素食、读经、念佛，都虔诚地做了；不过，在他那个知识分子社会，还没有摆脱“知识上”的障碍，他衷心敬佩弘公，也对佛学发生了浓厚的兴趣，但是，他未能献出生命。

面对父亲的死与李叔同的出家，丏尊感觉人生处处坎坷。

他想到歌德，这位日耳曼的精神象征，平生没有见过释迦牟尼（像）一面，然而他也埋怨，活到七十多岁，没有在连续二十四小时以内真正地愉快过。人生的意义究竟在哪里，这位写《浮士德》的大文豪，也觉得讳莫如深。

夏丏尊，面对中国知识界的李叔同，他放弃了已成就的艺术光辉，却默默无闻地遁入佛门，这种与千万人背道而驰的行径，越发使他感觉人生是难熬的；但是，你必须熬，末法时代众生颠倒，血是白的，泪是黑的，这便是人生！

他这一次来看弘一法师，与每一次看他的意思完全一样。他们把简要的话说完，便是无语对坐；坐到晚霞归山，暮鸦入林，丏尊便向弘公合一个掌，转身而去。

他每一次看弘一法师，是他一生千篇一律的“爱的教育”（夏译有《爱的教育》及《续爱的教育》）。他感觉到，与老友见一次面，便增加一次无限的深意挚爱与留恋；除非他圆寂了，他死亡了，便断绝这种神圣的往来。

他知道弘公在虎跑结夏，从弘公给他的信中，他第一次见到“结夏”这个词儿。

“结夏”，不过是出家人在夏季三个月，闭门集众潜修而已。在古代印度的佛制，佛寺为了夏季雨多，蛇虫遍地，不宜出门托钵，为了避免杀生与生活上的困难，便撙节出这九十天的日子，下一番功夫。

丏尊见了他的老友，通常是简单的三言两语——“好吗？”“好！”“近来生活方便吗？”“好极了！”“要换什么衣物吧？”“暂且不需要！”

话完了，便是默坐，然后分别。

定慧寺的僧人与夏丏尊也熟了。他见了弘公之后，看看他还“安然无恙”，便在大殿前后院落里走走。那些出家人，一个个默不作声，静坐的静坐，读经的读经，念佛的念佛，而唯一的妙处，却在没一个人扯闲话！

他徘徊一匝，回到大师休息处。师也从他的寮房拿出几幅字来，要他带回去，在生活上做个体验。这是弘公从《大佛顶首楞严经》摘出的几段文，弘公念着经文，丏尊展开字，看下去——

佛言："善哉阿难！汝等当知，一切众生，从无始来，生死相续，皆由不知常住真心，性净明体；用诸妄想，此想不真，故有轮转。汝今欲研无上菩提，真发明性，应当直心酬我所问！十方如来，同一道故，出离生死，皆以直心……"

"文殊！吾今问汝，如汝文殊，更有文殊，是文殊者，为无文殊？""如是，世尊！"(文殊答言：)"我真文殊，无是文殊；何以故？若有是者，则二文殊。然我今日，非无文殊，于中实无是非二相！"佛言："此见妙明，与诸空尘，亦复如是……"

"富楼那！想、爱同结，爱不能离，则诸世间父母子孙，相生不断，是等则以欲贪为本。贪、爱同滋，贪不能止，则诸世间卵、化、湿、胎，随力强弱，递相吞食，是等则以杀贪为本。以人食羊，羊死为人，人死为羊，如是乃至十生之类，死死生生，互来相啖，恶业俱生，穷未来际，是等则以盗贪为本。汝负我命，我还汝债，以是因缘，经千百劫，常在生死，汝爱我心，我怜汝色，以是因缘，经千百劫，常在缠缚。唯杀、盗、淫，三为根本，以是因缘，业果相续……"

"若我灭后，其有比丘，发心决定，修三摩地，能于如来形像之前，身然一灯，烧一指节，及于身上，爇一香炷，我说是人，无始宿债，一时酬毕。……"

这是弘公从《楞严经》摘出的四节经文。

"丏尊！《楞严》，是佛法中一部富于戏剧性、结构最谨严的经。由于这部经，是武则天时代从一个和尚口中译述，因此，千百年来，一些爱挑剔的学者们，以为它与其他佛经的格调不同，怀疑它是一部伪经。其实，印度的佛经，都传自口述。也有人说一部《论语》是孔夫子后人伪造，《老子》是秦汉时代所谓'集体创作'。

"世间许多知识分子在思考时，往往忘了'依理不依人'的辩证原则，而且，'邪人说正法，正法也成邪；正人说邪法，邪法也成正'的心理病普遍地存在知识分子的心中，所以世间的邪说谬论，被普遍地引为真理。这一切的原则，都被'主观地弯曲化'了，因此，轮到真正辨是非的时候，是非往往不明……这就不用谈下去了。

"这几节经文，从哲理的说到实体，在哲理部分，还能被知识分子接受，但在实体方面，如'轮回观''宿业论'，便不免为知识分子认为迷信与狂妄了。

"释迦牟尼在这本经上大胆地称颂'燃指供佛，乃至燃于其身'，是一种功德，

这是知识分子们攻击的借口，这一点，没有身体力行的人，是无从想象的；宇宙万有，你从表象上断定它的本质，是不可靠的！……”

“哦，是的。”丏尊说。他看着一行行与瘦削的弘公两相径庭的字，不禁心生欢喜。他的案头，摆着历年来为他写的诗词铭谚经文，何止数百幅？

丏尊每来看弘公一次，总有一次收获；这次他走了，又带回四幅经文。他走后，弘公回到佛堂，在静中便观想丏尊在佛的光环中走在一条砗磲与玛瑙铺成的路上，两侧鸟鸣风拂，都是如来法音，他观照出丏尊已是一个净域中的行者，前生历劫，已接种过无数佛苗，今天才有缘与佛门往还。

九十个炎炎夏日完了，师又移锡到以风景著名的灵隐寺，他之遍历西湖各寺，无非想实地体验佛家大门内的遗风。同时，他也可以遍参佛门长老，博审群经！

刚到灵隐寺，正是初秋，西湖又恢复到一年一度的游客如云的季节；弘公在太平洋报社时代的一位朋友，听说大师已移单灵隐，便追踪而至。

这位朋友——胡朴安居士（《中国文字学史》的著者）每到杭州，总要访师晤道。照他自己想象，他也是“佛门中人”！

在灵隐见到弘公之后，首先，他以一个诗人的姿态，呈上一首诗给弘一大师。

“法师——”他说，“我没有别的相赠，这首拙诗或可表我崇敬之思吧！”

师说：“多谢，阿弥陀佛！”

于是，胡居士先朗诵自己的诗，诗曰：

我从湖上来，入山意更适。日澹云峰白，霜青枫林赤。
殿角出树杪，钟声云外寂。清溪穿小桥，枯藤走绝壁。
奇峰天上来，幽洞窈百尺。中有不死僧，端坐破愁寂！
层楼耸青冥，列窗挹朝夕。古佛金为身，老树柯成石。
云气藏栋梁，风声动松柏。弘一精佛理，禅房欣良觌。
岂知菩提身，本是文章伯。静中忽然悟，逃世入幽僻。
为我说禅宗，天花落凡席。坐久松风寒，楼外山沉碧！

师一看这首五言二十八古的直韵诗，文意虽雅，可惜是一串歌功颂德的糟粕，不禁心生悲戚，叹中国文化的衰落，不是无因的，就凭胡朴安而言，他还是一个儒家的正统派，出笔竟是“满纸荒唐言”，怎么能叫人心服！一种学说，到它的思想无法再支配人心的时候，你无论怎么弘扬，如何喧嚷，但年将就木的人，死期总是不远了！

有人说：整天招魂似的“忠孝仁爱信义和平”，刚好，那东西久已不翼而飞！

弘公看罢这首诗，就身边的纸，大书“慈悲喜舍”四字，以报胡朴安居士崇敬的心。

师说：“胡居士！学佛不是要通佛理便算完，何况我又不是禅宗，更没有为阁下谈禅斗机，阁下的诗为何打妄语？”

胡朴安一听，这位老朋友觌面便揭开他几十年来浮伪的面目，不由得满脸绯红。

“唔——唔——这诗，也，也不过信手拈来罢了，原来我也不通此道……”

“那便是了！……学佛的人，贵在一个‘实’字：文章的夸大性并不是病，病的是文章变了主题的原质；正如写悲剧小说的作者一样，你把‘罗密欧与朱丽叶’那种深刻的爱，如果一旦写成庸夫俗妇的淫行，那出入该多大呢！照佛说，这该背因果的呀！”

这位胡居士挨这一餐严厉而温和的教训，多少感觉到自己的灵魂里有不少垃圾。他也算从此造了一个因，到二十年后，因半身残废，再想到民国八年的杭州那段故事，使动机再度显现，从此长斋礼佛！

胡朴安走后，不两月，师又回玉泉，继续苦修，到十二月八日——释迦牟尼佛成道日，与程中和居士共结佛七，在佛前依《楞严经》文，燃臂香十二炷，扬声高唱“南无本师释迦牟尼佛……”

一连串悲怆凄凉的诵念释迦牟尼佛的回声，激荡在香云袅绕的弘公佛堂内，由低沉转入宏亮，由铿锵转入苍茫……

凡是一个入佛门欲了生死的汉子，起信后，必将要依他的修证理想，发大誓愿：上证佛道，下救含识。如法藏比丘（阿弥陀佛前因）的四十八愿，普贤菩萨的十大愿王；愿愿无非是以千百劫的修证，与尽形寿的功德，回向到成佛那一个终极。可是愿里不愿成佛的也有，便是地藏王菩萨，“众生不度尽，誓不成佛道，众生无尽，我愿无穷！……”

弘一大师与日后的弘伞法师——招贤老人程中和，依西域大诗人天亲菩萨的《菩提心论》内容，发十大誓愿，唯一与人不同处，便是大师愿以自己的戒行，接引众生入佛门，以自己的血肉之躯做牺牲，一滴一点，奉行佛道，直到此身销烬！

【壹捌】空门（三）

一九二〇年的春寒料峭之时，弘公在玉泉寺冷石板地上伴着一小盆火，白天到深夜，把自己献身在浩瀚的佛典中。本来，他那一副骨瘦嶙嶙的身体，与寒流对抗，总是撑持的成分多，凭着那一股精神上牺牲的血诚，便挨过了春天，虽然有时咳嗽几声，仗着不休止的拜佛，又恢复了血液在脉搏里激急的流动。

同时，程中和居士，在这个死心塌地入佛道的法侣感动下，也削发出家了。因此，弘公有了道友，越发把人类脆弱的色身倒大看轻了。诵经时，他缓沉而铿锵，唯恐念错经文中的一句一字，念佛时，不躁不急，绵绵如平沙细流；写经时，则蝇头小字，一字一端详，唯恐不慎亵渎佛法的尊严。虽然，他切入佛道的功夫深了，可是，这种需要消耗生命力的生活，都要赔出他蕴藏得太少的血汗。

奇怪的是，他却没有发觉到自己的精神正在加剧地消耗，有时，他却以为这正是精神旺盛之年，当他着手写一本经，不到精致、完美时，绝不放手。

在这一年的春天，他研究的重心，依旧放在戒律上。

他每逢想到“戒律”二字，便痛心地想到，有一种人学佛，越学越不像人。向“地狱道”勇敢进军，岂是佛陀的悲愿？

佛陀真义，是创造一种“完美”，而并非制造粉饰后的“太平”，难道这真是末法时代，人人的心灵间，都装着一个丑恶的灵魂？

佛菩萨！真是一念“四生六道”，为什么有些人一面争着要学圣贤，却又在圣贤道上扮演魔鬼的角色？

每逢静下来，读起律学，便不能面对现实；面对现实，便只有痛哭流泪……

春寒过去，便是初夏来临。

农历二月五日，是弘公亡母的忌辰，天朦胧亮，弘公便起身盥洗，然后拜佛，诵《无常经》为母亲回向；早课完了，点起油灯，研好浓墨，便趺坐在一张宽阔的木椅上，开始写《无常经》全文。经文也不过几百个字，但前后的偈子，倒不少。

这本经最早译在“大唐三藏法师义净”手里，藏经里虽有，但极少流传，这是一本小型“经典”，佛典的律部，有讽诵《无常经》的记载。

经文说：

如是我闻，一时薄伽梵，在室罗伐城逝多林，给孤独园。尔时佛告诸苾刍，有三种法，于诸世间，是“不可爱”，是“不光泽”，是“不可念”，是“不称意”。何者为三？谓“老、病、死”。汝诸苾刍，此“老病死”，于诸世间，实不可爱，实不光泽，实不可念，实不称意。若老病死，世间无者，如来应正等觉，不出于世，为诸众生说所证法及调伏事！是故应知，此老、病、死，是不可爱，是不光泽，是不可念，是不称意。由此三事，如来应正等觉，出现于世，为诸众生，说所证法及调伏事。尔时世尊，重说颂曰：

外事庄彩咸归坏，内身衰变亦同然；
唯有胜法不灭亡，诸有智人应善察；
此老病死皆共嫌，形仪丑恶极可厌；
少年容貌暂时住，不久咸悉见枯羸；
假使寿命满百年，终归不免无常逼；
老死病苦常随逐，恒与众生作无利。

尔时世尊，说是经已，诸苾刍众，天龙药叉揵闼婆阿苏罗等皆大欢喜！

这部经文，佛陀在世，本专为比丘死后讽诵，说“老、病、死”法，不可留恋。

日后弘公在两千字的叙文上说，这部经流传世间，有三种利益。

一、经中说老病死法，不可爱，不光泽，不可念，不称意。诵经人痛念无常，精进向道。

二、此经正文仅三百字，偈颂八十句，讽诵便利。

三、佛许比丘，唯诵此经，作吟咏声（佛律规定：比丘诵经，不应吟咏。唯赞大德，及讽诵《无常经》），妙法稀有，佛曲幽美，闻者喜乐。

经文前面，有赞美“佛法僧”的偈文二十八句，然后是描写“老、病、死、苦”的颂词四十句，弘公完全以工整的楷字，写到早斋梆响，这才住笔。

放下笔，搓一搓冷僵了的双手，默坐良久。

这一天，他不说话，没有笑容，只是凄凉地诵《无常经》，心里想到他的生母，如果不死，也只有六十岁，忍不住，热泪滚滚而下，现在，他削发已经两年，世寿也四十出头了。

亡母忌辰过去，他有一念之动，这便是在感觉上，杭州还是不能彻底地清净，彻底地思考，彻底深究律学。于是，在一个机缘中，富春江畔，新登县境的贝山，附近有一位楼居士，供奉山地一隅，可筑屋深居。因此，他便当下决定去新城贝山掩关，于是约弘伞法师做护关使者，相伴入山，这无非是藉此避免旧日“名”上的骚扰。这时已是六月初，大江南北，罩在炎炎夏日下，但山中总是比较清凉些。

在去富春江畔前夕，弘公虔写“南无阿弥陀佛”六个大字，摘录蕅益大师名言一节，与三皈依，五学处；临走时，又写“珍重”二字，留给他的老友夏丏尊。

在他撰写的“南无阿弥陀佛洪名题记”中，只是佛学上最平凡的几句，蕅益大师说：“念佛功夫，只贵真实信心。第一要信我是未成之佛，弥陀是已成之佛，其体无二。次信‘娑婆世界’是苦，‘西方赡养’可归，炽然欣厌。三信现前，一举一动，皆可回向西方，若不回向，虽上品善，亦不往生。若知回向，虽误作恶行，速断相续心，起殷重忏悔，借忏悔之力，亦能往生，况持戒修福种种胜业，岂不足以庄严净土？……”

这几句话，佛门之外的人，或许看不出什么道理来。在一般倾西方的知识分子眼里，这又是一套中国的“翁姑哲学”，一种“直觉的唯心论”与“玄想的净土天堂”；并且出现了“回向”这两个令人迷惘的字，这两个字被引用为这段名言中的主要构架，使学佛未深的人，不可想象。

“回向”为什么有这种强大的势力，能令一个做过恶的人“往生”？

丏尊的心上，已领略念佛的滋味。他不仅在欣赏弘公的书法，也以藏有这位苦行僧墨迹而内心欢喜。学佛，他不希望是“感动”下的产物。成佛不成，在所不计。

严格地说起来，这一节话，却是净土宗的全部“哲学”，回向倒有点像“思想箭头”，有点像“电子”连续地击中一个点，而成为电视上的影像——于是功果圆成。

要认识“念佛哲学”，你不能仆在它面前看，你要拿着望远镜去思想，而不是看，这才有点意义。一个小孩子看星空只是点点滴滴萤火；但天文学者看银河世界，便成了宇宙的奥秘。……便有一种皈依宗教的情绪。

这，弘一大师了解如自己掌纹。回向给人性以新生的机会，去恶从善，把善集中起来，重重地投注在一点，可能涌起波涛。因此，不管三岁童子，八十老妪，只要是学佛的人，他都会“回向”，但学者不懂，专家不屑懂，学逻辑的人可能了解，但不明白何以要非得这样做？

弘一和弘伞两位法师，到了贝山，起先只能住在别人家里，一面等待着筑屋，一面深研唐代律学大师道宣和尚的遗著；六月底，又写了一封信给丏尊，告诉他，关房已准备动工，快与世间绝缘潜修了。“丏尊！人世是一盆炉火，瞬息便化为灰烬，此身蹉跎，来生也无望，快努力吧……”总而言之，他把夏丏尊当作一个兄弟，一位法侣。

但事实上，是“道高一尺，魔高一丈”，时间如流水，一去不回；关房的兴建，总是迟迟不能动土，似乎变成“海市蜃楼”，让人想象而已。这件事虽小，但总有许多牵绊，使条件不能具足，地皮、工料……本来不成问题的，现在都成了问题。尤其地点选择，成了这桩工程的阻碍中心。因此，弘公写信给师友们，只好说是“障缘深重，不能遂愿”；暂时住在那里，一面放弃苦修生活，一面等待，等待。

然而，两千多字的《〈佛说无常经〉序》，便在这里写成，在七月中，为弘伞法师亡母写了《梵网经菩萨心地品》。

本来，他决定农历七月十三日，在剃染两周年这天掩关，当他发现不可能时，干脆便息心写经，在剃染两周年，又虔书《大乘戒经》为宇宙生灵“回向”，这个月二十九日是“地藏菩萨生日”，再写《十善业道经》。

七月天，江南的秋风起了，过了月半，富春江畔的天气又慢慢地转凉了，由于季节的转变，这位大师的支气管，总是不断地出问题，病魔与他一生结了不解缘，大病小病总是不离身，入秋以来，枇杷膏便成了清早唯一的补咳剂。

贝山之中，湿气重，早晚阴寒，因此，为这种缘故，便在八月中秋过后，到衢州参访城北三十里的莲花古刹，并在那里挂单。

弘公每到一个地方，便为“常住”（寺里）整理经卷，加以标注，好使读经的人多个方便。

他的色身里，似乎装着两个对立的灵魂，越是被病魔侵袭，越是以精神来做牺牲。在佛道上，他以众生的救渡为己愿，随时准备为佛陀的教义殉身，这种令人担心的不休息，便是他的弟子丰子恺说的：“是一种献身！”

在莲花寺，除了日常铁定的研修，便是孜孜不断地写几十卷《阿含经》，写好后，再把它分册装辑起来。这一年秋尽冬残的岁月，多半在写经中过去，最后，写完了《印光大师文钞》的叙言和题词。

这一连串埋头写经的工作，直到年根岁底，因为经写得太多，每天午后便觉得眼前发黑，天地旋转；由于整天伏案写工笔字，使他的胸部更削，脸色更黄。弘公的苦行不是我们下一辈人所能想得到的，因为他是经常地过午不食，早餐一碗粥，中餐一碗菜。奶粉、维生素针进补，则又是几十年后才有的享受，他当然谈不上“营养”了。

这使他的色身遭受到“四面楚歌”，不得不接受印光大师的劝告。

印祖在信里说：

弘一大师：

昨接手书，并新旧颂本，无讹勿念。信中所说用心过度的境况，光早已料及，故有止写一本经之说。但因你太过细，每有不须认真，而不肯不认真处，所以受到损伤。观汝色力，似宜息心专一念佛，其他教典与现时所传布之书，一概不看，免得分心，有损无益。……书此

顺候　禅安

莲友印光　九年七月二十六日

“善养色身，以续慧命”，弘公实在没有理它，也正像印光大师所说，他的性情如此，他对佛道是无我的。因此使他对每一本经，每一章节，一个字的不周全、不妥当、不工整，也要劳瘁到必须圆满而后可。

印祖是当时弘公的“偶像”，他们在佛法上是依从的，而且弘公从印光大师那里得到既关切又严厉的信札上的指引。印光大师这一封信，使他不得不放下笔，稍稍休息一下，等到快到农历的除夕，便掮荷一卷行囊，回到新登贝山，翻过了年，终于放弃“闭关”的念头，回到杭州来。

这时已是一九二一年初春，弘公挂单在杭州闸口凤生寺，不过，他的性情使他坚持一项原则，便是对佛道献身还不够，他进一步，便是要“刺血写经”，为一切“生命”忏悔，用他血写经文的利益为众生回向。然而现在要做的，则是律学上的功夫，律学的权威不建立，一百年后，中国便没有真正的佛法。这里，必待有几个献身的人，以牺牲生命的决心，去实践律宗生活，弘扬律宗学术，才能使那些终日以佛法为工具的拖尸鬼，感到世间对他毕竟有一种威胁，那便是“弘一法师”及其“卫道士”。

其实，他没有那份争强斗胜的闲情，而他所想象的那些“狮子身虫”，遍布在

整个佛教徒之间，出家人逃不了因果的责任，白衣居士，也逃不了因果的责任！

只要你以“释迦牟尼”的圣域作为终身追求的目标，你必须服膺佛的真理，不要使他痛心，不要使他的经典成灰。

弘公正在着手检阅《四分律》的当儿，他的学生丰仁已从杭州师范毕业出来走入社会，这个年轻人，家里没有读书钱，又不甘屈伏，便借钱想到日本看人家的东西。无钱读万卷书，只有做流浪儿，“行万里路”，来聊解寂寞。

二十刚出头的微胖的丰仁，是弘公“绘画”艺术的接替人，大师不仅把绘画“遗产”全部给了他，当年在日本精读批注的原文《莎士比亚全集》，也成了这个学生书架上的珍品。

丰仁，同样如弘公对待印光大师一样，把弘公当作世间唯一的榜样；灰大褂儿，黑粗布鞋，清茶淡饭，平淡庄严，一毛一发，都学他这位做和尚的老师的行径。

因为他要马上离开祖国，听说老师已回杭州，便到凤生寺来向老师话别。

这是正月底，残雪还没有消融，他在一天晚上到闸口来。向寺里和尚一问，最近弘一法师有没有来？

寺里便有个出家人把他领到弘公挂单的“云水堂”，一间简陋的屋里，那里没有太多的陈设。弘公正在灯下写字。

略形前倾的侧影，正照在粉壁上；堂上静肃无声。

“法师！”丰仁踏进门，先叫了一声，那声音是战栗的，充满了情感的震动。

弘公一转身，“啊呀，子恺！”说着便站起来了，“来吧，这儿坐。”

“法师，我要到日本去了，前几天才探听到您在这里驻锡，所以……”

“哦？”弘公慈切地望望他苦学的后生，“到日本去，能看到许多国内看不到的东西。”

“我去游历，去日本各地艺术馆、博物馆、画廊……去看一番。老师，您看我去得冒险不？”

“青年人走路，有时比读书还要紧，在你这种情况，既不让你读书，那么看别人能吸收不少新的东西。年轻人记住这番话，你必须让自己铸造成一种东西，不达目的，除死，不要终止。”

“日本的画风很‘岛派’。”子恺说。

“那里有许多中国人没有的西洋艺术，能更正这个缺点，日本人性情如此，女人好哭，男人心狠。结果，形成了一种悲剧的激进的文化，他们也许会亡国，但是很快会站起来。”

一粒灯光如豆，师生分别半年多，弘公的面颊瘦削了很多，但是精神还旺盛。从微弱的灯光下，弘公的脸有一半埋在阴影里，只觉得他的话声比以前更低沉更缓慢，有一种与世无争的平静感，有一种遗忘世界的飘逸。

子恺的日文，一半学自弘公，一半学自丏尊，所以去日本可以通行无阻。“去吧！”师说，“但是别忘了自己，去学习别人，不要忘了创造。”

然后，师生同时沉默在一种静肃的气氛中，很久，子恺才懒懒地站起来，向老师一躬合掌到地，退出门外。

“法师，我这便走了，明天——”

“明天别再来了，埋下头去体会别人……”

子恺怔怔地看着弘公，一瞬间，便蹑手蹑足顺着云水堂的墙壁，转过大殿，出了山门。

现在，弘公这半年多从参研律学功夫体念出一种作为后人持戒较好的方法，便是把“戒律的条文”加以整理、注记、归纳；什么戒犯了该怎样，什么戒无心犯了又该如何，去把它的“戒相”确切地分条标定出来，列成表解，不必待后人去判断、猜想。那种含混不清的字，表不出“戒相”，更易令人制造犯戒的机会。

含混不清，观念不明，是中国人没有“思想”的病症。

为这，他又得离开杭州，想找一个断绝外缘的地方，去著一本“戒相”的书。

他既有了这个动机表示，便马上有玉泉寺吴建东居士、旧时学生林同庄，他们说温州山明水秀，气候温和，同时，那里又有吴璧华、周孟由两位护法居士礼请。弘公便决心料理行装，在三月中旬，乘船到温州，挂单在城南庆福寺。

这个俗称“城下寮”的古寺，以清规谨严、专修念佛法门得名。

弘公一到庆福寺，便感觉到这里幽静过于西湖的灵隐，寺僧生活严谨过于玉泉；这里整天听不到一点尘俗的音响，进了深广的寺院，便觉得与尘世隔绝。住下来之后，便决心禁足，着手编著律学上光辉千古的《四分律比丘戒相表记》。

为了写这本书，大师告诉同道说：

“我弘一出家时短，修持浅薄，急于摒除外缘，悉心先办自己愿力要办的事，因此，请诸位慈悲护持我三章规约：

“一、如有旧雨新知来访，暂缓接见。

“二、如有来索书法序文，不能动笔。

“三、如有要事嘱咐，暂时不能承当。”

弘公虽然是僧侣界中的新人，但是因为他在俗时，已有艺术上的高名，入了僧界，这点世间浮名已不胫而走，乃致使“追名逐利”的庸夫俗子间起了骚动。因此，他每到一地，不管是真正爱好此道的人，还是附庸风雅之辈，有志一同，趋之若鹜。向他求到一幅字，便自诩是弘一大师知己，藉此自我陶醉。这些无非是世间的浮名碰上了利鬼。所以为防避凡俗的困扰，先把这个洞口堵上，便于专心著作。

弘公在这里禁足一个多月，草底已完成一半，四月间，又由意外因缘，老友杨白民，请师到上海洋场过几天，因此，放下笔来，乘船到上海，逗留在十年前做过国文教席的城东女校。

师来上海，正是四月初夏，带的衣物不多，他打算缘了便走。

刚巧，十年前在城东女校受过大师熏陶的女弟子朱贤英，听说出家做和尚的老师到上海来，便在一天下午来到女校见老师。

“老师！ 您身体可好呵？”贤英居士来了，见到弘公便伏地叩拜。

“一拜便好！”弘公站起来，庄严虔诚地合掌回礼。

“老师，您入佛这些年了，学佛应该以何入手为好？”

师生多年不见，相形之下，一个已经进入而立之年，一个成了方外沙门。

“你学佛了，是吗？”师说。

“老师学佛，感动的不是我一个人。”她说，“不过，我也只是初入门而已，佛典深奥，难在它是一种哲理，徒然望洋兴叹。”

师沉吟片刻，点点头。

“学佛，如果你对它已具信心，高深的道理，你可以渐修，可是人生一去不复回，现在先把握住，便以专心‘持名念佛’作为一条稳妥的路。你知道吗，上海洋场，多的是拿念珠的老太太，照他们那样，下决心，念下去，便可证‘念佛三昧’！”

这时，朱贤英这位初入佛门的居士，怀疑地看着老师。

“老师不是以苦行、持戒为宗吗，难道也念佛？一个知识分子学佛，不学唯识，也该参禅的？”她说。

“我是专心持名念佛的，我念南无阿弥陀佛！”弘公已窥探出这个女弟子的心意。

“噢？”她恍然说，“老师也持名念佛！”

“我崇拜印光大师，他是当代持名念佛的倡导者。他开创了‘持名念佛’这条最简捷的路。相信他，永远是真理。”

“什么是持名念佛?”

“不干别的，比如说：不参禅，不打坐，不观想，仅用口念、耳听、心唯，念的方法，随你选择，直念到一片佛声，在你的心识上胜过一切纷乱的妄念，念到一片佛声掌握了你心灵世界，朗朗清清，到你不出口而心自念，一天二十四小时，随着你呼吸出入流转。……”

“这如何能?”朱贤英说。

“起先，当然不可能，做任何功夫，都是这样。日子久了不断功夫，不懈怠，不出花样，最后便是一心不乱的境地；时间久了，从一心不乱，再渐断无明，于是念佛三昧现前，五蕴皆空被亲证，那时候……”

“我知道了，法师。那最后的境界，便是‘菩提’。”

“不错。”弘公最后下了个结论。

之后，大家沉默下来。

这天下午，在片刻沉默与断续问道中过去。

当朱贤英居士走后，第二天，弘公便返回温州关中。这一年五月二十八日(农历四月二十一日)，是大师亡母六十岁的冥诞，仍旧写经三部，作为荐亡的功德。过了母亲诞辰，重新开始每天以三小时的时间用在《戒相表记》的编写，直到六月底，完成了中国一千多年来“戒相”的初步整理工作。第二步，便是鉴定、修补、删削、缮写的功夫，他将以最大的宁静、忍耐与精细的功力去完成。完成一种著作，并非用以自豪，当黑字印在白纸上，便无法更改。它对历史背负着沉重责任，比当时著作人的呕心沥血更为神圣。因此，弘一大师对自己手中产生的每一个字，口中说出的每一句话，都经过千磨百炼。正因为如此，他终天可以不说一句话，他可以放弃生平爱好的角刀和画笔。而为宣流佛法所写的经文佛语，则是他全部的心血精粹。

六月以后，他的学佛生活又纳入了写经、静坐与念佛轨道。当这一年冬天，他写出增、杂两《阿含经》和《佛本行经》。

他想，只要一息尚存，便决心献出寿命、精力，要写完佛说的全部经文。这没有别的意念，只基于自度度人的学佛虔诚。

当农历十二月底，丏尊有信来，他写道:

音公法师：

我自发心素食以来，在心理上，还觉得信佛只是信了一半，信得不够虔诚，每次看到你那种赤诚、牺牲的宗教家风，献身于佛道的不休息精神，再回想你往日在艺术上的成就以及青年时代的生活，前后对照，如挥鞭断流，便使我汗颜无已。因此，我现在开始实践佛家的修持生活，每天早晚持“阿弥陀佛”圣号，愿师在光中加被。我今天在佛道上刚刚起步哩。

仍要枇杷膏否？如用宣纸以及其他杂物文墨，请示下，以便供养。

敬颂　道安

丏尊　民国十年除夕寄

弘公接到丏尊来信，乍看之下，真是欢喜不已。当晚，便恭写“蕅益大师名言”一幅，连信一同寄给上虞的丏尊，勉励他早证菩提。

【壹玖】沉潜

弘公回到温州的城下寮——庆福寺来，一晃便是半年消逝；生命无常，律学上的功夫，需要他对自己再刻苦，再历练！一个人的色身算得什么呢？如果人类有灵魂，即使为佛法殉身，再过二十年，又能出家为僧了。因此，他对持律的刻苦生活，过午不食的岁月，粗茶淡饭的素食，所抱的观念，只是为“生命而生活”，却没有为“生活而生活”的意念。

他认为色身是不足惜的，只要精神上能有所堆积。当一九二二年元月二十八日、农历新年初一，他没有想到什么是俗人世界的禁忌话语，便写了一幅“辞世词”，赠给他上海的旧友杨白民。这首偈子，有海阔天空的大禅家作风，是庆福寺的首座法常和尚圆寂前的留言：

此事楞严尝露布，梅花雪月交光处。一笑寥寥空万古，风瓯语，迥然银汉横天宇。

蝶梦南华方栩栩，斑斑谁跨丰干虎。而今忘却来时路，江山暮，天涯目送飞鸿去。

这真是大解脱的手笔，难怪禅家和尚，有伫足泊化的公案。弘公看中了这阕词，便写下来，作为新年的警语。

由于庆福寺的宁静与佛典的浩博，使得弘公深深地觉得，这里不仅是潜修佛道的好去处，也是埋头写经、著述的世外幽境。因此，他继续着禁足闭关生活，如果可能，他便断绝一切外缘，沉潜在关中，写经、念佛、著作……

到庆福寺驻锡以来，使他感念不忘的，便是这里的住持寂山老和尚。老和尚把他的戒律生活，点点滴滴看在眼里，觉得这一位喝过洋水，在艺术上曾缔造过黄金时代、百万富豪的公子爷，一旦削发出家，便选择律宗为他尽形寿的归命处，生活上则如时钟一般地准确，平时在佛道上，又是那么不惜形销神悴地苦修，如果——这个人不是佛菩萨乘愿再来，以一个平泛的人，照他那样为道忘躯，这个世界上，恐怕绝无仅有；因此，老和尚对待这位挂单的云水僧，关照寺里的上上下下，都要恭敬虔诚。

同时，因为弘公"过午不食"，寂老便关照把全寺的午餐提到上午十点钟，如此，对于弘师来说，更为方便。

弘公感觉寂山老和尚对自己如此关怀、慈爱；又在律学上寻到一条根据，便是云水僧在一个寺院安住下来，依律要拜寺里的负责人为"依止阿阇黎"(即依止师父)，他是一个学律的和尚，应该怎样做，他心里便有安排。

于是弘公选择一个稍为温暖的上午，特别到寂山老和尚的方丈室里，闲谈整理寺里经卷标签的事。当这两个敬爱情挚的方外人谈得正高兴的当儿，弘公忽然从袖中抽出一张新年用的红纸来，捧给寂山老人。

"呵，师父——"弘公自驻锡到这里，便把寂老称作师父的。而寂老则听到"师父"二字，便陡然起立，避身一旁！

"呀！弘师，你不能这样呀！这样会折罪我的！……"寂老在说话间，便感觉弘公这番闲谈，与往常不同；他注意这张红色的纸，带着怀疑的情绪，接过一看。

原来，这竟是一张登报的启事，这是弘公礼拜寂山老人为依止师父的启请全文。

"啊呀！"寂山老人大吃一惊，愕然半晌，"我有什么德望做仁者的师父呢？请千千万万不要这样吧，弘师！你能在这里驻锡，已使常住感觉福缘不浅了……"

"师父！您，您这太谦虚哩，弟子以温州为第二位故乡，庆福寺为第二常住，如果我仍狂妄自欺，何以能安心办道？请老人不要推辞！"

"那是无论如何不敢当的，请安心潜修佛道，只要庆福寺能做的事，都要为仁者奉出一切，但，以老衲为师，则是万万不敢！"

"这这这，弟子已经决定，如果蒙老人不弃，便在明天行拜师礼……"

这时寂山老人一方面感觉惭愧，同时也兴奋。他觉得弘公无异于人间大菩萨，因此，对弘公的要求，不敢答允；对其为人则更加敬爱。

弘公把这番意思转达给老人之后，便告辞回到关房，他假定寂山老人依旧谦辞

未允，便写一封信给这里的护法——“净密双修”的吴璧华、周孟由两位居士，托这两位向寂山老人再度表达自己的虔诚，这才得到寂老的默许，于是第二天——正月十二日上午九点钟，自己带着毡子、衣具，披上袈裟，便径自到方丈室，把毡子铺在座位上，请寂山老人就座。

寂老说：“既然仁者谦逊地要老衲遵命，那又何必看重形式呢？”

弘公说：“不如此，不足以表佛门尊严，请师慈悲接受！”

寂老坚不就座受拜，弘公便向空座顶礼三拜，寂老则在座旁合掌答礼，从此，弘公便尊老人为师了。

当礼师后不多天，弘公接到天津俗家次兄文熙的信，提到俞氏夫人在正月上旬病故，要弘公回津一次。本来弘公想到俞氏夫人为他已牺牲一切，在十九世纪以前的中国女性，已忍尽了一切不人道的折磨，从汉代民歌《有所思》这篇歌词里，可想到中国女人在古代，几乎除了义务，就没有权利，到今天依然如此。这首歌词，是汉代民间的俗调：

有所思，
乃在大海南，
何用问遗君？

双珠玳瑁簪，
用玉绍缭之。
闻君有他心，
拉杂摧烧之，
摧烧之！
当风扬其灰！
从今以往，
勿复相思，
相思与君绝！

鸡鸣犬吠，
兄嫂当知之，
妃呼狶。
秋风瑟瑟晨风飔，

东方须臾高知之。

这歌词道尽了弃妇的幽怨，要写为白话，便是——

我有相思，
遥寄天涯。
啊，那弃我而去的人呀！

当新婚之夜，
我有一支心爱的玉簪。
现在听说他的心变了，
恨起来我把它踏碎焚烧，
烧成灰吧，
让大风吹去！
从今以后，
不再相思，
我这颗心已经破碎了！

鸡鸣犬吠，
惊破了哥嫂的清梦，
哦，苦命的人啊，我又该喂猪了！
秋晨的晓风清寒，
天色已将破晓……

弘公的心念，刹那间掠过这些凄凉的故事，俞氏虽不似这位《有所思》中的妇人，既贫穷又受生活煎熬，但她们的命运是相同的！

他出家前，已抛弃她十多年了，她呢，却把生之苦埋在心里，结果，换来的，却是一场毫无意义的青春之梦。又当不该死的年龄，撒手人寰。

为了过去的“积业”，弘公想到这里，便觉得应该回去，为她超度超度，为她种一点佛缘。

但是，这个年头，正是北方军阀混战的关头，从清代嘉庆以后，中国人便一直互相残杀到现在，为了北方的“直奉之战”，他只有望白云叹息！

在关中，他上寂山老人一封信，说明他现在的情况——

恩师慈座：

前时命弟子写的字帖，已写好奉上。请检收。前数日，得天津俗家兄长来信说：弟子在家的妻室，已于本月初三病故，嘱弟子回津一次。但目前北方变乱不宁，弟子拟想缓待数月，再定行期。

再者，吴璧华居士不久便由北京返温，弟子拟请吴居士授神咒一种，或往生咒……便中请师与吴居士道及。弟子目前虽在禁语，但为传授佛法，乃方便与吴居士晤谈一次，俾面授咒文。

顺叩　慈安

弟子演音顶礼　正月二十七日

这封信由送饭的人转送给寂山老人，但弘公并没有照信中的计划到北方去。因为中国的北方，一直乱到他圆寂之后，在二十世纪（前半叶），中国的北方，是一个非常残酷的铁蹄市场。

弘公想就吴璧华居士学密咒，也不过企图仗神咒力，加被死者的亡魂，可是亡魂能否仗念佛念咒不堕地狱，这也是心灵上的问题。印光大师对这种“观想式”的超荐，并不表示乐观，一个活人念佛、潜修，还不能决定掌握自己最后的命运，何况一个与佛无缘的死者？

要学佛，还是趁年轻的时候！

正月过去，吴璧华居士回来了，弘公便从这位学过密的护法授往生咒，而后，为俞氏夫人设灵，在关中虔诚庄严地念几天咒和《地藏菩萨本愿经》。

想不到，他的女弟子朱贤英，学佛不久，也在旧年岁尾于上海寓所病故。一个发心学佛的人，刚开始念佛，无常已到。

朱贤英的旧日同学，在二月初，为纪念她，便收集她生前的书画，影印成册，请弘公作序。

在这年春天，除了关中写经、念佛、整理《戒相表记》，又为知交夏丏尊刻五方印，全是“阴文”，这五块印，镌的是：“大慈、弘裔、胜月（一说为胤）、大心凡夫、僧胤”，全是弘公的法号。

同时，师又题了一篇跋文给丏尊。跋上这样说：

十数年来，久疏雕技，今老矣，离俗披剃，勤修梵行，宁复多暇耽玩于斯？顷以幻缘，假立臣臣：即“私”字。名及以别字，手制数印，为志庆喜。后之学者，览兹残砾，将毋笑其结习未忘耶！于时岁阳玄黓，吠舍佉月，白分八日。余与丏尊相交久，未尝示其雕技，今赍以供山房清赏。

弘裔·沙门僧胤并记。

弘公虽然在关中，与丏尊则一直保持衣食保暖上的信件往返，丏尊则有时到温州来做客一日半天，再乘船归去。

夏初，师在关中又把蕅益大师的警语撰辑一小册，题为“寒笳集”，作为学佛人的甘泉。

也许是这一年夏天热得出奇，或者是七月底的海上台风骤雨带来气候的反常，弘公在关中，静多动少，他对学佛各方面的功夫又太认真，当七月过去，忽然有一天午后，觉得小腹痉挛地痛了起来，不到两小时，便连泻了两三次，师以为不过是偶然的肠胃不适，没有在意，依然是拜佛写经。可是到第二天清早，已转成恶性赤痢，无休息地泻了！从头至尾，不到二十四小时，已被痢疾折磨得倒在床上。可是他没有告诉谁，拖了三天。

这时，他的病被侍者传到寂山老人耳朵里，老人便跑到藏经堂的关房来看看，这一看，把老人吓呆了。

原来弘公的脸，已瘦得脱形，一张姜黄色的皮，枯涩地贴在骨头上，两只眼深深地陷下去，那副瘦长的身材，蜷卧在灰色的僧袍里，显得嶙峋可怕。

“你病了，弘师？”寂山老人苦恼地站在窗前。

“是的，师父？”

“几天哩？”

“大约是三天，也许不到。”

“现在找个医生来看看，吃一服药！”寂山老人说。

“我念佛哩！”师呻吟着说，“我的病，看来很凶，随他去吧！……”

“那怎么行呢？”

“小病求医，大病求死。请求师父，到弟子将要临终时，把房门窗户都锁上，请几位法师帮弟子助念佛号，断气六个钟点以后，再，再……把尸身用被褥缠着，送到江里，与水中动物结缘，也就是了……”

寂山老人一听，弘公要一心求生莲池世界，心上一阵痛楚，忍不住老眼里迸出泪来，伸手执着弘公瘦削的腕骨，觉得手里握着的像一节冰冷的石杵！

这时，老人忍不住想到“孔子探冉伯牛病”的故事。

"伯牛有疾，子问之，自牖执其手，曰：'亡之，命矣夫！斯人也，而有斯疾也；斯人也，而有斯疾也！'"

大概冉伯牛也生了像痢疾、霍乱一样的恶疾吧！

可是一个冉伯牛，恐怕还抵不上一个弘一法师啊！

寂山老人回来，便打发人为弘公看病。

不过，说也奇怪，当医生还没有理出病底头绪，弘公却强撑着念佛，强撑着在床上拜佛，到一个星期左右，痢疾又渐渐而愈了。

病好之后，他在关中开始为念佛功夫与印光大师通信求教。原来，他在关中写的经文，有少部分竟以刺血落笔。他为了佛法，即使肝脑涂地，也是一笑置之的。八指头陀的另外两个指头，不也是为佛道而燃秃的么？

到中秋节前夕，身体已复原，又写些小东西给老友丏尊，鼓舞他精进念佛。

这一年残冬，又为庆福寺已故的厨司陈阿林写了一篇传，作为这个老实人的生西纪念。现在用白话写下来：

陈阿林，法名修量，是瑞安县下林乡人。幼年时烧窑过活；后来，在城下寮厨房做斋菜。民国十年三月，我来温州时才认识这个平凡的人。

这个人苍黄的一副面孔，瘦削的颧骨，下巴无肉，是一副贫穷而短命的模样。可是，每逢我们进斋时，他便合掌敬礼，等吃饭后撤碗筷时，他总是呆呆地看着我很久，像一个痴呆的小孩。

他见我吃得稍少一点，便现出一脸愁容，必定问我："呀，法师！怎么吃得这么少啊？您的身体不舒服吗？……"这么追根到底地问。

谁知，这个人哪，原是有哮喘病的，逢到春天便大肆爆发、咳嗽起来。但是，他依然一样勤苦地工作。

每天晚餐后，他弄清厨房的事，便随着大众念《阿弥陀经》，持佛名号，声调凄凄切切，比任何人都来得虔诚。

当今年正月，他忽然辞职了。过了两天，他来寺把衣物检在一起，恋恋不舍地看看这，问问那；刚巧，这里又碰着佛事，要人帮忙，他又留下来了。

一连许多天，他都没有一句话，到十六日中午，他捧着盛面的托盘，到我关房来，身穿新做的棉袄，瓜皮帽子，新黑鞋，居然一副清秀相。我们相互地看看，都高兴地笑了。他说："法师，我不再走了！"

想不到，后来我听人说：阿林在那天晚上，他还是回家了，老病复发。到二月初七的早晨，告诉他的家人，烧一盆沐浴用水，自己起来洗了个浴，便回到床上念佛，苍苍凉凉地在念佛声中去世。

陈阿林死时，不过三十一岁啊！

这时，在杭州的夏丏尊，已在一年前离开第一师范，到上虞白马湖畔春晖中学教书了。这时的春晖，拥有当时许多最著名的教师，丰子恺也在这里驻过脚。

为了看看丏尊，与到上海之便，做一个弧形的浙东散脚。一九二三年的春天，天气已渐渐温暖，大师在此时便辞别了庆福寺，掮着一捆行李，行脚到上虞，在丏尊处挂单一天，然后到绍兴，挂单在城南野外一个小庵里。当他坐船到绍兴时，第五师范的教师——昔日的学生李鸿梁他们，便到码头上接他。这些老学生们，所接下船的和尚老师，带着一张破草席包的小行李捆，另外一只网篮，装着木制的面盆、草鞋一些杂物。……当时随这群学生去接他的，还有日后入佛的蔡丏因居士。

当时蔡冠洛（丏因）看到这位方外的艺术家，原来是这副两袖清风的模样，不禁啧啧称奇。因为他曾见过弘公出家前作的乐曲，看过他东京时代的豪华照片，同时，在他的同事中间，听到过这个和尚青年时代罗曼蒂克的故事。

他既然到绍兴，又决定挂单在野外的小庵里，于是择定星期天，大家一同去看他。

李鸿梁、孙选青、蔡冠洛一行人到了城南“草子田头”的一座小庵里，因为这所庵本身便很小，一进庵门，便知道有人来了。弘公便把他们请到寮房里坐下来，带着一副默默的笑容，静静地坐着。

这时，有许多问题，在年轻人的心里很想冲出来，请做和尚的老师答复，可是当他们看到大师那种平静、慈祥、虔诚的笑容，忽然觉得一切都解决了，一切都明白了；大师的无言、默默、宁静，正是人生最上乘的禅思，这也便是佛法的终极；如果一落语言，反而损害了那瞬间的“密意”。

当时发生这种感觉最深刻的，便是与佛有缘的蔡丏因。

他们回去之后，蔡丏因第二次又来了，因为他对佛家的唯识学有了强烈的兴趣。

他曾在杭州听过一位法师讲经，当时发生了一个问题，便问那位法师：

“法师，我请问您：世尊在因地，为了伤害一只鹰，竟至受尽苦报，但为什么又说，念阿弥陀佛的名号，就会带业往生呢？这里问题是——理可通，事却有碍，请您开示。”

于是那位法师对着他说了很多很多念佛的功德，说了很多很多佛经的理论，他心中的疑问却依然梗着。事实上，是“定业不可转!”只要作恶，便逃不了恶报，说千说万，如果带业能往生，岂不是便宜了大奸大恶?

这第二次，隔了一星期，蔡冠洛先生又到草子田头小庵，见了弘一大师，一见面，大师依然无语，只是做个请坐的手势。

“法师！”他又照本宣科说，“世尊在因地时，为了伤害一只鹰，竟至受尽苦报……请法师开示!”

他把话说完，希望弘公能有一番更动人、更通理、更令人满意的答复。

“……”他心里捉摸着，弘公应该如何展开这件公案的序曲。

可是，大大出乎他意料之外，即连这样的公案，弘公竟没有说一句“为什么”“怎样”的结论。

弘公听后，只是微微一笑。

这位初习佛学的居士，静静地在弘公慈光氤氲的默默里，坐了半个钟点。然后，若有所悟又若有所失地回到学校。他觉得这疑问，已不是问题的解决与否，而是他再领会一次人生最奥秘的尝试了。

他忽而想到“灵山会上拈花微笑”的故事。

当弘公离开绍兴去杭州之前，留下一幅“南无阿弥陀佛”的横额给他，这幅篆书的佛号背后，全是蝇头小楷，写的是蕅益灵峰大师的法语：

“佛为初入门的人，首先深谈理论，企图以理融事，而不滞于事。但为深位菩萨，必广说事相，企求以事摄事，而不滞于理。不滞于事相，则一事通达一切理，事理无碍；不滞于理，则一事通达一切事，事事无碍。”

“啊!”冠洛看罢大字，再看小字，这才明白那天的公案，在这里找到了根据。

弘公到杭州，是飞鸿一瞬，把自己带在身边的庆福寺碗筷，请便人带回还给庆福寺，然后，再转返上海，驻锡“居士林”。与无锡尤惜阴居士合撰《印造经像之功德》。当时在这里，遇到五年前南京高等师范校长江谦，谈到佛学。弘公说：“居士如息心学佛，《灵峰宗论》不可不读，读了以后，便有所悟。”

师离开上海，又到杭州，挂单灵隐寺。这时，又是初夏，便决定在这里参加一次“结夏安居”，息心放下一切，誓证念佛三昧。结夏圆满，到九月深秋，云游旧地衢州莲花寺，遍参那里的大小佛家禅院，随缘所到，不是为寺里整理经文，便写经、写字与常住结缘，他是永不休息的长流水，精神与大地同在。

当这一年除夕前数日，行脚的因缘结束，重新又回到温州城下寮关中。

对于“念佛”，前人中，他崇拜灵峰蕅益大师；但活着的菩萨，则以印光大师为唯一的典范，逢到念佛上的问题，便请示普陀山的印祖。

因为他虽然发誓专心念佛，但依然忘我地写经、写字与众生结缘。同时他另一个心愿，便是以血代水墨，遍写释迦牟尼的“圣言量”，留给未来人。

印祖在弘公屡次请益后，复信说：

座下勇猛精进，为人所不能；又将刺血写经，可谓重法轻身，必遂大愿。然而，光愿座下先专志修念佛三昧，待有所得，然后行此法事。倘最初便有此行，或恐血亏神弱，难为进益。

入道多门，唯人志趣，了无一定之法，其一定者：曰诚、曰恭敬；此二事虽尽未来际，诸佛出世，皆不能易也。……（以下刺血写经之利弊及方法略。）

又：写经不同于写字屏，仅取神笔，不必工整；若写经，宜如进士写策，一笔不容苟简，其体必须依正式体，若座下以书札体格，断不可用。……

对于大师刺血写经的动机，印祖不表苟同，他知道弘公的身体抵不上他的精神，同时写经必须付出更高的血汗代价。

但在另一封信中，对弘公在庆福寺中决心克期闭关誓证念佛三昧，有所指点——

接手书，知发大菩提心，誓证念佛三昧，克期掩关，以期遂此大愿。闻之，不胜欢喜。所谓“最后训言”，光何敢当？……

光谓座下此心，实属不可思议；然于关中用功，不二为主（弘公当时在关中除念佛外，依然写经），心果得一，自有不可思议感通，于未一之前，切不可以妄躁心，先求感通。一心之后，定有感通；感通则心更精一。

所谓明镜当台，遇影斯映，纷纷自彼，与我何涉？心未一而切求感通，即此求感通之心，便是修道第一大障，况以躁妄格外的希望，或能更起魔事，破坏净心，敢为座下陈之。

印光

大师修道的急进心情，牺牲一切不惜生命的奋进，这一段光景，为印光祖师稍稍浇熄一些。这似乎是一切追求真理者，必经之路！

【贰零】圣品

当一九二三（癸亥）年的残冬，正是净宗印光大师与弘公函件往返最紧密的阶段，这两位人间龙象，一个居于师挚的地位，一个站在受业的份上。因为弘公正潜沉在关中写经念佛。“持名念佛”，该是净土宗印光大师的“宗外别传”，这位北方老人坚决而强项地提出了“持名念佛”“单刀直入”的方法，直证“念佛三昧”。

念佛功深的印祖，正是闭关期中的弘公接引者。何况，在民国十二、十三年，正是印祖在国内法缘始盛初期。关中的弘公，逢到读经、念佛、深修上的疑难，便通函请示印祖。事实上，他对印祖已当作自己的老师，只是心照而不宣。可是到这年岁底，他深受印祖的熏陶，已到登堂入室的地步。并且，他自削发以来，便陆陆续续与印祖发生了文字因缘。

因此，他决心恳请印祖把自己纳入弟子行列。如果此愿不遂，他决心焚指燃臂，以表示自己的赤诚。

就这样，他在这年“阿弥陀佛”的圣诞日，极早便自关中起身，以冷水盥洗以后，便在佛前上香，虔念一百声“南无本师释迦牟尼佛”，然后长跽、合掌，低声虔念：“我弟子弘一，今晨发愿，礼请当代印光大师为师，列弟子门墙，祈佛慈悲照我，满我微末的意愿。弟子当下以香燃臂，表白血诚，请佛悲悯！请大师慈光照覆！……”

祈念完了，便开始以事先准备好的“香炭”三粒，放在左手臂的内侧，以香火点燃，让透红的火在瘦削的臂上燃烧。这时，他心中只有一念，便是喃喃的“阿弥陀佛”声缭绕在关里。

臂香燃毕，之后，回房伏案，虔写“请列弟子门墙”函一封，寄给潜居普陀山的印光祖师。他这么写着：

印公师父慈鉴：

弟子自蒙受圣德熏陶，益感师恩无涯，久思请列弟子门墙，师均以缘未备而谦却，因此，弟子益形感觉福薄慧浅。师如慈悯弟子，谨以粪土之墙，朽木之器，跽待摄受。弟子于今晨已在佛前请求加被，想佛陀必当垂悯。谨候慈旨。

弟子弘一　顶礼

这封信去了之后，所得到的回音，竟是印光大师的再度谦谢。这位严厉刚直的大师说，他还没有福德做弘一法师的师父。首先，弘一座下便是乘愿再来的菩萨，做菩萨的师父，岂能草率承当？弘公看过那封信，心头不免冷了半截。然而，他确信印祖是灵峰蕅益大师以来的第一人。以他的品格而论，绝不会这样草率地挂上一个师父的名。同时，就这件事的意义，对弘公本身，则是一番考验、一种琢磨。这于他专注戒律的生活，是一个极美好的榜样。因为，这上一年，他同样碰了一次壁。

弥陀圣诞之后，一晃到了年底，他第三度泣血哀恳，并且几乎动了“刺血上书”的念头，决心在这次信上，取得印光大师的一句话！这封信意思是与前几次大同小异。但是，他的话，把心也呕出来了，任谁来看，也知道弘公恳请列入印光大师门墙的心情，是一桩庄严的事。最后终于获得印祖的“印可”！

得到印光大师默认为弟子之后，弘公在信中对一位居士说：“印光大师的圣德，不是平常人可以测度的。大师中正似莲池，善巧如云谷，专宏净土，密护诸宗……折摄皆具慈悲，语默无非教化，二百年来，第一人也！……”

他高兴极了。

也正由于印光大师的摄受，他的这一愿已满，因此念佛更加精进。不过，即使如此，每天仍有两个小时，为《比丘戒相表记》的编著而抄写。

在这个时候，庆福寺的住持寂山老人，因为弘公在关中潜修净土，有许多地方需要护持，便派一位年轻的侍者，专职侍候。

这位年轻的侍者，原是一个在家居士，在侍候弘公的岁月里，受到弘师一言一行的感染，不禁感动得五体投地，便暗里告诉弘公要削发出家，弘公便将侍者的意思转禀寂山老人。

老人说：“这位居士年轻，性情不定，将来是好是坏，还不能预料，如其向坏的方面发展，这罪过岂不太大？我看还是过些日子再看吧！……”

这番话传入弘公耳里，心里非常为这位小侍者难过，因为，人人都有一种禀赋；先天的倾向，正与先天的智慧一样，只要观察一番，便知道这个人将来究竟能铸成什么材料。而弘公对这位侍候他的年轻人，是深知的。从年轻人“护关”不久，便开始模仿他的生活，在偶尔的空闲，也临摹他的字！这正是一块可琢的璞玉。可是，这并不为寂山老人所知。

这是一九二四年（民国十三年）春天的事。

弘公对这件事，未能达到年轻人的愿望，心中耿耿不安，便叫那位年轻人请庆福寺护法周孟由、吴璧华两位到关房，自己破例出关，与他们道个明白，便一同去方丈室见寂山老人。

进了方丈室，大家把侍者立志出家的事，请求寂山老人再次慈悲，当老人还没有表示什么意思，弘公便伏身长跪，向老人说：

“恩师，请您老人家无论如何慈悲，让小居士出家吧！出家后，如有破戒违犯寺规的事，一方面由弟子负责，而周吴二居士也可保证。对这位年轻人，我知道的不少，出家后，我相信他至少不是一个庸俗的和尚！如果师父不能摄受印可，弟子又有何颜面回关呢？……”

这番话恳切地说来，是如此地严重，寂山老人一看弘公如此认真，不由得莞然笑了。

“好，请起来吧，弘师！我也不过如此担心而已，年轻人不可靠的总是占多数呀！”

因此，寂老想到弘公的一言一行，全是照经文写的圣言量做的，他与平常人不同的地方，便是欠缺他们的“善揣人意”。他对这种“人情世故”是丝毫不留意的。正如他自己所说——实在是一个“书呆子”。

那位侍者的出家问题，既然解决，年轻人欢喜固不必说，而弘公自然是了却一桩心事。

结果是——年轻人，请求弘公为他剃度。他是受他的感召而出家的。可是，这却没有得到弘公的同意，这，破坏了他持律修身的诺言——终身不为出家比丘剃度。

“我介绍一位有德行的法师为你剃度！”弘公说。

“啊？”侍者说，“还是请恩师别开一面，收留弟子！”

“不！不！”弘公说得很坚决，“我介绍这位法师，也等于我为你剃度一样。你知道不，我的师兄弘伞，他在杭州！你削了发再来护我的关，直到我完成《戒相表记》。”

“？……”侍者怔怔地看着庄严的弘一大师。

“没有错，就这么做！”

“是的，法师。”

“你的法名，现在便叫‘因弘’！”

“谢谢法师！”侍者伏地顶礼。

当这位年轻人剃度之后，法名是“因弘”，法号便是“白伞”，名号中各有“弘一”“弘伞”中的一个字。当弘公著成《戒相表记》之后，因弘法师便以临摹弘公的书体，为“表记”写题。

弘公闭关在庆福寺，为了钻研佛道，他拒绝了温州专员林鹍翔及其后任张宗祥的多次拜访。这些服官的人，对于弘一大师李叔同，都是慕名而来。

但是寂山老人，深恐得罪了地方首长，亲自到关房与弘公商谈接见，忽见弘公面目绯红，如燃夕晖，刹那间，又见弘公转而合掌急念“阿弥陀佛”圣号，两眼迸泪，战栗地说：“师父！弟子弃俗出家，为了生死大事，妻子已弃而不顾，何况世俗的应酬？请告诉他们，弟子抱病，不能见客……”寂山老人终于感动地离开关房。

事实上，弘公每逢家人来信，总是在封背批着“本人他去，原信退回”八个字。他不拆信，不看信，不做任何想象，一颗心，破釜沉舟，念佛、持戒、了生死！

进一步，为了参证念佛上的功夫，当六月间，取得印光大师的认可，便出关桴海，直航南海普陀山，上法雨寺，参见印光大师。

这两位大师相形之下，印祖是巍巍如远山，弘公则高标如白杨。

弘公见师后，顶礼三拜，印祖则默立昂然领受！然后便在寺中设一个云水床位，每天早上四点起，到印祖房中亲侍左右，体察一代祖师的生活。

印祖虽专弘净土，并不标榜弘律，可他也是“过午不食”，每天早、午两餐，每餐一大碗。早晨没有菜，中午“罗汉菜”！从早到夜，念佛不辍！那是一种世间最简陋的生活，印祖整天没有笑容，床头板上写一个“死”字，好像“死”在等着他，但似乎也为这而准备一切。印祖为自己料理生活上的一切，绝不要他人插手。

弘公亲侍这种生活整整七天，啊！他这才领悟到，一代师表，在平稳笃行的岁月中，不放过一秒时间，不浪费一寸空间，印祖的床在佛龛下面，一张旧凳子，一

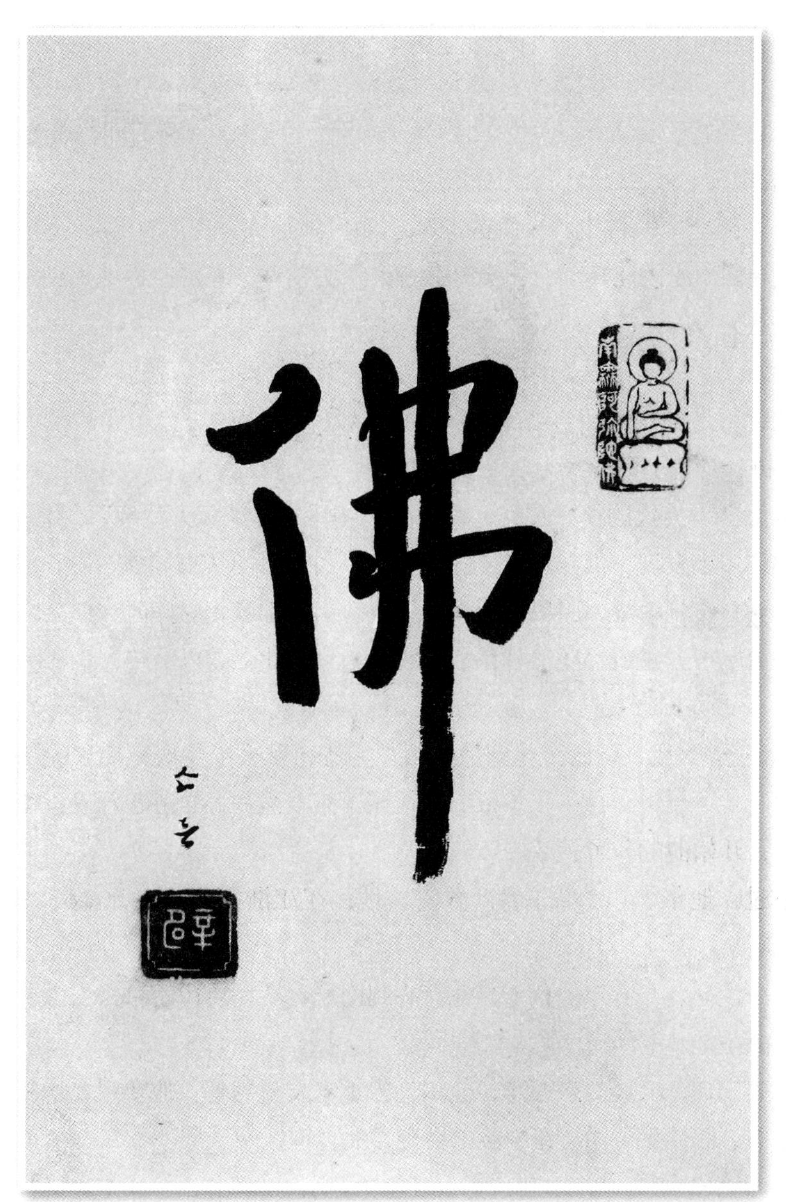

⊙弘一大师的书法。

张旧桌子。低床、旧被；与世间正常的生活比，无疑地落后若干世纪。

这便是真正的戒行，庄严的戒相；因为他的心中已没有物质观念，所以他的生活境界已成一片空灵明净。

印光大师实际没有精研戒律，但是，他是一个苦行僧；一代高僧绝对是严守戒律的。从释迦文佛以来，没有一位放浪形骸的菩萨应世！

弘公参礼印光大师之后，回到温州城下寮关中，到八月间，苦心创作四年的《比丘戒相表记》，终于在侍者因弘最后的襄助下，原稿精缮完毕！

这一部全本一百十四大页的原稿，如何地伟大、庄严？只有让学律的人去领会，让弃俗出家的比丘僧，去揣摩弘一大师的精诚、细密！而他那种示范后人的心胸，又是何等的无涯？

《表记》：一是根据《南山行事钞》疏解为“表”，二是采用“灵芝”“见月”大师的批注，三是弘一大师自己的“案语”，四是恭敬虔诚一分不苟的楷书，五是从头到尾“持、开”分明。

这部独步当代的律学创作，已被收入中国《普慧版大藏经》，当它被当时上海的穆藕初居士发现，供养了全部影印资金，由上海中华书局缩印一千部，分赠国内大丛林与日本佛学界，原稿则由穆氏保存。当这部表记付印时，弘公并为它留下遗言，郑重宣布：“衲身后不必建塔，做功德；只要此书得以流传，我愿已得！……”

《表记》写成，印制工作到数年后才完毕，弘公半生研究律学的功夫，对中国佛教界已足可传世。这一年冬依旧住在城下寮，当一九二五年开春，便出关拜别寂山老人，开始他的云游生活。

不过，他依然以“城下寮”做安居地，在江浙行脚，离开些时，再回来住些日子。

本来，一九二五年的秋天，他有心到南京看看，再由南京去安徽九华山，参地藏王菩萨圣地。

九月上旬，天还有点寒意，他事先告诉老友夏丏尊：他要到九华山朝圣，路上经过宁波，假使见见面，在宁波七塔寺，他也许挂两天单。

自决定后，他掮着一卷行李，由海道坐船，漂漂荡荡，到了宁波。下船后，天已黑尽，一个人孤独地走在街灯下，摇曳着纤长的身影。店面里的煤气灯光，偶尔

掠过他被海风吹黑的面孔，不由得显出几分憔悴、苍黧。

他计划中是到七塔寺挂单，可是摸索到这座佛寺之后，谁知云水堂客铺已满，知客僧爱莫能助的表情，只有使他另觅栖止处。

出了七塔寺山门，他脸上两道淡眉深深锁着，高阔的额角，轻微地叠着几条皱纹。肩上的行李卷儿，在夜风下，更显得凄寒，令人感觉一股凄凉的气息。他脚上的芒鞋是麻织带孔儿的，灰大袍儿令人嗅到寂寞、空旷的滋味。

他摸索几座小庙，也遭了闭门羹。最后终于穿过几条小巷，择一个肮脏的小客栈安顿下来。

“小二哥！”进了店门，弘公向茶房打个问讯，“还有客铺吗？”

一个十多岁的小茶房，透过煤气灯向门外一看，他几乎不能相信，来住宿的，竟是一个瘦兮兮、光着头的和尚。

“唔，有是有一个房间，只是地下湿一些，床是板床。师父要得吧？”

“好啊，好极了，阿弥陀佛！”

“那么我带你来。”

于是，店小二带他进了店门，转两个阴暗的墙角，找到一间没灯没火的小黑屋，把他塞进去。

“喏，这便是，师父。墙上有菜油灯，用水，厨房里有，方便啰！”

“好，好的。”弘公说。

说着，他摸到火柴，把灯点亮。

房间仅摆着一张床，还有半张小破桌，灯挂在墙上。几个蚊子嗡嗡地在脚底下钻来钻去。墙角里有一股冲鼻子的霉味。

弘公把行李卷儿往床上一放，轻飘飘地，打开绳结，里面现出一条旧棉被，被里儿由白色到灰色的过程，大约十多年。

他喘口气，搬过角落里破藤椅，两手端起，先向地下顿几顿，如果有臭虫什么的呢，坐上去少不得轧死。顿了之后，轻轻地坐了。

小客栈，原是没有帐子的，但不是说这里没有蚊虫。出乎人们的想象，已到深秋九月，蚊子却愈来愈多。

弘公晚上是不吃饭的。偏偏小茶房觉得欠缺什么，又踅来，笑嘻嘻地说：“和尚师父！你吃什么？”

“不，我没有吃晚餐的习惯。”笑呵呵的，声音在C调以下，低得比蚊虫高不了多少，但是极为清晰，而且使人了解他正在真诚地笑。之后，他轻轻地拍拍板床，先警告臭虫提前搬家，这才铺了行李，取了木屐，无声无息地摸到厨房，洗了脚，回来，便连衣歪在床上。这个当口，蚊虫成群地来了，弘公感觉有点什么刺痛，便用手向空中拂拂，扇扇。好像碰伤蚊虫，也要犯罪。也不知是否挥走那些小魔卒们，他便平静地睡了。

他一连住了两天小客栈——原因是七塔寺一直没空位子。这两天，他的生活被茶房明白了，原来他只吃早午两餐，而且每餐只用一道菜。这是一个穷困的和尚，小茶房总是这样看他。

“一个人，不做人，偏去剃头上庙！可能是这个人从小便是没爹没娘？”平凡人的心里总是这样猜想。

等到第三天，弘公告别了小客栈，临走，除了给店钱，还笑嘻嘻地递给小茶房一份零钱。

“呀！这？……”小茶房不由得怔了怔，愣愣地看着他眼里的和尚，“还看不出来哩？”他想。没有说什么，便恭敬地接下钱，向弘公卑下地笑笑，弯腰把弘公送出门。

弘公出了客栈，一路直奔七塔寺，结果，这座著名的佛寺到底有空了，可是被分配到云水堂上，空位是有，床位却不比客栈高明。铺位是两层楼的。他侥幸地弄了个下舱，同四五十个游方的和尚挤在一道，一同打坐，一同打鼾。

弘公在这里住下了。早晚跟着同道们一同拜佛、念经、扫地、擦床。第二天，他刚吃完稀如浊水的早粥，回到铺上，理理随身的书籍，一转眼，云水堂外，端端地站着一个穿长大褂儿的俗家人：橄榄形的面庞，文质彬彬地，两只眼透出浓重书卷气。这个人望他笑笑，拱拱手。

“丏尊！”大师看到老友到了，便微笑着拾起一张木凳走出来，两个人在走廊上坐下。

“到宁波几天咯？”丏尊问他。

“三天。”师说。

“一直住在这里？”

“噢，这里的人很挤，前两天住的是顺通客栈，昨天赶上这里的单。”

“那家客栈不怎么清爽吧？”丏尊带着愁苦的微笑，“那家客栈是有名的肮脏！”

“啊，还不坏。”弘公笑眯眯地说，“臭虫不怎么多，不过三两只。蚊虫过半夜便没有了。茶房倒非常客气哩！”

“那你真会忍受！”

“哪里哪里！”大师一口纯粹的北方官话。

“这儿好吗？”

“好，好极了。大铺呀，还是第一回睡呢，睡得可真美极了，就像睡在云端里一样。饭也好，菜也好。这里的常住待我们云游的沙门，可比自家人还亲近……”

“噢？”丏尊呆了一呆，然后凄凉地笑了。

丏尊到这儿来的目的，是有意要弘公到上虞白马湖畔他教书的地方过几天。上虞白马湖，由于“春晖中学”在那儿，丏尊到春晖教书，在那里他也盖了几间房子安了家。

他说：“弘公，走吧，到白马湖去！”

于是不容分说，便去收拾他的行李。

“呀！”走到大铺边，一看，弘公的行李卷儿，只是个灰色的小布包，便嚷道：“你的行李呢？”

“这不是，我自己来。”弘公说，“要你动手，不是闲了我吗？”

丏尊顺着弘公坐的地方一看，那行李一总是一条窄窄的褥子，又薄又旧；被子，已描写过了，灰白破旧，是没出家时盖的。包行李的东西，是一张破旧的蒲草席儿，别的，除下两本佛书，什么都没有。

弘公挟着行李，丏尊为他提着那个小布包，僧俗二人，同知客说一声，弘公又拜了佛，便跟着丏尊出了佛寺，在一座码头上，上了小船，第二天傍晚到白马湖滨一个小村上。

丏尊把弘公安顿在自己左邻不远的“春社”里。校长经子渊也是弘师的老友，他在春晖右首湖边有几间新屋。

到春社的客房里，弘公自己动手打开铺盖卷儿，但首先把那张破席子小心郑重地理平、铺好；再把两件灰色的罗汉衣卷成卷，当作枕头。以后，再拿出一条灰黑而破旧的手巾，到湖边洗脸。

“啊——水真美，这水真美！”

他一面捧水往脸上拂，一面赞美着。这一片明净的湖水，映着他清瘦的倒影。

丏尊是同他一起漫步到湖边，因为他们每逢聚首时，话总是像幽谷里的溪流，潺潺不断地没有完。

“这手巾太破了，太不成形了，我替你换一条怎么样？”丏尊忍不住了，只觉得李叔同出家以后，变得赤贫如洗。

“换一条？哪儿话！还好哩！”弘公把那条毛巾提起来一扬，“丑吗？这也还不算旧。”

“唉——”丏尊叹口气，“晚上，吃饭吗？”

“你记错了！”洗过脸，他们走在路上，弘公说：“你知道，我自出家以来，便是过午不食的。今年是七年了。”

“唔！”丏尊漫应一声。

于是，当第二天十点钟过后，瞅着学校里没事的当儿，丏尊便亲自从家里提着菜篮子，送一盆饭和两盆素菜去，让弘公吃着，他在一边陪他。

“——菜太多了。我说只要一样，你偏要弄两样来。”弘公叮咛着。

“素菜呀，又没有什么好的供养你！”

“这就好极了——”弘公夹着一块莱菔，那种欣喜的神情，把饭和着菜喜悦地划进口里，用筷子轻巧而郑重地捉住每一叶菜，每一粒米，一面欣赏，一面陆续地吃着，真令人怀疑，他吃的不是人间烟火，而是仙界琼浆。

丏尊陪在一旁，呆望着他吃，眼里噙着兴奋而感动的光。

第三天，又逢到经校长家供养了，他用四样菜来服侍老友弘公。经子渊校长也在桌上，他们一同吃。

这四样菜，无非是白菜、莱菔、豆腐、慈菇之类的东西。但是不幸，“百叶”烧莱菔太咸了，咸得令人麻到舌根。

“这盘菜太咸，太咸！”经校长嚷了起来。

“——咸，是咸了一些。咸，不过也有咸的滋味！”弘公赞美。

这便没话说了。弘公欢欢喜喜地把菜饭吃完，他对这两位老友说，第二天不必再劳师动众送饭来，他自己可以去吃。

“乞食，出家人是在行的。”他说。

“那么逢雨天呢，还是送吧！”丏尊插嘴。

“雨天，啊？雨天我还有木屐哩，不要紧！”嘿，他说到他的木屐，好像他有一双澳洲皮的皮鞋一样。

“每天走走路，天天三千步，也是一种很好的运动。”弘公接下去说。

“那我便无法反对了，弘公！”丏尊说，“在你，世间没有一样不好的东西。一切都好。肮脏的客栈好；七塔寺的通舱好；破碎的席子好；陈旧的手巾好；白菜好，萝卜好；咸死人的菜饭好；木屐好，跑路好……老天爷，什么都有味，什么都好！”

弘公听老友唠叨，他一方面感觉朋友如此深挚地关切着自己，不由得直直腰，

更显得瘦削而孤高了！

“——明天！”弘公说，“我们要分手了。我本来去九华山云游的，看来江浙起了战争，我的九华山也去不成，我看我还是回温州吧。”

“这便走吗？”丏尊说，“我看再住几天！”

弘公默默地考虑片刻。

“从民国元年起，我到浙江第一师范教书，到今天，刚好是十四个年头，这十四年，在刹那间消逝了。”弘公慨叹地说。

“一切有为法，如梦幻泡影；如露亦如电，应作如是观！”丏尊记起《金刚经》上偈子，轻轻地低念出声。

过了好几天，弘公在这里又为丏尊和学校里师生们写了不少佛经上的偈子。终于在一个夕照满湖的下午，乘船飘然而去。

望着那远去的孤帆远影，那便是民国初年的大音乐家李息霜啊，如今竟是一个云水孤僧。丏尊不禁回忆到他们在杭州贡院师范的旧时情景，一晃人事全非。再看这位削发为僧的老友李叔同，在白马湖畔小聚十天，老友这种以生活当艺术的空旷心地，是何等地令人倾服、感动！

但是，这种视大千世界如一幅画面的诗意生活方式，不是真正的艺术，是什么？只可惜，凡夫俗子，不能领略其中的况味。

前尘【贰壹】

弘一大师扬帆而去，留下落寞的丏尊，在湖边彷徨良久，怅然走上归途。

人生，是如此荒凉……

因为九华路断，弘公便在浙东云游了两三个月，可惜的是，这时是晚秋，美好的江南，已没有前人诗中“南朝四百八十寺，多少楼台烟雨中”的诗情画意。这首诗，正是形容江南佛寺多，山川秀；而这两句诗，又蕴藏着多么浓厚的画中景色！

等到大师行脚回到温州旧居城下寮关中，已到残冬。过了冬，到一九二六年春天，他有两个计划。第一：是去杭州玉泉寺，整理《华严疏钞》。第二：是江西庐山之行，参加“金光明会道场”(是密宗法会)，写经与世人结缘。

因此，开了春，便从温州乘船到杭州西湖招贤寺，会合他的同参老友弘伞法师。

这一向，弘公的身体似乎有异乎寻常的健康，精神也显得充沛。当他二月中旬到玉泉寺，便着手整理《华严疏钞》，这部前人的疏注，充满着佛学的无尽知识，但是由于它的复杂，所以也就显得繁乱、缺乏条理。由于前人写书，不分段，不标点，后人读起来，也就如入五里雾中。

于是弘公便对它加以厘订、修补、校点……也正因为这是佛门一部丰富的巨著，如果不整理，便会因为它的芜杂而埋没它的光辉，所以，他要把这部书的精神发掘出来。——这是千百年来佛学界第一个和尚做的修补知识的工作。

当他移居到这里，有两个多月，他的老朋友、学生们，又闻风而来了。

首先，是夏丏尊、丰子恺。接到他的信，他们同时从上海会齐，到杭州来，而丰子恺于六年前去日本后，一直没有和弘公见面。

他们获得弘一法师到杭州的消息，坐车到杭州已是万家灯火，满天星辰。

他们当晚便住到西湖边的一家小旅舍里，第二天早上七时，便坐着黄包车，到离湖不远的玉泉寺。当这两个人进了山门，穿过大殿，便看到一位身材高大的和尚出来。这位和尚的面容，仿佛八尺高的立身佛像，眼帘低垂，面容丰满，面容呈珠黄色，一脸慈悲的气氛。

"阿弥陀佛，夏居士！啊，丰居士！"原来他们是九年前，弘公出家时，便相识的。

"弘伞法师您好！"子恺说，"我们九年不见了！"

原来这位便是自号"招贤老人"的弘伞法师。

"请坐吧！——要看弘一法师吗?"

他们同时谦逊地说了声"是"。

"弘师在白天是闭门念佛、写经，只有送饭的人才能出入他的房间，下午五点以后见客……"

"哦?"子恺有点失望。

"那么我们五点在山门口会面吧，子恺!"丏尊说。

于是，他们便坐了片刻，与弘伞法师扯了些旧话，便搭车到杭州城里，在一家饭店吃饭以后，分途拜访他们的朋友。到下午五点钟，当那位年轻的后辈丰仁带着三个朋友赶到玉泉寺门前，弘一大师已与老友夏丏尊对坐在山门口的石凳上聊天了。

弘公一看薪传的弟子丰子恺到了，便立起身来，带着无限的欢欣，说："子恺!我们到客房里坐……"

弘公说着，便领着这两位生平得意的知己与学生，与几位来访者，走进寺门，进入一间摆设简单的客房，大家坐下，那一瞬间，寂寞无言，片刻以后，才由丏尊打破了沉寂。

"啊，法师！这几位都是子恺的朋友，要来看看您。"

弘公向这几位年轻人，浮起一片深意的微笑!

"这一位是杨先生，他有些学佛上的问题……"丏尊说。

"……"弘公依然是沉默地微笑。

于是那位杨先生便垂手起立，面对弘公说：

"法师！我的家庭，是传统信佛。我的幼年便随着祖母念菩萨名号，直到今天，依然使我对旧时堂上焚香礼佛的情景记忆鲜明。……”

这时，弘公轻举右手，示意他坐下谈。但是这位年轻人依然直立着。

“——法师，谁知到了今天，读了几天‘洋书’，吸收了一些新知识，忽然使我觉得幼年的举动非常可笑。虽然，近来因为某一种原因，又对佛学窥探了一部分，可是，我对‘念佛’这种行径，依然怀着一种疑问。其次，便是儒学与佛道，在本质上是否是‘对立的’？因为，凡是自称儒生的人，多数反佛。第三，佛教终于给人们蒙上一层迷蒙的烟雾，无法彻透看清它的面目。所有的经文、语言、行为，与人们的现实生活、知识，有一段距离，请法师指示一二。”他一口气说完，这才爽快地坐下。

这时，姓丰的后生，正在欣赏他老师绊着草鞋带儿的一双芒鞋与赤足。他觉得老师与九年前的形质又不同了。

弘公的神色是一种自然的安宁，眉目钟秀，眼睛不时环视室内其他的人。

“嗯——”弘公接下那位杨先生的话，“对学佛，你既然有过最初的概念，那么谈到你受的教育，反而使那一段信仰变质，这是‘知识上的障碍’，不足奇。人人都是如此。等你再从头研究，便会回到以前的态度——假使从前的态度是正确的！

“其次，‘念佛’是学习佛道的一种‘方法’，没有什么可怀疑的。念‘佛’是‘至善’之念的专一。意念专一，才能亲证智慧之境。”

“‘阿弥陀佛’，这是什么意思？”有人突然问。

“阿弥陀佛，便是阿弥陀佛；正如释迦牟尼，便是释迦牟尼一样。阿弥陀佛，那个‘阿弥陀’是无量光明、无限寿命的意思；‘佛’，是充分的觉悟，这不过是梵文中译。阿弥陀佛，是西方世界那位佛陀的尊号。”

“原来如此。”

“念这个‘阿弥陀佛’，便会成仙吗？”又有人问。

“念佛目的不是成仙，念佛目的是成‘佛’。”弘公说。

“您过午不食，肚子是否很饿？”有人问。

“习以为常，已经没有饿的感觉。”

“那么，法师！”有人指着客室墙上挂的一幅咒文，“这不是英文，也不是日文，这是什么，是符？”

“是梵文。佛经的原始文字，一种雅利安民族的语言符号。那是‘六字大明咒’。”

“学‘佛’应当怎么学呢？”又有人说。

“这便是刚才杨居士问题的一部分。

“初学佛道，最好是每天念佛的名字。开始不必求多、求长。半句钟，一句钟便好。但要专心，不要攀想他事。要练习专心念佛，自己可以暗中计算，以五句为一个单位，念满五句，心中告一段落，再拨念珠一粒，如此心不暇他顾，便可专心念佛了。

“初学者这步功夫最要紧。同时，念佛时，不妨省去‘南无’二字，略念‘阿弥陀佛’，可依钟的‘嘀嗒’，人的‘呼吸’的强弱、回声而念。一个节奏的四拍合‘阿弥陀佛’四个字，这样继续念下去，效果与五句单位念法是一样。”

“念到什么时候，便算有了功夫？”有人说。

“念到你耳里听着，好像你在听别人在你耳里念的一样，爽朗分明，绵亘不绝，便见了初步的功夫。”

“什么是‘佛’的阶段？”有人问。

“照初步功夫，向前无休息地念，那时候，你自己便会知道，在何时面临精神上峰回路转、柳暗花明的情境。

“——至于儒佛对立，这是人为的对立，不是理论的对立。那是一种‘唯我主义’作祟。大家都希望建立一个理性的世界，那如何会对立呢。除非是没有知识的人，才会伪造这两家矛盾。那些反佛的人，他们不会反那尊释迦牟尼像，而是反释迦经典占据了中国儒家的书库，这是真正的原因。

“最后，要说的，便是佛家外表上有一层雾，让人迷糊了。不错！佛教界也有些人不能把佛经的真理尽情表达。庙堂上，烟雾蒙蒙，中国历代相沿的经忏生活，使未入佛门者，对佛经的目的发生怀疑；另外是来自儒佛的相抵，造成起始的成见，使知识分子不能深入经藏，使和尚成为世间悲观、消极之人。……

“但是，严格地说来，对一位真正学者、一位真正的行者而言，这些障眼法是不足道的。所障碍他的不是别的东西，正是他本身的成见、误解与缺乏知识分子的深度。……”

由于杨君的疑问，引起了弘公这一段现身说法。

在谈话间，丰子恺也曾打岔问问他老师最近的生活情形，又说到弘公赠给他所主持的“立达学园”续藏经的事。

那部《卍字续藏经》，原是上海黄涵之居士赠送弘公的，因为弘公已有了一部，所以要把这一部转送别处，以法宏人。这件事，当上一年，由夏丏尊为立达学园向弘公请到了。可是，在这以前，另外也有两个人向他要过，但久久没有领去，因此，当大家围着他问道时，他便叫子恺写信给那二位，说明原委，谢绝他们。

这时，弘公便回到禅房里，拿出通信地址及信纸来，便坐到丰子恺这边来，告诉这个老学生，应该怎么写才合适。

如此这般地叮咛片刻，突然间，把做学生的丰子恺又拉回十年前耳提面命的情境。他此时，也只有唯唯诺诺地顺从师命，草了两封信稿。

信写好，“道”也说了个段落，殿外，微微的细雨飘进窗里，他们这才起身告别。

第二天，他们回到上海，不久之后，丏尊接到弘公一幅“南无阿弥陀佛”的长卷，下款并且注了题记。但在丰子恺的手里接到的信，则是这样写着：

“……音出月将去江西庐山参与‘金光明会道场’，愿手写经文三百叶，分送施主。经文须用朱书，旧有朱色，不敷应用，愿仁者集道侣数人，合赠英国水彩颜料Vermilion数瓶。欲数人合赠者，俾多人得布施之福德也。”

果然，子恺遵命，便与夏丏尊居士等七八个人，合买了八瓶Winsor & Newton制的水彩颜色，又附十张宣纸，当天寄到杭州，附上一封信。

信上写道：

“师赴庐山，必然道经上海，请预示动身日期，以便赴车站迎候。”

可是，他得到的回音是：“上海恐不逗留，秋后归来再晤……”

这一晃，暑假又快到了，子恺也曾回到石门老家，把当年弘公遗赠他的一大包照片带到上海，给他“立达学园”的同事、学生们欣赏！

这一干人，看到这许多张光怪陆离的照片，那是大师青年时代留学日本时期拍摄的。

居然有人说：“吓，像这样一个花花公子，将来定要还俗！”

又有人说：“他有那么高的本领，一个月准赚二百块银元，不做和尚岂不更好？”

“他为什么做和尚啊？”那些年轻的学生们感慨地说。

他们不了解弘公，子恺只有淡淡地一笑。

不久，有一天早晨，子恺正在家里与一位姓吴的朋友，坐在椅子上翻着“李叔同先生”的照片，吃着牛奶，忽然有一个学生从外面跑上楼来，嚷道：“丰先生！门外有两个和尚找你，一个——很像照片上见过的李叔同先生！”

“啊？哦？那好——”

丰子恺便慌忙把脚插进鞋子里，跑下楼一看：“哦，原来真是法师！”

来者，正是弘一、弘伞两位方外人。

子恺把两位法师引上楼给朋友介绍，这才问起，原来弘公是两天前已到上海，住在大南门灵山寺，等江西来信再决定动身的日子。

“子恺!”等大家坐定之后，弘一大师起身走近主人的身旁，低声说:“我们今天要在这里吃午饭，不必多备菜，请早一点。”

“是的，法师。”于是做学生的便急忙走出来，差妻唤儿，买汽水买菜，并限定十一点把饭开上来。

弘公过午不食，是大家知道的。

这时，邻近的朋友们，姓李的，姓吴的，姓丁的，听说丰子恺出了家的老师李叔同翩然而来，他们便一个个聚到丰家，看看“李叔同”究竟是什么样儿。

连丰子恺在这一天也没有想到，那些五光十色照片上的“主人翁”，会坐到这间小楼上来，在兴奋的当儿，他便捧出弘公出家前那一大包照片，送到大师的面前。

“法师！这都是您过去的照片呢!”

“哦。……”弘公接下照片，脸上溢出一种灵明而洁净的笑容，一张一张，把照片翻开，像欣赏世间景物般地，把每张照片的故事告诉人们。

——这一张是在日本上野演饰“爱弥丽夫人”的剧装。

——这一张是上海南洋公学时代扮演“白水滩”十三郎的扮相。

——这一张穿古装的，是出家前断食之后照的。

…………

其中吴先生是研究油画的，刚好遇到这位中国艺术界的先辈，便拿出些油画来，与弘公讨论抽象派、印象派、浪漫派、野兽派的趋势。而弘公也突然随顺当时浓厚的友情气氛，说出自己的意见。

饭吃完后，还没到十二点，在寂寞的午后，二僧二俗，浸沉在客厅从窗外射进来的阳光里。

这时，子恺突然说:“法师，您的故居，这多年来可曾去过?”

“哦——没出家之前，曾去过一次，那时这间小屋已换了主人，墙上的黄漆涂为黑漆，如今出家已快八年了，恐怕已经景物全非；不过，听说那边新近建了一个道场，叫作‘超尘精舍’。”弘公怆然地说，“唉——那时候，我真有无穷的感触……几时我可以陪你们去看看，人间处处都见辛酸……”

这几位僧俗，谈到下午四点，便由子恺引导，去参观“立达学园”，又看了弘公所赠的《续藏经》。到五点钟，弘一、弘伞二师，与丰子恺分手，回到灵山寺，同时约定第二天早晨，同去南门，看弘公昔日“旧居”。

第二天九点，丰子恺与另外两位朋友到了灵山寺，见了弘公，这时弘公说：“江西的信已到了，我们今天晚上就要上船，弘伞法师已去买船票。我们这就走吧！”

说着，他便换了芒鞋，左手挟了一个灰色的小包，右手拿了一顶破旧的伞，大家便动身到“城南草堂”去。

只要走到每一个巷口、弄堂，弘公便说，这里是他当年行过千百次的旧道。

“——这是一条通过我家门前的小溪，上海人俗称为‘滨’的流水；呶，那小溪上正横卧着一道石鼓形的小桥，是我走过千百次的。

“哦，只是那棵老槐树，已不见了踪迹。”

当这一行人快走上草堂的正面石板道时，“超尘精舍”四个金字赫然出现在人们眼前。弘公面对昔日旧居的草堂，真想不到突然变为自己未曾见过面的佛教精舍。

虽然屋宇是依旧，而形式已变，从大门外，看到旧居母亲所住的那间楼房，已供着佛像，有一位老僧正在那里木鱼声笃笃，低诵经文。

他们走进“精舍”，大师便怆然倒身拜在佛前，顶礼、俯伏半晌，才凄凉地站起来，面对佛像注视良久。

这时没有一个人说话，只有弘公凄楚的面容，对着慈悯的佛像，小佛殿上充满一种肃穆冷漠的寒瑟。

两串汩汩的泪痕，从弘公的眼角垂下来。

当年故交许幻园，已不知去向。

这时，那位出家人停了木鱼声，从楼上走下来说：“各位请坐呀！”他操着一口宁波土音。

“谢谢！”弘公说，“这里我二十年前住过。这间佛殿，当年是我的客堂，左厢是我的书屋，我母亲住在楼上……哦，主人呢？许幻园先生！……”

那位和尚打量一下弘一大师：“你也住过这里？”

“那是二十年前了，我与我的家人……”

“噢？”那和尚睁着眼，愣了片刻。“许先生把这里卖给我们，改成佛殿，他自己已迁到隔邻赁屋住了。便是那边。……”

“能否请师兄引导我们去看看？”

"好的!"

于是，便由精舍的僧人引导他们到弄内另一间砖屋里，看到一位半百以上的老人，正伏案疾书。

"呀，这位不是许幻园兄吗?"弘公怆然地说。

可是，那个老人没有反应。

"他有点耳聋。"出家人说。

这时弘公大声些，再叫一声："幻园兄！"这才得到这位耳已聋、发已半白，昔年上海文坛盟主的注意。他搁下笔，伛偻着身子，两手支撑在桌上，透过铜边眼镜，细细端详着来访他的这位清瘦的和尚。

好久，才迸出："瘦！瘦桐！你是瘦桐?"当他认清了弘公，于是急走过来，抓住大师的双手，摇撼着，"瘦桐！你出家？你出家了？……"

然后，是一阵破空的悲怆笑声："你出家了，瘦桐！……"

"我们是做梦呀，幻园！这是一个梦！"弘公握着许幻园的手，"小香呢?幻园!"

"小香早已不在人世了，你多年来还好?"

"人生无常，谈不到好！你府上的人呢?"

"唉，不是老了，便是出外求生去了，我这儿现在，还在笔耕哪，依人作嫁，换升斗之食……"此时大家都陷入沉默中，只听到大师与许幻园互称珍重，一行然后出了"城南草堂"这条小巷。弘公与他们到附近的丛林"海潮寺"，拜了佛，参观一周，然后到城隍庙素斋馆吃饭。

饭后，弘公便谈到世界佛教居士林的尤惜阴居士。

"子恺！"弘公说，"尤居士真是菩萨乘愿再来，他半生为社会、为佛教牺牲了一切的时间与空间的享受，去做一个淡泊勤苦的佛教行者，真是了不起!"

"是的，法师！尤惜阴居士我久已闻名，他在上海做过极多慈善事业，是一位知名的闻人——那么，法师下午没事，便带我们看看尤居士好吗?"

"好的。"弘公说。

离开城隍庙，他们便直奔居士林，在丰子恺来说，这是第一次来。

他眼中的居士林，是新建的四层楼大厦，装潢得璀璨夺目。居士林的第一层，是可以容纳五百人以上的佛堂。佛堂里，摆着许多拜垫和座椅；顶上的日光灯、电扇，堂上的佛像，堂内壁上的装饰，都极其美观。这时有许多男女居士都在那里拜忏念佛。

他们问明白尤居士住在三楼，便直上三楼去。

每层楼都寂静无声，每层楼的壁上都挂着“缓步低声”的牌子，看来令人更觉得严肃、宁静。三楼以上，全是房间。弘公从一个窗口看到了尤居士，于是伸出细长的手指，笃笃地轻叩了几下门，便有一位五十多岁的老人开门出来，见到面前站着弘一大师，便伏身顶礼。弘公略略退半步，站在那里，浅浅地合掌答礼。直到尤居士起来，把大师央请到屋里去。这种顶礼的虔诚与谦虚，使丰子恺呆了片刻，才恢复了知觉。

尤居士的态度、表情、衣着，以及房间里的一切，都是一致的——简单、洁净；几乎与弘一大师相去不远。这使成名的画家兼作家憬然有悟，原来最生动的佛教，还在这里。这便是佛教最有力的示范。

形式的堂皇与实质的刻苦，这是现代佛教的一体两面。他看到尤惜阴，与他自己的老师弘一大师，才觉察他们动员那么多的物力与精神力量完成的辉煌建筑，原是对待世俗的方便！

当下，弘公便为尤居士介绍了子恺这几个人，并为“立达学园”请尤居士讲演。

然后，是参观舍利。舍利子，放在一座玲珑的金色小塔内，塔的每一个角，悬着许多小电灯，最上层，有一个水晶似的球体，球体内，供着一粒舍利。

——这种景象，并没有引起这三位在家人的情感，他们不知道舍利是一种矿物还是植物，仅仅在知识上告诉他们，这种东西像珍珠、玛瑙一样。

舍利子，是戒、定、慧所熏修而成，这更是世俗所不了解的。

当子恺他们走后，弘公重回居士林，受一位姓庞的居士启请，在上船之前，向居士林的道友们讲一次“在家律要”。

师对在家人最重要的持律要点，开示说：

“第一，初发心学佛的人，既受三皈，便应续受五戒。

“第二，五戒无法全受，可先受四戒、三戒或二戒、一戒。

“第三，在家居士既闻佛法，便要严格检点，不可犯戒。可是在社会上工作，杀生、邪淫、妄语、饮酒四戒，或能坚固自持，但盗戒，极为难持。

“依理，在法定的或意理的、习惯的原则上，自己分内的与别人的、公有的、国家所有的财物，应该在观念上弄清。——比如信中放钞票，以函件当印刷物交寄，在法理上不许可，做了便是犯戒。凡是心灵上取巧的痕迹，都结盗罪，不可不加注意。

“因为，居士应该严净心灵，犹如明镜，勤加拭擦，微至一草一木，片纸寸线，

应待许可而后用，以庄严自己的心迹。

“结论：持戒，是一种拭拂心灵的庄严行为，正是圣贤路上的工作，五戒能不犯，受百十戒，才能如意持执。

“佛说‘以戒为师’。这是今天社会，我们应该尊为金科玉律的。

“因为，我们如果蔑视戒律的尊严，则全部佛经与一个行者的全部行持，便形同废纸，这是何等重要啊！”

弘公说法之后，便回灵山寺，稍事整理，与弘伞法师，登船越海，上溯长江，直达九江，然后由九江换车，直上匡庐。

这年农历七月上旬，弘公到了庐山，挂单大林寺；八月十九日移单牯岭五老峰后的青莲寺，在参加“金光明会”的余暇，念佛、研律，并写下他生平最精致的《华严经十回向品初回向章》。这是中国近代写经史上最精美的杰作。

注：尤惜阴于一九〇五年与弘公在上海文坛建交，后又同门，皈依虎跑了悟上人，法名弘实。

龙象【贰贰】

弘一大师不仅在牯岭青莲寺完成他自己生平写经的精品《华严经十回向品初回向章》，同时又写成了流传到若干年后的《地藏菩萨本愿经见闻利益品》。

他完成《华严经十回向品初回向章》，一经影印之后（由上海开明书局影印，他的写经及著作大半由开明书局印行，这是由于丏尊的关系），同时代的太虚大师便说："弘一律师这部经，饶富道气，含蓄敦厚，上比《黄庭》，为近百年来僧人写经的杰作！"

而弘公本人，后来也说："……迩来目力大衰，近书《华严集联》，体兼行楷，未能工整，昔为仁者（此指蔡丏因居士）所书《华严初回向章》，应是此生最精工之作，其后无能为矣……"

不过，他以后写的经，依然是若干年后佛学行人所无法比拟的。

弘公每当写到经卷的尾部，落款时，都注了写经的时间、地点、写经人名氏。

像《地藏菩萨本愿经见闻利益品》，便是落下"岁次析木（即丙寅）江州匡山寺沙门月臂书"。

活在二十世纪末期的人，如看到大师手写经卷的影印本，一定发现卷末所写的款格，都不一样，落的名号也不一样。其原因有二：一是因他怕虚名的困扰，所以，他的别名、别号，也多得到二百多个；第二，他住的寺多，事实上，他没有固定住在哪个寺里，他过的是一种合乎佛律的"云水生活"，到一个地方，便落一个地方的名字。何况他的身外物也不多，除了一肩破行李和随身的经卷，便是赤脚芒鞋，挂单到哪里，哪里便是他的寺院。

即使那些珍贵的经卷，一旦离此而他去，他也把这些典籍供养给常住，等他到第二个地方，再重新整理，身外之物，生不带来，死不带去。

他出家后漂泊九年，从没有把哪个寺院当作他的财产，当作他的命本；即使在温州城下寮，也只是“客乡”，暂住静修而已，一旦离开，此缘便了。

到另一个寺，又是他的安身立命之处了。这正是“处处无家处处家”的态度，从未挂心于死后没有哀荣，生前没有场面。

一个出了家的人，一旦为家忙，释迦佛能说什么呢？弘公似乎注定他流浪式的命运，他在牯岭几个大寺里，都参些日子，在残冬酷寒以前，便再度回到杭州；这一次回杭州来，不是住在西湖招贤寺了，而是住在一个从没有住过的杭州清波门外城隍山常寂光寺。一到那里，便是“闭关”。这“闭关”呢，在实质上，也与一般比丘的关期不同，弘公闭关，只等于严律自己刻苦追求佛道而已。只要有缘迁单他处，他便随缘而去，并不因关期的限制，流作以寺为家。

照道理，他住到招贤寺不是更好吗？那里是他的老友弘伞法师的寺。但是他不，他是一个云游的沙门，但又不同于一般云游的沙门。他处处闭关，但又不同于一般人的闭关；他有一种自己的学佛原则，使他形成一个性格突出、与众不同的典型比丘，使他成为每个在家居士、出家比丘所崇敬与参学的榜样。便因这样，使僧界在那一度时间内，发生了心理上的清凉作用，使比丘的凡夫情境，顿时放下许多。即使一千年后，有人读到他的传记，研究过他的事迹，也会使“懦夫立、贪夫廉”；在比丘而言，更待何说？

弘一与弘伞两位法师，联袂回到杭州，这时刚逢革命军北上，中国国民党内部存在着相对的势力，“清党”的行动在若有若无间酝酿。也正为“革命”这两个新鲜字，曾使中国人获得自由，年轻人获得理想。在北方，“基督将军”冯玉祥见庙便拆，见佛像便毁；国民党内激烈分子，见和尚便要勒令还俗，见到寺庙，要改做学校、工厂，见了有香火的地方便说是迷信，也从这时开端。

这正如“自由、自由！有许多罪恶，都假汝之名以行”一样，“革命”被廉价地利用，这两个字变成双锋的利刃，一面铲除罪恶，一面错斫真理。

于是，在不明原委之下，“消灭佛教”的议论，在江浙两地嚣张起来。

这时候，灭佛教、驱僧尼、办学堂的高论，一旦从知识分子的嘴里吐出来，从官府的衙门里发出布告，可糟了，使沪杭两地的佛教界，突然像着了火一样紧张起来，这关乎佛徒全体的命运，如果一旦由当权者干下来，少不得“三武一宗”的灾难重演。因此，在上海、南京一带，已有印光、圆瑛几位著名高僧与政府间交涉，呼吁奔走。

当今天，法律上已把“宗教自由”的字样标明，要知道那个时代连“自由”真正的定义，人们还蒙蔽着。在目前看来，那个小风潮，有什么了不起？可是在那个时代，佛教的菩萨们，谁都有摇摇欲坠的危机，势如“山雨欲来”；随着“革命”的风潮，在大江南北，处处的寺宇，已有地方的土豪劣绅官僚，把佛菩萨搬家，硬改成洋学堂、看守所。像印光、圆瑛、太虚、弘一这些当代的龙象，还能忍心坐视？

在浙江方面，能面向“革命的知识分子”说话的，怕也只有弘一大师——李叔同先生了。

对世间一切的应酬、来往，弘公视之如野火烧身，避之犹怕不及，但对这把野火要烧及佛头的把戏，便挺身出头了。在高级知识分子群里，他的朋友多，学生多。主张对和尚们大施冤狱的，其中也有那一班的朋辈。

他在残冬前闭关于常寂光寺，本是继续他的苦行生涯，可是不到三个月，关外的世界，已乱成一团，便顾不得掩关的自我规律，在一九二七年（丁卯）二月底一天，首先在关中把分写各方面的信写好，交给浙师老友堵申甫居士，要他转发，并且在第二天出关，然后再开出一张会客的名单，请他们到寺里来，就“灭佛逐僧”问题，有所商谈。

——从这一问题的普遍性看来，毁灭佛教的计划，当然不是局限于浙江一省。

弘公所邀请的人物，主要的是地方党内重要负责人宣中华这一辈青年。

在发给教育当局人物的信里，也竟有当代国学大师蔡元培，以及省教育界的官员——他的老朋友经子渊、马夷初、朱少卿。这些知识分子，所指定要灭的目标，自然不是他的朋友——弘一大师李叔同。他要毁的、灭的，据说是形同废物的迷信寺庙和整天不事生产敲敲打打的和尚，这些人形同中国的“吉卜赛”，当然比“犹太人”还是不如的。这种号召，没有考虑到宗教自由的问题、中国文化问题、人类心灵问题，至于“基本人权”则更没人管他的了。这些“人权、信仰”，自然是后来人们的事。那时候的人，不管是谁，都有权辱僧骂尼。

和尚在中国人当中自然是“少数派”。何况他们实在软弱得没有资格成一个派。除了托托人，哀告哀告，抗议、请愿在当时是行不通的，否则杀头、毁寺更快。

问题严重到如此，才逼得弘一大师出关，才一股脑儿插身于社会。

他在致当时教育界首要——他的师友们的信中写道：

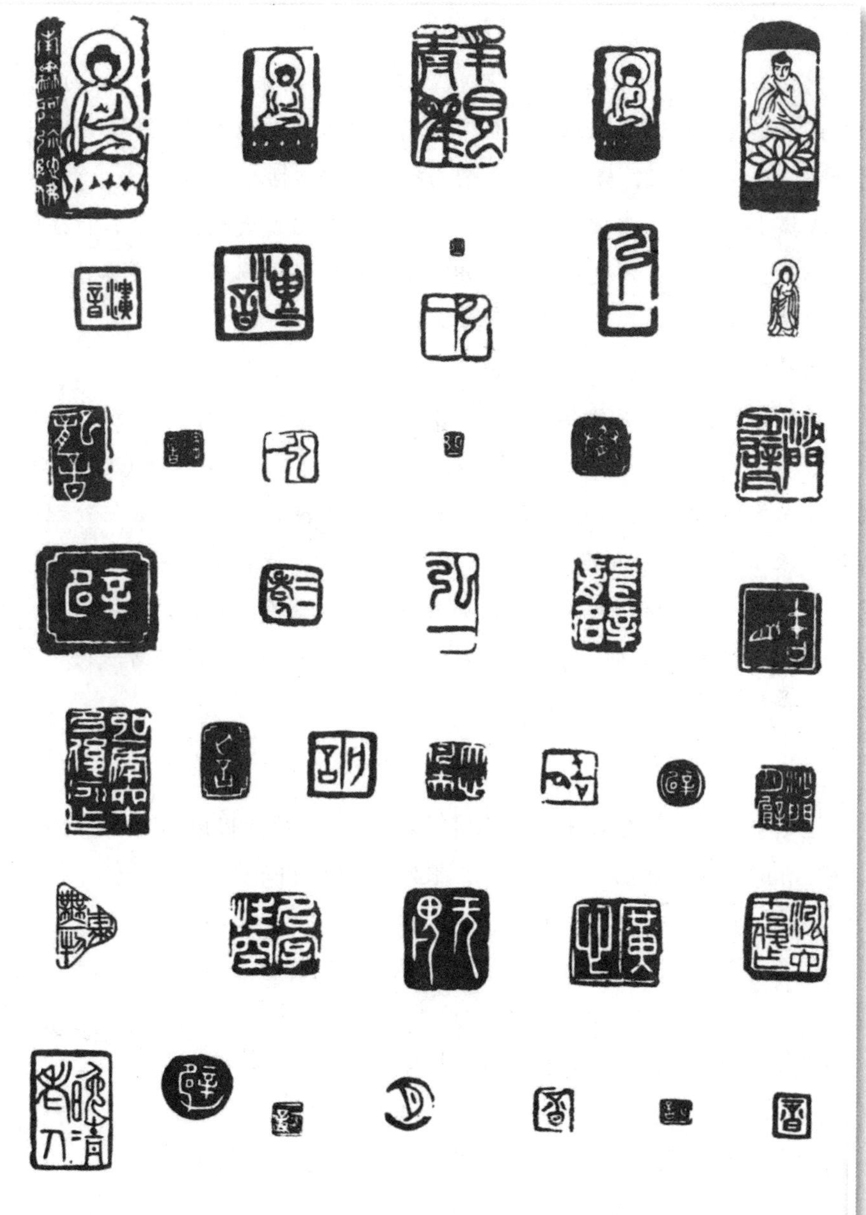

⊙弘一大师的印。

子民吾师、子渊、夷初、少卿诸居士道席：

昨有朋友来敝处，欣闻仁者已到杭州，从教育方面建设中国，至为感佩。又闻子师在青年会发表演说，对于出家人的行径，有不能满意处（是个人印象上的不满意）。

但仁者诸君对出家人情形，恐怕还不明白，将来整顿之时，或可能有欠考虑，而铸成大错。因此，敝人想请各位另请僧众二人为整理委员，专责改革佛教，凡一切计划、办法、方案，皆与诸位商酌而行，比较妥帖。

我提出的这两位整理委员人选，愿推荐当代名僧太虚、弘伞二位法师担任，这二人都是英年有为，有见识，有思想；而且他们还出国到日本考察过，久有改革僧制的理想，因此这两人任委员，也最为适当。

至于将来实施步骤，统通请诸位与他俩协调。

对服务社会的一派僧侣（指创办各种社会事业机构者，如学校、医院、孤儿院等等），应该如何提倡、鼓励？对山林修道的一派，应怎样保护（这一派指专事修持的僧众而言）？对既不服务社会，又不能办道修持的僧众，应如何处理？对于“应酬的一派”（赶经忏的和尚），又该如何办理？对于受戒的资格，应如何严格限制？这很多问题，都请诸位详为商酌，妥帖办理，以企佛门兴盛，佛法昌明，则功不唐捐了。这一办法由浙江一省开始实施，然后遍及全国，谨陈愚者一得之见，请惠赐接纳……

弘一　三月十一日

这是弘公对当局整顿佛教的原则性意见。要照他们的办法，如激烈派，便是干脆命令和尚、尼姑还俗，男婚女嫁，最好是一个和尚配上一个尼姑，把寺庙改成学校、监狱、工厂。……天下便太平大吉！

在寺里举行“卫道协商会”之前，弘公已写好许多张“经语铭言”及“护持佛法的功德”，劝年轻人息心想一想，熄灭一时的冲动。

当应邀的客人们陆续来时，便由堵申甫居士每人分赠一幅。

这些冲动、热血的动物们，第一嗜好是“爱国”，不爱国无以成名；第二嗜好则是“爱名”，不爱名则不会发疯。但同时他们也崇拜已经成名的人物。

李叔同是成名人物之一，何能例外？他虽当了和尚，这个和尚同别的和尚，自然是泾渭分明。何况他的字是天下出名的，他的朋友，都有响亮的招牌。

能弄一张李叔同的字，挂在屋里，风雅一番，也能帮助自己成名。

当每一幅墨迹鲜活的条幅，送到他们的手上，他们肚里已经心花微绽了。

待来人坐定，还有些人负约未到的，也不再等了，这时墨迹已分发完了，刚好是人手一幅，是偶合也是心感。在这座寺院的会客室里，一场低沉、安静的辩论，于焉开始。

从当时情况中看，那些人已把大师手写的字看过，那些纸上究竟写什么东西，后人无法知道。那似乎像每人受下了一个锦囊，等到打开一看，个个在春寒中，热气从毛孔中上升，脸上也充血蘸红，好像他的祖先当中的一个做了亏心事，没来以前那股冲动不知弄到哪儿去了！

那是春天的上午十点多钟，十多个党方及主政的人物，都是年轻人——不像如今，这么多老气横秋的遍衙门乱跑——被招待坐在客厅的一周，弘公以清茶招待他们，然后带着悲戚的心情，从关房里走出来，一露面，便看到这些人物中，有几个是他在浙江师范时的学生，这时他们已经成了人物发号施令哩！

弘公看看那些人物，有几个都是他的后辈，冲劲是有，可是向墙上冲，岂不头破血流？

这位向来谦逊得连见蚊虫也要让座的弘一法师，对这些人居然收回了他那种淡泊谦和的一脸笑意，而换上一股严霜般卫道者的森肃。

他就了座位，首先向大家示意，然后缓慢地坐下来。

大家寂然无声，有的手中还捏着那张纸条，瞪着发直的眼，心里胡思乱想。有的则感觉抱歉之至，等听李叔同先生的高论。

"——各位先生！……"弘一大师带着苍凉的声调，向在座的人物致辞了。

"今天，我以个人的名义请各位先生到这里来，事情是诸位知道的。这件事，说起来是关乎中国荣辱问题的，和尚容或游手好闲，一无所事，不守清规；从现象看，这本是该杀的，庙也是该毁的；不过，现象的背后，却也并非如此简单，请各位曲谅，假如和尚们该杀，庙也该毁，则读书人也有该杀的，夫子庙也有该毁的；何况道士、女巫、城隍、土地？

"诸位都是国家的栋梁，视触的范围也比乞食的和尚大得多，所谓高瞻远瞩，站在一个县长的位上，一定关怀全县人民的生死辱荣；一个省长，也必定关怀他那一省人的甘苦祸福；如果身为当国大政的人，全中国的老百姓能不能活得平安，活得自在，也在乎主政者的作为了。

"不过，我们说的，也许太抽象，问题是和尚是一个人，不犯罪，便不该强迫他做什么。寺院，是佛教徒的公有产权，佛教在中国流传两千年，还没有谁凭一把

不為自己求安樂
但願眾生得離苦

大方廣佛華嚴經句

⊙弘一大师的书法。

铲子，把它铲掉。可见，它并不是洪水猛兽；因为它要真的如同李闯王、张献忠，当然等不到现在。何况佛经也是中国人的文化遗产，由我们祖先流传下来的。要烧佛经，也不必轮到民国时代的人们。清朝以前，最懦弱的皇帝都有权灭佛教的门，然而，他们都没有那样做。

“现在西洋人讲‘人权’了，和尚无论如何与别人一样，和尚既不犯罪，又同是中国人，既不是汉奸，何必杀他的头(迫他还俗也等于杀他的头)，封他的庙(封庙等于剥他的衣服)，把他们不当人呢？

“中国人活得本够可怜了，各位又是满怀拯救中国人的心愿的人，和尚既作为中国人，何妨救救他们？他们也曾被古代的皇帝尊崇过，何况有些皇帝自己还做和尚呢。

“现在的政府中人们，领导着一个新的三民主义的政体，当然更要开通得多。各位都是读过洋装书的，学问都渊博，比和尚不知高深了多少倍，为了生存的缘故，让他们选择自己的生存方式吧！

“像洋教的神父、修女、牧师们；像道家的庙祝、祭师、女巫们；像儒家的游手好闲的秀才们，和尚与他们相比，几乎也竟不差什么。——其实呀，中国的行尸走肉，不知比这多多少倍，要说这些都是无用的人，寺庙是浪费了中国有用的财产土地；但中国人浪费的——真不知比和尚庙要多浪费多少倍。阿弥陀佛，这本账是无法清算的，从古至今，和尚浪费中国人的钱财不能再少了，然而，他们在善行上，却献出得更多。”

“呃，”弘公心平气和地，可是他一脸悲壮、痛楚，望望他身旁坐的一位青年——他是党部的一位要员，做过李叔同先生的学生，“宣先生！和尚是无辜的，你是知道的。无论如何，和尚不像北方的军阀，割据地盘，剥削百姓，什么都来。挨杀的人，怎么也轮不到和尚第一；财产充公，也轮不到和尚慷慨输将。请先生同情也是中国人的和尚，他脱了一身袈裟，同任何人没有两样，难道穿上袈裟，便会使中国陆沉？假使和尚真有那么大的法力，谁要杀他，占他的寺产，他倒不在乎了。”

弘公说话，低沉而有力，和缓而婉转。

他知道坐在他身旁的宣某，是毁庙害僧的重要分子，因此，把话多灌一点给这位青年的耳膜。

“各位先生：救人一命，胜造浮屠七级。如照佛经上说，诸位能维护一下佛法，让佛法能传下去，这功德可就大了。大到什么样，没人能用数字可以计算，印度人通常用‘恒河沙数’来比喻功德的浩大与罪恶的深广，我只能说，维护佛法，功德如恒河沙世界之大、之广；如毁灭佛法，则罪恶也如恒河沙数世界之浩瀚，永难回赎。

“虽然，维护佛法与毁灭佛法的功罪，容或当时没有亲证，你不相信它可以，但是历史便是承认，凡是毁灭佛法的暴君——古时只有权力才可以灭门九族——没一个能活上十年。实质上，毁灭一种宗教，等于毁灭人类中一部分人的崇高灵性。在这儿，为中国人的德性与文化的光辉，请在座诸位接受我的诚意！……”

然后，弘公沉默下来。

这使在座的许多青年干部们受不了，因为讲话者，正是他们当年授业的老师李叔同先生。他们觉得浑身沁汗，满脸惭红。一个个都站起来，嚅嚅嗫嗫地说些不着边际的废话，他们对毁寺逐僧之议，完全风马牛不相关。

在全部谈话过程中，弘一大师的话占去些时间，而参加商谈的“辟佛论”者，是理拙气馁，也就没什么可说的了。会散了，弘公把他们送出门外。

半年之后，那位“辟佛论”主角被杀。然而“倒佛教”的运动，大火已经被几位高僧制止，可是暗流仍旧时时激荡，这一直延续到抗日战争开始。

“灭佛论”在一个月后稍稍沉默，弘公便准备再度入关，不过这次却移锡在本来寺。

在这里，他与弘伞法师，论过“八十华严”的读法，但由于身心受了煎熬，肺病在他的胸腔中，已时时蠢动。

虽然那种体力上的衰落，使他感觉形同八十老翁，但精神上，他依然是不达三昧，誓不终止。

在信里，他告诉弘伞法师说：“……音近来备受身心两病的煎熬，但道念却因之增进，佛说‘八苦为八师’，实在是苦口良言。因此，我准备再度闭关用功，谢绝一切外缘，以后如有道友询问音之近况，请以‘虽生如死’四字相告，不再通信晤面。音近几年致力于《华严疏钞》。……如能精研此书，于各宗深义便可通达。仁者有暇，请细阅一番。……丁卯四月二十八日。”

这以后，便是“以生当死”，潜居关内念佛、写经、研律，精神仍放在念佛三昧上。

直到七月上旬，国民党元老李石曾到西湖三访不遇。

李石曾一访于玉泉寺，再访于招贤寺，三访于常寂光寺。不遇原因，因为弘公

说过他是“以生当死”，谢绝外缘，下死功夫念佛。

但李石曾得弘伞法师陪同，终于在本来寺—— 一个小型的寺院里，见到了“李叔同先生”。他们两人年龄不相上下，见面之后，有一番平静的欢谈。因为李石曾虽不信佛，却信仰“素食”。因此，弘公便赠送他许多佛经。

到这一年的深秋，弘公因为印光大师驻锡上海之故，便出关去上海请益，并写信告知他的挚友夏丏尊、他的弟子丰子恺。谁知弘公还未到上海，消息已由他们两人口中传遍上海文坛，于是要看弘一大师的人也纷纷与夏、丰两人约定。

弘公这次准备住在江湾丰子恺家中，因此与弘伞法师到上海下车之后，便由丰子恺到车站接回家。

同时与夏、丰两位约好要看李叔同先生的人，则有哲学家李石岑，作家叶绍钧、周予同，日本出版家内山完造……

他们在一个巧妙的际会里，准备着满腔渴望，去看方外奇人——弘一大师。

叶绍钧(圣陶)先生，则单独由家中出来，向他的学校路上漫步。

弘一大师来上海的消息，是由丰子恺告诉他的。

他有一个熟悉的概念，便是弘一大师是当年的“李叔同先生”；提起李叔同，那便毋须解释，谁都唱过他谱的曲与写的歌。

那是谁都知道的，在民国诞生不久，李叔同先生曾在《太平洋报》做过艺术副刊编辑。还有，他的油画、书法、金石、戏剧、音乐，全不是市井的卖字人、刻字匠、教书先生可以赶得上的。

一直到后来，他忽然没了消息，很久很久才被人发现，他已在西湖一个寺院做和尚。

他游西湖时，曾看到过由叶舟署名题字的李叔同艺术遗产印藏。后来，在夏丏尊为丰子恺的画集写的序文上，知道弘一大师就是李叔同先生。

啊，原来弘一法师便是李叔同先生！

见到李叔同先生出家后的生活上的种种文字，这位卖文兼教书的作家叶绍钧，对弘一大师发生了异常浓厚的兴趣。

当他与丰子恺见面时，不由自已地说：“喂！子恺，叔同先生么，有缘我要见见他，我要见见他！”

“好的，好的，有缘我同你去见见他。”提到这个“他”字，丰子恺的声调，便格外地庄重、低沉。好像他也被和尚传染了一样，这几句话，也说得像个和尚。

同时令人兴奋的，在一封弘公给丰子恺的信里，竟然称他为“叶居士”，这使他受宠若惊。居士虽不是什么了不起的“宝号”，但是写在弘一法师的笔下，竟然是道貌岸然，不可犯侵。这更动了他见见出家后李叔同先生的念头。

叶先生正在盘着心事，恍惚间，劈面忽然来了几辆黄包车。第一辆，也是最先的一辆，坐着一位高大的和尚。在上海，街上遇到个把出家人有何稀奇？车子过去了。第二辆车子呢，咦？坐着的，却是丰子恺。“子恺！子恺！”他迸出惊奇的呼唤。

然而，这位画家却不回答他，同样地，一脸是惊喜的情绪，只望他猛猛地点一阵头。

后面还有一辆车，他再留神一看，又是坐个和尚，车子滑得飞快，那个和尚的样子，似乎是仙风道骨。“啊，后边那个难道是李叔同先生？”他想。

那个和尚，清癯的长脸，高阔的前额，颔下，留着几根疏落的髯。“果然，是他！”叶先生激动着，不时回头看那三辆越去越远的车篷后影。

第二天，丰子恺给他的信来了，约他在星期天到“功德林”相见——见见李叔同先生。

星期天的上午九点钟，叶先生带着许多种复杂的情绪，走上去功德林的路。在路上，他无端地想到李叔同先生那种枯寂、苦行的念佛生涯，不知是怎么挨的。过去，他是艺术之宫的探宝人，深尝着世间一切况味，创造了他丰富的艺术生命。可是现在，作为一个和尚，他将何去何从？

他与丰子恺约定在功德林会齐，这是一场欢迎弘一法师的斋宴。在未到功德林之前，他一个人是寂寞的，等到走上功德林楼上的扶梯，才知道他已一步步接近这位方外高人。

他被一个侍者引导，走进一间专为弘一法师准备的房里(那时他们称弘公为弘一法师)。有上十位的访客，已先他而到了。他们如同约好似的，没有一个人讲话，全都带着恬静的笑容，站起来用亲切的表情欢迎他。

靠窗的左首，光线比较明亮，那里站着一位和尚，吓！那就是弘一法师！法师的脸上，浮着稀有的圣洁的笑容，好似一面镜子被拂去灰尘一般。那两只细长的眼，藏着晶莹慈切的光。啊！访客们在一刹那间，都领会了弘一法师那种笑，那种默默无言的笑，是含着那么多的深意。

夏丏尊先生见到叶先生来了，便引他走近弘一法师：“这位是弘一法师！这是叶绍钧先生！”

不料，李叔同先生竟没有说话，望叶先生端详一瞬，脸上绽开一片灿烂的微笑。丏尊让他坐在法师身侧，他坐下，弘公也坐下，便悠然地数起手上的念珠来。

他想：大约数一颗念珠，便是念一声阿弥陀佛吧！

只有那一串念珠嚓嚓的移动声，一屋人都在同一意境下谛听着无声的佛号，像一首幽美的乐曲在进行。原来，没有什么话要说的，这真是一个奇妙的约会！

言语是多余的了。

在座的，有弘公的挚友、学生与他的崇拜者，在这人生难逢的顷刻，本应该有许多抒情的话要诉出来，然而，大家没一个人作声，这样坐下去，坐下去！

秋阳在静默中爬出窗外，这一群——在中国的上海，都是有名人焉，他们默默地相聚而无言，真是美极了！妙极了！

随后，又来了几个人，也是李叔同先生的访客。

“什么时光来上海？”其中有人问。

“昨天。”和尚透出低微而大家都听得到的声响。

“还要到什么地方去？”

“没有一定的行踪。”和尚恬静地回答。

“这一向好吧？”

“好。……”

全篇简洁的短句；但是听话的人，都觉得舒坦得很，因为在和尚口里所迸出的简短语句里，全蘸满了情感，有如倾出整个的心灵。

弘一法师过了十二点，是不吃饭的。

这餐斋宴在十一点就开了，于是大家开始吃斋，有人是生平第一次尝到平淡的斋宴，大多数人也是第一次与弘一大师共餐。

这是一席奇妙的餐会。

昔日能说会讲的教授，舞文弄墨的作家，乃至吹法螺振法鼓的哲学家，全像忘失了自己。大家带着一种欣赏艺术圣品的心理，看那双曾经弹奏过贝多芬、肖邦、柴可夫斯基的长手，挑起两三只青艳艳的豆荚，满怀欣喜地送入口里，细心地咀嚼，那种神情，真要令一些肉食的凡夫俗子们愧煞！

“这碟子里是酱油不？”和尚说——在场的，只有李叔同先生是和尚。

“嗯。”有一位先生肯定，便把碟子移到弘公面前。

“不，”和尚说，“是这位日本的居士要。”

那是内山完造先生。

果然，内山完造先生道了谢，要了酱油去。日本人为何没有说话，而把要酱油的意念表达出来，没有人看出来。

这时，接下去便是哲学家李石岑说道："关于我们人类生命探讨的问题，能请您发表一点意见吗?"李的哲学著作，已在国内负有盛名。

"惭愧!"和尚庄严而恭敬地说，"没有研究，不能说什么!"

这句话，在他的嘴里，可能是真的了。如果换了另外一个人，要说他"没有研究"，岂不是损人？然而，这位艺术家的和尚说："没有研究，不能说什么！"没人怀疑，但是，又没有人不怀疑。和尚一心持戒，一心念佛，一意学佛，哪有工夫搞"知识的形而上学"呢？或许，他满怀谦逊?

叶先生研究和尚已入佳境；他这时从侧面开始看弘一大师疏落的胡子，以及眼角边细致的纹，口边微旋的窝，出神很久。

他觉得李叔同——弘一法师，像一座青翠的远山，可望而不可即。

饭后，和尚说："现在我们去看印光大师，愿意去的我们一同去！"提到印光大师，和尚的眼睛突然神光灿烂了，好像他要领着在座的人们去见活菩萨一般。

印光大师，在座人们的耳朵里，不少人听到过。他是当代佛学大师，想去见他的人，当然不少。

"我们这就走吧！"弘公说。于是大家便鱼贯地出了功德林大门，和尚拔脚便走，大家看李叔同先生走了，便七零八落地跟上去。和尚是瘦长个儿，走起来好像没有负荷似的，他赤着足，穿一双透孔的行脚僧鞋，轻飘飘地快捷地走在一群人前面。

和尚的前半生——李叔同先生的时代，可说是"文采风流"；现在的弘一大师，他的行止坐卧，却是自然而谨严的戒律行为。夏丏尊先生说过，和尚是为了中国佛门戒律委地而持律的，所以他的戒律生活极其严肃，在他生活上的一言一笑，无不动念于戒律原则；可是，持戒如不到意念纯青、不由外铄的境地，是不能令人感觉他一切的行径都是出乎天性!

看起来，出家越久，他便越像一座清静的古寺，湖山的画影，天空的行云，悠然自得，忿意全消，万念俱尽，他把万物划出心地之外，这是一种何等超人的生活方式?

到了新闸路的太平寺，这里正在做佛事，那些吹打乐器家伙的人们，以为吊客来了，正预备吹吹打打，迎接一番。但偶然发现这群人里有一位和尚，他们来这座寺里所要访问的印光大师，也是和尚，便泄了气，放下家伙。

这时有个侍者到里面去通报，于是，弘一法师便乘机从身上带着的包袱里，拿出海青和袈裟，恭恭敬敬，一丝不苟地穿上，眉宇间，异常神圣庄严。

侍者进去，在靠街这边的寮房里，正有一位魁梧高大的和尚，刚洗过脸，他的背部微微伛偻——那便是印光大师了！

弘一法师先进去，见了印光大师伏地便拜，这种如崩山的膜拜动作，首先令些未见过佛门礼仪的人，吃了一惊。他们绝没有想到，在佛门中居然还有比弘一大师更高深的和尚，要令李叔同先生也要俯伏下拜。而弘公那种不顾地下灰尘，如视无物的拜的动作，极其美妙，那是由合掌、伏身、起身、再合掌组成的冉冉的虔敬过程，令人感觉李叔同先生是如何的敬人敬事。

印光大师的皮肤是红褐色的，头顶已全秃，光亮而硕大；在宽大的额角下，两道浓重的眉，覆着一双光芒、严厉的大眼。眼睛看人时，如同戴着眼镜，从玻璃镜片上射出的光，极其锐利。他的嘴唇微瘪，下巴宽阔；是典型的北方人——北方和尚。年纪大约有六十岁！

弘一法师拜过以后，便坐在印光大师一侧。

啊！一个苍松古柏，一个山明水秀，真是一幅绝好的图画！

弘一法师说话了："这……几位居士都喜欢佛法，有的看过禅宗语录，今天来拜望您老人家，请慈悲开示！"弘公是合掌、低声请求的！

"嗯，看语录，看哪一家语录？"印光大师声音很粗厉，很深沉。

"是这一位居士看过的！"弘公指着哲学家李石岑。

"……是！"李石岑先生接着说，"语录是看过一些，只是没有专门研究哪一家的，但对唯识的义理，曾经少少涉猎过。"

"噢？"印光大师眼一睁，严厉的光，突然向四周环射，"学佛么，问题是先要得到益处，光是嘴里说说，笔下写写，是没道理的！人的眼下，最要紧的便是了生死，生死不了，那危险太大……有人说，念佛是迷信，我问你，世上哪一种东西不迷信？……"印光大师声音越说越厉，厉声里还带着呵责的棒喝；不管在座是什么人，他不留一丝情面。——可是很奇怪，在座的，并没有一个人面有愠色。

然后，他又说："做佛之前，先要做人；人做不周全，便休想做佛……"他连绵不绝地讲了一段伦理学上的警语，并附以因果律解释的故事。

席间，印光大师讲，大家静坐着听。

仿佛，他便是释迦牟尼的接棒人，他便是西方净土世界的使者。

最后，由于弘一法师的请求，让居士们请几部经书回去看看。于是，叶绍钧先生获得了一部《阿弥陀经白话批注》，一部《般若波罗蜜多心经述义》，还有一部《印光法师嘉言录》。

等大家个个获得了应得的经文，弘公再度伏地顶礼。辞别后，他们一群人走出了房间，和尚在末了郑重而轻微地把两扇门拉上，随手又脱下那件宽大的袈裟和黑麻布海青，拿到门外，仔细平稳地折进包袱。

这位出家十年的艺术家，就要回到江湾他学生丰子恺家中去了。于是，哲学家李石岑、作家叶绍钧他们，向夏丏尊、丰子恺拱手道别。

唯有叶绍钧先生，他是一位作家，也有一股文学家爱想的气质，不知由于哪一种理由，也许是由于一种凡夫俗子崇拜哲人的念头吧，他对弘一大师有一种特殊情感。对印光祖师，则感觉形同一片沙漠。

但在佛家的史迹里，这两位大师却是神龙与白象，他们的身后，都有璀璨夺目的光环。

【贰叁】晚晴

弘公到丰子恺家，另一个因缘便是丰子恺编选的《中文名曲》里，要选载大师的歌曲，这要与他老师商讨一番。

丰子恺选的作品，共有五十首，其中多半是西洋民间通俗的名曲，因此，他在这册名曲的序文上写道："……我们把平时所讽咏而憧憬的歌曲纂集起来，成这本册子。这册子里所收的曲，大半是西洋通俗 (Most Popular) 的名曲；曲上的歌词，主要是李叔同先生（出家于杭州大慈山的弘一法师）所作或配的，作为我们选出的标准。对于曲，我们要求旋律的正大与美丽；对于歌，要求诗词与音乐的配合。西洋名曲所以传诵于全世者，因为它们都有幽美的旋律；而李（叔同）先生有深大的心灵，又兼文才与乐才，据我们所知，中国能作曲又作歌的音乐家，也只有李先生一人……"

丰子恺所选的作品，属于当代音乐家的歌曲，有李叔同先生的《朝阳》《忆儿时》《月》《送别》《落花》《幽居》《天风》《早秋》《春游》《西湖》《梦》《悲秋》《晚钟》……近三十首。

当他们把歌与曲选定了，后来由上海开明书店付梓印行。

弘公在丰家住了几天，办完事，又回到杭州。当这年冬天与第二年（一九二八年）春天，则往返于温州与杭州之间。凡是他到过的寺宇，只要有藏经楼，藏经楼上的经文，便获得了一番整理的功夫；但在这位艺术与佛学大师的生涯中，有一点——世人应当注意的，便是他不论到何地，一住下来，只要十天内没有迁移的动向，便是"闭关"，不管是一个月、三个月或者半年。他的目的，是坚决与尘俗断绝往还，下死功夫念佛、诵经、写经。也许要到若干年后还有人怀疑——弘一大师除了戒律谨严，而他那种云水生活与方外加诸他的应酬(见客与写字)，对他“行持”的功夫是否发生阻障？如果了解这位大师生平的后来人，从他的性格、决心、行为上体会，便知道他从没有浪费过一天岁月。在念佛上，他虽没有著书立说，像印光大师那样给众生注入一种新的修持法门，但从未出家前，到出家后若干年，他始终在“打破砂锅问到底”的坚决行动上，向自己的本来面目挑战；他闭关的次数可能比写经的次数多，而闭关的目的，则是潜心念佛，誓证“念佛三昧”！弘公的声誉，成就在出家前十年，并把他那种艺术成就带到佛门，然后在佛门再度建立了二度精神上的艺术碑铭，使世间的艺术与出世间的艺术糅合成一片，成为一代“弘一大师”。

一九二七年(民国十六年)的冬天，他从杭州又回到永嘉城下寮——庆福寺，越过一九二八年的春寒(由于弘公的体质不适于酷寒，所以每至严冬，便迁单到较南地区)，到春雪化尽，初夏在柳色葱郁中到来，他便选定温州近郊的大罗山一处空地，行“诛茆宴坐”(斩草架茅屋，做幽居念佛的功夫)，趺坐中仍以念佛为主。因此，在大罗山，坐化了炎炎盛夏，直到九月初，又为《护生画集》的编印，再从温州经水路到上海，这次依旧住在丰子恺家。

在我们后来人也许要诧异，李叔同先生与丰子恺的师生情感究竟到什么程度，当他出家后，每次去上海，常常到江湾丰家落脚？后来人便要回到那个时代，并且体会一下那个时代中画家丰子恺的情境，便可了解，他们的关系是建立在“亲情”(丰少年失父，师对他既赏识，又爱护)、“师情”(弘公是丰成名于画界的引路人)、“友情”(弘公对丰则以小朋友相待)的三重深度上。另外，还加上弘公明镜的胸怀，坦荡的品性，视万物如画图的生活态度，这都使子恺敬之如神明，爱之如父兄。

所以，在丰子恺家，如同在自己庙上一般。

“呃，子恺！今天少弄点菜啊！”弘公常常这样交代他的学生，一来怕丰子恺为他花钱，二来是天性中便有一种悲天悯人的情操。

“唔，法师。”丰总是这样回答老师。(自叔同先生出家后，他便改称弘公为“法师”了，但在人前则称他的老师为“李叔同先生”或“弘一法师”，当一九四二年弘公圆寂之后，丰子恺便改称他的老师为“先师”了！)

从耳濡目染的熏习中，他逐渐浸染了弘一大师许多的小动作和生活方式。

比如说，弘公声调低而缓，丰子恺先生的声调也低缓了。

弘公常年是一袭越洗越白的大袍，而丰子恺也以布衣布鞋为伍了。

弘公是经常无言（念佛），一坐半日，丰子恺也常常独处半日而无言。

弘公每天太阳入山便入眠，睡前习惯于黑暗；于是丰子恺也常常在太阳下山后入睡。

…………

“丰子恺变成弘一法师的影子了！”在上海文坛，便流行着这句话。学李叔同先生，岂止丰子恺一人？夏丏尊、刘质平、堵申甫这些在俗的师友，谁不是或多或少在学着弘一法师呢？

弘公从温州到上海，在丰家住定，便和丰子恺研究“护生画”的设计工作。因为这些画全是弘公授意他画的，画上的字，则由弘公书写，再加当时李圆净居士的选材，便构成僧俗三人的集体创作，在这一年深秋完成。

在上海这一段旅中岁月，是念佛、写护生画的词，偶尔也在市区的寺中听经。

九月二十日这天早晨，这是画家丰子恺提起来的：这一天不是弘公四十九岁的生日吗？因此，便联想到，六天后，又是自己三十一岁的生日；于是，在日积月累的灵性交感与德行之光的照耀中，丰子恺的灵魂里有一种念头发生了。

他除了在暗中叫妻子去准备寿面、寿桃、素菜为弘公暖寿，他自己觉得在这几天一定要做些什么。弘一法师总不能老是住在他家啊！

“子恺！出家人是不过生日的！为了生死，又逢‘母难’，有什么心情做生日啊！可是，你既然费了心，便少花费些！我们在这儿诵诵经，为生者消愆与死者加被，也就心安理得了！”弘公已了解他学生的心意，再三叮咛。

“唔，法师！我的意思也是如此。”

“你这些日子为了佛法也够辛劳了，又放下你很多自己的事，事情固然功德无量，在我也就很惭愧哩！”

“哪里，法师。这也是我的心愿之一咧。哦——再过五六天，便是弟子的生日了。多少年来，受了法师这么多的慈光熏沐，我想我也该做一个正式的佛弟子的。法师！能请您为我授皈依吗？”这一番话，居然说得这样嗫嚅，是画家丰子恺没想到的。说这话时，又回复到他十多岁时杭州读书时代，面对着庄严慈爱的李叔同先生。但今天，李叔同先生已是“弘一法师”了。而那时候的丰仁，已成了今天的画家丰子恺，同时又是立达学园的负责人。

“子恺，你要皈依？”弘公显然是意外的高兴，嘴角不由得扬起一个小窝。

“是的，法师。我要正式皈依佛法！”

“很好，子恺！”

因此，待弘公生辰过后，子恺三十一岁生辰那天上午，于是师生二人便把备好的果品与香花，在楼下“披霞娜”(钢琴)旁的一张桌子上摆好，弘公说：“我们讽诵《地藏王本愿经》吧!”

于是，由子恺点起香，香云缥缈地开始缭绕，然后弘公翻出随身的《地藏经》来；子恺在自己的书架上取下另一本，于是，师生二人，开始由弘公引声，唱一段佛曲：“炉香乍爇，法界蒙熏……”这柔美、悠扬的曲子，听来充满这静静的空间，无异令人首先皈投佛陀的怀抱。唱完了赞，便继续念了一些佛号，然后再翻开经文，朗朗爽爽地念下去……

在讽诵《地藏经》的过程中，他们停下来休息了片刻，后来，一直把经念完。末了，念“回向文”“警众偈”“三皈依”……

这一部经完了，已快到十一点，看看时间，弘公说：“子恺，我们这便举行皈依式吧!”

“是的，法师!”子恺答得也很低沉。

“先上香啊!”

于是子恺把香燃了，插在香炉内，再回身到拜垫前，合掌长跪。

弘公将备好的“说皈依文”展开，面向子恺念道：“今有中华民国浙江省崇德县(即石门)信士丰仁子恺，于中华民国十七年九月二十六日正午，发菩提心，尽形寿，皈依三宝，永归佛道，并由沙门演音弘一，代表本师释迦牟尼佛，授予皈依，取法名‘婴行’，而今而后，永志不渝。祈诸佛菩萨慈悯纳受。……”师将简约的皈依文念完，依法授毕三皈依，向子恺说：“子恺！从今天起，你正式皈依佛门了，望你以已有的成就，护持佛法；并以已具的深愿，行持佛法；以所有的知识，弘扬佛法。……”

“是的，师父!”

“在佛法上，有下列数事，要居士谨记！”弘公深沉而严肃地说，“第一，做一个佛弟子，不能在形式上接受了皈依仪式，便算完了！当你作为佛教的弘扬人以后，你的人格必先经过自我洗涤一番。过去的，譬如昨日死；以后，犹如今日生——直心是‘道’！婴行居士，请在任何情况下深深记牢，不要为习惯所欺，做欺心、欺人、蒙蔽良心的事；人做端正了，才是学佛的开始。

“第二，受过三皈，虽未受五戒，但要行持五戒。因为学佛，便是根本的‘净心’行为；净心的方法，便是‘持戒’，如若不持戒而学佛，去佛便路遥了。因此，盼望居士先从少分戒行开始律已，如居士者，不妨先从‘邪淫戒、偷盗戒、杀生戒’

持起，然后再扩及‘妄语戒、饮酒戒(丰嗜酒)’。在世间唯一难行的，不是杀生戒，也不是邪淫戒，而是妄语戒；有许多无辜的灾祸、不幸的纠纷与悲惨的遭遇，都从‘妄言’而来。说到‘妄言’，唯一能控制它的功夫，便是一颗诚心。对人对事的恭敬，不掉以轻心！

“第三，要试图放宽心量，包容世间的丑恶。人家赞美我，我心生欢喜，但不为欢喜激动；也许这欢乐之后，便是悲伤。人家辱骂我，我不加辩白，让时间去考验对方，如果在那种时空下，须要表白，最多也只能表白一次；对第二次，便会形成口舌的纷争……

“世间的形形色色，我们所爱的，所憎的，所苦的，所怕的，所愤的，所悲伤的，乃至令人难以忍受的烦躁、感受、接触，我们要学着试图包容：它们来了，我们淡然处之；它们从我们身边滑过，我们也不可幸灾乐祸。人生，便是一场既悲且喜的过程，但中间没有一件事足以任人们轻视；世间每一个动机，每一种事物形态，不管强者、弱者、女人、小孩，他们的心灵感受，都会发生不可想象的力量，原因是他们既是生物，自然有情感，有情感便有动力，有动力，便可毁灭事物，也可成就事物。复次，他们也有圣贤的情操，企图被尊重、被崇爱、被同情；但唯有一点，不愿被欺骗，不愿被蒙蔽。因此，他们那颗形式上是骄傲的心，在实质上，便是赤子之心。你欺骗一个小孩，如被他发现了，他小脑筋里，将永远拂不掉你丑恶的影子，即使你再神圣，再被人讴歌颂扬，也不能获得孩子的爱。当孩子的时代，没有名利观念，不晓得什么是利害，他只知道‘爱’。你对他一百件好，有一件欠诚心，欠情感，他一旦发觉，一切便完了！在佛法修持上，是善不抵恶的；在世间的名器上，是功不抵罪的……

“因此，婴行啊，我们要学着包容一切，这样方能养成不分亲疏厚薄的悲心，才能平静地看世界。只有如此，人间才有无限的美丽展开。佛陀不在内，不在外，而在你的灵性中间；你的灵性有美可圈可点，世间自然有美皆备，无美不收。”

“子恺——”弘公稍歇一下，又说，“你的世间成就，是我所不及的，但是，我们都是一样，都还需要试图学习，在学的过程中，才有善的累积。在树的年轮之外，那外围的粗皮，虽不美好，可是它有保护作用，但结果，它连烧火的价值也低微。仅仅那一点作用，也是功德无量呀！……”

这是弘一大师对他在家弟子丰婴行居士的一番开示。

在情感上，受皈依时，都有痛哭的倾向，也不知是什么原因，人们在接受宗教信仰的一刹那，那种情感是如何的脆弱？子恺满眼润湿，浑身的热血沸腾，心灵战栗；而弘公则悲欣兼有，感慨万状。以前丰子恺是他在家时所器重的学生，今天，丰婴行则是他佛殿前的白衣弟子，加上这一层的关系，使情感的空间和成分变大、变重。

弘公在试行断食后，也曾经把自己的名字改为“李婴”，“婴”这个字，是“婴儿”，今天子恺的法名，命为“婴行”，是有其深意的。

当十余年后，在弘公六十岁生辰时，子恺有一封信给他的老师道：“……今为师六十寿辰，弟子敬绘《续护生画集》一册共六十幅，起草完成，聊供祝寿微忱。……回忆十余年前，在江湾寓所，得侍左右，欣逢师寿辰，后六日为弟子生辰，于楼下披霞娜旁，皈依佛法，多蒙开示，情景憬然在目，而今，天涯海角，欲礼座而未能。……弟子丰婴行顶礼。中华民国二十八年九月二十日。”

当丰子恺在家中皈依弘公以后，因为《护生画集》一直在积极绘制、设计中，而弘公也一直在他家住着，直到十一月底，那时弘公在丰子恺家中已住了两个多月，画集大部已绘就、写好，仅待接洽出版了。在出版方面，有夏丏尊居士，当然可以放心。在工作接近完了时，弘公听说无锡的尤惜阴居士又来上海了，他住在世界居士林，便择一天下午三点多钟，去居士林看尤居士。

正是“有意栽花花不发，无心插柳柳成荫”，世间哪有照着人们计划上的日程表过日子的事呢？当弘公到了居士林三楼，在一间小客房里看到昔年南社老友尤雪行，不由得愣了愣。原来，客房里摆着不少行李，似乎尤居士将有一番远行。

“呀！尤居士，你有远行吗？”

雪行居士见弘公来到，伏地顶礼之后，便向师说：“还有谢仁斋居士哩，法师！”这时谢居士从另一间房里出来，向师顶礼。(师与谢亦相识，谢后亦出家。)

“你们二位收拾行李到哪儿去啊？”弘公一眼看到谢仁斋居士与尤雪行的行动似乎是一致的，有几分神秘的感觉。

“法师！我们在这儿候船，准备到暹罗去弘法，船票已经订好，明天便动身了！”

“你们要到暹罗弘法？真是功德无量！”弘公一听这两位居士要远去海外弘法，不由得心中一阵欢喜，便突然想到——到暹罗做一个化外之僧不也好吗？“那太好了，明天我也同你们一起去，方便吗？”

这两位远行的居士猛一听弘公也要随他们到海外弘法，心中当然欢喜万分，便道：“只要法师慈悲，我们万分欢迎，那么便请您准备动身吧！”

“好！”师与二位居士只在三言两语间，便决定离开上海南行，于是当下便与尤

⊙弘一大师像。丰子恺绘。

居士分手，回到子恺家中，先告诉子恺。他的学生听了一愣，但是再一想，弘公本来是一片浮云，到哪里不是一样呢？便再打电话给开明书局的夏丐尊以及美专刘质平，然后，大家便忙着为弘公南下而准备起来。

其实，又有什么好准备的，弘公这一身无罣无碍，所谓准备，也不过把自己的意思向他的朋友、学生、弟子表白一番，其他时间，便是整顿行囊，买一点文墨纸张，再交代《护生画集》的出版和分发事宜。到第二天拂晓，便由子恺伴送，找黄包车拉到黄浦江码头，与尤雪行居士上了海轮。在船楼上的汽笛短声连连呼啸后，船舷缓慢地离岸，岸上的丐尊、子恺、质平等摇着手，与船上的弘公合掌相对，直到船速加快，岸上的人物逐渐模糊，弘公这才回到舱里……

现在船行黄浦江中，约一小时后，由吴淞口纳入长江，到上午十时，已在浩瀚无涯的大海上漂流了。

弘公想想这二十四小时内的际遇，不禁觉得哑然。所谓“朝宿苍梧，暮栖昆仑”，人生哪里有定所？

在海上漂游了两天，船到厦门靠岸、卸货、下客；弘公因开船还有两三天，便到厦门大学创办人陈敬贤居士家中看看，这位陈居士昔年在杭州，与弘公有过从之缘，起先学禅，后归净土。

他见了弘公到厦门，不由得想到这真是厦门的福缘不浅，在中午斋宴时，陈居士说：“法师有缘到闽南来，也是地方的法缘，希望法师能留在这里弘法传教。”

“我本来是到暹罗去的，我还有同行的人呢！”

“法师去暹罗——那里是南传佛教国家，可是佛法倒是兴盛的。法师！何乐而不为在这里为闽南众生播一些佛粮？而且，这里的佛教界对法师的渴望与景仰，是很迫切的！……”

师默然良久。

“这样也好，但我还是要与船上二位居士交代，即使如此，也要令他们扫兴呢。”

当弘公把留在厦门的意思告诉尤居士，请他们先走，弘公过些日子再去，那两位居士便扬帆海域。尤居士，若干年后，便是驻锡马来西亚、法名演本的法师，谢仁斋居士也在不久出家，为寂云禅师。

弘公留在厦门后，便由陈敬贤居士介绍到当时颇负盛名的南普陀寺。在那里，他遇到太虚大师门下的芝峰法师——是弘公笔谈的好友，同时有大醒法师，有闽南名宿性愿法师。尤其在这里与芝峰法师相遇。

芝峰法师与大醒法师受太虚大师命，在这里主持闽南佛学院的教务。

在厦门，参访了当地著名的佛寺。栖息之所，则在闽南佛学院的小楼上，由于几位相契的道友挽留，弘公便滞留在厦门，终于打消去暹罗的念头。

在闽南佛学院住到了一九二九年的春天，过的依然是禁足生活，平日是写经、念佛、整理院里古本藏经，加以编目校正。

这是弘公第一次到闽南，默默地过了三个多月。

这时候，弘公的友生经子渊、夏丏尊、刘质平、丰子恺、穆藕初、朱稣典、周承德，则为了大师行无定所，云水萍踪，健康状况又时好时坏，再加上日益风闻的灭佛风潮时时蜂起，因此，征得弘公的同意，在丏尊故乡白马湖附近，觅地结庐三椽，作为弘公栖息处。这座小屋，直到一九二九年春末落成，也是大师五十岁时，它在等着大师游罢南闽归来。这座小屋，弘公以李义山诗句“天意怜幽草，人间重晚晴”中的“晚晴”二字为名，题为“晚晴山房”。这算是大师一生唯一落脚处。

【贰肆】闽缘

一九二九年四月间，弘公在中国南方第一次接触到亚热带的火焰，向他那瘦削的形体上侵袭而来，他在闽南佛学院的小楼上，已耐不住初来的炎热，便有意回到春寒未退的温州城下寮。

这时，他与南闽的因缘还没有成熟，因此，还没有动念头在这里长期住下去，他内心真正要把那一块地方当作荼毗色身之所，不是群山郁郁的南闽，而是夏丏尊为他建造小屋三椽的“晚晴山房”。

热——是他急于尽早离开南闽的第一因；他的色身之脆弱，不仅酷寒使他无法强撑，而太烈的长夏也同样令他如坐热风之中。

因此，在四月下旬，便买舟北上，可是，因为海轮要经过福州，福州以“鼓山”闻名于佛教界，当代禅宗大师虚云老和尚，便是鼓山的中兴人物。

当时与弘公同时北上的，有佛教界知名的居士苏慧纯，他们在福州下船，便趁兴参礼鼓山佛刹，挂单在涌泉禅寺。

鼓山在闽江之北，林森的东郊，也是福州风景区。

由于涌泉寺是历史上著名的佛刹，它的藏经楼上藏书极多，又不乏古代的珍本、手写本。因此，弘公便在此盘桓、留恋，除了欣赏名刹景物，便把自己埋身在经书之间，从事短暂的整理工作。每到一寺，整理经卷，是弘公献身于佛法之一端。在佛家因果律上说，这自然是功德无涯的，在学问上，又何尝不是有益于后代。

在涌泉寺的藏经楼上，他无意中发现了这所名刹中藏有当时所知是最古老的、最精致的刻本。同时，有世间不可一见的佛学著作：《华严疏论纂要》。这一发现，使他动念要影印这部“藏经”中未收入的珍品。

在这里，他对中国刻经事业，做了如下的研究：

◎当敦煌石室未发现以前，世人对佛经在中国古代的刻本，概称“宋刻”，而不知有唐、五代。

◎敦煌石室之秘被揭开，乃发现中国刻经事业，自唐末开始。可是，该要令人注意的是：日本国内，当他们神护景云四年，已刊刻过《无垢净光经陀罗尼》等四种，这古经的藏本，还收在日本东京法隆寺的书楼上。由此追索，日本的刻经时代，当在中国唐代大历五年，这比敦煌所发现的古本更早，这该是世界上最古的佛经版本。

◎自那时以后，日本的刻经事业，日益精盛，他们的古本藏经，即使是断简残编，也是视如珍宝，这该是日本的学者博学深修，对刻版佛经有深浓的修养与体认的结果。

◎在鼓山，弘公发现那里所藏的《法华经》《楞严经》《永嘉大师集》等雕本，是楷字方册，精古无比，书法可上追唐宋，在技巧上，已登峰造极。在那一堆古藏书中，发现清初刻印的《华严经》，及其《疏论纂要》《憨山大师梦游集》，为近代的珍品。

基于上述的研究，弘公当这一年由温州再度经过白马湖小住，到上海时，请苏慧纯居士发心印《华严疏论纂要》二十五部！“二十五部书”的印行，恐怕是历史上印量最少的一种书了。这是弘公对佛学典籍保存的一种心愿。

书出版之后，其中十三部，送给中国的学术界及佛教丛林；另十二部，送给日本人保存。

那时，弘公另一位崇拜者——日本出版家内山完造在所著《上海霖雨》中写道：

……夏先生向我介绍这位和尚，我才知道他是弘一法师，他清癯如鹤，语音如银铃……据说，他是中国戏剧革命先驱“春柳剧社”的主干，在东京演过《茶花女遗事》……直到今天为止，他油画的造诣，竟无人可及。留学回国后，他在浙江师范教音乐与绘画，后来以种种因缘出家为僧，多年来行云流水，居无定所……

当时我用日本语谈话，看他的神情，似乎一一都懂得，但他自己却像全把日本话忘了似的。

夏先生拿出一本律师所著的善本书《四分律比丘戒相表记》来，要我将此书三十册分赠希求者。……这时律师说：还有一种《华严疏论纂要》的书，正在印刷中，这书只印二十五部，想把十二部送给日本方面，将来出书以后，“也送到尊处，拜托你！”

他这样说，我也只好答应照办，我虽门外汉，听到印数只有二十五部，就知道是相当巨大的书，二十五部之中有半数送给日本，“那么送哪一个机构呢？”我问他。他说：“一切托你！”在继续谈话之中，他说：“在中国恐怕不能长久保存，不如送到日本去。”

据说，律师曾在福建鼓山发现这古刻的版本，这版本在现存的经典中，是很古的。日本《大正藏》里也没有，由此可见这部经书的珍贵了。

我谈到傍晚才回去。次日，弘一律师和夏丏尊先生及另外两三个朋友同到我的书店来，内人也见到他，当他去后曾说：“听到那位比丘的话声，见到那样峥嵘的额角，便知道是一位高僧。”

数日以后，夏先生那里送来了《四分律比丘戒相表记》，我便分别寄赠东、西京两大学，以及大谷、龙谷、大正、东洋、高野山等大学图书馆去。西京大学图书馆里有一位比丘籍书记，写信来说，这部表记是一部贵重的文献，希望能得到一部，于是我又寄一部去，以后我一共送去了一百七十几部。

…………

我因此奇缘，就将快出版的《华严疏论纂要》十二部，决定了赠送范围。下列各处，是：东京帝国大学、京都帝国大学、大正大学、东洋大学、大谷大学、龙谷大学、京都东福寺、黄檗山万福寺、比睿山延历寺、高野山大学、大和法隆寺、上野宽永寺、京都妙心寺。……（这里面十二部是第一次赠送，另三部是后来从中国要去的。著者注）

此后，我与弘一律师一直没有相会的机会，只替他代向日本购请过几次经典，可是第二次事变一起（八·一三），连这点都不可能了。

不知他近来住在何处，一定仍在苦修吧。每一想起，他的面貌仿佛在我眼前，但愿他平安无恙，但愿久别重逢的日子快些到来。

我草此文的桌前，挂着弘一律师写给我的直幅。直幅上这样写着：“一切有为法，如梦幻泡影，如露亦如电，应作如是观。——《金刚般若波罗蜜经偈》。完造居士供养。沙门一音。”

我对这幅字注视着，但闻窗外瑟瑟的雨声。

大师在涌泉寺流连二十多天，便收拾行李再从海道回到温州城下寮旧居。在这里他摒除外缘，在关房中一心念佛，但也与数月不见的师友通通信，他在这里度过了大江以南的六月盛夏。秋凉来到时，上虞白马湖的山房已修建粗成，一则受到老友夏丏尊、经子渊，学生刘质平、丰子恺的敦请，再则自己也有心去看看深爱他的朋友、学生们集资为他砌的新居，这究竟是在不平凡的情感下，所奉献给他的晚年栖息处。

他在农历七月初便到了上虞，受到了经家、夏家的欢迎与老友们的轮流供养。在这里，他特别为上海的丏尊写一幅字，这幅字便是他借来用作山房名称的“天意怜幽草，人间重晚晴”的唐人诗句。

住在这里的短暂岁月里，开始时厨房、厕所还没有完工，他准备待完工后自炊；山房里，除他自己，还有城下寮来的一位惟净法师。当自炊时，他们的蔬菜，由丏尊家的菜园内采撷，固定的资财供养，由经、夏两家的事务代表人章先生按期送到。

弘公计划中，山房内有时是他自己一人，有时偕僧界同道一二人同住。他把生活上的琐事计划，都在信上告诉了丏尊。

在这里，刘质平曾来与师小住二日，渴叙旧情，而夏、丰二人在上海，一因有病，一因写作与立达学园的教务，没有到白马湖来。弘公在白马湖的生活，多半由丏尊家照应。弘公并计划请他初出家时的道兄弘祥法师来晚晴山房闭关用功，他告诉丏尊，如果他与丰婴行居士一同到白马湖来，便绕道杭州代他迎请弘祥法师。

但是末了，终于因他们二人没法分身来上虞，弘公又订于十月初去上海，计划中与苏慧纯居士再去闽南，以致请弘祥法师的计划没有实现。

他在白马湖的三个月中，信上告诉丏尊说：“凡有向尊处询问我的踪迹者，请告知我已遁走他方，未能见客通信，现在的住址也弄不清。……”

对于“晚晴山房”的建筑环境，弘公是非常喜爱的。他写信给丏尊道：

……山房建筑，在美观上颇有艺术的深度，听说是出自石禅（经子渊）的计划。石禅新居，由山房南望，不啻一幅美丽的画图，屋后的松柏葱郁，更显出情境的幽隐。……现在，我虽不能久住山房，但寺院充公之说时有传闻，为日后留一退步，有山房新居，贮存道粮，日后佛界遇有重大的变动，也可无忧无虑。因此，我对山房的落成，内心感到庆慰不已，此者，皆仁者护法厚意。

至于秋后往闽南闭关，因是宿愿，未能终止，但他年仍可北来长住山房，以此为久居安息的地方。……

重阳节，弘公写了这封信寄给上海的丏尊。这时，丏尊为弘公的《临古法书》，已筹备出版，以纪念他们深厚的友情。

所谓《李息翁临古法书》，实在是李叔同时代所写的书法，藏在丏尊的小梅花屋，于今已十多年了，由丏尊整理出来，加以选辑，流传后世。

可是弘公在这册影印的书法序文中曾郑重提出："耽乐书道，足以增长放逸，佛所深诫；但研习书道者，能尽其艺术上的修养，书写佛语，流传后世，使世人欢喜受持，人我共利，同赴佛道，便不是坏处，希望后来人，要深切体会这种道理。……"

重阳过后，山房在继续加工修葺厨厕，及至一切都具规模，九月二十日，便是大师五十岁的生辰——母难日。在这一天，他照往例——凌晨四时起身，洗面后，焚香供佛，然后早课开始；早课完了，念《地藏菩萨本愿经》为亡母超度。直到七时，早粥送来。

这一天，绍兴的徐仲荪居士，慕师道已久，而且师在浙江行脚多年，久已认识，弘公到白马湖的消息，事实上是不胫而走，便特别为弘公买了水族来，到白马湖放生，为他五十生辰祝贺。天近中午，师与经石禅、徐仲荪及春晖中学诸位居士，一同泛舟湖面，把一群群水族难友，放入湖波中，让它们欢欣地游去，从这一群水族生物尾鳍的轻快摆动中，透出那种生之快乐的真情，正如人类自苦难中获得自由的生命。

下午，白衣散去，师仍在山房念佛为亡母加被。在这里住过了内心最凄楚的深秋之夕，过两天，宁波有一位老僧，因为这一年陕西旱灾，想请弘公去西安主持一次法会，为众生祝福；弘公是从来不会拂逆别人的意思的，便答应了他，同时决定在月底从宁波登船。

弘公把东西完全收拾好了，也分别写信给上海方面的朋友。便在九月底一天的下午二时许，与那位发心西去长安的和尚，带了行李上船，在宁波方面，也有不少法师与居士们浩荡送行，以壮长途远征的行色。

正在轮船准备开航时，从岸上匆匆来了一位俗家人，大家也不在意。当那位穿长衫的青年大步上船后，便直奔上层舱中，东张西望，似乎急得满头是汗，直到看清弘一大师的舱位。弘公正与一群僧俗在欣然道别，那三十岁左右的青年，蛮横地直冲进舱口，走到舱中，不由分说，伸手把弘公拉起，背在脊梁上，便大踏步下船而去！

这种突然而来的“劫持”行动，使同船的比丘与送行的居士们惊住了，于是大家跟着往岸上便跑。追上岸，看到那位青年人已把弘公放在岸上，满脸绯红，师生于是相抚而哭。

“法师！您是去不得的，那是西安呀！‘西去长安不见家’，四千里的长途跋涉，您老如何能经得住这种酷寒的折磨……”质平怆然地说。

“质平！质平！……”

这种举动，使得送行的人群为之一愕。

“听说您让人请到西安去，我好不容易赶来，迟了一步，恐怕已经来不及哩！您的行李哪？”

“质平——”弘公回顾船上的同行者与送行人都回到岸上来了，歉疚地说：“这位是我的学生，刘质平居士。”

这时大家意会到，原来“劫持”弘一法师的青年，竟是当时的著名音乐家、上海美专教席刘质平。

“我的老师不去西安了，对不起各位法师、居士，他老人家的体质无论如何经不住几千里的北地风霜，现在我们该回去了，法师！”质平说，脸上依然留着凄然的表情。

弘公看着大家。默然无言。

随缘吧！

如此一踬顿，还有谁会说话呢？

刘质平未等弘公的同意，再把他老师的行李拿下船，于是大家重新回到挂单的寺里，局外人只是内心暗暗地纳罕：“弘一法师这些学生，真还得了？……”

弘公安下身来，向质平说：“这一番满你的心愿啦，质平！可是住宁波也不成呀。那么，我还是回温州去收拾一番，然后再去上海，我从那里到闽南去。闽南，对于一个骨瘦嶙嶙似我的出家人是合适的！那里冬天温暖，而且我与那里也有缘。我可能在那里闭关念佛。你告诉朋友们，只说弘一和尚遁世了，连消息也没有了。一个人能平白地从世界上假想的不存在，总省却许多纷扰，如此一来，我才能用功念佛。质平，你是不是回上海呢？”

“法师！”质平这时已恢复了理智，平复了热情的冲动，说，“我刚才很鲁莽灭裂，有失体统，请您慈悲。”

弘公不由得嘴角上掀起一个小窝。

“不去便不去，又有什么鲁莽，什么灭裂?”

“我也说的，法师！您要到闽南去，为的那儿气候温暖，如果到西北去，那里正是相反的奇寒哩。”

“在体质上，我是不胜的。”弘公说，“但是，事儿沾到佛法，便不能考虑寒暖。不过，这桩公案已了！我明天就到永嘉去。”

“再见，法师!”质平合掌与弘公道别。

弘公的性格深层，是易于动情的，他为刘质平这一番行动，竟改动了他后来十三年的尘世因缘，而感到无限悲欣。悲的是世事无常，喜的是自己的学生比世俗的子女，其挚爱之情更深。

如果他当时登船跋涉西安，即使有一天回来，焉知“闽南”的因缘能如他日照常推演？也许，他在西地长安就此安栖下去也未可知。

第二天，弘公别了宁波的道友，放下去西安的念头，从水路回到温州。在关房整理数日，再坐船直航上海，在上海与丏尊、质平、婴行……诸人共聚数日，然后坐海轮，再去厦门南普陀寺。

这是弘公第二度到闽南来。

在南普陀寺，住在前面“功德楼”上。在这里，他为“闽南佛学院”的在学比丘，提出“悲、智”这两个字，作为他们修学的理想。我们用世俗的语言总结，弘公所说的“悲”，便是“佛学的行者，对世间生命一种普遍而深切的同情、悯爱”；“智”，便是“行者性灵上明彻的烛照力，透过其自身的光焰，去洞彻一切凡情，切断人我界限。……”

弘公把这两个字的精义，作成四字格言四十颂，写成条幅，供养学人。

这一年年底，因为佛教改革者太虚大师来到闽南，为他创办的闽南佛学院的教务做一番考察。因此，弘公便与太虚大师、芝峰法师、苏慧纯居士三人一同到南安名刹“小雪峰”度岁。

这时太虚大师曾有一首律诗，记述这件事。

诗题是《与转逢、弘一、芝峰之小雪峰》。

诗曰：

寒郊卅里去城东，才过青溪便不同。
林翠荫含山外路，蕉香风送寺前钟。

虎踪笑觅太虚洞，诗窟吟留如幻松。

此夕雪峰逢岁尽，挑灯共话古禅宗。

太虚大师比弘公小八岁，但是事实上，弘公对太虚大师是以师礼相待，逢人便说受到太虚大师很多启示与感德之恩。原来佛家是注重“僧腊”的，太虚大师在世俗年龄上虽比弘公小，但僧腊却比弘公大几岁。

当时雄才大略的太虚大师是四十二岁，严格地说来，太虚大师博于知识，而弘公则深于行持。到这时弘公早已断绝世间文艺上的行为；因此，他没有诗词留下来，不过太虚大师所写的《三宝歌》谱，却是弘公手笔。（著者按：太虚大师二十岁许即因读《般若经》悟道，上述所引，乃就表象的比较而言。）

在小雪峰度过一九三〇年（庚午）的春节，大师迈入五十一岁的生命旅程。正月十五以后，他从小雪峰到泉州城内的承天寺，刚巧，这时性愿法师（即一九六二年圆寂于菲律宾华藏寺的性愿老法师）在承天寺创办“站台佛学研究社”，弘公在那里住了三个月，整日为承天寺整理《藏经》，并且编定目录，偶尔也为“研究社”的学人讲两次“写字”的方法。在闽南的四月，天气又急遽地热起来了，于是弘公再度做北归的行动。

临走时，以手书——

会心当处即是，泉水在山乃清。

这一幅联句，赠给闽南名宿会泉长老。

在回温州途中，他又在福州鼓山涌泉寺逗留些日子，研究那里的古版经典，也可以说去欣赏那些古人的智慧结晶吧。直到五月初回到温州，然后由温州回到他的新居——上虞白马湖晚晴山房。这时的白马湖畔，早晚还浸泛着轻寒。

在这里，有时与春晖中学的经石禅校长谈经论道，但最重要的工作，放在《南山行事钞记》（律学名著）的精读与订正。

弘公在有生以来，有一种读书的癖好，出家后，除了以念佛为心灵皈依处，便是整天埋首在佛经里，尤其对《华严经》有深到的研究，至于律学的探讨，则是他行持上的依据。

可是，因为山房门窗未备、湿重，不久弘公便移居附近法界寺闭关。

到一九三〇年，他五十已过，在佛学上的思想方法与佛学的实践范畴，归纳成以下三条：

◎华严学：是他在研究佛学上的思想地盘。《普贤行愿品》，则是本经的神经中枢，弘公的行愿便由华严伸引而来。

◎南山学：是他秉承南山道宣律师的遗绪，从事现在律学的整理与开创新的境界，他自己并且以身做试验，从事律学的行持；因为律学是用以自律，并以教人的修身典范。

◎念佛哲学：则是他从事佛道的实践方法，在这方面，他上追灵峰蕅益大师，有《寒笳集》的选辑；近代则宗仰印光大师，亦步亦趋，以现身誓证"念佛三昧"为目标，作为生活上的垂直线。他在每一分、秒，心中、口中不离佛号；行脚到任何一地，便发心与世缘断绝，闭门深修。

在他大半生中，所谓讲律、说法，只是他行为中的点滴，然而即以这一点"传播佛法行径"，他还潜心忏悔，深恐玷辱了他的纯净品性，唯恐招摇过市，流为"名利中人"。他出家，决心断绝艺术上的成就而不为，便是他誓志全神学佛的最好批注。

他深知一个人一朝倾心于某一种爱好，便令人入迷，甚至于发疯的程度。一个人爱好一种艺术，如果不能到"专一"的程度，便不会有所成就，也不足以成为一个艺术家；宗教的行为本质便是一种精神的艺术。如果一个人出家后依然耽于世间艺术，而放弃精神上的艺术，则与世间的艺术家有何分别，那又与未出家有何分别？

所谓"画马变马""念佛成佛"，弘公深知"心"不能二，二用其心，是学佛的大忌；因此，他不屑于苏曼殊的小说，也无心于自己诗、画、音乐、金石的再创造；尽管当时世人对他有所惋惜，认为是中国艺坛的遗憾，但他依然是特立独行，我行我素。

弘一和尚，自始至终，只有一个！

这一年五月中旬的一天，白马湖正在湖水泛碧、初夏轻风微拂的时候，刚巧逢到老友丏尊的生日，丏尊因弘公回来，特地从上海来晤，当这一天，便邀约弘公和经石禅（子渊）校长，同到他家中小梅花屋（丏尊乡居雅名）素斋。

不过，经石禅还是浊世间人，对佛道没有丏尊深刻，他们之间的情感，建立在杭州师范时代，因此，席间有菜也有酒（酒是夏丏尊为经石禅预备的）。于是，这位教育界的先进，便以酒浇愁，喝到情感的顶峰，便悲悲怆怆地说："我们十二年前，在杭州时还是三十到四十的青年人，那时的心境，是何等的悲而且壮；而今，叔同已五十而出家，我已迈入耳顺之年，如今新潮赶过旧浪，我们还有什么作为呢？人生，到头来无非一场悲剧。那时的朋友死的死，散的散，能像我们三个在这里小聚的，已不可得了，但是，焉知明天，我们之中又没人离散呢？……”

说到这里，石禅的酒也不喝了，弘公与丏尊停了箸，石禅的话越说越悲伤，竟至呜咽哭泣起来，丏尊与弘公也满脸是泪。

大家在无言中离席。晚上，弘公便为石禅送给丏尊的画上写下《仁王般若经》的两个偈子，作为丏尊四十五岁生辰的警语。

偈曰：

生老病死，轮转无际，事与愿违，忧悲为害；欲深祸重，疮疣无外，三界皆苦，国有何赖？

有本自无，因缘成诸，盛者必衰，实者必虚；众生蠢蠢，都如幻居，声响皆空，国土亦如！

弘公在白马湖法界寺，几个月中，除了丏尊、子恺几个人，与世界已绝缘。由于法界寺的山居生活宁静，弘公与它结了不解缘。

同时，他在晚晴山房感到最大的困扰，便是世界上的孤独，经常只是他一个人摸索生活上的事，要劳累夏家、经家的人，又觉得对不起人家；像这样，在不能做长期打算的情况下，反而影响了佛道上的行程。

在法界寺住到深秋，临县慈溪的鸣鹤场白湖金仙寺，正在开讲《地藏菩萨本愿经》大座，那是由当代天台名家静权法师主持。金仙寺的方丈，是太虚大师门下的亦幻法师。

他决定月底到慈溪去。

白湖【贰伍】

大江以南的秋色，比烟雨氤氲的春天更美好，一股浓郁的画意，给人一种朦胧的幽邃；而秋天的“一湖秋水碧涟漪”“枫叶红于二月花”的诗情，则更加袭人。

江南故国，有人的地方便有暮鼓晨钟、山僧佛寺。在一片塔影倾斜、苍茫中，晚钟怆然长鸣过后，佛寺里的方外之士，开始陆陆续续地上殿。

多数的寺院，在“药石”之前，做完晚课。夕阳坠后，稍憩片刻，便齐集大殿，云板一响，磬声长鸣，不是“跑香、念佛”，便是法师升座，开始僧侣们闻法参学的一课。

弘一大师——出家后的李叔同先生，从白马湖赶到慈溪的白湖金仙寺来，缘于亦幻法师在这里做方丈；他是一个知识分子，通过芝峰法师的介绍，他们说得上是志同道合；特来这里，参访一下。同时，是静权法师在这里讲经，不可失之交臂。因此，他检点一些重要的经典，经过两天跋涉，步上了金仙寺山门的石级。

弘公在这里无声无息地住下来，作为一个游方的和尚。但是不同的，他比别人更加埋头于修道参学，他同寺里的僧侣们一样吃粗茶淡饭，一同上殿念佛诵经；余下的时间，留下来研究经典，写经念佛。

由于他研究《华严经》的自然结果，加上他一笔柔软而绵劲的书法，使他从《华严经》上摘下的联偶三百，在这里连缀完成，集成后由刘质平居士在上海付印，这便是后来人见到的《华严集联三百》。集联中，四言、五言、七言、八言都有。

四言——

令出爱狱，永得大安。

五言——

言必不虚妄，心离于有无。
自性无所有，智眼靡不周。

七言——

戒是无上菩提本，佛为一切智慧灯。

八言——

如来境界无有边际，普贤身相犹如虚空。

集联文句，便是这四种句法，平仄与韵脚，似乎自然地安排，字字如珠玉。然而，弘公还说，这份作品，已是力不从心，在经上寻章摘句，已非所宜，“今循道侣之请，勉以成篇”。但是，真正的目的，令人在欣赏书法时，能欣然深入“华严世界”，引导入佛的因缘，多成就几个入佛的种子，这是弘公心意。

弘公在这里，依然一心潜修。他在每天饭后，按常规要出声念几卷《普贤行愿品》，为众生回向；他那种玱玱琅琅的音节，随着徐缓分明的速度，传向空间。日子多了，便有人觉得非常动听，于是逢到他念诵的时候，小磬声开始，便会偷偷地站在他的门外，让他的经声，摇撼着灵魂，那灵魂的深处，正在承受着“普贤十愿”的庄严启示，比自己平淡的方言，更为有力得多，比自己亲口念来，更得力。因此，那个受感动的人，经常在他诵经时，站在墙角边静听，一直到他的经声戛然休止。

这位听经的人，正是金仙寺的住持亦幻法师。亦幻法师，在这儿，是以后辈的心情接待弘公的。

在钻研《华严》之际，到十月初，天台山的静权法师已来到金仙寺，十月十五日晚上，开讲《地藏菩萨本愿经》，远近来了不少听经的比丘、居士。弘公为了追念母恩，每逢母难日，一定要念一天《地藏经》，为亡母超度，他内心久已投皈地藏菩萨的袈裟前，祈菩萨加被亡母；想到他的亡母，他的心灵间已暗暗地承受着一种悲哀的重压。

每当暮色苍茫，大殿上烛光高照，披着朱色袈裟的静权法师，高踞法座，供桌前的听众席。一列列的僧众在凄寒的初冬之夕端坐，灯光犹如隐没在云层间的朦胧月色，寺院里寂然无声，境界是悲凉的，座上的法师，正是身入幽冥的地藏菩萨，用一种低沉的方言，念道：

佛告定自在王菩萨……有佛出世，名清净莲华目如来……像法之中，有一罗汉，福度众生，因次教化，遇一女人，字曰“光目”，设食供养。罗汉问之：“欲愿何等?”

光目答言：“我以母亡之日，资福救拔，未知我母生处何趣?”

罗汉愍之，为入定观，见光目女母，堕在恶趣，受极大苦。罗汉问光目言：“汝母在生，作何行业；今在恶趣，受极大苦?”

光目答言：“我母所习，唯好食啖鱼鳖之属；所食鱼鳖，多食其子(即鱼子)，或炒或煮，恣情食啖，计其命数，千万复倍。尊者慈愍，如何哀救?”

罗汉愍之，为作方便，劝光目言：“汝可志诚念‘清净莲华目如来’，兼塑画形像，存亡获报。”

光目闻已，即舍所爱，寻画佛像而供养之，复恭敬心，悲泣瞻礼。忽于夜后，梦见佛身，金色晃耀，如须弥山，放大光明，而告光目：“汝母不久当生汝家，才觉饥寒，即当言说。”

其后家内，婢生一子，未满三日，而乃言说，稽首悲泣，告于光目：“生死业缘，果报自受。吾是汝母，久处暗冥，自别汝来，累堕大地狱。蒙汝福力，方得受生，为下贱人，又复短命，寿年十三，更落恶道。汝有何计，令吾脱免?”

光目闻说，知母无疑，哽咽悲啼而白婢子：“既是我母，合知本罪，作何行业，堕于恶道?”

婢子答言：“以杀害、毁骂二业受报，若非蒙福，救拔吾难；以是业故，未合解脱!”

光目问言：“地狱罪报，其事云何?”婢子答言：“罪苦之事，不忍称说。百千岁中，卒白难竟!”

光目闻已，啼泪号泣，而白空界：“愿我之母，永脱地狱，毕十三岁，更无重罪，及历恶道。十方诸佛，慈哀愍我，听我为母所发广大誓愿：若得我母，永离三涂，及斯下贱，乃至女人之身，永劫不受者，愿我自今日后，对清净莲华目如来像前，却后百千万亿劫中，应有世界，所有地狱及三恶道诸罪苦众生，誓愿救拔，令离地狱恶趣、畜生、饿鬼等。如是罪报等人，尽成佛竟。……”

……尔时罗汉，福度光目者，即无尽意菩萨是；光目母者，即解脱菩萨是；光目女者，即地藏菩萨……

这是《地藏经》中《阎浮众生业感品》中一节故事。

静权法师讲完这一节，便怆然地说：

“人类是健忘的动物，孩子生下来，常常是断了奶忘了娘。长大之后，成为妻子的附庸，也没想想，当你为人父时，生儿育女之苦，女性蒙受的悲惨境遇，是怎样的景象？那时‘养儿才知报娘恩’的经验告诉你，当你含辛茹苦，为你的孩子牺牲一切，你孩子的血肉紧紧地和你牵连在一道，他的痛苦，使你如坐钉板；他爱天上的星，你也会摘下来；你的爱儿偶有不幸，便会使你肝肠寸断，陪上你破碎的灵魂。天下的父母心都是如此，母亲付出的爱，更是深如渊海。想想看啊，光目女誓志救母，便是报恩之念的不泯；人们走历史的覆辙，他们生儿育女时的辛酸，正是他们父母曾经尝过的。……慈母恩，说不完。比丘们虽断绝凡俗，然而父母生我，与俗家人还是一样，母亲用血和泪，培养一个人——那是生物世界一段鲜明而悲苦的旅程，到头来，所得的报偿，总是一场空……”

法师说到这里，感到眼前有点模糊起来，他并没有强以伦理上的观念解释生物爱的至情，因为人类之爱子女，物类之爱幼儿，是一种天生的伟大情操，不必再加以铺陈，他们不惜自己的生命，注长孩子的新生命，只有这样，才是生物进化的依凭！

讲台下，一百多个听众中，忽然有一位呜呜啕啕地失声痛哭起来了。这一突然的失声，使大家都把惊异的目光，投向近前排的一个角落；台上的法师，也被这痛哭声弄僵了，他不知这位和尚为何如此失态，因此，停下来，不敢再讲下去。等片刻，大家明白过来，原来，那位和尚竟是新来的弘一法师。

他回想到母亲为他所受的精神上的折磨，比那无柴无米的岁月更难忍受。母亲活了四十五岁，在急性肺炎与肺结核的煎熬下与世长辞。以后，他便放下一切，东渡留学，回国后，几经沧桑，感觉生命无常，有缘入佛，因此削发为僧。每当他在母难日为亡母念经时，总不能忍住自己的眼泪不双流，如今在《地藏经》的法筵下，别人讲，很多人听，但是，经文的深意，他在情感上领触得更多。他外形冷淡，而内心却充溢着非平凡的至爱——天伦的爱，妻子之爱；手足之情，师弟之情。一切超世间的悲情。

他在情感上，与经文中交织着一种经验的相应。因此，在众多的同道前，他无法忍住热泪与失声而哭；他如一个婴儿，失落在地藏王故事中母亲的怀里。

讲经两个月，不管是白天讲席，还是晚间筵前，逢到触痛他亡母的惨痛，他不止一次地哭泣。

不过，在那一阵情感的浪潮过后，自己为深悔破坏了许多同道的法缘而难过，于是痛切地在寮房内写下蕅益大师警语，贴在桌头，文曰：

“内不见有我，则我无能；外不见有人，则人无过。一味痴呆，深自惭愧，劣智慢心，痛自改悔。……”

这一小节忏悔词，表面上虽为自己一时失态而写，但实质上，也包含着一切情识上的自律哲理在内。

在静权法师讲经余暇，他也曾为几位年轻的比丘讲他自己的律学著作；但最后，《地藏经》已圆满，十一月底的江南，寒雨霏霏，大地如冰，这时文字上的功夫做不下去了，弘公感觉这副瘦削的皮囊忍不住北地风霜，这才黯然别了白湖，回到温州城下寮的故居。

在一九三一年的初春，温州比之钱江附近是温和些。但是，谁知阴历年刚过，也许去岁秋冬二季受了些阴寒，再加上白马湖滨的潮郁，蚊蚋多，湿气重，因此，不按季节的疟疾，又在他身上发作了。

是正月十五刚过，在昔日的关中，忽然觉得身上穿着棉袍，头上戴着风帽，还感着一阵阵针刺般的奇寒，弘公觉得很奇怪，这里的正月阳春，原不该这么酷寒！

当时，他还想不到这就是蚊虫为他制造的魔鬼袭上身来。后来，又连接打两个寒颤，手背上暴起许多鸡皮疙瘩，指甲变青，这才感觉受不了，在禅榻上盖着被子睡。谁知愈睡愈冷，待挨过了“冰山地狱”的折磨，火焰又从心上燃烧，仅是消极抵抗，依然耐不了这种苦难。因此，他想到，这又是病缘来考验了。

第一天过去，稍稍恢复些精神。当第三天傍晚疟疾鬼又扑过来，弘公知道又不是什么了不起的妖魔，便在冷热交瘁中，直着身子，披上袈裟，在佛前急念《华严经普贤行愿品》的偈子，字字高声飞扬，然后再回到耳根，只求一意待死，不作他想，直念下去。念到四十分钟时，已念得魔鬼无影无踪，念得窗外满天星辰，一片光环无底的世界展开，心与身全为一串清朗的经偈声，融化在那一刹那，心意是清凉的，万物与我成为一种无限的东西。

像这样，与疟疾鬼苦战了多次之后，无药无医，一心求死，最后，病魔终于败兴而去。但是，弘公却脱了一层肉，更显得憔悴、苍黄。然而，这还不能阻止他献

身佛道。

病略好些，精神稍稍复原，二月初，春寒未尽，又掮着行李上船，经过几天水程，到宁波上岸，当天在白衣寺挂单。事前，他已与老友夏丏尊约好，刚好，丏尊已与他同一天到宁波，住在城内甬江旅社。第二天上午，丏尊带了一个朋友去看他。

到了白衣寺云水堂上，他们见到弘一法师，丏尊说："我为你引见一个人！"与丏尊同来的，是似曾相识，十三年岁月，这个人已经两鬓飞花。

"均夫！"弘公说，"是均夫？"

那位朋友向他合掌为礼，他们三人一同走进待客的寮房里坐下。

"均夫一直想看看你，可是你总是云水芒鞋，游踪不定。这一次，你挂单在白衣寺，我便约他来看你。"

弘公粲然一笑。

昔日的艺术家李叔同在哪里呢？如今是一袭袈裟、脱身世外的修道士了。这时，钱均夫居士，身上穿着薄薄的棉袍，弘公则穿着罗汉衣式的短袄，赤着瘦瘦双脚，显得春天更冷。

"听说你已皈依了三宝，均夫？"

"那是受你的启示。"钱均夫说。

他与丏尊同是十三年前浙江师范的朋友。

"皈依三宝，是灵魂走上光明之路。好，好，现在，宁波有两件盛事呵，不要错过！"

"是什么事？"丏尊问。

"第一件，是谛闲法师在观宗寺讲经，至少要去参它一座。第二件，禅宗大德虚云老和尚从云南来，驻锡在天宁寺（不是常州天宁寺），要去瞻仰一番……"

"哦？哦？"丏尊与均夫同时感觉机缘不可错过。

这两件事，他们都已一一实行了。

由于因缘未了，弘公有一个最大的心愿，是弘传"南山律学"，他感觉亦幻法师有成就这种因缘的力量，这是他在春寒中北上的主因。

白衣寺的法缘一了，弘公再度回到白马湖，因为晚晴山房在生活上缺人照顾，依旧挂单在法界寺，这次有旧岁的病中教训，安住下来之后，便在佛前发愿，专习"南山律学"。弘公初出家时，急于自度，习《四分律》，日后境开，大彻大悟，回习南山，以赎前愆。同时，又留下遗嘱一份，存丏尊家中。这份遗嘱上说明两件事。其一："弘一谢世后，寄存在法界寺的佛经、佛像，全部赠给春晖中学的徐安夫居士。"弘公在白马湖的生活，都由他照顾。其二："身外之物，全部归法界寺库房留用。"

然后，再去白湖。这是大师第二次去白湖。

年轻的亦幻法师，所主持的金仙寺，是一个读书与潜修的道场，他回到白湖之后，有心写《蕅益大师年谱》，但是因为数据一时不全，便在小室中写《华严经的研究方法》，成稿。在白湖，《华严集联三百》已在上海筹备影印，这是大师写经历程中，一次重要的成就。

一九三一年的夏秋交接，是弘公从学律、研律到发挥律学的高潮。他想借一个重要的机会，把律宗从"天下大乱"中拯救出来；律学不兴，是佛教的致命伤。假如这一役失败，他便无心在创造上努力了。

原因是慈溪境内的名刹五磊寺，坐落在远城的山巅，与县城有一段距离，因为近山，而有山色之美；离城，而无市井之声。慈溪，介乎余姚与宁波之间，形势上，它与宁波、杭州、上海都是杭州湾地区的要点，往来僧界人士非常多，因此，在这里有缘弘扬律学，是一个最相宜的地方。最重要的是，它与亦幻法师主持的金仙寺，也只有十五里的路程。

由于弘公曾在金仙寺为青年僧讲过初步律学，所以引起亦幻法师帮助弘公大兴律学之念。亦幻法师是金仙与五磊两寺的桥梁，在关系上，他成了弘公与五磊寺方丈的枢纽，并且由他的鼓舞，请五磊寺住持栖莲和尚共同合作，以五磊寺作为根据地，从小规模讲律，然后正式成立"南山律学院"。

这一项计划由亦幻法师做构想，向各方面提出来，然后请弘公出面主持律学讲座。在理论上，这当然是一件有意义的行动，但是，最重要的一点，在弘公心理上，事可以脚踏实地做，名不愿背在身上。这年夏天他在五磊寺佛前发愿，决定以三年为期，演讲律宗三大著作：《行事钞资持记》《四分律行宗记》《羯磨疏随缘记》，在僧界企图造成一种重律严戒的风气。他深知，僧界无戒，终有一天必如朽木一般，自行腐化。这种生灭的程序是"渐变"的，物必自腐而后虫生，没有人否定这种生命死亡的法则。(弘公在这一阶段，往返于白衣、五磊、金仙三寺驻锡。)

在"律学院"计划的行动上，由亦幻法师与五磊寺的住持和尚在宁波观宗寺碰面，他们一同到上海找佛界著名护法朱子桥居士募集基金。(朱为东北军将领，因事逗留上海。)

亦幻法师、栖莲和尚两个人到上海之后，因缘凑巧，碰到曾经去过暹罗（泰国）的安心头陀（宁波白衣寺住持）。这位老僧，是南方戒律的行者，为朱子桥居士所尊崇。因此，他们便请安心头陀引见，在“一品香”饭店，与朱子桥会面，他把弘一大师的弘律心愿说出来，当时便由朱付出银币一千元，由栖莲和尚带回宁波。

无疑地，朱子桥支持南山佛学院便等于支持弘一大师，他愿意无限制地供应这个律学道场的经费！

栖莲和尚回到宁波，怀着满腔的欢喜，在白衣寺告诉弘公说：“……啊，弘师！我们这次上海之行，是功德圆满了！朱子桥居士已提供大部分金钱作为开办费用，我们这便可以着手订定章程招生了。”

“阿弥陀佛！”弘公一笑。

“——不过，”栖莲和尚接着说下去，“我们律学院，是一种长久计划，为了长久打算，因此，我想仅靠朱子桥居士支持是不够的。为了弘法利生着想，弘师！在权宜之下，我顺道印了几本‘缘簿’，我们再发动大江以南的丛林尊宿来一次捐献，律学院的基金便可解决，你以为如何呢？——这，还要劳你的笔，写一个缘——缘起哩……”

“缘起？……”弘公听到这里，已感觉这位老和尚的心，其目标在缘簿子，利用自己的浮名，捐一笔钱，即使用在律学院，这与自己的性情相背了多远呢？他一股脑儿地沉闷，要说出来；可是碰着栖莲和尚的面，又说不出，只憋得苍白的脸上透出一层愤红。

“这个，还务必请你慈悲一下吧！我们还等着它用啊！”老和尚看弘公喏喏地没说什么，又加上说，“我下次再来拜访你。”

栖莲和尚交代一番，便兴奋地回五磊寺，策划着这个律学院“设官分职”的问题。

《南山律学院缘册题序》，弘公憋一腔闷气，写成了。但是这篇序，交到栖莲和尚手中之后，也就连同缘簿埋藏在历史的灰烬中，未能与弘公的文钞一并传世。

当第二次栖莲和尚又在白衣寺出现，向弘公提出“律学院”的院长、副院长、董事、董事长、教务主任……诸多名上的安排，这把弘公一泓静水的心搞乱了。

弘一大师不要名，但老和尚要安排各方面的名义！

弘一大师想请五磊寺负责律学院师生“衣食住行”的生活费用，别无用钱处。而栖莲方丈却大张旗鼓，企图捧着缘簿，借弘一大师的名，向四众捐钱！

栖莲和尚，违背了弘公的意思，弘公创办“南山律学院”，但老和尚便起而歪曲了“律学院”的精神！最后的目的，他要做这个空头律学院的院长。

当弘公认清栖莲和尚的企图以后，只有忍泪搬开白衣寺，不再与栖莲见面！

亦幻法师在九月初从上海回来，到自己的寺里得到了噩耗——南山律学院，已胎死腹中。这真使他如雷轰头顶。他再去宁波找弘一大师，这时他已搬到“佛教孤儿院”去“闭门自了”。白衣寺门外，还留一块“南山律学院筹备处”的牌子，在秋风秋雨中飘零。

问题弄到如此，使亦幻法师做梦也没料到，但五磊寺的栖莲和尚在宁波找不到弘公，却也弄得无地自容。

这时亦幻法师坚持邀请，希望弘公依旧留在这里，等待因缘。

在这里，弘公心头依旧放不下弘律，他心头的烦乱，从母亲去世后，还是第一次遭到如此不宁。

后来他曾在自己的回忆中说：“……我从出家以来，对佛教向来没有做过什么事。这次使我能有弘律的因缘，心头委实很欢喜的。不料第一次便受了这样的打击，一个多月未能成眠，精神上坐立不安，看经、念佛都不能平静；照这种情形，恐怕一定要静养一两年不可了。虽然，从今以后，我的一切都可放下，但对我讲律的事，当秉持初志，尽形寿不退！……”

虽然后来又回到白衣寺，事实上，他深陷在烦恼中。

随后，由于刘质平居士的劝请，《清凉歌词》却在这时写成，由刘质平及其学生五人作谱，经过前后七年的琢磨，到一九三六年才与世人见面。

集中收藏的歌曲，是：

《清凉歌》；

《山色歌》；

《花香歌》；

《世梦歌》；

《观心歌》。

另谱一首《观心四部合唱曲》。

歌曲出版后，由夏丏尊作序。在序中，丏尊先生说：

从中华民国初年到二十年这一阶段，南中国音乐界人物，原是弘一大师李叔同的“薪传”，不是他的学生，便是他学生的学生。

写清凉歌的动机，是有一天，丏尊与刘生质平，访大师于白湖金仙寺，饭罢清谈，质平叹息音乐界充满靡靡之音，问题是作词者不易得，他叹息李师入山太早，和尚怃然！

歌词由弘公写出之后，交给他的学生刘质平，再由刘与他的学生们反复推敲，最后经过弘公印可，再由“上海新华艺术专校”与“宁波中学”各处分别演奏，始为定稿。

这种师弟间合作的艺术，五首歌曲，经过先后七年的试练，始与世人见面，恐是中国音乐史上的奇谈哩！

弘公写的《清凉歌词》，第一首是《清凉歌》，歌词是——

清凉月，
月到天心，光明殊皎洁。
今唱清凉歌，心地光明一笑呵！
清凉风，
凉风解愠，暑气已无踪。
今唱清凉歌，热恼消除万物和！
清凉水，
清水一渠，涤荡诸污秽。
今唱清凉歌，身心无垢乐如何？
清凉，清凉，无上，究竟，真常！

这是一首“三部合唱曲”。幽美，悠长。作谱人，是刘质平的学生的学生俞绂棠，是当时音乐界的杰出人才。

为《清凉歌词》的白话文注释，弘公特别请闽南佛学院的芝峰法师执笔，他当年九月四日在信上写道：

音今春以来，疾病缠绵，至今犹未复原，故掩室之事，不得不暂时从缓。前到金仙寺访幻法师，藉闻座下近况，至用欣慰。音因刘质平居士谆谆劝请，为撰《清凉歌》第一辑，歌词五首，附录奉上，乞教正。歌词文义深奥，非常人所能了解，须浅显之注释，批注其义。音多病，精神衰颓，万难执笔构思；且白话文字，亦非音之所长。拟奉恳座下慈悲，为音代撰歌词注释，至用感祷！……

这封信，是在白湖写的。这是他第三次到白湖。在另一封信中，又告诉芝峰法师，深深感念太虚大师，并且感谢亦幻法师的礼遇。

在这时，闽南的广洽法师，与弘公已早经默契，来信请他回厦门过冬。因此，在九月底，他便整装北上，途中经过绍兴、杭州，在绍兴时，与蔡丏因居士相遇，为师画像一张。

蔡就便请师撰写自己的年谱，弘公认为“平生无过人的德行，不足言述”。那一席谈话中，轻描淡写，把自己一生撇开，他希企后来学人要虔念《华严经普贤行愿品》，这一品是全部《华严经》的机枢，不可放弃。最后，留下《寒笳集》一本。径自行脚到上海。在上海，赶上“一·二八事变”前夕，日本军阀野心嚣张，师受到夏丏尊、丰子恺、刘质平的阻劝，再度回到宁波。

五磊寺的栖莲和尚，眼睁睁看着弘公要到闽南去了，“南山律学院”的摊子是覆水难收，急得要命，幸好弘公又从上海回来，在白衣寺，他又去恳请弘公。弘公回到五磊寺，虽然与栖莲住持签订了“约法十章”，让“律学院”享受到精神上的清白与自由，可是，终因缘分已尽，道不同不相为谋，弘公深深地反想，即使律学院在这里办成，也无法与栖莲住持平静地处下去。因此，在五磊寺住了几天，便移居到附近龙山镇的伏龙寺，过了年，又回到白湖。这是他最后一次驻锡白湖。

在这里，为了填补弘律不成的歉疚，为寺僧华云、崇德、纪源、显真讲了半个月律学，再回到龙山安居，为律学院的烦恼而忏悔、潜修。到五月间，温州城下寮护法赵伯厩居士恳求，为他亡祖母写经回向。因此，弘公又回到温州，也就住在赵家，写了《普贤行愿品》一卷，一直留在赵家。秋后，再回到伏龙寺与白湖两地做最后的勾留！

到法界寺，是阳历八月初。谁知，八月十日晚上，忽然觉得头脑昏沉，第二天一早浑身发了高热，昏倒在禅房里，这猝然而来的秋老虎，使体质脆弱的他还手不及；到晚上，肚子又剧痛起来，然后便急泻痢疾。一连四天，使他更加脱了形。白马湖畔的早晚凉与湖水的湿度，再加上白天的热，使他色身承受不了，而患上这种来势汹涌的重症。

弘公在昏昏沉沉中，摸索出早先自备的治伤寒痢疾之类的痧药水，断断续续地吃完了，因为病中无人照顾，又断了一天食。为了治病，在无人医治与无人看护的情况下，只有减食自疗，同时在痛苦中，提起佛号。这样拖了十天，才扶病写了一封信给上海的丏尊。

他深深感觉病前未立遗嘱而懊悔。

他向丏尊说："……因山居，若遇急病，难觅医药（即使不是急病，也是困难），所以医药不得不稍有储蓄。如此重病，朽人已多年未患，今已过五十而患上这种病，又深感病中起立做事困难，因此在这娑婆世界，已不再生贪恋之想，惟愿早生西方。"

他说："阳历九月十日以后，仁者要返家的话，那时天气已渐入秋凉，请到法界寺与住持预商临终助念及身后事，至为切要。这次重病，未能预立遗嘱，因此，还未能一意求生西方，这证明只是侥幸求生的念头作祟，真该惭愧。……"

经过了这次病的折磨，弘公感到生命的脆弱，要想维持余生，在大江南岸已觉更加费力，这样住下去，只有加速肺疾的早期爆发，因此，在四季如春的闽南，也许更适合他的身体。这一念掠过弘公的脑际，便在意识中决定："闽南，对我更为安全，对色身更为可靠，在器世间的残年，还可以苦修苦学一番！"

正是"留得青山在，不怕没柴烧"！生命的目的，是为了创造一个高度智慧的生命；生命的意义，便是为美化更庄严的生命！

弘公这场病，两周后痊愈，两个月恢复健康，对他出家以后，多次行脚的钱江南岸，做最后的瞻望，到农历十月底，终于告别景色如画的浙东山水，鸿飞南闽去了！

法侣【贰陆】

南闽的冬月，亚热带的地缘，被海风与温暖的阳光涂上一层江南五月的颜色。这儿榴花盛开着，冲淡了残冬的落寞；人们犹穿着单衣。弘公十一月初到了厦门，心情为之一振。他油然想到“安得广厦千万间，大庇天下寒士俱欢颜”的杜工部名句，想到冬残岁底，在北方那种苦寒。北方的寒门，在酷寒中那种凄苦的景况，住在富人屋檐下，是如何地需要一间躲避风雪的茅屋！

在闽南呢，可不同了。人们只要一件短袄，便可以度过冬寒，没有高楼广厦，在那些富人的屋角下一样没有凄寒之苦。不仅对于北方的穷人，到南方有日子好过，即使是作为比丘的佛子们，在南闽，也只要一袭袈裟，大小三衣，便能安度岁月。这里——不要棉鞋，不要围巾，在冬天，感觉上春意盎然。因此，到了厦门之后，弘公便写了一封信，给北方的俗家侄儿李晋章（雄河）居士。

他说：“厦门榴花盛开，结很大的实，人们犹着单衣。……”

他说：“厦门天气甚暖，我仅穿一件短衫，外罩一袭夏布大袍，出门还带伞遮阳，这与平津八月天气相仿，榴花、桂花、白兰花、菊花、山茶花、水仙花同时盛开。……”

他的心情，随着早降的春色，开朗了！

这时上海的报上，登了一段“弘一大师李叔同”的不幸消息，便是说：“中国艺术大师——李叔同，弃俗为僧后，与世人隔绝，修梵行，于日前在闽南山中圆寂。……”

这则噩讯，也是他俗侄李晋章居士在信上告诉他的。弘公看罢，怡然一笑，他想到三年前上海的新闻纸也开他玩笑，说他死了！好像他这一死，至少使中国艺术界失落了什么。

不过，他还是告诉晋章居士，报上的新闻，事实上只是“新闻”，真假参半。当若干年前，一位星相家为他预言，他的世寿，灭在六十岁上，这比他的哥哥——晋章居士的父亲文熙还少活两岁。佛经上说，“人命在呼吸间”，寿命长短，本不足道，那不过是江湖人为谋生姑妄言之而已。不过，自此以后，差不多每隔几年都有一次“弘一大师圆寂”的新闻。

弘公初到厦门，是住在“万寿岩”。因为厦门是旧地重游，旧侣重逢，生活也没有波动，便在这里，编集一册《地藏菩萨盛德大观》，来纪念“地狱不空，誓不成佛”的地藏王菩萨的伟大慈悯精神。稍后，便到中山公园边的妙释寺，讲“人生之最后”。

根据佛家“净土宗”处理人生最后那一课的方式，弘公写了一本小册子，这本册子的主要精神是告诉学佛的人们，在“临终前”，要把握那一段稍纵即逝的时间，要放下身外之物，放下父母妻儿，放下烦恼悲苦，一心念佛，只有一条路——往生极乐世界。——这是一种人类在生死过程中，在佛学上最简单，而在世俗间，却又是最不可理解的问题！对于精神上的事，你只能用直觉，而不能用理解。

当自己把握住心灵念佛之际，同时在朋友们助念之下，室内采用“西方极乐庄严图”的布置，使主人的灵魂与佛境打成一片，直到抛弃这个苦恼的世界。……八小时后，再办理身后事。结果，是一堆薪柴，与他的肉身，同化为灰烬……

如果，这个人侥幸不死，这也归功于精神力量。

佛家对于“死”，看得比“生”更重要；重要的是，人身难得。因此，弘公在讲这个课题，开始便提出了古人警句“我见他人死，我心热如火，不是热他人，看看轮到我”来告诫学人。死，是人生最后一段大事，不可须臾忘记！

为了在妙释寺讲学的方便，有时弘公也在这里小住几天。这时，与他建立第一个法侣因缘的广洽法师，因他之来，也常常伴着他，到妙释寺来。

当他决定离开“万寿岩”之前，特别为这里的主持人——了智上人，刻了一颗阳纹方印，文曰“看松日到衣”。大师自披剃以来，极少动刀，这次也许是色身因到了闽南，有意外的轻快，意兴所到，刻下这颗印。从艺术观点说，刀法苍古而严肃，笔法沉潜而豪迈，这该是出家后的杰作。

到第二年（一九三三年·癸酉）正月初八，他从万寿岩正式移居到妙释寺，由寺中慧德比丘及性常法师，把房间供养出来，让弘公安住。

到妙释寺当天，便开始讲“改过实验谈”。

“改过实验谈”，实际上，是他自身学佛自我陶炼的经过。他深深体会到“知识”的重要，虽然世间有许多人，天赋夙慧，生而为圣为贤；但是大多数人，则是从知识中摘取智能的花朵。知识——是人类心血凝结的宝藏，是前人经验过来的路程。

世间，也有些不自量力的人，否定知识的权力，结果，他必将尝试到缺乏知识的愚昧灾害，比“错误的知识”更为可怕。

弘公以“知识一学问”为基点，要学人多读书（读儒家的与佛家的书）；多读书，才能明白善恶，分别是非。第二步，是“反省”。有了知识作为“抉择力”的基础，自己举手投足之间，起心动念之际，为善为恶，便见分晓，这时应该做“反照”的功夫！第三步，是“改悔”。知道反照，了解善恶，做了恶事，动了邪念，便该改悔，这是最后一步的功夫——为善去恶！

子贡说：“君子之过也，如日月之食焉。过也，人皆见之；更也，人皆仰之。”人心不古，不在物质之不古，而在精神之不新。因此，改过，是一件光明坦荡的事；忏悔，是一桩磊落自责的行为。

弘公把他五十年来反照功夫做十项总结。他解释说：

第一，人们要学“虚心”。虚心并不是怯懦。

第二，人们要学“慎独”。单人独处的时候，如对神明；只有在这时候，才能见到谁是百炼金身！

第三，人们要学“宽厚”。在那种以恕待人的心情下，应该把自己当作释迦、孔子，善待每一世人。

第四，要学“吃亏”。不要计算你计算器上的一分一秒，上苍忌讳世人刻薄与刁巧，老聃说：“天道无亲，常佑善人。”

第五，要学“寡言”。舌头，是一口双锋的利剑，它一旦出了灾祸，一边伤自己，一边伤别人。（弘公经常默坐终日，念佛自照，这是他的自省功夫。）

第六，“不说人过”。管住你自己的口舌，这与第五项异曲同工；时人最大、最浮薄的毛病，便是道人长短。

第七，“不文己过”。不文，便是不狡辩弯曲。把过恶东推西诿，实在不是君子的行为。

第八，“不覆己过”。盖覆己过，隐忍不说，便是自欺欺人。第六、七、八项，事实是说明一件事——要光明磊落地做人。

第九，“闻谤不辩”。弘公说，他三十年来屡次经历过，“息谤”，靠的是“无辩”；

吃小亏，不遭大祸。不过，平凡人，人骂他，谤他，只要弄到当事人耳朵里，总是满腹怒火，最后是彻底地洗刷一番！

第十，“不嗔”。“一念嗔心起，百万障门开”。“嗔”是“心贼”，除之不易。但是，学圣贤的人，除不了嗔，从此便休入“佛道”：佛家要人们除“贪、嗔、痴”三毒，其实，贪、痴易去，嗔病难愈！

这十项总结，经过自身精密地安排与切实地体验，语平凡而意深挚，照这几条去实行，只有有心人方能入木三分！

弘公这一天讲罢“改过实验谈”，当夜梦里，自己化身为一个美少年，与一位儒家学者同行。在行走中，忽然有人朗诵《华严经贤首品》的偈语，音节凄楚而动人，听了片刻，后来与那位儒者再踅来，见到路边有十几个人席地对坐，中间有一位操琴者，另有一位长髯老人作歌。老人座前放一张纸，纸上写一行大字，赫然是《大方广佛华严经》的经题，弘公这时知道老人正在以歌说法，心头油然起敬，因此，要加入他们那一行列，师问：“这里有空容纳我们吗？”

老人说：“喏，两头全是虚席，坐吧！”

师见老人许坐，正待脱鞋入座，忽然梦醒；但醒后并没有忘记那一段凄楚的经偈，便起床点灯，写下梦中的经句：

菩萨发意求菩提，非是无因无有缘；
于佛法僧生净信，以是而生广大心。
不欲五欲与王位，富饶自乐大名称；
但为永灭众生苦，利益世间而发心。
常欲利乐诸众生，庄严国土供养佛；
受持正法修诸智，证菩提故而发心。
深心信解常清净，恭敬尊重一切佛；
于法及僧亦如是，至诚供养而发心。
深信于佛及佛法，亦信佛子所行道；
及信无上大菩提，菩萨以是初发心。

弘公写下这《发心行相五颂》，在深夜回味那梦中凄凉的梵诵声，觉得犹在耳边缭绕不散。到第二天，便把记下来的颂恭敬书写，赠与法侣广洽法师，又以跋文记述梦中的故事。

弘公说：这是他来闽南弘扬律学的心灵反应。

在心灵上，由于过去弘律的誓愿没有达成，如今，既有了梦中的预示，因此，半个月以后，在妙释寺，向寺中青年比丘讲《四分律戒本》，并且把他在浙江弘律的遭遇，告诉学人：一个人求学固困难，然而有个美好的求学环境更难。弘公说，这次讲《四分律》，是宣扬律学的第一步，但他已不敢再希图发展大规模的佛家事业了。

大师告诉他的学人说："唉！我业重而福薄，只望诸位同道能共同肩起南山道宣律师的法幢，这便是我最后的希望！"在《四分律》讲过以后，因此便形成一个"律学"集团。这个小小的律学团体，包括当时的瑞今、广洽、性常等十一人，以及而后的传贯、广义、仁开、觉圆诸法师……

到二月八日，弘公率领这一律学团体，回锡到万寿岩编定《随机羯磨讲义》。(著者按：随众生的"机类与根器"，而制定受戒、忏悔等律学上的条文，由条文的宣告，成就律学上的"事境"，这种应机的律文，称为"随机羯磨"。"羯磨"，梵语意译为"作业"，实施方式，如今之"检讨会"。) 到三月初九开讲"羯磨"(传贯法师于二月自泉州来此听羯磨，并发愿为弘公侍侣)，直到五月初八圆满，整整两个月，学人受到弘公"现身说法"的直接感动，全部发心过午不食，其中有的正在病中，卧床不起，这种奋不顾身的献身佛法行为，使弘公的心灵间，对律学的信心，又升起火花。

《寒笳集》，也同时在讲律期中重新编定(这是大师第二次对蕅益大师的警训重新加以编辑)。

到五月三日，他领导一班青年学人，在灵峰大师诞辰，撰写《学律发愿文》一篇，愿尽形寿，到来生多世，为僧界的名誉、佛法的生命，宣扬七百年来湮没的律宗戒学，永不疲倦！

到五月初十，他又率领这一批学人，受到泉州开元寺主人转物老和尚的邀请，到开元寺尊胜院"结夏安居"。

在这短短的一百二十天里，经过这一番理论上是"学术"的号召，实际上是"自律"的行为，由实践到宣扬，弘公与他的法侣们，已开始成为苏格拉底式的"游学团"，而受到当时佛教界与社会各阶层所崇敬！

事实上，弘公自此定居南闽，他的光芒亦由此迸放。

弘公到泉州，结夏在尊胜院，主要的努力方向是圈点《南山行事钞记》。这是一种大部头分析戒律行为的著作，当他圈、点、校正完了，便写下一篇《圈毕行事钞后记》。

⊙弘一大师的书法。大师律己极严，此为大师的血书“三省”。

他在后记中写道："我自出家之后第三年（民国九年），居杭州玉泉寺，购得日本古版《行事钞记》，无暇研读，到十三年（甲子）四月，这部古典，已赠与江山一个佛寺，到十九年六月，住在晚晴山房，再度详读天津新印的钞记，加以圈点，同时抄写'科文'，改正错脱，到今天首尾三年，才告完成。这三年中，所到之处，恒常供养奉持，不敢放逸。在这一过程中，二十年二月在白马湖法界寺佛前发愿，专学南山律学。夏季，移居五磊寺，自誓受菩萨戒，再发弘律大愿，旧岁九月，归永嘉，十一月，回南闽，在厦门妙释寺讲《含注戒本》，于万寿岩讲《随机羯磨》，今年五月初，来泉州大开元寺，结夏期中，越两月，全书点校完毕，并写下整理这一律学典籍的始末，以示后贤。……"

在一九三三年（民国二十二年·癸酉）大师已达五十四岁，这一年开始，他的精神，便全部放在执持戒行与弘扬戒律的功夫上！

结夏第二个月，是农历闰五月，有一位人像画家卢世侯，在旧岁十一月底，弘公自浙江来闽，他得以拜礼一代艺术大师。当时正逢大师选辑《地藏菩萨盛德大观》，历述地藏菩萨救度众生的事迹。这位居士一来表示信佛的虔诚，同时深受到弘公那种深沉淡泊的精神感染，把色身看透了，偷偷在家中割开食指，刺血绘地藏王圣像；像造毕，便捧到万寿岩，这深深感动了弘公，因此，希望这位居士以他纯净的心念，再绘"九华垂迹图"。谁知，卢世侯得到弘公启示，果然，便起程北上，游访九华山，亲礼地藏大士圣迹，到这一年四月归来，已把"垂迹图"画好，又送到泉州开元寺来，弘公是何等地欢喜赞叹？为此，他也写了一篇《地藏九华垂迹图赞》全文十颂。我们要把赞文写成故事，便是地藏王菩萨垂迹的全部经过。

——释迦牟尼佛灭后一千二百年，也就从我们活着的时代，上溯一千三百年间，地藏王菩萨示迹在新罗国的国王家。在我们唐代高宗永徽四年，金乔觉王子二十四岁在本国削发出家，由海道来华参访佛道。他遍历中国名山大川之后，便在皖南青阳境内九华山，栖息于一石洞中面壁，参那个父母未生前的本来面目！

当时有一位老人闵让和，是九华山的山主，地藏向他乞一席地，闵老答允。菩萨便以袈裟张开，向地下一覆，谁知却覆尽了九华，于是老人便将九华山全山供养地藏，他的孩子道明，也就此看破凡尘，随地藏王削发修行。

如今，地藏圣像前那一老一少，便是闵让和父子。

菩萨栖息九华，因为地湿虫多，色身常被蛇虫毒噬。有天，一位妇人供养药物来，说道："孩子们无知，请菩萨慈悲，愿出净泉，以赎儿罪。"说罢，化一阵清风隐没。从那时起，山上便有一处甘泉涌出，为菩萨带来一泓净水资身。

那时又有一个老村人诸葛节，与村上老人同攀九华高峰，至石洞，见菩萨瞑目独坐，有一只缺脚的鼎，鼎中的饭，是白土混米合成。他看到地藏菩萨的苦行，动了慈心，自念："和尚如此苦修，我们在山下结庐而住，何等惭愧？"便发心建寺。约一年，一座巍峨的伽蓝，从平地上耸立了。这个消息，辗转传到新罗，新罗的比丘们便成群渡海，来九华皈投座下，因此成为一方大刹，但又因粮食不足养活这么多僧侣，地藏便打开山上青石，出青白色的泥土，菩萨用这些白土当面，供养大众。

越过中宗，到玄宗开元二十六年，七月三十日夜间，菩萨辞世，向大众告别，这时山林栖鸟悲鸣，钟鼓嘶哑，菩萨色身住世九十九岁。(按:《宋高僧传》——地藏化身于德宗贞元十九年示寂。)

自此而后，地藏的感应，便深入民间，九华山也成了中国佛教圣地，与地藏菩萨圣德，同垂于中国史迹……

根据金乔觉比丘行迹的经过，卢世侯绘成"地藏九华垂迹图"，弘公便为地藏圣迹又写了十首赞颂，配图成帙，以成就世人供养的因缘!

弘公结夏安居到七月底，又在佛前依《瑜伽师地论》，录下自誓的受菩萨戒全文，给他的法侣们随意在佛前自受。此后，便继续编撰《戒本羯磨随讲别录》，到八月二十四日开讲，在这时又编定了《南山道宣律师简谱》。

一个月以后，十月初三，是道宣律师的示寂日，他所编的律学讲义，已陆续讲完。由于南山律师在晚年所写的《羯磨疏》在终南山丰德寺完成，为了纪念这一代律学大师，弘公便以"丰德"二字，赠予性常法师作为别号，这也是弘公对于法侣性常的一种期望之情。

十一月初，弘公写出《梵网经菩萨戒本浅释》，便请十五年后飞锡菲律宾宏化的瑞今法师代座(瑞师于一九四八年正月赴菲)，在厦门妙释寺开讲，性常法师随瑞师去厦门，而为听众之一。

在弘公的律学集团下，以"法"第一。

弘公在这一阶段，与瑞今、广洽、性常、传贯、妙慧、广义、觉圆、仁开、圆拙……诸位青年法侣，已建立起一种孔门师徒与释迦之与阿难、迦叶，苏格拉底之与柏拉图的至情至性的关系。

他每至一地，法侣们必然随侍于侧，这形成一种精神上生死荣辱与共的传道典型。再往后看，这种令人仰慕的传道群，已不复再见!

弘公在世间法上，是个诗情种子，虽然出家后，把世俗的文学、艺术抛在九霄云外，但是那一种系念之情依然存在。

恰巧，在十月小阳春之后，与法侣们经过泉州西门外，潘山之阳，矗立在山坳里的唐末唯美派诗人韩偓的墓道，被弘公看到了，他骤然惊喜——原来这位与“社稷偕亡”的诗人遗迹还在这里！

弘公在情感上，认为与韩偓有深厚的“宿缘”，事实上，弘公少年时，已熟读韩偓的诗。而他少年时代的诗文，何尝不是“唯美”；这不仅因为韩偓在国破家亡、政府流亡到闽南的角落里，还守着他一片赤子之忠诚，这相隔千年的两个人物，能把心灵息息相通，不过是由于他们性格上某一点有突出的相同；这正似他与南山律师在律学上息息相通一样。

因为——韩偓有完整的人格，而在韩偓作品中的《香奁集》，弘公从他的性格上分析，这一段文词溢美而带着点女性情调的诗文，不该是这位“唐末完人”的手笔，否则——便会破坏了他的完美。在文学上，弘公否决了韩偓的唯美主义，这番用心该算很苦。

同时，又搜集了很多资料，来证明韩偓的《香奁集》是别人伪作。最后，便叮咛在家弟子高文显居士写一部新的《韩偓传》。不幸，三年后传记写成，稿本却毁在开明书局的火劫里，在历史上说，唯美主义的韩偓，结果还没有洗清“唯美”的名声。

在韩偓墓前，弘公几乎是“袈裟和泪”倾伏碑前。后来，他由高文显居士所发现的韩偓一首诗中，证明韩偓是彻头彻尾的忠魂，并没有亡国商女那份余情写艳诗。这首诗在《全唐诗》里，也没有收录，可以说是一次新的发现。

这首诗，是一曲亡国人的哀歌，诗曰：

苍茫烟水碧云间，挂杖南来度远山。
冠履莫教亲紫阁，衲衣且上傍禅关。
青邱有路蓁苓茂，故国无阶麦黍繁。
午夜钟声闻北阙，六龙绕殿几时攀？

这首诗写在惠安松洋洞。

韩偓的诗，有许多带着禅意美。这首爱国爱家的作品，发现后，便被弘公录为中堂，作为精神上的纪念。

也同在这年初冬，弘公法侣广洽法师（便是战后在新加坡主持薝卜院、监理弥

陀学校的广洽法师)，为师造像，像上由北方的丰子恺写诗作赞。赞曰：

广大智慧无量德，寄此一躯肉与血。
安得千古不坏身，永住世间刹尘劫！

然后石印，分赠给这一律学道团的净侣们。

到十一月中旬，大师受到城南乡间草庵寺住持的邀请，到那里去过冬，便由传贯法师伴同；到岁底，性常法师也由厦门到了草庵，一同与弘公度过一九三三年的残冬。

在除夕这一天，大师在草庵意空楼佛前，特别为这两位法侣选释《灵峰蕅益祭颛愚大师爪发衣钵塔文》。

这篇文，充满了对世情的分析与讽刺，用白话去注释，应该是这样的：

啊！人与人间，不难相爱，而难于相知；如师者(颛愚)真是知我(蕅益大师自称，下同)的人了。世间即使有极少数相爱同时相知的人，而志同道合，情操砥砺，我虽不敢与大师崇高的德行相比，但有三项自律，尚无违背。这三项便是：崇尚质朴，不务虚文，不苟合时流。注述经论，持赞戒律，不挂羊头卖狗肉。甘于淡泊，甘于寂寞，而不愿受到盛名的羁累！啊！以佛门的德学如师，而我又蒙到如许相知相爱，心灵如此投契，令我终身难以忘记！

师在佛道上，所证的功夫深浅，不是我能想象；但师之生平，令人最倾心处，现在写下来，以志不忘！

“当今知识界，极少不被名牵，不为利诱，不依恃权势与声望。但如师能自守而又自爱者，世间不知能有几人？

“当今知识界，极少不玩弄鬼魅伎俩、浮薄肤浅、其行为令人惊异万分的；能如师之平实稳重地做人，世间又有几人？

“当今知识界，不以华服盛装取悦于人，那种放浪形骸、目空一切的恣情大意，能如师破衫草鞋，茅屋土阶而栖者，又有几人？

“当今知识界，无不精选花衫随从，出入形影而不离，能如师亲身洒扫洗涤，自甘劳苦的，又有几人？

“当今知识界，极少不同流合污，而他们又美其名曰权巧方便，慈悲随俗，如师不作鸡口牛后，甘受世人讥为老迂腐者，又有几人？”

因此，世人只要受到师的高风所拂，顽夫无不廉，懦夫无不立；如伯夷自甘于阳山饿死，正是他的人格清标所在，岂是一般投机取巧、身虽活而心已死的人物所能比拟？

蕅益每悲佛陀正法，一坏于道听途说、入耳出口的狮子身虫；再坏于色庄严而心腐烂、羊其质而虎其皮的佛门败类。他的老子杀人，儿子便要行劫，父子效尤，有何事不可为？

师的爪、发、衣、钵，如今侥幸存留，而师的德行道风不灭，后来人如果受师德所被，能有继师而起，共挽狂澜于末世的人吗？

弘公为性常、传贯两位法侣开示这篇文字，而实质上，他深感当时的社会人心，正处于蕅益大师的相同时代，恐怕若干年后，比这时更糟！蕅益大师的文字，正是弘公心灵深处发出的声响。他讲述时，心情战栗，眼里充满泪光，他也不过想藉这篇文字，能找到几个传承他弘律的誓愿，相知亦复相爱的法门侣伴而已！

文既讲完，便恭写“绍隆僧种”四个大字横幅，赠与当时伴他的性常法师！这实在是有心人别有怀抱，夫复何言？

【贰柒】悲怀

一九三四年的春天，甲戌新年弘公继续在草庵为青年僧侣们讲“戒”。似乎他每到一地，对出家僧侣，尽可能揭示“自律”的意义与精神。二月初，他便接到厦门南普陀寺常惺、会泉二位法师邀请，原希望以弘公的严肃与戒行，来整理闽南佛学院的僧伽教育，重振昔日的学风；谁知，弘公来到旧地，寺中的旧友如芝峰、大醒诸法师已远涉他方，院里的青年学僧与执事们，也没有一位是相识的了。

初到这里，还看不出什么眉目，在感觉上，这里好像一团雾，叫人展不开视线。而且，此刻的弘一法师，已不是昔时的杭州师范李叔同先生了。他的精神已沉潜于自身的梵行，对处理人群的事，已与他的行为不相为谋。因此，他想不到要如何着手整理这一座佛学院，便在这里向僧侣们讲一次“盗戒”——养廉的方法，洁身自爱的要诀——然后潜居到后边山麓的“兜率陀院”。

对于僧界教育的现状，他没有放弃立场，只是叫你说不出的棘手感觉，使人觉得因缘无分。在另一方面，却告诉他的法侣——瑞今法师，要创办一个培养僧侣人格的学苑，教育青年，应先从方寸之间，“养吾浩然之气”。换句话说，教育下一代，并不只在乎灌输他们的知识，主要的目的乃在培养他们一股“正气”，在世间做一个堂堂正正的人，不卑污，不畏葸，不邪门；出世做一个自律律人的比丘，不带香火气，不落在贪欲里。于是，弘公告诉瑞师，这个教育青年僧的所在，赋予一个名称，叫“佛教养正院”。养正院的基本院训，应从“惜福、习劳、持戒、自尊”做起。——戒，也便是做人的基础条件，弘公教人、自教，中心是“戒”！从此瑞今法师肩起了这份重担，开始筹备“佛教养正院”；于是，南普陀寺，从三月间便出现了一所年轻的僧侣学校！

弘一大师，则隐居在山后“晋水兰若”(即兜率陀院)，因为他从上海新请到一部日本《大正藏经》，从事清校“戒律部”的文字，并且写了一篇《随机羯磨疏》的序文，对天津刻经处负责人徐蔚如居士，说了下面一番话。

弘公说：“《随机羯磨》，目前流传的，有敦煌石室古写本，旧宋藏版本，高丽藏本，宋藏本，元、明藏，宋碛砂藏，清藏，明清别刊等多种版本。可是宋、元各藏错脱极多，明藏校正，也有妄改；只有《高丽藏》最为完备。天津徐蔚如居士参阅多种版本，互相考订，并以《高丽藏》为主，采他藏之长，根据《道宣律师疏钞》及《灵芝记》为指引，历一年多，乃成此本，一正古本之误，便于初学人研究……功在万世。

“居士校刊典籍达两千卷，并以本书最精湛，此种扶衰振弊的功德，可说是伟大。今我(师自称)又检同日本《大正藏》详校，与旧宋、元、明等藏，《南山疏钞》《灵芝记》等文，详细审订，稍有修改，以全完璧，后学者读此书，应该感觉到难遇的幸运想！因宋元明诸藏中，此书讹误最多，错舛脱落，满纸皆是，既无法卒读，也只好掩卷叹息，束之高阁了；如无今天校订本，恐怕绝对没有人能读通此书了，南宋以后的律学没落，难道是这种因缘？

“我今天以奇缘，有幸读新校订本，真是欢喜万分，叹为稀有，并且愿尽未来际，誓舍身命，竭尽心力，广为发扬；更愿后来学人，读诵此书，珍如白璧，讲说流传，万世不息，使律学发扬光大，常耀人寰……”

弘公也正与一般沉潜于学术界中人一样，每次考订了一种佛经上的典籍或者发现了一种佛学上新的知识，便和他当初学音乐、学画时一样，当他纤长的双手，能流水般奏出“柴可夫斯基”“贝多芬”“李斯特”时，那种心灵上的欢欣，是无法形容的！

然而，在这座小兰若里隐居，却是过的“结夏生活”，从四月到七月的雨季，每天只是一餐，每餐一菜！

我们借用一段儒家的话来描写他那淡泊宁静的苦行僧生活，便是孔子说：“回也！一箪食，一瓢饮；在陋巷，人不堪其忧，回也不改其乐，贤哉，回也！”在这个时代，除了“住”，弘公比颜回高明；吃的、穿的，心情的光明洁净，恐怕颜回也要谦逊一番了。

结夏以后，弘公又恢复了平日的生涯(除了每天过午不食，不出门，其他还是一样)，到八月间，他又研究另一种律家的著作——清初见月大师的《一梦漫言》。

他为这本传记式的小书，兴奋得废寝忘食。因此，他在这本书上，加上自己的眉注，又把书里的经过绘成地图，使后来人能了解古人真正的亲身经历，兴起一种历历如绘的感觉，让他们明白见月大师这位高僧的一生。

弘公初读这部书时，以为是时下人写的一本“佛学散文”，谁知读后才知是清初宝华山见月律师自述行脚的“小传”，真高兴极了，于是废寝忘食地一口气读到底。当他读到感动人的地方，也曾为当年的见月律师流过无数次眼泪。读完，还觉得不安心，又作了“行脚图表”“考舆图”和“眉批”；然后，再与原书地名对一遍，用粗线标定行脚路线。对受戒以后的经过，没有标线，怕叫人淆乱了视觉。弄好，这算是读古人书的一点结果，从古人身上承受到一点东西！

也许，为了读《一梦漫言》的缘故，或者弘公受到南山与见月两位古人的感染太深，在这一年，从春到夏，从夏到秋，他一直浸沉在见月律师的故事里。(著者按：见月大师，生于明，寂于清。）

起先他考订《羯磨疏》时，从经目中看到《一梦漫言》，一读之下，认为是缘深，便动心研究见月律师生平。他觉得见月律师一生对人对事，着眼一个“严”字，因此有些人认为他严得过火，欠缺人情！可是，弘公说：在这个世纪末的年代，一些所谓“善知识”，多无刚阳之气，没有古人的硬骨，动则同俗流、合俗污，却自道是“权巧方便”“慈悲随俗”，陶醉自己。《一梦漫言》，正是时人灵魂病良方，出家人，该与世俗立一不同处，“我与见月律师”，所见相同！

于是，弘公对《漫言》一读再读，三读。校后又加以标点，注记。一天，在入梦前，追忆到见月老人遗事，发愿到华山拜“见月律师灵骨塔”，一念至此，枕边落泪如雨。他痛心于佛门戒律不修，僧格委地，再过二十年，有着袈裟者，也是世间的盆景，聊备点缀而已！人心不洁，如水向东流，这样搞法，再过若干年，释迦牟尼佛的大门也只好宣布关闭！

“佛门不整，佛法陵夷，有什么事来证明？”有人不甘愿地问。也许若干年后有人不屈服于弘一大师的“过分挑剔”。

然而，行持深厚的弘公，对世界他已经封闭了自己的嘴巴，终天不愿多说一句闲话，除了讲戒、说律，生活上的三言两语；此外，他只用他深沉而智慧的眼眸，用他严肃而不屈服的表情，用他流血流泪为佛门受难的悲心看世间，评定世间。

有些人啊——我们的兄弟姊妹同道们，心照不宣，互相想一想，杀、盗、淫、妄、酒，哪一样没有乱了你的方寸，没有弄得你心荡神摇？要是穿一身西装、长袍，我们还可原谅，还不至于流泪！

在大庭广众之下教别人用文字去美饰自己，都没有人说什么，只要不觉得肉麻、脸丑；对着庄严的圣像，难道你能说“佛啊，我的说法，我的文字，都是骗人！骗人！骗人”吗？怎样才能使人们觉得佛法庄严呢——那便是铸一个实至名归的“你”！不要一股劲儿外面光坦，内部腐烂！佛弟子，自必须“不与人同”！最低限度，与名利中人有个分别，弘一大师才不会为此而涕泣！

弘公与见月律师有几分相似，便是待人严厉，但自责更严；心中慈悲，却不放在嘴上。

他已默摈了这个世界与这个世界上污秽的人心！人，总找个最幼稚最叫人发呕的理由，为自己辩护，其实，人眼睛是雪亮的，有心人只是不戳穿你，但在心上写下你这一笔卑污。至于那“无心人”呢，你骗我，惑我，侮辱我；我也骗你，惑你，侮辱你！

弘公的悲怀，发为戒律上的苦行，化为自身的沉默，冷峻地分析世间，情感从读古人书中泻泄出来；代替了直接撕破虚伪——为佛法被陵夷的哀痛！

因此，平日他整天没有笑容，没有形诸外在的欢乐。他只想到先把自己塑成一个无愧于心的和尚，但不望别人恭维他为法师、律师、大师！哪怕别人说他是一个“自了汉”，那也由他。

今年，他五十五岁了。自信，他没有浪费时间的一分一秒！把色身献给佛道，也等于庄严自己。

见月律师的《一梦漫言》图注弄好，这时已到八月底。有庄闲女士者，手书《法华经》将要出版，她对弘公的身世有很深的了解，出家后，又如此高深（其实并非高深，只是人们这样看他）。因此，她托人请师为经文作序。

弘公接到这卷手写的《法华》，字迹整齐而秀丽，全文没有错落，没有污秽，轻香拂鼻，深为赞美，于是他把古人写经的那份虔诚，在这篇文里描写出来，并且他自己写经，虽不似古人那样繁琐，但是精诚在内心，流为笔触，已全部做到。

他说：“古人对经典的奉行，第一便是‘书写’。据历史传说，魏、唐之际，人们书写经典，虔诚万分。在写经前，要先修净园，再遍种楮树，楮树行间，种植香草名花，浇洒香水；楮生三年，香气四溢（楮，为制纸原料，有香味），再造小屋，用香泥涂地，然后请匠人造纸，并斋戒、沐浴、盥洗、漱口、遍身熏香，换洁衣出入，剥取楮皮，浸入香水，取楮皮造纸，经一年多纸成，又筑一墩高台，在台上砌屋，即使一瓦一木，都洒以香汤，屋成后，庄严洁净，布满香花，案前有幡有彩；写经人，日受斋戒，入经室时，夹路焚香，梵呗引导，供养鲜花，然后书写。

“写时，用香水掺入墨汁，沉香木作笔管，笔下迸香；提笔时，徐徐凝神，吐气。书写一章完了，封在香袋中，供于香橱，安放净室。有这种精诚，因此灵瑞时现，下笔时，字字放光；或见护法神现身，加以护卫；或引奇禽，衔花供养（另有传说：写经时，笔生舍利），经文成就，大众瞻仰时，同时赞叹，逐页虔诵，光华灿烂……

“妙道居士（庄闲法名），写《法华经》，庄严精粹，无以复加……愿后来人，随力奉行，利益有情……”

从弘公对古人写经的了解，可见他自己书写佛经时，是如何地虔诚、精细！看到弘公手写经卷的人们，必会感触到这位大师写经时，心如静水，意似抽丝，一心而不乱。仅在写经上这种潜静的功夫，便足以获得常行三昧，何况，他出家以后，便隔绝尘俗，走入宁静的自我世界。

这年九月二十日，弘公五十五岁初度，便在净室为自己写小像一幅：略有几根疏疏的髯、染衣、道貌，俨然是世外闲人！弘公似乎有一股厌烦娑婆的急切心，于是，对世情回避愈远。印光大师以一个“死”字推拒尘俗，他则以“沉默”远离世界。

但是，唯有一个例外。这便是与他的法侣们瑞今、广洽、性常、传贯、广义、妙莲诸法师，有时娓娓说一小段过去的故事，或者讲一小段写字、雕刻、绘画的方法。

这时，他有一幅联句，给他的法侣之一的广义法师，后面并加一节跋文，说明赠联的动机。这个跋里，从一九三三年春天，写到初冬讲学的经过，弘公希望有心人要履行这项弘扬律学的心愿。

联句是：

愿尽未来，普代法界一切众生，备受大苦；
誓舍身命，宏护南山四分律教，久住神州。

最后，落款是——甲戌九月，昙昉并书，以奉广义法师慧鉴。

这一年在平淡中过去了。

但在北方的俗家中，唯一与他保持关系的，便是他的兄长次子——李晋章。他在俗时的儿辈，则没有写信。他在给侄儿的信里，曾提到幼樵、品侯二位居士，经由晋章转赠佛经，这两位可能是大师为上海时出生的二子所命的别号。

时间是人类最温和的裁判，过去的创伤已经平复，他们在想象中，远在南方遁迹世外的生父已经远遥而陌生，亦复庄严圣洁。

这时他们家人多已信佛，李晋章，代表了弘公的意旨，把佛法传给家中每一个人。

年底他写一封信给晋章，请他刻几方印寄来。印文则从“亡言、无得、吉目、胜音、无畏、大慈、大方广、音、弘一”等法号中挑选。

此外，他忽然想起四十多年前，天津人常用的楷帖，有一种流行的《昨非录》，文字全是前人名言，可以流传，也希望晋章在旧书铺中找一部寄来。弘公的意思，目的在古人的嘉言，能有出头之日，不要被历史的灰烬湮没。

果然，到第二年春天，去净峰之前，《昨非录》由天津与“印章”同时寄到，心中非常欢喜。

翻过了年，在兜率陀院的日子已告一段落。一九三五年正月，从“晋水兰若”移到禾山万寿岩，写下《净宗问辨》。

弘公对“念佛法门”，只强调几句话：“念佛——是佛学里最切实、最简单、最生动的门径；可是却为了它的简单、切实、没有深奥的玄理，使知识分子怀疑。对这门行径，用直觉比理解更重要；你先不要问‘极乐庄严世界在何处’，你要先肯定是否能虚心接受这项法门。当你走进这个门里，才感觉这个世界不是单纯，而是深奥华丽！”

不要轻启怀疑之心，释迦牟尼，非诳语者，非妄语者！印光大师，在这方面重新印证了这项真理。继起者，必有千万个一心求证念佛三昧的行人！

然后，他离开厦门，到泉州，在开元寺对僧众讲《一梦漫言》，把见月律师的一生，如数家珍地告诉学人。

讲完《一梦漫言》，顺道住几天“温陵养老院”(是泉州古迹，经历代修葺，当时佛教人士于此办养老院，安住无依老人)，这是弘一大师第一次在闽南逗留温陵，想不到当他第三次——也是末了一次却在这里与世人告别，乘愿上生弥陀世界。

实际上泉州是闽南的名城，历代文化的摇篮。他一经来到这里，便轰动了文化、教育、佛学界。

第一次来温陵养老院，住在“华珍室”第十二号房间，他深怕自己的蓦然而来，使院里的生活为他而紊乱，而浪费；因此他先关照主人，早午两餐，蔬菜不要超过两样，有人来访，请先通知，他预定在这里住几天。

院里，住着几十位老人。逢到弘公对老人说些什么，他总少谈佛法的奥理。他对老人，说的是“汲水、破柴、烹茶、烧菜、烧汤、扫地、洗衣服、抹桌子、莳花

浇水”的生活上事，这些事，都要自己操作，不要等着别人。

弘公说：“我自己出家到现在，生活上一点一滴都是自己来。别人为我做生活上的小事，便感觉折福！各位老人，我们是一群无福无慧的人，生在五浊恶世，事事要别人服侍，不是有罪吗？而且别人还有自己生活上的事啊！……”

住几天“老人院”，弘公感觉别有滋味。那一群老人，多数比自己苍老，但有些却比自己结实。

不过，那已是“夕阳无限好”，前头的岁月，已不多了。有些老人，虔诚地念佛，他们不知其所以然，只是孜孜不息地拨着念珠。谁也不知道他们的心，缔造一个什么样的将来。

老人院，原是历史上的古迹，院中原有一个亭子，在宋代，朱熹在这儿讲过学，岁久失修，直到几百年后，明代一位地方官重建，取名“过化”。但不久又毁在明末的兵乱中，直到民国，温陵老人院有意修复古迹，请师补写“横额”。因此，弘公高兴地写下“过化亭”三个大字。

这时，又为院董叶青眼居士写一幅“南无阿弥陀佛”中堂，另外赠一幅华严联句。文曰：

持戒到彼岸，
说法度众生。

弘公感觉有缘到温陵，是前世因缘。

在这里，慕名来求字的，日渐增多，他们只要把纸送来，便能捧着墨宝出门。弘公的字，来求者，都欢喜而去。在临行时，将要去惠安东北角半岛——净峰寺中潜修，泉州的佛教道友、法侣，温陵的老人送他到门外。行前，叶青眼居士问他：

“法师！这次到泉州来，许多人来求字，却少求佛法，岂不可惜？”

“我的字便是佛法，居士何必分别？”

弘公，有自己一贯的生活方式，凡是与他有缘人，不管是谈天还是写字，“不是经语不写，不是佛语不说”，如说写字不是佛法，又是什么？佛陀出广长舌，演和雅音，所迸出来的语言文字，不是佛法又是什么？

这是南闽的四月天，他给晋章居士的信中，说他要到山中度夏，因为邮递不便，暂停音讯。

其实，五十六岁的弘一大师，脆弱的形体，已逐渐使他向生命的下坡路走了。他的牙齿开始脱落，眼睛也干涩发花，须发斑白，神情衰老。……这是三十年来色身多病，与佛道上不顾生命的追求，带来这种“未老先衰”的象征。

老，似一片落叶，已无声息地飘落在他的眼前。

他觉得该休息了，真正地选一个适合自己臭皮囊的地方，安顿下来，终老于斯，做一个自了的和尚！

四月十一日上午，传贯法师伴着他，广洽法师随行，到净峰后，弘公曾有一封信，给老友丏尊，描写净峰。

他说：“净峰寺，在惠安县东三十里半岛的小山上，三面临海（中间与大陆相连处约十分之一），夏季十分凉爽，冬季寒风为山所阻，也不寒冷。小山之石，玲珑重叠，可摆在书房几上，供以赏玩，只可惜这里荒僻，无人问津……”

以下，是弘公入山后的日记，简单地记下这一年间生活的片段。

当弘公去净峰之前，经过一番慎重的考虑（主要对身体及交通上的不便），诸位法侣多不表同意，请师中止净峰之行。有人长跪不起，有人声泪俱下，请师以色身为重。弘公内心悲戚是无法描述的。不过计议已定，好像此缘不了，无以安心，因此含泪辞谢大家，于四月十一日傍晚，在泉州南门外，乘帆船出海航行，传贯、广洽二师同行。——下，弘公自记。

• 十一日夜，在船中，海浪颠簸，风大，终夜不能成眠。默念佛号。

• 十二日清晨，改乘小舟，风逆而浪大，抵净峰，入寺，整理衣物书籍，未尝休息。阴雨。

• 十三日，阴，午后放晴，崇武（净峰属崇武乡境）斋堂主人来，请于十七、八、九三日，去彼处讲法，允之。起先，在厦门，性愿法师为入净峰事问卜。卜言：三冬足，文艺成；到头处，亦成冰（原签“冰”，作“功”，误），急急回首，莫误前程。（这该是个坏卦！）

• 十四日，晴，广洽法师归去，覆地悲恋。余亦心伤，勉以佛法慰之。相约八月十六日后再来相晤。写信给聂（云台）居士。剃头。（按：广洽法师在民国二十六年十月去新加坡开创道场。）

• 十五日，在寺中为僧众说戒。

• 十六日，赴崇武，住普莲斋堂。

• 十七日，为道友讲三皈五戒。

• 十八日，讲观世音菩萨灵感。

• 十九日，讲净土法门。午后，返净峰。

• 二十一日，亡母冥诞。第一次校（行事）《钞记》注竟。在寺中开讲《普贤行愿品》。

• 二十四日，修房舍窗几等。

• 五月一日，讲《行愿品》圆满。

• 三日，灵峰大师诞辰，上供，午后讲大师事迹。

• 十日，第二次校《钞记》，注至《受欲篇》。暂休止。以后，校点《戒疏记》。

• 三十日，《戒疏记》标校竟。自是日起，补点疏记。

• 六月七日，扶桑（日本）明忍律师涅槃日，自是日起，讲《戒疏》，并略讲记。到二十日，第一册讲竟。

• 七月三日，讲"地藏九华示迹大意"。

• 八月五日至七日，为亡父忌日，讲《行愿品》偈颂。七日听者甚众，听众多为基督徒。

• 八月十三日，补点《疏记》，十六册都讫。

• 八月十四日始，续校《钞记》竟。

• 八月二十三日，性愿老法师惠临净峰。（性愿老法师较弘公年龄小九岁，但僧腊高于弘公，唯弘公对人谦逊，从孩童到老人，无不恭敬虔诚。李芳远居士，与公通信时，年始十五岁。）

• 二十五日，请师（性愿老法师）在本寺讲"佛法大要"。

• 二十七日，请性愿法师临崇武晴霞寺，开讲《法华普门品》。二十九日讲讫，每日听众百人左右，为惠安空前之盛会。

• 九月三十日上午，续校《钞记》注竟。下午广洽法师来净峰，商订于月望后，移居草庵。

• 十月六日，广洽法师下山返厦门。

十月下旬，弘公因净峰寺方丈去职，缘尽，也决定离净峰，回泉州，安住草庵旧地。

将去净峰前，为惜别，留下五言绝句一首，诗云：

我到为植种，我行花未开。
岂无佳色在？留待后人来！

诗后并附写小记，题言："乙亥（一九三五）四月，余居净峰，植菊盈畦，秋晚将归去，犹复含蕊未吐，口占一绝，聊以志别。"于是二十二日离开净峰，去惠安县城。

本来，弘公已深爱净峰之静，之幽，之苍古；可是人拗不过因缘。

弘公常对人言，佛法弘扬，不能强为人传，那要等一个机缘成熟！因此，有些不成熟的法缘，都为他婉谢。他深知——唯有"缘"，不能做有限度的勉强，如此一来，会招来更大的失意！

他在净峰的心情，广洽法师曾说：

"弘公此行，恐将长久栖息于此，此地虽苦，而山水秀美，僻静幽清，相传为李铁拐所居，其实确为古隐者的栖息之地……

"公又为衲订修持日课，附语说：昔日灵峰老人，三十三岁始入灵峰，有偈云，'灵峰一片石，信可矢千秋！'

"又说：'聊当化城，毕此余喘，自非乐土，终此不移。'

"弘公说：'今年我已五十六岁，老病缠绵，衰颓日甚，久思入山，谢绝人事，而因缘不至，卒未如愿，今来净峰，见其峰峦苍古，颇适幽居，遂于四月十二日入山，将终老于此！'"

这是广洽法师告诉高文显居士的话。谁知来净峰不到半年，又要重作云水，岂非缘吝？

弘公偕传贯法师到惠安，二十三日上午在科峰寺讲演佛法，下午乘车到泉州，又回到"温陵养老院"。当时，泉州名刹承天寺传戒，戒期中，请公讲律，于是以"律学要略"为题，为受戒的僧侣们，做通俗性演说。

"律学要略"的精神："竖说"律学在中国嬗演的经过；"横说"五戒、八戒、沙弥戒、沙弥尼戒、学法女戒、比丘戒、比丘尼戒、菩萨戒（包括出家、在家）的戒相，以及戒律与行者的关系！

弘公在最要紧的地方，慨叹地说：

"我们生此末法时代，'沙弥戒'与'比丘戒'皆是不能得的；原因很多很多！今且举一种比方来说，就是没有能授沙弥戒、比丘戒的人。若授沙弥戒，须二位比丘授；比丘戒至少要五比丘授。倘若找不到比丘的话，不单比丘戒受不成，沙弥戒也受不成。我有一句很伤心的话要对诸位讲：'从南宋迄今六七百年来，或可说僧种断绝了！'

"以平常人眼光看起来，以为中国僧众很多！……据实而论……要找出一个满

分的比丘，怕也是不容易的事！如此怎能授沙弥比丘戒呢？既没有授戒的人，如何会得戒呢？

“我想诸位听到这话，心中一定十分扫兴，或以为既不得戒，我们白吃辛苦，不如早些回去，何必在此辛辛苦苦做这种无意味的事情呢？但如此的怀疑是不大对的，我劝诸位应好好地、镇静地在此受沙弥戒、比丘戒才是！虽不得戒，亦能种植善根，兼学种种威仪，岂不是好？又若将来想学律，必先挂名受沙弥、比丘戒，否则，白衣学律，必受他人讥评，所以你们在这儿发心受沙弥、比丘戒是很好的！……”

然而，弘一大师悲戒律的松弛，却没有讥评僧林的意思！

弘公这番说“戒”的精神，如广泛地伸引，居士受五戒、十戒、菩萨戒，而没有“比丘”传授，也当然是一个问题。但弘公又说，“戒”是要“受”的，目的是植一个“佛种的根苗”，凡是天下学佛的人，该体验弘公一生牺牲艺术上成就，献身于戒律的悲怀！

【贰捌】病厄

弘公在承天寺讲了三天律学，仍旧回到温陵养老院，中间，在十一月十四日这一天，又在承天寺为戒子们做一次通俗讲演，题目是“参学处与应读的佛书”，于十九日再度受到惠安佛教界的邀请，偕同泉州行政专员黄元秀，到惠安讲经去了。

当天晚上，住在惠安黄善人家中，第二天在城郊科峰寺讲演，有十人受皈依。

弘公在惠安的行程，虽仅仅十多天，多是在乡间弘法。

他在《惠安弘法日记》中记述：

• 二十一日，为一人证受皈依。下午乘马，行二十里，到许山头堡，宿许连木童子家。

• 二十二日，在瑞集岩（许山头堡乡间）讲演。

• 二十三、四日两天，在许连木宅讲演，并为二十人授皈依及五戒。

• 二十五日上午到“后尾”，宿刘清辉居士斋堂，下午讲演。

• 二十六日上午到“胡乡”，居胡碧莲居士斋堂，下午开讲《阿弥陀经》。二十八日讲完，十人请受皈依及五戒。

• 二十九日上午到“谢贝”，居黄成德居士斋堂，三十日讲演。

• 十二月初一日午后回惠安，居李氏别墅，初二到“如是堂”讲演，听众百人。

• 初三，到泉州，卧病草庵。

在惠安乡间弘法，一来由于弘公的病太多，体质脆弱，招不住不间歇的奔波；二来，他的病在那副破风箱似的色身上，潜伏期太长，使他身上任何一个角，只要病魔高兴，都可燃起烽火。因此，在他这一生中，第二次大病，在这时钻空向他猛袭而来。这次的病，与三年前在白马湖法界寺所患的病症不同。这次患的是“风湿性溃疡”，手足肿烂，发高热。这种病，在闽、赣山地患者最多，严重的病人，能带着几十年的溃疡，四肢溃不成形。根据闽、赣民间经验，有一种极小的黑蝇，人体被咬后，发红，肿胀，如果用手搔抓，便会引起急性溃烂；在高潮期，一夜间，足可烂掉腿、臂所有的肌肉，如果年老体弱的人，挨不了急袭的高烧，便会突然地死亡。

弘公在惠安乡下，也许受到太多的辛劳，加上黑蝇的攻击，结果不到弘法完了，已觉得四肢奇痒，手臂与脚背渐渐发红，口干、舌苦，有轻度的热在体内发动。因此，他不能不回到泉州乡间草庵寺，接受这一次病的折磨。

其实，开始时，并没有严重的感觉，直到全臂开始溃烂，发高烧，才感觉外在的病也不单纯。直到他被这种溃疡摧残而卧病不起，停止了一切佛法上的活动，这时，仅仅在床上，反复地念佛，念观世音菩萨。

当广洽法师由厦门获得弘公生病的消息，到草庵来探视，弘公还整天地焚香，写字，换佛前净水，洗自己的内衣。……广洽法师说：“法师该休息了，等病好，再活动。现在，您的病，好些吗？”

“——唉，你问我这些，是没有用的，你该问我念佛没有？病中有没有忘了念佛？这是念佛人最重要的一着，其他都是空谈。在病中忘了佛号，在何时何地不会忘却佛号呢？生死之事，蝉翼之隔，南山律师告人病中勿忘念佛，这并非怕死。死，芥末事耳。可是，了生死，却是大事。……”

广洽法师，在弘公病中离去。弘公生平不多言，对他最相契的法侣而言，他把生死，放得远些，看得淡些。这些事，迟早要来临。人，生而痛苦，但是欢乐如朝露，痛苦也如朝露，消失时，同样令人易于忘记。

在痛苦中，他不能起床，觉得死亡渐渐地掩盖了一切，除了嘴巴还能“孤军奋斗”，实在不能再做别的事。可是，他依旧强忍奇痛，撑着身子动笔，草一段临终的话给传贯法师——他告诉贯师说：“我命终前，请你在布帐外，助念佛号，但也不必常常念；命终后，不要翻动身体，把门锁上八小时，八小时后，万不可擦身、洗面。当时以随身所穿的衣服，外裹夹被，卷好，送到寺后山谷。三天后，有野兽来吃便好，否则，就地焚化，化后，再通知师友。但千万不可提早通知。我命终前后，诸事很简单，必须依言执行……”

传贯法师看了这篇遗嘱，只有眼泪和着悲伤，期待着弘公能早点康复。他不相信弘公在这一次病中会舍却人世而去。然而，事实上，泉州的佛界师友法侣，已知道弘一法师病卧草庵，只是人们不能惊动他。

这种强烈的溃疡，延到一个半月之后，高烧已退，弘公的两臂肌肉大部脱落，腐烂的白骨，赫然出现，奇臭，目不忍睹。在一九三六年的春天来临时，斑烂的骨上，又生了些肉芽，他把这次病中的情形，告诉他的老友夏丏尊和性常法师。

他在丙子正月间给丏尊的信中说：

“一个半月前，因往乡间讲经，居于黑暗室中，感受污浊的空气，遂发大热，神智昏迷，复起皮肤外症。此次大病，为生平所未经过，虽极痛苦，幸以佛法自慰，精神上尚能安顿。其中有数日病势凶险，已濒于危，有诸善友为之诵经忏悔，乃转危为安。近十日来，饮食如常，热已退尽，唯外症不能速愈，故至今仍卧床上，不能履地，大约再经一二个月乃能痊愈。……此次大病，居乡间寺内（即草庵），承寺中种种优待，一切费用皆寺中出，其数甚巨，又能热心看病，诚可感也。乞另汇下四十圆，交南普陀寺广洽法师转，此四十圆，以二十圆赠与寺中（以他种名义——弘公自注），其余二十圆自用，屡荷厚施，感谢无尽。以后通信，乞寄‘厦门南普陀寺养正院广洽法师转’，我约于病愈春暖后，移居厦门。……”

（按：夏丏尊当弘一大师初出家时，发誓护法一生，而又能始终不渝。因此，弘公的资财，大半来自丏尊及晚晴护法会。也因此，弘公能坚持不受供养的原则。丏尊与弘公，从浙江师范一直到弘公入寂，函件未断，供养也不绝。丏尊虽未出家，但对弘公的一生德行，该有绝大的影响，就他本身来说，这种美德，实足感人！）

另一封信，给开元寺丰德（性常）及念西二位法师。弘公说：“此次大病，实由宿业所致，初起时，内外病并发，内发大热，外发极速的疔毒，仅一日许，下臂已溃坏十之五六，尽是脓血（如承天寺山门前乞丐的手足无异），然后又发展至上臂，渐次溃烂，势殆不可止。不数日，脚面上又生极大的冲天疔，足腿尽肿，势更凶恶，观者皆为寒心，因此二症，如有一种，即可丧失性命，何况并发，又何况兼发高热，神智昏迷？故其中数日已有危险之状，朽人亦放下一切，专意求生西方。乃于是时，忽有友人等发心为朽人诵经忏悔，至诚礼诵，昼夜精勤，并劝他处友人亦为朽人诵经，如是以极诚恳之心，诵经数日，遂得大大之灵感，竟能起死回生，化险为夷，臂上不发展，脚上疮口不破，由旁边足指缝流脓血一大碗。至今饮食如常，虽未痊愈，脚部仅有轻肿，可以勉强步行，实为大幸！二三日后，拟往厦门请外科医疗……”

然而，日后他给仁开法师信中又说：“……朽人初出家时，常读‘灵峰’诸书，

于‘不可轻举妄动，贻羞法门’，‘人之患在好为人师’等语，服膺不忘。岂料此次到南闽后，遂尔失足，妄踞师位，自命知‘律’，轻评时弊，专说人非，罔知自省，去冬大病，实为良药，但病后精力乍盛，又复妄想冒充善知识，是以障缘重重……朽人当来居处，无有定所，犹如落叶，一任业风漂泊……”

这封信写在鼓浪屿日光岩，为了责备自己，竟然在佛教刊物上声明，取消“法师、律师、大师”的称号。

这一年正月中旬，师五十七岁初度，带病从草庵移居厦门，先住南普陀寺，目的是在厦门医病，同时，准备做另一次隐居的打算。

在这儿，弘公的病，由著名外科医生黄丙丁医学博士治疗，连续使用电疗及药物治疗，从正月底，到五月初，才完全康复。事实上，这场大病，正是一种突发的急性溃疡，结果却形成慢性的闽赣地区“烂脚症”，前后治疗半年，始脱离苦厄。

在这种慢性的病苦中，与胃肠却拉不上关系，因此弘公病后感觉精神焕发，胃口比从前好，只是手脚包着，行动时不方便。

因此，一到南普陀，便在瑞今法师创办的养正院去养病，一面时常为院中学人做通俗讲演。

这年正月尾，是养正院正式开学的一天，师以“惜福、习劳、持戒、自尊”四事，向青年僧侣说法。

“惜福、习劳、持戒、自尊”，也是弘公提出的院训，他告诉学人说：他脚上穿的一双黄鞋，是民国九年在杭州打佛七时，一位出家人送给他的。一双鞋子的寿命，在他脚上度过十六年。他床上的棉被面子，是出家前杭州教书时的东西，那就有二十年了。他用的伞，则是二十五年前买自天津，他的草鞋、罗汉衣、小衫裤，缀缀补补，总都伴他六七年。因此，他穿的、用的，多是十年以上的旧东西，平时靠修补缝衲延续寿命。至于别人送他好的东西、礼物，在非收不可的情况下，他收下来再转送别人。

他说：“我知道我的福薄，好东西没胆量受用，吃的东西，除生病时稍好，此外不敢乱贪口腹！”

“印光大师也是这样！”他说，“有人问印光大师：‘法师，你为什么不吃好的补品？’

“‘我的福气薄，不堪消受！’印老人说。

“听见没有，同学们！印光大师福气薄吗？告诉诸位，我们即使有十分福气，也只好享受二三分，其余的留给别人，或留到日后享受。诸位如能以自己的福气，布施别人，共同享有，那岂不更伟大……”

这是“惜福”啊！

然而，弘一大师天性如此，他安详，平静，淡泊，粗茶淡饭破衣。

之后，他叫学人动手、动脚，为自己安排生活。一个和尚，不要等别人侍候你。释迦牟尼也为他的弟子盛饭、穿针、看护呢！

他叫人们不要随便受戒，但要切实地守戒。

他说：削发、披袈裟的人不能随便，在这个时代没有国王，但是你应该有国王出巡时那份尊严；出家人随便，叫人看不起，那不是别人的错，错在你缺乏比丘的自尊与自爱！

因此，他对比丘教育有如下的见解：

“我平时对于佛教是不愿意去分别哪一宗、哪一派的，因为我觉得各宗各派，都各有各的长处。

“但是有一点，我以为无论哪一宗哪一派的学僧，却非深信不可，那就是佛教的基本原则，就是深信善恶因果报应的道理。善有善报，恶有恶报；同时还须深信佛菩萨的灵感！这不仅初级的学僧应该这样，就是升到佛教大学也要这样！

“善恶因果报应和佛菩萨的灵感道理，虽然很容易懂，可是能彻底相信的却不多。这所谓信，不是口头说说的信，是要内心切切实实地去信的呀！

“咳！这很容易明白的道理，若要切切实实地去信，却不容易啊！

“我以为无论如何，必须深信善恶因果报应和诸佛菩萨灵感的道理，才有做佛教徒的资格！

“须知善有善报，恶有恶报，这种因果报应，是丝毫不爽的！又须知我们一个人所有的行为，一举一动，以至起心动念，诸佛菩萨都看得清清楚楚！

“一个人若能这样十分决定地信着，他的品行道德，自然会一天比一天地高起来！

“要晓得我们出家人，就是‘僧宝’，在俗家人之上，地位是很高的。所以品行道德，也要在俗家人之上才行！

“倘若品行道德仅能和俗家人相等，那已经难为情了！何况不如？又何况十分地不如呢？……咳！……这样他们看出家人就要十分地轻慢，十分地鄙视，种种讥笑的话，也接连地来了！

“记得我将要出家的时候，有一位住在北京的老朋友写信来劝告我，你知道他劝告的是什么？

“他说：‘听到你要不做人，要做僧去。……’

“咳！……我们听到了这话，该是怎样的痛心啊！他以为做僧的，都不是人，简直把僧不当人看了！你想，这句话多么厉害呀！

“出家人何以不是人？为什么被人轻慢到这地步？我们都得自己反省一下！我想：这原因都由于我们出家人做人太随便的缘故；种种太随便了，就闹出这样的话柄来了。

“至于为什么会随便呢，那就是由于不能深信善恶因果报应和诸佛菩萨灵感的道理的缘故。倘若我们能够真正生信，十分决定地信，我想就是把你的脑袋砍掉，也不肯随便的了！

“以上所说，并不是单单养正院的学僧应该牢记，就是佛教大学的学僧也应该牢记，相信善恶因果报应和诸佛菩萨灵感不爽的道理！”

在养正院养病三个月中，弘公为行将“落日西沉”的后半生，做了几件重要的事。

当时，在厦门发行的《佛教公论》月刊，先后出现了两篇文章。第一篇，是民国二十四年秋天发表的《先自度论》，便有人坚决认为是弘公手笔，弘公也知道这回事，心中非常诧异，但没有看过这篇文章；到这一年二月，又出现一篇《为僧教育进一言》，他看到了，这两篇文章同属署名“万钧”这个人执笔，这个人是谁，没人知道。但弘公看了后一篇文章，由于立论基础无懈可击，文字深入而犀利，语中时弊，言常人所不敢言，胆大而见远，正是弘公要说而没有说的意见，因此，有人说像这类文字，只有弘公才能写出，但弘公却为这两篇文章欢喜赞叹；认为当时没有这样有魄力的人，可写出这种文章，自然连他自己也是望尘莫及的。

他千方百计查出了这位作者，为了表示一片景仰之心，他便写了一幅字托人送给这位法师，这是《华严集联》上的联句，文曰：

开示众生见正道，
犹如净眼观明珠！

这幅字，并且附了一段跋文，述说这一段文字因缘。这正因为万钧法师所写的，是弘公心中所蕴集的悲哀处！

同时，在这年五月以前，又写了两部经。一部是《药师如来本愿功德经》，这部经是为传贯法师亡母龚许柳女居士而写，五年后，经过影印、流传，已遍及大江南北佛教界。

第二部是为他的学生金咨甫写的《金刚经》。这部经从三月二十一日书写，到四月八日完成。他在跋文里说：这部经的功德，在回向亡生金咨甫；愿他业障消除，往生极乐世界。

金咨甫，浙江义乌人，年轻时负笈于杭州高级师范艺术科。毕业后，任杭州师范及杭州女学音乐教师二十年，常与弘公往还。后来弘公出家去南闽，音讯隔绝。到民国二十三（甲戌）年九月，接杭州印西法师信，提到金咨甫居士卧病半年，折磨至死，在遗嘱中，请弘一法师为他写经，回向佛道。如今匆匆二载，始在这次病中完成。

这本经写成后，由广洽法师主持印行工作，在年底十二月初版问世；附有画家徐悲鸿、丰子恺的插图，瞬息流通一空。到五年后（民国二十九年），大师六十岁在菲律宾、新加坡及国内三处重新再版一千九百部。

这两部经的书写，在弘一大师来说，从艺术观点看，都是属于“后期”作品，与大师初期写经大不相同，与中期所写的《华严集联》也有所区别，看来精力逊于《华严》，但更似老僧坐禅，了无烟火余氲。

这两部经都是民国二十五年五月以前写成。同时另一部《奇僧法空禅师传》，也在《佛教公论》三期上发表了，原因是奇僧法空，行迹豪放，举止任侠，有别于凡人；梵、俗之别的奥秘，在一个“破”字。弘公写《法空禅师传》，正是给后来佛子一剂良药。学佛人，贵在不与人同，奇僧不仅行迹奇，遭遇也奇。

下面是弘公撰的传文：

奇僧法空，又号今实，出生在惠安陈家，十六岁削发为僧，发誓入佛道，以《金刚》《法华》两经，为日常课诵。平时习静坐，跏趺，由黑夜到天明，过午不食；严冬来时，不戴僧帽，不穿僧履；苦行卓绝，“参未生前，我是阿谁？”民国七年，僧随缘去马来半岛的槟城，在岛上建观音寺。由于槟城以及马来，是英国殖民地，商业早经繁盛，僧默默思考，此间缺一所游人驻足之处，而槟城名刹极乐寺前，有一片荒野，于是发愿建筑动物园一所，收集世界珍禽异兽。建成后，俨然是一座颇有规模的动物乐园，屋舍则堂皇美丽，因此形成一游客胜地。

奇僧法空，奇在能通兽言鸟语，与虎、豹、豺、狼相处，摩抚依偎，亲如家人。僧不怕野兽，又深爱那些噬人的动物，狮子老虎，也服膺奇僧的一挥手、一击掌的召唤指使。

由此，奇僧的大名远走，马来亚诸邦以及欧洲人来槟城游乐者，都要拜礼奇僧，有的则来信表达崇拜的虔诚，于是洋人的心中，都有这位中国的异人，只要人们听到奇僧奇事，便要展开一个传奇的故事。

同时，僧又能写古人书法，大笔如椽，龙飞凤舞；魔术、拳击、内功、催眠术也无所不精，无所不晓，于是震动了槟城，只要是逢灾害、建学校、兴善事，告诉法空禅师，僧便欣喜支助，凡有所求，不论多少，都是满愿而归。因此，槟城、马来的报章，时有奇僧奇闻，民间的贫穷孤独，则视如父母。到辛未（民国二十年），僧回故乡南闽，以千金布施寺庙，供养同道；又时以书法，广结法缘；到丙子（当年）三月，僧五十九岁，已知世尘将尽，所谓“尘归尘”“土归土”，于是在故乡佛寺中圆寂……

这一代奇僧的奇迹，就此在弘公笔下长远流传……

弘公的病，在四月底痊愈，五月初移居鼓浪屿日光岩闭关。

弘公到日光岩之后，本来准备闭门潜修，可是因这里本是佛界名刹，香火鼎盛，虽然处于海上，也少不了香火爆竹与游人噪声所扰。弘公深爱静僻，一来因为他的体质衰弱，再者他志在念佛，潜居著述。在日光岩，虽然住了五个多月，避免了形式上的应酬，也谢绝一切弘法的邀请，但是终天地不断游人，也令人烦恼。因此，他给仁开法师的信中，表达了潜居日光岩的心境。

他说：“到鼓浪屿之后，境缘愈困，烦恼愈增，因以种种方便，努力克制，幸承三宝慈力加被，终能安稳，但经此次风霜磨炼，遂得天良发现，生惭愧心……”

使弘公烦恼的是什么呢？是日光岩的游人，香火旺盛，由厦门过海到鼓浪屿消夏与朝山的人们终天不绝，有的还在寺里吃睡，至于找弘公写字的，也大有人在，弘公避的是人类攘攘的世界，而这世界却如影随形而至。日光岩不能给他以宁静，不能使他安于潜修生活，心头只有苦恼；但苦恼并非“佛法”，而是众生“心病”，弘公身病刚愈，心病又接踵而来，这使得他平静的心湖，在圣凡两者之间，遭遇了绊脚石！明知“烦恼即是菩提”，而偏偏不能打开这一关。但在事实，菩提路上，有千百道关卡（烦恼），要修道者怀着“马革裹尸”的大勇，去突破一关，再突破一关，直到烦恼在弹指之间，化魔鬼为佛面，来迎接这位百战归来的圣者。

这千百道关口，弘公也不只突过一次了，这一次不过是其中的一个劲敌，如果“仰攻”无力，也就只好“迂回”而上。闯菩提道上的烦恼关，不仅要一意去参，去念；“忏悔”也非常重要，忏悔能使腐肉生肌，死灰复燃。于是，弘公一旦觉悟，身心遭遇了压不住的烦恼，又无法化解这种心境时，魔境便越现越大了。这突然间的憬悟，使他在佛前深深地忏悔，所谓“佛法”，正为世人而住，如果为求佛法，而离世间，或者因寻宁静而躲避喧闹，这不是“自觉”的方法！

他觉得出家近二十年，这颗心依旧不能在苦恼中澄清，如此这般“充贤作圣”，讲经说法，宁不可笑？

所以，他说：“以后再不敢做冒牌交易了，只有退而修德，闭门思过，做一个忏悔的和尚……”

话虽如此说，但这位年未苍老，而皮囊已老的弘一大师，在那种终日不断的打扰中，依然完成了《道宣律师年谱》及其《修学的遗事》。但是有时心为境转，虽然他并未放下“佛法”，所谓境界给他的苦恼，只是在心灵间体会到岁月不安宁，等他一朝发现心魔出现，知道这种念头是“病”，他便痛心地责备自己，拜“普贤十愿”，礼“大悲忏仪”。在那时，他冥想到只有佛力，才能洗净他一身尘土，重归于宁静。

但在这段心湖波动的日子里，一个秋天的早晨，忽然有一个中年人，从厦门渡海到这边来玩，身后跟着一个眉目清秀的孩子，大约十二三岁；到殿上，行三个鞠躬礼，在寺前后转了两遭，便拐弯抹角，找到弘公的关房来了。

这时，弘公诵经刚过，默坐念佛，小门外，那个孩子问他父亲：“谁是弘一法师？”

“就在这间房里！”中年人说。似乎中年人曾经来过，但未必谈过话。也许，他已关照过寺里的僧人，他要看弘一法师，于是在那个偶然的时间里，他们在弘公面前出现了。

世间有许多无法解释的遭遇，那似乎是命运中注定的“缘分”！弘公初看到这个孩子，便觉得活似一朵未绽的莲荷。这孩子见到弘公，突然被一股无形的“后光”摄住了，久久不能说出话来。只是用眼，呆呆地望着眼前这位瘦鹤似的和尚。

他们父子走近关房，孩子的父亲说两句仰慕法师的话，孩子则说：“法师的字，是我喜爱的。我们唱的歌，听说也是法师作的吧！法师，请你教我写字好吗？……”

弘公看看这孩子，微微地一笑。

“嗯，你叫什么名字？”这孩子，似乎引起了他的兴趣！

“李芳远！芬芳的芳，遥远的远。”

“噢。”法师说，“常来这里玩吧，我们有缘。”

谁知，从此弘公与十三岁的李芳远便结了缘，自那时以后，他皈依了弘公。这一次，他离开日光岩以后，隔不上几天，便来看弘一大师，谈几句简单佛法和书法。

有一天，芳远又来了，刚巧，大师的窗外，有一只猫被狗咬得遍体鲜血，带一身鳞伤死了。弘公看在眼里，痛苦得眼泪纵流，回到佛像前，便跪下急速地念《往生咒》，芳远看在眼里，不由也战抖起来了。

李芳远，在弘公在家弟子当中，对弘公身后，也是颇有影响的一位。为纪念弘一大师，他连续编印了《弘一大师年谱》《弘一大师文钞》《晚晴山房书简》，以及未完成的长诗《海》。

这些书，当弘公入寂后两年，先后出版。只有《海》，这部描写大师一生心境的“长诗”，湮没无终。

同时也是这一年八月间，《清凉歌集》已在上海由夏丏尊负责印行。世界书局编辑的佛学丛刊，也由弘公从日本请来的一万卷藏经中，选出《释门自镜录》(唐怀信述)、《释氏要览》(宋道诚集)、《释氏蒙求》(宋灵操撰) 这三部中国人的佛学著作，由蔡丐因居士设计而出版。

在歌集里，不仅有弘公作的歌，有弘公弟子作的曲，也有弘公出家后写的歌词和芝峰法师的白话文“注释”。歌集第一次出版后，隔二十年，又在菲律宾再版一千册，作为菲岛佛教“精进音乐团”的主唱选曲。

在鼓浪屿六个月中，算是云游闽南以来最不安定的一段岁月，在弘公生平留下可写的东西也似乎荒漠，虽然六个月，但比起别的地方，这一段日子算是荒废的。

在日光岩最后几天里，广洽法师由厦门带来一位不速之客，到日光岩访问这位隐居在僧林的艺术大师。访问的人，便是当时著名的颓废派作家郁达夫。

郁达夫本住在福州，但他欣赏弘一大师，却是很久以前的事。见面之下，达夫呐呐地说：

“……久仰法师，今天能见面，算是心愿已偿。……”

“哦，居士！”弘公低沉地说，“能见一面，也是因缘。”

“是的，是的。”

“……”

时间在钟声的嘀嗒中流逝。

在小关房内外，三个人寒暄三言两语，便默默地坐下去。那一刻的郁达夫，如面对复活的古人，觉得多一语不如少一语，说话反而不如无言的意境，在人生形而上一面，他领会得更多。看了弘公，如面对一片竹林，一株孤松，一尊圣像，一泓活水，实在使人不必要说什么。看了无言的他，像心上被浇灭一盆邪火，清凉，恬静。

末了，广洽法师说要走了。

弘公便从关房内取出《佛法导论》《寒笳集》《印光大师文钞》等送给郁达夫。隔了一天，郁达夫有一首诗寄回来。诗云：

不似西泠遇骆丞，南方有意访高僧。
远公说法无多语，六祖传真只一灯。
学士清平弹别调，道宗宏议薄飞升。
中年亦具逃禅意，两事何周割未能！

可惜郁达夫生时依旧在爱情与颓废的散文中找生涯，后来他到重庆，与王映霞恋爱分手，离家远走苏门答腊，在日本人铁蹄下，凭着一点读书人的血性，把热血洒在异乡，但落得个尸骨无存。(胜利后，郁达夫的女儿曾在上海一家大报副刊发表一篇散文：《给父亲》，那是一封辛酸的弃妇与弱女的控诉。她以为她母亲被达夫遗弃，岂不知达夫已埋骨异乡了。)

在鼓浪屿的生活，到腊月初六结束，弘公再由日光岩搬回厦门南普陀寺后山一个石室中，过他的深修生活。当年底离开日光岩时，为报答寺中清智长老供养的情谊，又以手书《佛说无量寿经》，装在自己特制的木匣中，匣壁上精细地雕刻“经名、赠者、受者”的题款，然后字上扫金，郑重赠给长老。在寺中所用的一针、一线、一盆、一钵，则全部检交常住。

南普陀寺的后山石室，背后是禾山，面向大海，在千仞之下，是碧波载浮着的点点渔舟，这里已消失世尘的打扰，幽静得溪水也觉得寂寞，山林更显得苍古！

这正是计划长别“人寰”的弘一大师要隐居的地方。

然而，他刚回到南普陀安居下来，便见到高文显居士为他在当地《星光报》上出版了一个特刊。他告诉随侍他的传贯法师说：“嗬，胜进居士他们虽是好意推爱我，其实却是诽我谤我！古人说‘声名，谤之尤也’，我此后在南闽恐怕难以容身了。古人又说‘如被人谤，切不可辩白’，我每见有人被侮辱，被诽谤，想多加解释，结果，诽谤的箭镞更多。但如果不予分辩，倒反而一谤便了，了却后患！”

这一晚，在后山，弘公特为传贯法师讲《裴休居士发菩提心文》，直到深夜。

身病、心病，随着形体的安顿，到普陀后山，从此一了百了。但是随身的肺病与枇杷膏则是特殊的例外，肺结核菌的经常蠢动，那时医学上又没有吓阻肺痨的特效药，于是肺结核在弘一大师这一生，该是助长道心的魔头。

病，折磨着弘一大师的一生！

【贰玖】湛山

岁暮，冬残。居住在南普陀后山的弘一大师，在这里放下鼓浪屿那一段不宁的记忆，面对着海，默默地数着点点归帆，有意在这里做长期潜居的打算。但是，在厦门的南普陀，能不能如愿以偿，这也要看因缘！

民国二十六年（丁丑）的二月十一日——中国人的农历元旦，寺前旧功德楼顶间，有一部律学课程开讲，题目是“随机羯磨”。听众，是养正院的青年法师。其中也有瑞今、广洽、仁开、圆拙、传贯等法侣。

“自觉与觉人”，是学佛行人的一体两面，自觉——要把自己铸成一个没有凡我的角度；觉人——以觉悟者的语言、行动，铸成圣者的模式，让别人去参悟。

一个弃俗的和尚，每天有两件事要做，一是自修，二是说法。弘一法师从做和尚开始，便没有做祖师的欲望，他只愿做一个十全十美的和尚！

从正月初一到正月十二，弘公在南普陀讲完了《羯磨》中的《集法缘成》《诸法解结》两篇，觉得“觉人”过了火，会使人陡增贪念；自修没有死功夫，也徒然浪费有限的生命。这时，随着新年而来的外缘，使他心灵有预感。事实上，他已感觉到，臭皮囊的前程没有多远了。在没有抛弃它之前，该苦修一番。在他的想象中，在养正院担任的训育课程，该由高文显去代替。到四月间，《羯磨》讲完，便可以到人烟稀少的山间，埋名林野，做个住茅棚的山僧。他在厦门，终日依然排除不了世间的“名闻利养”，这是他心中深恶痛绝的。名、利，如果是过眼烟云，倒也罢了，刚好，这种东西，对佛道中人，是地狱的快捷方式！

稍后的讲律期中，厦门大学教授李相勖，通过高文显居士（高在厦大上学，住在南普陀）请弘公到厦大讲佛学，遭遇弘公婉言谢绝。那次谢绝厦大请说法的原因，他对传贯法师说：“如果我好高骛远，追逐浮名，这是一次机会。可是，我生平对官宦和名流，不敢动一点的念头。我要这样做，那是先害了我自己，而别人听我说法，能受益多少，还不知道！”

他又说：“所谓名利，如水向下流，你一念动，便会往下游跑，再从那个漩涡拔出来，就没有那么简单了。凡是陷在名利中人们，本身实在是掉在污水里，久而不知其臭，这是非常可悯的。这正如人在花径，久而不闻其芳香。……”

这个月二十二日这一天，弘公辞谢到厦门大学演讲的邀请。二十三日，远从福州鼓山来听讲律的克定和尚，与弘公有一段话。弘公告诉他，为什么他自己要扬弃音乐、油画、戏剧与雕刻。他深刻地说：“如今，时代变了。佛教界的僧青年也变了。他们常常放弃自己的道不修，法不学，偏偏喜欢弄文艺，搞诗画；看来，佛门前途，令人悲痛！其实，他们不知道经学与佛学，完全风马牛不相及，一个大学毕业的学生，初读佛经，依旧是门外汉，谈到作文的方法，佛经比起中国八股文岂不是生动得多吗？”

“唉！”弘公叹一口气，望望在座的传贯法师：“菩萨度生，要待因缘成熟，否则只有放弃！”

住在南普陀后山，除了讲课，便是深居简出，有重要事，都用短简，由传贯法师传达，否则由贯师执行短简上的吩咐。

正月二十八，天上落着蒙蒙的冷雨，他觉得住在山上，需要一双应付雨水的胶鞋。自己便下了山，到厦门市区看看。

他先在一条不十分热闹的小街上，用七角钱买了一双胶底鞋，挟在腋下。天色已近晚，听到马路上有人从口琴的键上，吹奏着一支熟悉而单调的曲子，缓慢地远去……

弘公细听，啊！竟是三十年前，在日本读书时，熟悉的歌——日本人的国歌，无端地重复吹奏，令人感觉到心灵间生起一阵国亡家破之感。

日本人的国歌，吹奏着，这引发了弘公性灵中太多的悲酸。事实，中国的抗日烽烟，已在全国每个角落点燃。卢沟桥事变，将在一百天内发生。厦门有人——是什么人在口琴里吹起日本的国歌？厦门以及它的临近各地，中国的正规军和初成军的后备部队，逐渐以兵营代替寺庙，开始加紧训练。

回山的归途，冒着凄风寒雨，为这一天所见所闻，平添一番凄愁。

他把这天的见闻，用短简告诉了高文显居士，不过藉此排遣一点国难中的

哀伤。

在南普陀住下来——这是第四次住南普陀了。在厦大读书的高文显，与弘公因缘在此时加深，二月间在“养正院”讲的“南闽十年之梦影”，便是由他记录。他皈依弘公的法名是“胜进”。(弘公在闽南的在家弟子，都以“胜”字为法名。)

在讲课时，面对几十个学人，弘公一字一泪叙述去年病中的心情。

他说：

“从民国十七年我到闽南居住，算起来首尾已经十年。回忆我在这十年之中，在闽南所做的事情，成功的很少很少，残缺破碎的，居其大半。所以我常常自己反省，觉得自己的德性，实在十分欠缺！

“因此，自己起了个名字，叫‘二一老人’。什么叫‘二一老人’呢？这是我自己的根据。

“记得前人有诗云：‘一事无成人渐老。’

“清初吴梅村临终的绝命词有‘一钱不值何消说’！这两句诗的开头都是‘一’字，所以我用来做自己的别号‘二一老人’。

“因此，我十年来在闽南所做的事，虽然不完满，我也不怎样去求它圆满了！

“诸位要晓知：我的性情是很特别的。我只希望我的事情失败，因为事情失败，不完满，这才使我常发大惭愧，能够晓得自己的德行浅，修养薄。那我才能努力用功，改过迁善！

“一个人如果事情做完满了，那么这个人就会心满意足，扬扬得意，反而增加他贡高我慢的念头，生出种种过失来，所以还是不去希望完满的好！

“不论什么事，总希望它失败，失败才会生大惭愧，倘因成功而得意，那就不得了了！

“我近来，每每想到‘二一老人’这个名字，觉得很有意味；这‘二一老人’也可算我在闽南居住十年的最好纪念！”

唉！“一事无成人渐老”，“一钱不值何消说”！这两个“一”相加，人是老了，可是没有值钱处！弘公自心深处涌出一股自责的哀思。

日复一日，世界益陷于战火边缘。

因此，不由得想到，即将去菲律宾的知音性愿法师。性愿法师与会泉长老，同是弘公来闽以后佛门中两位知音。他们都有他的老友丏尊那份虔敬之情，护持他，使他每到一寺，能在最安定的情况中为闽南佛界广施法缘。

闽南的比丘们，向南洋开辟道场的风气，这与他们的乡人侨居异国有关。因此，弘公的心念中，有时也想到——假使可能，何尝不该去南洋群岛游化一番？这种念头，他开始告诉瑞今、传贯、性常诸位法师，于是顿时引起一番强烈的附和。弘公要去南洋，当然随去的人也多。这种心愿发动，使他有心想把丢弃了几十年的英语再拾回来重温一番。菲律宾、马来亚、新加坡（槟城），都是英语之邦！

虽然，自始至终，他无缘到南洋一游，然而去南洋的计划，一直是“随缘”期待。起先，因为要求同去的人多，成了多方面的负担，没有去成。等北方的抗日烽火遍野，这个念头又熄灭了。直到日本人占领菲岛前夕，菲律宾的佛教界，依然想请弘公到马尼拉栖止。但刚要决定动身时，日本人席卷了东南亚，把麦克阿瑟的太平洋部队赶出巴丹岛，于是变乱中，又失去了南游的最后机缘。

他在五年后给马尼拉性愿法师的信中说：

“去秋（民国三十年）方拟起程，变乱忽起，致负旅菲缁素诸公厚望，至用歉然。……”

这封信，寄于大师圆寂那一年初夏四月。如果不是日本人横行菲岛，也许他已游遍南洋了。

“法随缘住”，这是弘一大师学佛历程中体会出来的经验。万事都拗不过因缘，这虽然不是宿命，但因缘与众生的业报，却有太大的关联。

南洋群岛去不成，实际上，去与不去，也没有肯定。这时泉州开元寺的会泉长老，已准备了一个结夏安居之地请他去住。

世间，能令人感觉到人生之可贵，如会泉、性愿法师，在这方面，都使弘公感念尤深。

会泉长老请弘公去“结夏安居”的地方，是厦门郊区的“中岩”。这里，在结夏完毕，也被决定留待日后做长久潜修闭关之所。

中岩，是郑成功少年时读书的地方，岩中有老松数株直升云表，环境清幽，苍古而僻静。但是房屋因为年久而失修，于是会泉老法师先请弘公住在“万石岩”。等中岩修葺工程完了，再转居到这边来。

农历三月十一，弘公与传贯法师便从普陀后山移居到万石岩；住到万石岩，便郑重地在厦门《佛教公论》上刊登一项启事，希望能避免一切往来。

在《释弘一启事》的文下，这样写着：

“余此次到南普陀，获亲近承事诸位长老，至用欢幸。近因旧疾复作（肺病），精神衰弱，颓唐不支，拟即移居他寺，习静养病，若有缁素过访，恕不晤谈；或有信件，亦未能裁答，失礼之罪，诸祈原谅！”

弘公希望启事一经刊登，便能断绝外在的纷扰，但事实呢，又不然。他刚到万石岩，“厦门市第一届运动大会”的筹备会，又有事找他。

筹备会给他的文件，推崇“弘一法师”为音乐界名家，大会决议，聘请弘公谱制《运动大会歌》一首。

公文透过政府的关系，加上人情的通融，送到弘公关房，但被大师婉拒。

过了不久，筹备会再托人送来一首已谱好的《大会歌》，请弘公修改。这一次没有落空。

大会歌词，开头是——

“鼓声咚咚，军乐扬扬；健儿身手，各献所长……”

弘公看了歌词，便觉得“地区”没有交代，前后没有连贯，便在上面改了几个字。经过他改过的歌词，变成——

“禾山苍苍(禾山，即厦门)，鹭水荡荡；健儿身手，各献所长。……”

然后，又改正几小节欠悠扬的五线谱，交回大会筹备处。谱改后，经过乐队奏出来的音调，突然变得庄严而激昂了！

这一波刚过，驻锡在青岛湛山寺的倓虚老和尚，派寺中书记梦参法师，千里迢迢，由海道南下，带着倓老人的亲笔信，到厦门万石岩来了。

倓虚老和尚特别请弘公到青岛中国最洁净的都市讲律结夏。从青岛到厦门，在海上要漂流六七天，倓老一片殷诚，使弘公再度放弃了中岩结夏的决定。在匆忙间，带着侍侣传贯、法侣仁开和圆拙三位法师，于农历四月五日由海道北上。但是，他有三点要求告诉梦参法师，便是“不为人师，不要为他开欢迎会，不在报章发表新闻”。

从厦门动身，坐的是“太原轮”，经过上海，然后换船到青岛。可是，弘公事先并不知道船的行程，结果，他的老友夏丏尊虽在上海，却不知道他要经过上海。

因为到青岛去的事，已在信上告诉了丏尊。

这次到青岛，前后准备了七天，临上船时，他的全部行囊，是一个旧麻袋和一个小竹篓。

麻袋里，装的是一条旧夹被、一顶帐子、几件修补当枕头的衣服。藤箱里(即所谓的小竹篓)，则是几本重要佛学书籍。

临行前，法师、居士们送来的果品，转送了岩中的工友。

在海上，漂浮了三天。船到上海，停了两天，九日改乘另一艘直驶青岛的轮船，农历四月十一日上午九点多钟，在青岛码头上岸。

湛山的住持倓虚法师，已亲自率领一群法师居士们到码头去迎迓，这已使淡泊而远离世俗的弘公感觉六神不静，心中浮起了轻微的不安。等这一群人坐着汽车，回到湛山寺，山门里已排列着百余位僧众，在恭敬地等待他，瞻仰他。

对于这次虔诚的欢迎行列，火头僧（保贤）法师在《弘一大师在湛山》一文中写得很细致。他写道：

……车住了，车门开处，首先走下一位精神百倍、满面笑容的老和尚；我们都认识，那是倓虚法师。他老很敏捷地随手带住车门，接着第二个下来的，立刻，大家的目光一齐射在他身上。他年近四十余岁——其实已五十八岁了。

细长的身材，穿着一身半旧夏布衣裤，外罩夏布海青，脚是光着，只穿着草鞋，虽然这时（青岛）天气还冷，但他并无畏寒的样子。他苍白而瘦长的面部，虽然两颊下满生着短须，但掩不住那清秀神气与慈悲和蔼的优雅姿态。

他，我们虽没见过，但无疑地就是大名鼎鼎、誉满中外，我们最敬佩和要欢迎的弘一律师了。他老很客气很安详，不肯先走，满面带着笑和倓虚法师谦让，结果还是他老先走。这时我们大众由倓虚法师一声招呼，便一齐向他问讯合掌致敬，他老在急忙带笑还礼的当儿，便步履轻快地同着倓老走过去，这时我们大众……也蜂拥般集中在客堂阶下，向他老行欢迎的最敬礼（顶礼），他老仍是很客气地急忙还礼，口里连说着："不敢当，不敢当，劳动你们诸位！"

他们携带的衣单显得很多……在客堂门口堆起一大堆，这时我问梦参法师："哪件是弘老的衣单？"

他指指那条旧麻袋和小竹篓，笑着说："那就是。"我很诧异，怎么鼎鼎大名的一代律师——也可说一代祖师——他的衣单会这样简单朴素呢？噢，我明白了！他所以能鼎鼎大名，到处有人恭敬的原因，大概也就在此吧！不，也算得原因之一了。

日后，这位追忆弘公的法师描写道：

一天天气晴爽，同时也渐渐热起来了，他老手托着那个扣盒式的小竹篓，很安详而敏捷地托到阳光下打开来晒。我站在不远，细心去瞧，里头只有两双鞋，一双是半旧不堪的软帮黄鞋，一双是补了又补的白草鞋（平日穿的似比这双新一点），我不禁想起古时有位一履三十载的高僧，现在正可以引来和他老对比一下了。

有一天，时间是早斋后，阳光布满大地……大海的水，平得像一面镜子，他老这时出了寮房，踱到外头绕弯（散步）去了，我趁机会偷偷溜到他老寮房里瞧了一

下，啊！里头东西太简单了，桌子、书橱、床，全是常住预备的。桌上放着个很小的方形铜墨盒，一支秃头笔；橱里有几本点过的经，几本稿子；床上有条灰单被，拿衣服折叠成的枕头；对面墙根放着两双鞋——黄鞋、草鞋——此外再没别的东西了。在房内只有清洁、沉寂，地板光滑，玻璃明亮（全是他亲手收拾），使人感到一种不可言喻的清净、静肃……

弘公到湛山寺第四天，便在“下院”讲了“三皈五戒”。

这个月二十二、二十四、二十六三天，在寺中讲“律学大意”。二十九日正式讲《随机羯磨》。《随机羯磨》，是一种艰深而难懂的律学典籍，由南山道宣律师去芜存精订正，便于后人阅读，但如果要作为讲演的对象，则要花十倍的时间去找数据。不过，弘公对律学的著作，已经研究二十年，因此自己编了一部《别录》做助讲本，分纲别目，使听者能理出系统。这次是他生平第三次讲《羯磨》。第一次在民国二十二年，讲于厦门万石岩，九十天讲完；第二次，是这年正月初一，讲于南普陀寺，不过没有全部讲完。

这次在湛山，他独自讲了十多天，但是由于体力已消耗在他的病上，到中途，便由仁开法师代座，结果把全部《羯磨》讲完。听讲的人，是湛山寺全体一百多位法师。以后，仁开法师又讲了《四分律戒相表记》。

不过仁开法师遇到问题，依旧由弘公解决，然后转告听众。湛山寺日后常年轮讲这两部律学大著，如数家珍，可能这便是一个开始。而后律制普及到倓老人的长春般若寺、哈尔滨极乐寺。

火头僧法师，在记述中说道：“每逢大众上课或朝暮课诵的当儿，院里寂静无人了，他老常出来在院里各处看看，态度沉静，步履轻捷，偶然遇见对面有人走来，他老必先回避。……他老常独自遛到海边，去看海水和礁石相激撞。”

弘公一生，虽然隐居的时候多，但深爱看海。他一生与海，似乎缘深。他第一次东渡日本，该是他最长的海上生涯。在浩瀚无垠的海上，才觉得人生的空幻与渺小、造物的神奇与莫测。

在这一年农历五月间，曾与弘公有旧的朱子桥居士（朱此时驻节西安，任军事要职），因为悼念一位亡友，从西安飞来青岛，事先听说弘公在这儿安居结夏，便特地由青岛市长沈鸿烈陪同到湛山寺来。

沈鸿烈，久已知道音乐家李叔同传奇似的一生，也早想看看他，这当然是一个机会，但是，当他向朱子桥居士提出来，朱说，弘一法师已经休息了。

⊙一九三七年，弘一大师受夏丏尊之约于上海所留之影。

⊙一九三七年秋，弘一大师自上海返回闽南时，数位友生送师于上海黄浦江码头。右二为刘质平，右三为弘一大师，右四为夏丏尊，其余三人姓名不详。

等第二天上午，沈鸿烈市长又在寺中请朱子桥斋宴，有意要弘公出席陪宴，结果获得的是一张字条，上写谦谢的诗句是："为僧只合居山谷，国士筵中甚不宜。"

在结夏末期，天气逐渐到早秋了，弘公在湛山闭门用功有三个多月，因为青岛是中国北方避暑胜地，入秋以后，早晚便觉得寒意侵人。

他给泉州性常法师信中，把青岛对他的影响，如此写道："朽人近年来，身体日益衰颓，两臂常常麻木，手足关节常痛，是因血脉不周所致。此间气候阴寒，潮气太重，亦是一原因。中秋节后，如有轮船开行，即在上海小住，再返厦门。青岛湿寒，人多有病，传贯师现在身着布单衣四件，亦稍患伤风。(农历) 七月四日。"

当弘公在青岛讲律，佛界知道这消息的人很多，当时在苏州灵岩山寺念佛的妙莲法师与道友数人，便专程赶来青岛追随弘公学律。

此时，卢沟桥的国军，早已揭开了民族抗战的序幕，地处在军事要点的青岛，稍有资财的人，都逃难到南方来了。日子越过越紧急。

这时弘公在俗弟子蔡丏因由上海去信，请他到上海去，要快些离开青岛。可是弘公回信说："惠书诵悉，厚情至为感谢，朽人前已决定中秋节他往，如果今因国难离去，将蒙极大讥嫌，因此青岛虽发生大战，亦不愿退避，诸乞谅之……"

然而，事实如何呢？战火固然已迫在眉睫，但是出家人却又与世俗不同，倓老和僧众，都期望弘公在湛山长久住下去。可是，弘公的性情，僧界大多知道，他要到哪里，没有人会留得住。他在未到湛山之前，便决定在湛山住到中秋节后回厦门。

在未走之前半个月光景，他便在寺中公开接受写字结缘。湛山上百多位的出家人，在那一个美好的际遇里，每一位都获得一张"以戒为师"的条幅。然后，个别求字的宣纸，便似雪片涌来，他都一一接受。几百幅的字，多数写的是《华严集联》和《寒笳集》的警语。

火头僧法师的追述中说："在将行的前几天，我们大家又请他老作最后开示。他说：'这次我去了，恐怕再也不能来了。现在我给诸位说句最恳切、最能了生死的话——'说到这里，他忽然沉默不言了。这时大家都很注意要听他下边的话，他老又沉默了半天，忽然大声说：'就是一句——南——无——阿——弥——陀——佛！'

"临上船时，大家照样欢送他到船上，他和梦参法师话别的时候，轻轻地，带着幽美的微笑，从行囊里拿出一部厚厚的手写经典，低声向梦参法师说：'这是我送你的！'"

当时梦参法师带着几乎是狂喜的心情，回到寺中一看，竟是弘公工笔书写的一部《华严经净行品》，字迹整齐而瑰丽，写在二十多张"玉版宣"上，末后附一个跋。

跋文是："居湛山半载，梦参法师为护法，特写此品报之。晚晴老人。"

在情况紧急中，由青岛到上海，那时上海的八·一三大战已拉开，只有租界还能避一时之乱。

为了看老朋友夏丏尊最后一眼，弘公在大场陷落之前两天，由黄浦江码头登岸。丏尊在《怀晚晴老人》一文中，记述了他们最后的会晤。

他（弘公）果然到上海来了，从新北门某寓打电话到开明书局找我，我不在店里，雪村先生代我去看他。据说，他向章先生详问我的一切，逃难的情形，儿女的情形，事业和财产的情形，什么都问到，章先生每项报告他，他听到一项就念一句佛。我赶去看他已在夜间，他却没有细问什么。

几年不见，彼此都觉得老了。他见我有愁苦的神情，笑着对我说："世间一切，本来都是假的，不可认真，前回我不是替你写了一幅《金刚经》的四句偈子吗？"

"一切有为法，如梦幻泡影，如露亦如电，应作如是观。"——你现在正可觉悟这真理了。

他说：三天以后有船开厦门，在上海可住两天。第二天我又去看他，那家旅馆一面靠近民国路，一面靠近外滩，日本飞机正在狂炸浦东和南市。在房间里坐着，每隔几分钟就要挨一次震，我有些挡不住了，他镇静如常，只是微动着嘴唇，这一定又在念佛了。

之后，我和几位朋友拉他同去觉林蔬食处午餐，以后又要求他到附近照相馆照一张相片。现在，墙上挂的，就是那张相片了。

这一次，是弘一大师与他的生死之交最后一次把晤。两天后，偕同传贯、圆拙法师以及苏州来的妙莲法师一行，回到厦门，仍旧住到万石岩。这时焦土抗战的号召，已响彻了全国每一角落，沿海每一个城市，都准备接受一次日本人的血洗。这时候，许多学人法侣，都请弘公迁地避乱。厦门岛，是闽南一个重要的港市，在战争中，战略形势越重要，受毁灭的公算越大。

劝弘公离开的人很多，但是他默然辞谢。

他告诉远在上海的丏尊说："我决定住在厦门，在战乱中，与寺院共存亡！如果要我离开厦门，除非厦门平静，再往他处。"

可是，上海方面朋友，再劝他移出厦门。他坚决地说："如厦门失陷，我愿以身殉。古人诗说：'莫嫌老圃秋容淡，犹有黄花晚节香！'做一个出家人，对生死当不容怀恋！"

同时，他给上海弟子郁智朗居士信中，也附了灵峰大师的诗，以表白心志。诗云：

日轮挽作镜，海水掬作盆。
照我忠义胆，浴我法臣魂。
九死心不悔，尘劫愿尤存。
为檄虚空界，何人共此轮？

这时，传贯法师已回安海省父去了。妙莲法师初到南闽，便追随弘公随缘挂单。

留在厦门的弘公，在门上贴了一张横额，题名“殉教堂”，警惕自己，表示决心。

但不多天，中岩已修好，便与结夏而来的法师们一同再移到中岩郑成功读书的地方来，安居讲律。在中岩，他的静室在岩中会泉上人的关房北端，九年前，闽南佛学院的学人文心法师住在关房以南，他们一直住到十二月中旬离开厦门，去泉州。

这时候，战争虽在上海与鲁南台儿庄进行，厦门却反而平静下来。

弘公平日绝少讲话，不独对陌生人如此，即使对传贯法师也是一样。他与文心法师，虽同住寺中，可是都守着那一份安详的沉默——见了面，不过互相合掌而已。最后，在十二月十七日那一天早上，弘公带着他那个“律学集团”要到泉州草庵去，当他看到文心法师的静室内，除经书以外一无所有，显得空洞寂寥，便把亲手栽的四小盆名花，亲自搬到文师的室内，低声地说：

“让这几盆小花，在这里伴你供佛。这盆是剑兰，这盆是天竺竹，这盆是——秋海棠……”放好之后，便弯弯腰，嘴角边留一个浅浅的笑窝走了。

这年十二月十八日晚上，大伙儿由厦门过海，再乘车到檀林——晋江南乡的草庵寺。妙莲法师随同来此安住。

十天后，是民国二十七年的农历正月初一。从上午九时起，开讲他生平最有研究的《华严经普贤行愿品》。

这一年，他要报答闽南各地道友在十年间对他虔敬的至情，因此，作为一个和尚的他，便发愿要动员全身所有力量，讲一年经，写一年字，与闽南人们结缘。

“我没有太大的奢望，我很贫乏，没有福报，不久便要离开人世了，今年忙一年，明年要闭门谢客了。……”

对于寿命，弘公似乎有一种奥秘的期待。

【叁零】夕晖

时间，对一个老人而言，流逝得太无情，太匆忙了。弘一大师，一九三八年的元旦，已经五十九岁。在器世间，与多病的色身，挣扎了四十年，脸上的皱纹和鬓间的白发，已暗暗地增添，使多病的他，更显得苍老。人看起来，苍白、瘦削而孤卓；令人想到他的光辉突然在这个时候散遍闽南，如同生命的回光返照；他要向人世告别了。

元月二十日，在草庵讲完了《华严行愿品》，休息几天后，二月一日开始，又到泉州承天寺复讲这一品经。讲这品经并且劝请听众发心念诵十万遍，回向国难。似乎特为他最后那几年，总结一次普贤菩萨深愿。

在承天寺讲经完了，特别再应泉州梅石书院邀请，二月底在书院图书馆讲“佛教的源流与宗派”。然后，再到开元寺讲《心经》。讲完《心经》，又在城内“清尘堂”讲“华严大意”。这一连串紧凑的讲经活动，轰动了泉州。

这是弘公第四次挂锡在泉州。可是突然起劲地讲经，这还是第一次。这似乎有一种奇异的力量鼓动他。他觉得泉州人对他太好。

这次追随着听他演讲的人，有如一阵旋风，他到哪儿，那阵风就吹到哪儿。由于过去的“李叔同”三个字，现在的“弘一法师”大名远扬，使泉州城的知识分子以及佛教徒集中了他们的视线，扣紧了心弦。佛教徒，带着奇异的神色看这位迹近隐士的弘一律师，突然破例大吹法螺。知识分子则以他这次到泉州的行动公开，而且每次讲经后便接受人们索书题字，突然觉得他像第一次到泉州来一样。

即使有人请他去吃一餐素宴，他也欣然应允。这在弘一法师来说，都是不平常的；何况，泉州已在落雨季的开始，而每次听经的人，空前拥挤，使战时的泉州，集合一时的精英，开元寺、承天寺大殿上，经常塞满了听众。

在泉州讲经到三月十日，又到惠安匆匆说法，十天后回到泉州，然后，鼓浪屿的“了闲别墅”已派严笑棠居士到泉州承天寺，在二十二日迎接弘公去厦门弘法了。在这时，漳州也闻风寄来请柬，请弘公由厦门去漳州说法。

这次弘公在泉州两个多月，讲了四次经，写字一千多幅。人们对他的字，在那一刻有近乎狂热的追求。

因此，许多经偈与佛号，都从弘公手中，成为一幅幅中堂、条幅，遍落在泉州人的厅房。

到了鼓浪屿，在讲经的计划中，应该在讲完后应聘到福州演讲，最后仍旧回泉州随缘说法，因为泉州人的法味，还没有尝够，同时要求他写字、讲经的地方，已由泉州传染到厦门附近各县的佛寺和学校机关。

可是，当他四月底在鼓浪屿说法完毕，龙江口的漳州刘绵松居士，已代表漳州佛教界专程请他去龙溪驻锡说法了。

弘公此时，本着万事随缘的态度，不再拘泥于死心塌地闭关潜修，他认定诸法缘生，与闽南人的佛缘，在这一年作一次总结，然后再闭门不出。因此，便跟着刘绵松买舟龙溪。这时传贯法师，则为弘公日久栖息处，去惠安筹备建筑一所小寺，未能随侍。

谁知阳历五月四日到了漳州，挂单在南山寺，在五月八日，厦门便沦陷在日本人海军舰炮支持下的陆战队手中，成为一片变色土地。

到漳州，刚巧是厦门沦陷前后，因此，闽南许多师友都以为弘公陷落厦门而焦急不安，直到他的消息由书信证实，才放下一颗心。

在这时，仍旧在厦门的李芳远在回忆中说：“厦门沦陷，我急得忍不住了，四处查访，都没有消息，因为法师形同野鹤闲云，独来孤往，一向不肯把行迹告诉人，到厦门沦陷后才接到来信说，他已到漳州去了……”

弘公到漳州，住在南门外南山寺，不过也仅仅讲了几天普通的佛法，因为闽南的天又猛热起来，逢到炎夏，弘公那副既怕热又怕冷的百漏病身，又支持不了，便只好做结夏安居的准备。所以在漳州不到一个月，便由南山寺严持法师介绍，到二十五里之外的东乡——瑞竹岩寺避夏。

他当时给李芳远的信中表示，鼓浪屿不安宁，希望李芳远随家人回到永春故乡去，只要保持书信联系便够了。这话不久，李芳远已随他的家人到永春避乱。

在瑞竹岩，弘公度过两个月的炎夏。在那里，对外因为公路已遭破坏，无法回到三百里外的泉州，同时瑞竹岩在龙溪乡下的山上，日本人的铁骑也不会伸展到这里。因此，直到闰七月初，才再回漳州，恰巧又接到丰子恺从桂林寄来的信。

信上写着：上海的夏丏尊，最近殇了一个孙儿，丏尊很灰心；其次，希望弘公也到内地去，由子恺供养，在内地弘法。弘公接到这两封信，深为子恺的一片虔诚感动；但是，他为丏尊的逆境，也深深难过。

于是，他感慨地在信中告诉丰子恺：

"朽人年来，已老态日增，不久即往生极乐。故于今春在泉州及惠安尽力弘法，近在漳州亦尔。犹如夕阳，殷红绚彩，瞬即西沉。吾生亦尔，世寿将尽，聊作最后纪念……"

他给丏尊的信中却安慰道：

"近得子恺信，悉仁者殇孙，境缘逆恶，深为叹息，若依佛法言，于一切境，皆应视如幻梦，乞仁者常阅佛书，并诵经念佛，自能身心安宁，无诸烦恼，则恶因缘反成好因缘也……"

他谢绝了弟子丰婴行的供养，因为他预先感觉生命已将西沉。如果仅仅为了逃避日本人，他也不愿这样做。他想要完成的，只是今年报答闽人对他的恩惠。

农历七月十三日，是他出家二十周年，结束了避暑生活，回到漳州城内尊元经楼，宣讲《阿弥陀经》，这形成了在漳州说法的高潮。

弘公初到漳州时，也没有人知道他是谁，等避夏回来，大家传开了，因此，在七、八两个月展开的弘法活动，使社会各界对佛教留下了深刻的印象，并且因此有许多军人、知识分子皈依了佛教。

因为漳州到泉州这一线，在日本人来说，是我方的第一线，凡是接近第一线的公路，全为国军破坏，以阻碍日本人的军事行动。因此，弘公个人的行动，也受到了限制。假如要坐轿回泉州，便要走上七八天。

在漳州弘法的高峰过去。七月底，性常法师（于民国二十四年四月闭关于开元寺，此时已满三年出关）已由泉州辗转到漳州，迎接弘公再回泉州。

在阴历九月初，途经安海，又在安海镇水心亭住下来，接受人们敦请讲经。在这里整整一个月，使小小的安海镇为他的来临而激荡。

这一年，在生活上虽然奔波劳碌，可是每到一地，都使知识分子与佛教界结合成一片，形成一种弘一法师的"季节"。

阴历十月中旬，回到泉州，继续前愿，振作精神，在清尘堂和光明寺，再讲

“药师如来法门修持方法”，他自己依旧住在承天寺。

这时，驻锡承天寺的弘公，一天薄暮，黄昏苍茫，在屋中焚香静坐，忽听知客广义法师说，有一位从前的学生要见他，问弘公：“要他进来吗？”

“学生？”弘公低声自语，“弹指间，二十年了。浙江师范的学生是谁？”

“把灯点上，请他进来。”弘公说。

“奇怪！”广义法师侍随弘公，这是第二度了（师在承天寺时，由广义法师侍随），他没有见过弘公见客时点过灯火。事实上，他出家二十年，几乎没有为自己点过灯火啊，他的岁月，与太阳的光谱一样，每天清晨四点钟开始一天的行程，黄昏之前，在屋里静坐片刻，入睡。可是，这一次是非常的意外。

其实呢，弘公已听说有一个学生在闽南做官，他想，假如有缘，他自己会来。

果然，安溪县长——石有纪，当一别二十年后，在泉州承天寺大殿右侧，花园尽头的一排矮屋里，见到他的老师了。

乍见之下，石居士觉得在那个狭小的房间里，除了一张床、一张桌子，此外再没有别的东西。他和弘公对坐着，广义法师退了出去。

一僧一俗，对于如此飞逝的人生，都觉得太空洞，会面之后，也觉得太突然。年轻的，从十多岁，到了四十岁；老师呢，则由一个淡泊的教师，变为和尚，再由中年和尚，变为一脸风霜的老僧。弘公已无法认清他学生的面目。

“老师！您——您老了！”

“唔。”弘公端详着学生，“有二十年哩，你贵姓啊？”

“我是石——石有纪。过去的老师、同学，如今已东零西散！”

“哦——石——有——纪？不是吗——夏先生不久还殇了一个孙儿，他们的书店也被战火焚烧了。唉，石禅——晚年也不通顺。人生总是不如意的多。”

“是啊，老师。经校长已经逝世了呀！”

“子渊死了？”弘公惊问。这时少年时的石有纪在弘公心上重现了。

“去世有一年了。”石有纪说，“前年，我在上海见到夏师。唉，真想不到，人世一变以至于此！”

“我告诉过他们，人生一切都是空的！”在苍茫中，弘公深深地叹一口气，然后，扬声呵呵长笑，在夜空间，如抑低的鹤唳。“经先生的书画，夏先生的文章，是永远不死的！”

夜，越坐越寒，这已是初冬，弘公穿一件浅灰色的罗汉衣，显得很单薄。

“您老人家冷吗？”石说。

"在闽南，比浙江天气温暖，出家以后，比出家前，身体看来好些。唉，人总是老了些。不过今年的身体，似乎比往年健旺，但不是说这便是健康。我不健康啊!"

"老师，请多保重。"

"唔。"弘公流露一丝微笑。

"天晚了，已快到十点。——以后，再来看您老人家。"

"啊，好。"

弘公立起身来。往事，在两个小时断断续续的叙谈里，重新又浮现在眼前，不过，如同冬夜的月光云影，显得辽远而浅淡。

弘公端着油灯，把他的学生送到小屋门口，看石有纪——安溪县长——消逝在初冬的夜幕下。

过了几天以后，石有纪在安溪接到弘公寄给他的一副对联——是《华严经》的偈句。另有一幅字，写的是唐人诗句——

十年离乱后，长大一相逢。
问姓惊初见，称名忆旧容。
别来沧海事，语罢暮天钟。
明日巴陵道，秋山又几重!

诗后，弘公写着:"录唐人诗一首，颇与仁者在承天寺相见情景相似……"读来，令人鼻酸，二十年把少年人催壮、中年人催老。

日后，石有纪每次到泉州，总要见见他的老师，弘公依旧把他当孩子看待。

石有纪走后，弘公被温陵养老院叶青眼居士请去讲经，这次听经的人，是院内的董事与老人。弘公讲的是"念佛法门"，由承天寺瑞今法师翻闽南语。这时，沦陷后厦门的法师，大半星散。

当十点左右院里的人齐集讲堂，钟声低叩，磬音三鸣，弘公走上讲台，准备为老人说"念佛因缘"，忽见听众中许多人无端地混乱起来，讲堂的沉静，被平白而来的气氛破坏了。

这时，叶青眼居士——弘公信仰者之一——正与一位身着军服的人寒暄，久久不见回位；而那位四十不到的军人，似乎来头不小，使叶青眼居士显得紧张而匆忙，忘了弘公说法，专心去应酬了。因此，讲堂的气氛，逐渐地混乱、冷落。弘公看在眼里，低声告诉瑞师说:"现在，我们的讲演停止吧！对不住各位老人，请告诉他们。”说毕，弘公离席回到“华珍室”，准备收拾回承天寺去。瑞师被弘公突然而来的举动惊住了。

“请问有什么事吗，法师?”瑞师说。

“等一会儿，便会知道……”弘公说，脸上一片森严之色。

在房里不到半盏茶工夫，叶青眼居士应付那位军人之后，转眼一看，讲堂上的弘一大师没有了，瑞今法师也不在，讲堂里的老人散去三分之一。

心里一慌，便往弘公休息的“华珍室”跑。

到了华珍室，瑞今法师正在门外等他。

“法师！弘公为什么不讲了?”

“恐怕他老人家见讲堂上气氛乱了，你又到那边去了。所以——”瑞师的话没有说到底，叶居士恍然大悟。

“那位军人，是我们这里的军事当局，他来看看，不好太过冷落了他……”

“这是人情，但不是职分。”瑞师说，“我看弘公是不以为然呢!”

“那么请法师帮我央求一下，请他老人家复讲吧!”

瑞师看出叶居士心中的痛苦，便一同到华珍室，走进弘公的房间。

叶居士，便扑通仆在地上顶礼忏悔起来。

于是，瑞师再三地说：“请您老人家慈悲，让院内老人多闻些佛法，叶居士来忏悔他的疏误哩……”

弘公不语，叶居士伏地不起，喃喃地说：“请法师慈悲，宽恕弟子疏忽，请法师复讲!”

瑞师也在一边恳求复讲，直到最后，弘公才说：“要讲演，现在已不能继续了。这样好了，我们改在明天早晨再讲吧。请叶居士起来，对刚才的事，我不能说什么。——可是，这是道场，我们是学佛的人，这便是我的意思!”

经过弘公这一番话，叶居士再度顶礼，起身，一直喃喃地忏悔，眼里噙着泪。对于弘一大师，他还有不解之处!

等叶居士退出房间。

弘公说：“叶居士为法忘身的精神可佩，唯有这样做，在一个学佛的人——一个百分之百的学佛人，精神不能集中，忙于世俗，杂而不一，是一大病根，病根消除不了，为害太深……”

叶青眼居士受到这次严训，使他的心顿时冷静了许多。这时他体验到，身忙犹是小事，意乱才是祸源。一向看重他的弘一大师，看来是那么谦虚、荏弱；但是他那巨大的引力与排拒力，却使人不敢仰视。

这件事虽然过去了，弘公也把“净土法门”在这里讲完，回到承天寺，接到李芳远从永春寄来的信，信里坦直而诚恳地写着：

“法师啊！从最近报上，看到您的弘法活动，觉得这简直太不像您了！经常的赴宴，接受人们的邀请，不是违背法师的本意吗？请您不要再这样了，赶快闭关用功吧！再这样，我真为您老人家心急啊！而且您的身体，也经不住这样摧残……”这是十五岁的李芳远，写了五张信纸的蝇头小楷，给他的私淑老师——弘一法师，请他息心闭关，不要再涉足世俗。弘公看了这封长信，心里一冷，一阵忏悔之情，汹涌地淹没了他。

他当时提笔给李芳远写道：

“惠书诵悉，至用惭惶。自即日起，即当遵命，摒弃一切。仁者天真灵性，举世无匹，而不欲沉沦繁华，至堪敬佩。深望今后，活泼庄严，为当代第一人，除岁之后，或往他处……”

当这一年十一月十四日，弘公在泉州承天寺“南普陀养正院同学会”上，发表他来闽以后最沉痛的一次讲演，题目是“最后的□□”(此时养正院已解散)，由瑞今法师记录。

他说：“我的年纪将到六十了，回想从小孩子时候起到现在，种种经过如在目前。啊，我想我以往经过的情形，只有一句话可以对诸位说，就是‘不堪回首’而已！

“我自己常常想，……我从出家以后，恶念一天比一天增加，善念一天比一天退失，一直到现在，可以说是纯乎其纯的一个埋头造恶的人——这也无须乎客气也无须谦让了！

“就以上所说看起来，我从出家后已经堕落到这种地步，真可令人惊叹！其中到闽南以后十年的工夫，尤其是堕落的堕落。去年春间曾经在(厦门)养正院讲过一次，所讲的题目，就是“南闽十年之梦影”，那一次所讲的，字字之中，都可以看到我的泪痕……

“可是到了今年，比去年更不像样子了。自从正月二十到泉州(由厦门到草庵过年再到泉州)，这两个月之中，弄得不知所云(仅是各处讲经弘法，受礼聘者供养而已)！不但我自己看不过去，就是我的朋友(指李芳远小朋友)也说我以前如闲云野鹤，独往独来，随意栖止，何以近来竟大改常态，到处演讲，常常见客，时时宴会，简直变成一个‘应酬的和尚’了，这是我的朋友所讲的。啊！‘应酬的和尚’

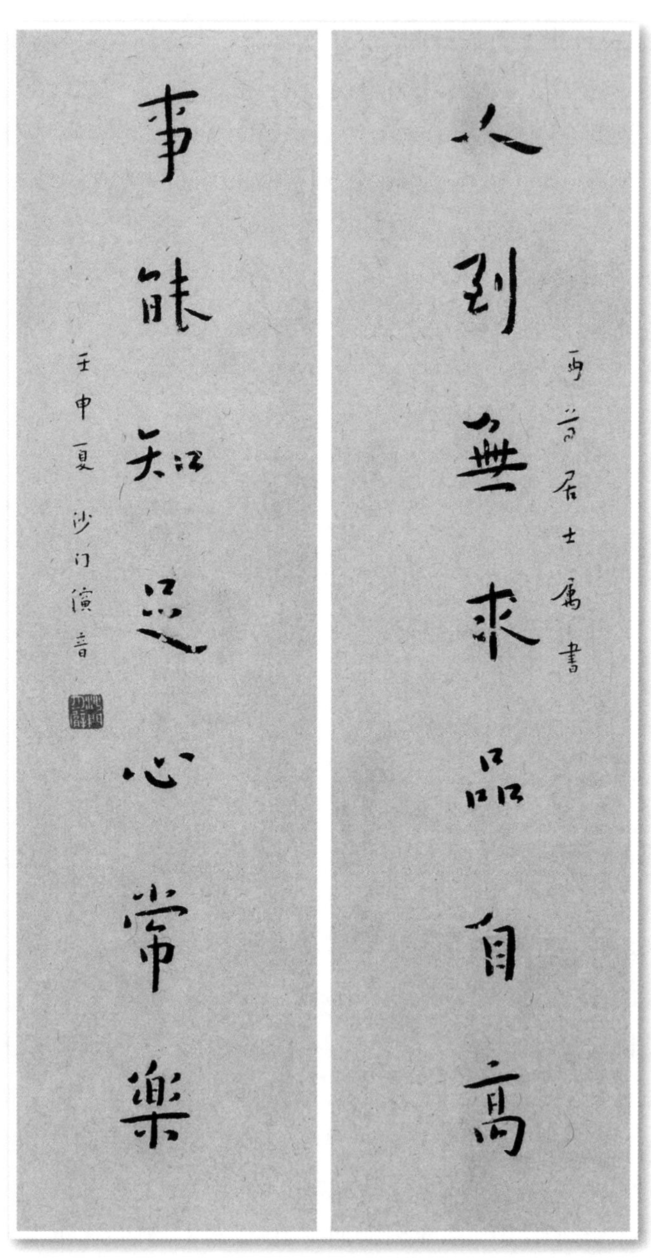

⊙弘一大师的书法。

这五个字，我想我自己近来倒很有几分相像。”

弘公所说的“埋头造恶”，仅为自己“演讲、会客、宴会”，当他初到闽南几年中，经常隐居在各地潜修，与十几个学律弟子讲经说法，同时坚决地交代，不准多向外传播他的行迹，所以还不怎么引动社会各界注意。但是，这一次从漳州再回到泉州，事实上，他的德性之光，已照耀闽南各阶层、各角落。他的行动，只要有一点风声，报纸便追风捕影，加以发布——弘一大师在什么地方隐居，什么地方弘法，什么人随行，如何如何……在这时，他的名要埋也埋不了。泉州各县，从专员到各县长，大多数都因他而成了佛教护法；军方负责人，虽不信佛，但对他所到之处，那种在社会轰动的情况，再加上社会上已无人不知“李叔同”、“李叔同”便是“弘一法师”，所以对他的深远影响，也怀着一颗疑信参半的心情。这位军方的前敌司令，对佛法有不屑一顾的迷信感，但对弘一大师却有三分敬慎，而不形诸表面。

弘公在会上，继续又说：“我在泉州住了两个月之后，又到惠安、厦门、漳州，都是继续前愆，除了名闻，还是利养；除了利养，还是名闻。日常生活，总在名利之中。虽然在漳州乡下瑞竹岩住了两个月，但不久又到‘祈保亭’(漳州东门外)冒充善知识，受了许多善男信女供养，可说惭愧无地自容了……”

最后，他把话沉痛地讲完，结论说：他出家以来，因为是无惭无愧，埋头造恶，所以到现在所做的事，大半支离破碎，不能圆满，这是份所当然！

他说：尤其在这一年中，冒充善知识，太丢佛门的脸，别人可以原谅，他自己不能原谅自己，断不能马马虎虎过去。所以，他说：“我近来对人讲话的时候，绝不顾情面，决定赶快料理没有了结的事情，取消一切‘法师、律师’称号，将学人、侍者一律辞退，孑然一身，还我初服，这个或者亦是我一生的大结束了。……”

他决定要把自己隐埋起来，同时在信中已告诉朋友，反复地说：自己要“落日西沉”了。

末了，他因对养正院同学，相处四年，依旧不能忘情，所以写下龚定盦的警句：“未济终焉心飘渺，万事都从缺憾好。吟到夕阳山外山，古今谁免余情绕！”以此作为临别赠言。他说：“我年纪老了，又没有道德学问，对养正院真是爱莫能助。”

在弘公讲经最影响闽南社会的高峰期，也正是民国二十七年的冬天。泉州防区司令钱东亮少将，以治军严，闻名于世；因为，他是战地司令，治乱世用重典，“嗜杀之名”不胫而走，由严而杀，汉奸宵小，不免罪无可赦，在杀无赦前提下，因此，社会对钱东亮以“阎王”看待。

不过，他对当时的“弘一和尚”，居然使泉州专区各县视如生佛，感觉怀疑。

他看不出一个和尚有什么特别处。当然，他也知道弘一法师是一个艺术界先辈，许多知识分子都套用吴稚晖的那句话“李叔同能做个艺术家而不做，偏要去做和尚”，使身为一个军人的他，难以同情。

他以为和尚不能救国，已足够社会唾弃——他没有工夫想到信教自由的问题与乎人权的尊严。他直觉地想到，要去看看弘一法师，想当面提出问题，考验他一下，他深恨那些迷失在香火缭绕下的人们，那是国家的不幸。

自他受命这一方军职以来，不能见到弘一法师，是因为他太忙，再则，弘一法师也是神龙首尾难见。除此而外，他有一颗新奇的心，老百姓崇拜一个和尚，究竟看他的道理在哪里？

正巧，弘一大师从漳州回来不久，住在承天寺，司令部则扎在承天寺不远的一座庙里。他利用军事余暇的傍午，命侍从副官到承天寺，找到执事的和尚，说：

“钱司令——要见弘一法师，请通知一下，我们定个时间见面晤谈！”这位将军的意思别人不知道，但是，他要突然降临在承天寺，使寺里的常住吃了一惊。

这件事，由客堂广义法师承当下来。可是，他当时并没有告诉弘公，这是一件为难的事。全寺的僧侣都觉得同“阎王”打交道，即使弘一法师也不合适。

广义法师与寺中的负责人，把这件事暂时压了下来。然而，过了两天，觉得压也不是办法，告诉弘一大师让他处理，或者能解决问题也未可知。

总之，这是一件吉凶未卜的事。

钱东亮的副官走后，留下一片阴暗的黑影。

终于，隔了两天，由广义法师当面在那间小寮房里告诉弘公说：

“法师！钱旅长——钱东亮要会见您，可以吗？”

“嗯。”弘公低垂的眼皮，微微闪动。显然没有惊动他。

“他可能要同您讨论佛法！”

“好。”弘公抬起眼角，“请他明天下午三点来寺里，我们在客堂见面——”

“噢。法师？不过，钱旅长……”广义法师困惑地说。

“就这样，通知他们。”

出了弘公的寮房，广义法师便把弘公约定的时间通知钱东亮的随从参谋，请他明天——腊月初九下午三点，在承天寺，弘一法师候教。可是，他心里突然沉重起来。

太阳在残冬显得很温柔，承天寺门外，钱东亮少将服装整严地走进山门。这时

刚好下午三时整，他被寺里的僧人延进会客室，有一杯香茗招待他；会客室四壁，有几幅弘一法师的字，看来眼睛都会明亮——那样宁静、自然，几乎不像一个和尚的手笔。

片刻，弘一大师由承天寺一个角落的寮房内，穿一身灰色僧衣走出来，神情肃穆。

院外，零零落落站着几个法师。

钱的参谋，则在承天寺的大殿走廊上徘徊。

弘公进了会客室，钱东亮眼前突然拂进一个瘦长的人影，衣角飞扬，了无声响，安静地走入主位，钱少将不由自已地扶着桌子，弯弯腰。

“你是弘一法师?”他说。

“不敢当，我是弘一。”弘公低沉地说，那声音刚好落在钱的耳际，“——钱司令?”

“是的，我是钱东亮!”钱抬起头，正视弘公一眼。

顿时，一股温谨森严的力量，逼人不敢仰视的氤氲罩住他，使他的满腔排他的积愤顿时熄灭了。他的眼翕然平视下来。

“久仰法师……”

“不敢。旅长对佛法上的问题，愿闻高见?”

“哎，嗯。不过想见见法师，也没有什么意思。不过——”钱谦逊地说。

“是的！”弘公慈悯地看他一眼，低声说，“杀，是不好的。上苍忌杀。佛法戒杀。旅长还是远杀的好。杀，是不好的。……”

“哦，是，法师。是的，法师。……”钱东亮忽然像一个学生，同他的老师谈话，温文而有礼。

会客室内有一座钟，嘀嗒嘀嗒，漏水般，漏下去。

弘一大师，不再说话了。钱东亮，也没有话。两个人成直角，默坐在那里，弘公默念佛号，钱在谛听钟声嘀嗒，反闻心灵的回音，似乎有一股觉悟，一股忏悔之情，使他不再多说一句话。

坐下去，半个小时，外面的法师们才放下一颗心。弘一大师的话，简扼而单纯的几句话，平平淡淡，大家都听进耳鼓里了。但是，一僧一俗的相处气氛，使观众凝神屏息。

直坐到时针指向四点。

弘公轻轻地站起来:“旅长，公务在身，请方便吧!”声音是异样的温和。

“哦，谢谢法师的指示，谢谢法师。——那么我告退了！”钱恭敬地向弘公一礼，缓缓地走出去了。他来时的刚傲之气，已消失尽净。

钱东亮走后，弘一大师回寮房，承天寺的僧侣们像潮水般激荡起来。

此后，钱东亮师长（而后钱升任师长），若有若无地，做些护持弘一大师的事，在战区里，弘公可以通过任何关卡到他想到的地方。

正如他自己说过，他的生命犹如夕阳，殷红绚彩，“瞬即西沉”，这是他在泉州弘法的行动上，不管对大众、对个人，所留下的最后一抹余光。

【叁壹】

栖隐

这是民国二十七年的冬天。年底，日本人在沿海一带，已集中海空力量支持陆军，准备夺取内陆要点。泉州在当时情况有点儿不稳，日本人飞机已在这座闽南的文化城进行空袭，城区的人们，突然为战争的讯号弄得紧张起来了。弘公在泉州论潜修是不可能的。

他已决定放下一切，准备找一个人迹不到的地方，摒弃一切外缘，度他最后的学佛生活。

也刚巧，晋江上游的永春西乡，蓬壶山间普济寺，是古代的名刹，不过如今已年久失修，寺宇荒凉，当时的寺内檀越，还有一位隐居学佛的林奉若居士，盖两间茅屋，在寺后栖止。他们住在这里，看到唐代古刹，湮没无闻，函请性愿法师来中兴这所宝刹。性愿老法师驻锡后，当地人们皈依的很多，不过性愿法师在厦门失陷前已去菲律宾弘法，所以这时，便指示寺方请弘一律师来这里驻锡，树立佛门风范。

于是一纸飞函的礼聘书到泉州来了，要请弘公马上去永春山中安居。这是因缘巧合，弘公心里也感觉缘不可失，便决定去山中闭门潜居。

在腊月初一这一天，弘公为学人广义法师，赠别号“昙昕”，他对年轻的广义法师，内心深深地欢喜。他希望于每一个年轻人，都能成为未来的龙象，对出家人如此，在家人也是一样。他希望广义法师，佛学能上追“昙无谶”，儒学比美“钱大昕”。

弘公每次在承天寺，都受到广义法师侍奉和他所居的寺院所护持，心里深怀感激，并且他对广义法师的期望是近乎急迫的。当弘公去永春后，有一次给义师信中说道："仁者系出名门，幼受教育，应常自尊自重，冀为佛门龙象，以挽回衰颓之法运，匡扶颠覆之僧幢。蕅益大师寄彻因比丘书云：'吾望公甚高，公勿自卑。'又说：'所有不绝如缕之一脉，仅寄足下，万万珍重爱恋，养德充学以克负荷。'我于仁者，亦云然矣……"

在泉州，过了民国二十八年的农历新年，元宵以后，在城郊清源山一个石洞中静居了二十多天，再回到承天寺，这时已到农历二月中旬。到二十号这一天下午，有一位戴眼镜而素昧平生的青年，要见弘公，刚巧，弘公在承天寺的前院中散步。这位西装笔挺的青年问哪一位是"弘一法师"，便有人指着弘公的身影说："那位法师便是！"

于是，他走到弘公面前，一鞠躬——"请问法师——您是弘一法师吗？"

弘公抬起头，看到眼前站着一个很干净的青年，估计，可能是一位教师，或者公务人员，便说："贵姓啊？"

"我姓黄，我叫黄福海。"

"噢？"

"我想拜见法师，请求指导。我很久便知道法师了！"

"那么？"弘公轻轻地说，"请到我那边坐吧！"

然后，弘公请黄福海到他的小屋子里去，黄福海当下看到弘公屋里那种冷冷清清，洁净近于凄凉的淡灰色，室内没有一滴声响，弘公正襟危坐，双眼微阖，高远清瘦，像古代名画上的佛像，使这位生客几乎形同木偶，只是呆呆地坐着看眼前的法师。

但是，一瞬间之后，弘公流着笑容，低声说："我会写字，你要我写字吗？"

吓！这位黄福海先生，当时确是有心求字而来。因此以后的弘公的字，几乎被他要走了一捆。

这是第一天下午。第二天，黄又来了，为弘公买了四张凳子。

临走，弘公早已把预先写好的一卷字，送到黄福海的手上。这使他感觉愕然而喜悦。之后，他又要求弘公照一张相。

他们便出了承天寺，向街上走。弘公走路时，颇为快速，黄福海跟在身后，正走着，忽然间步子慢下来。这时承天寺住持转尘老和尚的矮矮身影走在他们的前面，弘公很低微地告诉黄说："那位就是承天寺的大和尚，他岁数比我大，出家比我早，是佛门老前辈，这时，我们要走慢一点，不能走到他的前头！"

等转尘老和尚走后，他们进入一家照相馆，依照黄福海的意思拍了一张照，后来，由弘公在照片下端写一段题词。

弘公在闽南最后那几年，遭遇类似的事很多。很多陌生人慕名来访，有的是要他的字，有的是看看这位世外的艺术大师真容。

一九三九年四月十四日（农历二月二十五日），弘公偕同性常法师（在承天寺时为弘公侍侣），乘车就道永春。

这时，大师已经六十岁。

在闽南，他结束了所谓“一切名闻利养、埋头造恶行为”。到永春后，准备入山时，分别写信给上海的夏丏尊、蔡丏因、李圆净、陈海量，桂林的丰子恺，以及近处的闽南诸位师友和更近者——住在永春的李芳远。他决定谢绝一切外缘，到永春闭关。

弘公在四月十五日（农历二月二十六日）晚上到永春，预定临时的驻锡地点在城东桃源殿，这在普济寺妙慧法师去泉州迎接之前，已安排妥当了。到桃源殿，当地的佛教界少不得一番欢迎，但是又不能铺张，深恐弘公不快。欢迎的人群中，弘公的小弟子李芳远自然在内，这时他已十六岁，因为天资颇高，诗文已能成格。

弘公安顿下来之后，第二天，便由李芳远和几位佛教居士陪同游览永春风景区——环翠亭。第三天，在桃源殿说法，题目是“佛教的简易修持法”，由李芳远笔记。这篇讲稿，不多日也就在永春印了几千份，与人结缘。这篇讲词很短，弘公开始是叙述他来永春的始末。

他说：“我到永春的因缘，发起在三年之前，那是性愿老法师要我来这里的，他说普济寺是怎么好。两年前，我在南普陀寺讲律（兼疗病）以后，这里的妙慧师便到厦门请我来，当时因为学律的人随行的太多，普济寺又没有容纳的地方，所以不得已中止了。这是第一次欲来而未果。

“当那年冬天，我由鼓浪屿回到万石岩去住，那里一位善兴师，又带着永春佛教界善友的请帖到厦门去，可是，那时我已应泉州草庵之约，又不能来。这是第二度欲来而未来。

“去年冬天，妙慧师又到草庵接我，本想前来，想不到在泉州，又被那里的师友留住，终于延到今年春天。这是第三次欲来而未能了。

“直到半个月之前，妙慧师又到泉州，是第四次了。诸位如此盛情，便不能再不来了。其实，在泉州各地讲经很忙，结果还是延半个多月，直到前天才来到这里，与各位见面，心里的欢喜是难以形容的……”

弘公在闽南的末期，各地大小寺院、佛教团体、文教机构，无时无刻不想弘一法师去住几天，这似乎是一种风尚。他去了之后，那个寺院自然会顿显热闹了起来，于是求书索字、慕名问道的僧俗，便络绎不绝，除非弘公宣布拒绝见客，他是无法避免会客的。在闽南，他写的字，如以每一颗米计算，恐怕要成斗论车的。

他叙述来永春的因缘，可以想到，还有别的地方再聘他去，或者已下了聘约等着他。

他在这篇简短的讲词中，简单地说明——

深信因果重于一切；

发菩提心重于一切；

专修念佛法门重于一切！

当时，他初到永春，因在泉州讲经太多，离开泉州在路上也受了点劳累，只讲了一个小时便结束了。弘公的目的地是蓬壶乡间普济寺，到那里去闭门念佛，编写律学著作，所以在永春过了两天，便偕同性常法师和普济寺妙慧师、普济上寺茅棚的林奉若居士等，到山中去了。

到了蓬壶普济寺山中，其实弘公并没有住在寺内，而是住在林奉若居士特为他安排的茅棚小屋内，饮食起居，由林居士照应，并且谢却性常法师的侍奉；性常法师与同来的两三位青年学律法师，则住在下寺。这种离群索居生活，正合弘公的心意。

到这里，他依旧与夏丏尊通信，因为《护生画集》又要在上海佛学书局再版，这要他重写题词。

初入深山，山鼠如猫，白昼招摇过市，大嚼书物，昼夜不停，弘公深感众生习性相同，一是为食，一者为色。想到苏东坡“爱鼠常留饭，怜蛾不点灯”的爱护生命的悲心，不由得想试以饭喂鼠，看有何感应。鼠虽有生命，但它们的智慧不如人，只有以佛法去感通。

在弘公写的《饲鼠》一文中，描写当时老鼠的猖獗，不仅咬衣服，咬书，连佛像手足都咬，又在佛像上留粪。弘公便在一天傍晚，用一个小盆，留一只猫食量的饭菜，放在墙角，如果一夜过去，来五六只老鼠，足可饱餐一顿，就不会伤及衣物佛像了。

第二天上午，再留一餐鼠食，如此一天两次。放食时弘公默念往生咒文，为这一群小畜生发愿、回向，希望它们死后不要再做老鼠，快一点接近佛道。

如此这般，他住在茅棚中整整五百天（在永春境内五百七十二天），却喂了四百多天的老鼠，喂了不到十天，人鼠便相处如家人，老鼠终天是那么几只，儿孙始终不见兴旺，但弘公的衣物经书佛像，已安然无恙。

鼠患能消灭在和平相处，于是，弘公在这里一年多，陆续编著了《盗戒问答》《护生画集续集题词》《南山律在家备览略编》《华严疏分科》《药师如来法门一斑》……各种长短篇著作。（以上各书，除《南山律在家备览略编》在弘公圆寂十周年出版，画集题词在《护生画集》续集，其他各篇篇幅不长，有的已辑成单本，到一九九三年，所有遗著，已由福建人民出版社，编入《弘一大师全集》。）

弘公到蓬壶住了两个月，山居清凉，生活已逐渐适应，便决定在阴历六月二十日（观世音菩萨成道日后一天），谢绝各方函件，以一年为期，在茅棚掩关习静（即静居念佛），同时又交代山下性常法师到蓬壶邮局关照，凡弘一法师一般函件，一概原封退回（最重要者，由性常法师代拆代回）。

这时，弘公也关照了永春的李芳远，要来山间，六月二十日以前可以见面，六月二十以后便不能接见。可是，李芳远到六月底，忽然觉得不放心，便入山住了一夜，弘公赠以一幅篆文横额，文曰："问余何适，廓尔亡言；华枝春满，天心月圆。"这幅字，弘公没有解释，李芳远也未参出其中确定的意义。他来山上，除了弘公特别接见，谈了几句话，便是无言地坐了一下午，第二天回永春。

此时，弘公虽然宣布掩关，但因农历九月二十日，是他六十岁的生辰，各地师友打听他消息的人很多，同时都在准备为他暖寿。此时，澳门的《觉音月刊》、上海的《佛学半月刊》，都在十月号上，为他出版了祝寿特辑。弘公对这些事完全不知道。他知道的，是丰子恺在九月二十日以前，为他的老师生辰，又绘了六十幅护生画，在十月间寄到，这是他深心喜悦的。因为这虽是祝寿，实际是弘扬佛法。所以他把画稿，交代承天寺的法侣（丰的画稿寄到承天寺），寄给上海佛学书局李圆净居士，准备出版。此外，丰子恺又发愿绘一千尊佛像，为老师生辰送人结缘。

复次，菲岛的性愿老法师，战前去新加坡弘法的广洽法师、性常法师，再度集资再版弘公手写《金刚经》和"九华垂迹图"，并且在泉州的师友，发起征集诗文来祝寿。这些都在默默中进行，不让弘公过于惊扰。岂知九月二十过后，弘公第二度再函各地友好，坚决掩关，断绝一切信件，于是不知道弘公掩关而遭遇到退信的法师居士，都感觉诧异。

即使与弘公百劫因缘的知交夏丏尊，从民国二十九年农历元旦之后，也已有十八个月没有接获弘公片纸只字。虽然弘公已告诉他，要隐居了。

其实，这时的弘一大师住在永春山中，正当冬寒春冷之间，普济山上比山下更冷，像他这种见寒便感冒，遇暖也伤脾胃的老迈境况，多年肺病便在此时出现，低烧，有时会咳嗽几声，枇杷膏虽能不断，但它却不能抑灭根深蒂固的肺病。只是咳嗽、发烧时，服几瓶，略感舒泰一点。

肺病，是弘公老病，他与它战斗了四十年，好好坏坏，也不能计较了。在一般状况下，他也不告诉别人，只有在猛来的新病袭击时，别人知道了，才会传出去。弘公自已，对任何病之来，只有准备死，不打算苟延岁月。

在上普济寺后，弘公住在侧边的梵华精舍（弘公后将茅棚取名“梵华精舍”），外表虽看不出病情的严重，而侍奉他的林奉若居士也向外界报道说弘一大师（林给上海的郁智朗信中如此说）“道体胜常”，其实他可能还不十分了解弘一大师的为人；佛法虽然能消灭我、法二执，如没有决心却也不能学佛。弘一大师的人格有些人是无法了解的，假如弘一大师在茅棚中死了，他也许会吃了一惊。因为弘公从没有把自已的病表面化。虽然有时在给朋友的信中说说，但行动上，他却不接受任何人以医病为目的来为他看病，到六十岁以后更是如此。

他谢绝外界通信，一晃半年，于是各地报纸先怀疑起来了，上海的一家大报，先报道出家后的李叔同先生在闽南永春山中圆寂的传闻。

于是林奉若居士起而辟谣，澳门的《觉音月刊》(因与厦门泉州还算近，时有僧侣往还)，在民国二十九年（庚辰）三月间，也跟着辟谣，同时根据泉州的消息，证实弘公在永春山中闭关，专心于律学著作，又加以说明——他编著的《南山律苑丛书》，将由上海哈同花园的主人罗迦陵负责影印。

弘公在这一年间，虽然没有死，但是病总有的。咳嗽、发热、衰老的呈现……他给近在咫尺的李芳远字幅中，便说在山中“养疴习静”。如果没有病，而说“养疴”，这一代大师岂不妄言吗？因此他在山中，又碰上了与衰老日益加重的肺病，慢慢地消耗他的血肉之身。他每天两餐饭，也通知性常法师改为早晨一餐了。

他能避免各地的书信打扰（有许多人向他求字，使他不能安静），也总能在念佛、编律的空当中得到一点安静。但是，如果不念佛，不写什么，他依然是不安于心的。他在这里，只是求得排除外缘，让自己在佛道上纯一地努力一番。

他在六十一岁这年的春夏两季，确实在宁静中完成些佛学中冷门的东西。像《受十善戒法》《为旁生说三皈依略仪》，都在大部律学编著之空隙成稿。

许多律学的著作，不仅在图书馆的普通图书目录中冷门，在佛教藏书中，也是冷门。在没有经过弘公整理之前的佛教律学，几乎更令人难以问津的。

弘一大师被外界怀疑圆寂，而实际老病兼至的这年夏天，画家徐悲鸿在新加坡开画展，受到广洽法师的邀请，为弘公画了一张油画像。徐悲鸿很久之前便仰慕弘公，同时，他在弘公于泉州弘法时，请人向弘公要了一幅字。当时他不了解偈语中的深意，自认是“浅根之人，日以惑溺”。

徐悲鸿说：“我之所以慕师者，正为师今日视若敝屣之书之画也。悲鸿不佞，直至今日，尚沉湎于色相之中，不能自拔！……”写这段话时，徐在北平，是民国三十六年的事。

当时有关弘公的消息，最隔膜的，还是江浙一带的朋友——既听不到师的消息，更接不到信。于是有许多人都在猜疑。其中宁波郁智朗居士，因为出家事，要弘公为他剃度，被弘公婉辞。他在这时失去弘公的音讯，更觉不安，当他接获林奉若的信，便再度向弘公请示有关出家问题。

在这时，已是七月初秋，下面一段重要的记述，便是弘公给他多封信中两封信上的摘要。

其一：

智朗居士文席：

惠书诵悉，辟谷似可不须，出家事亦勿执着，惟自忏悔业障，厚植胜因可耳！莲池大师云：“求之既不可得，却之亦不可免。”乞仁者深味此言，素信而行，以待因缘成熟也。拙书一纸，附奉上。不久即他往，乞勿信来。当来通信处，俟后奉闻。

演音

其二：

智朗居士澄览：

前后信片，想已收到。今晨始获转法老和尚（在泉州乡下）覆函，犹谦谢未遑（这位老人为闽南高僧，也曾誓愿一生不做住持，不为人剃度），但将来若再面求，大约可得慈诺也。此事要托性常法师代为介绍，将来仁者来闽时（郁要出家，弘公不接受，故代为介绍转法老和尚剃度。著者注），万一老和尚犹不允，可请性常法师再介绍他位良师。朽人或不久生西，亦由性常法师负责介绍，必不中止，乞仁者安心静候为祷。

性常法师与朽人同住，仁者宜先致函，陈谢一切耳。仁者来闽之期，似宜延缓，水路不通，旱路不便，且是间物价十分高昂，仁者现在若即来此出家，于事实上殊多困难。又前仁者来函所云，托代领“旅外证”(那是抗战时期的旅行证明文件。著者注)，是教人妄语，有所未可；且领证亦非易事，故拟请仁者安心静候，以待时局稍定，再与性常法师商酌妥善进行之办法。请剃度师之事，既由性常法师负责，乞仁者无须预虑，仍暂就职业，以待时节因缘可也。

前来书，所谓“潜行出走”，朽人窃以为不可。若如是者，将来必不免纠葛，宜先向家属诸人陈明。至要至要！

朽人出家以前，亦先向“眷属”宣布。其他友人有潜行出走者，多无好结果。若妻来寺寻觅，拟于当面自杀而迫喝之，将任其自杀欤？抑偕妻归家欤？此事不可不预虑及，慎之慎之！

障人出家有大罪，今录《出家功德经》文如下（此依《南山行事钞》中引文写录）。经云：“若为出家者，作留碍抑置，此人断佛种，诸恶集身，犹如大海，现得癞病，死入黑暗地狱，无有出期……”乞仁者以此经文为家族诸人译释之，或可消灭阻止之意也。(郁要出家，为家人力阻，因此想偷跑了之！著者注。)

朽人不久或移居他处，以后惠函仍寄永春，即可转送，时局多变化，暂时未能返泉州也。仁者在家之布衣及棉被，将来或须携之来闽，此间布价极昂，棉花尤昂，在家布衣可以染色而改制也……谨覆不宣。

音启

前一封信写在七月中旬，后一封信则写在八月初四，为郁智朗居士的“出家大事”，弘公破例与他往返了七封信，最后决定他到闽南请高僧为其削发。

人们看到这两封信，便可推知当年的艺术家李叔同弃俗，是取得家人同意的。其次，可以看到，当时的弘一律师为郁智朗居士出家问题，设想得如何周到、细心！郁智朗是否出家，这都是次要的问题了。

在这封信里，弘公又特别提到他要“不久生西”的话。

在写这一连串书信中，七月二十九，弘公掩关圆满，决定在第二天见客。恰巧永春王梦惺居士已带一批道友到山上慕名相访，刚巧山中小雨，农历七月三十，又是“地藏菩萨圣诞”，所以当晚弘公以“普劝净宗道侣兼持地藏经”为题，说了三十分钟的佛法。这篇讲词由王梦惺居士笔记，写下来还不足两千字。从弘一大师历年的讲演纪录看，在永春所讲的，该是他一生中最简短的讲词。此时，在永春山中，他的色身已初步陷入衰老，精神不济。

冬天永春的山中，远比泉州附近寒冷。但在七月间，南安境内洪濑灵应寺的主人定眉和尚，已至诚邀请弘公去度岁，如今，秋已逐渐加深，弘公的体质也耐不了第二次山中的湿寒，所以决定到洪濑去。

因此，清理了著作，结束了蓬壶的山居，已到十月。性常法师则因为自身的修学，先回泉州，侍侣工作再度由传贯法师来山中接替。

十月初十日下午，从山中到永春桃源殿，这里的居士已集中为弘公送别，第二天拂晓，弘公将要由水路乘船直驶洪濑。

住在永春东门郊野太平村中的李芳远，听他父亲说弘一法师已离开蓬壶，第二天破晓便要离开永春，便在十二日赶早起身，赶到晋江上游罗溪渡头的木桩上，等着弘公的船过来。

这时——

溪水上浓雾迷漫，一片滔滔的碧浪，伸到远遥的山坳，直等了一个小时，芦花隙中，才突然露出一叶孤帆，从水面漂过来。

刹那间，船驶近了，弘公在船上见到站在桥上的少年李芳远，惊喜地站起来急念一声“阿弥陀佛”，声音充满了至情；李芳远感动得浑身颤抖，便一面合十,一面跃身上了接近渡头的船。

李芳远这时已有一年多没有看到弘公了，在这一年来，似乎有许多的“老迈”加在这位老人身上。胡须几乎全白了，人显得更为枯瘦，虽然一双微阖的双眼，流着光华，溢露着霜后寒菊的孤傲，但毕竟是老了。

弘公在微笑中，拨动念珠念佛，那江上的情景，如八指头陀寄禅的名句“洞庭波送一僧来”，那种境界中的水上孤僧，踏波而来；亦如他的书法，完美而清绝。

李芳远说:“法师什么时候再来永春?”

“——待来年机缘成熟时，当即重来。可是不能决定，或者那时已经到西方去了!”弘公悠然地回答。

“你将我送到哪里呢?”弘公微笑地看着面前这位十七岁的少年。当年弘公在日光岩认识他，那时才十三岁啊!

“哦——送别!”李芳远忽然回想到弘公的名曲:“长亭外，古道边，芳草碧连天。晚风拂柳笛声残，夕阳山外山……”那种凄凉、生离的滋味，溢上心头。

“再下面的冷水村，有个木渡桥，就在那里告别!”芳远说。

坐在弘公身旁的传贯法师插口说：“贵村还太平吗？……”(此时，永春附近山间水涯，时有匪乱。)

“还算太平的。”李芳远说。

碧水潺潺向下游奔流，船在水上如离弦的箭。

溪上一片无边的寂寞，船上的话声就此停止。

李芳远再想问什么，到这时已经烟消云散，只面对着两个枯坐念佛的山僧，嚓嚓地拨着念珠，和着船底擦过水浅处小石子的呛呛声。

弘公闭了眼睛，浑然如同入定。

片刻间，冷水村的木桥已在望了，李芳远便起身向弘公说，要师为《天风堂遗稿》题序（该稿可能是芳远亡兄的遗作），弘公答应了，船已到桥头。于是芳远在匆忙间，向弘公道别，跳上河岸，再回头时，船已疾驶到溪流的雾中，阴沉沉的天空，只有凄厉的晨鸦哀啼。

这天晚上，弘公到洪濑下船，暂息此间树德寺。洪濑的灵应寺僧俗两众，也到这里迎接他了，到灵应寺时，已经家家灯火，星宿满天。

本来，弘公到这里，决定第三天起便闭关自修。

但是洪濑到泉州很近，到南安县城也只有五十里水路，他离开永春的消息传到泉州（在地图上，泉州周边地区即晋江，泉州是古代州名）、南安，一时许多佛教道友、教外的知识分子，又纷纷到灵应寺来找他写字了。这时他落笔的名字是“善梦”，那是在蓬壶山中开始用的别号，来掩盖真名。

在灵应寺，对多数的朋友，依旧保持隔绝状态。许多重要函件，都由泉州性常法师处理。

在灵应寺不远的地方，有个水云洞茅棚，这里住着一位年不到二十的青年法师慧田，他是民国二十四年泉州开元寺慈儿院的院童——养正院学僧，那时弘公在开元寺讲《一梦漫言》，他认识了这位佛教的律学大师。慧田法师出家后，因为是抗战初期，各寺庙生活来源不易，所以只身到灵应寺附近山中开荒，以原有旧屋而居，取名水云洞。逢耕收雨季，雇几名工人种田，过的是亦僧亦农的世外生活。

弘公到灵应的第三天，慧田法师正在山坡上耕田，忽然有人传说灵应寺来个会写字的和尚，便扔了锄，向玳瑁山飞奔。他到了灵应，在斋堂还没有扒完一碗饭，弘公听说这位小和尚来看他，便特别到斋堂，招呼他到关房说话。这使得一个平凡的青年比丘，连眼泪都喜悦得冲出来了。

相见之下，弘公便问他：“你住在什么地方呀？”

“在附近一座山边，以种田为活。”慧田法师说，“什么时候请老人家去那里玩玩吧？”

慧田法师犹存的稚气和年轻人的热情，打动了弘一大师。

“你到底住哪里呢?”弘公追问。

“水云洞。”

“是出家人的地方，还是在家人的地方?”

“这是茅棚，法师！是我的茅棚。”

“一个人住吗?”

“有两个工人同住。”

“呵，那倒好!”

这一问一答，便决定了弘公去水云洞的因缘。

果然不久，弘公一个人越山到了慧田法师的“水云洞”了。这儿是简陋的普通平屋数椽，由工人和慧田法师分住，中堂供佛一尊，佛殿屋脊已坍下多处。

慧田法师欣喜于一代高僧的来临，他把自己睡的门板床让给弘一大师，自己卧在地铺上。

在这里，只有用“简、陋、静”三个字形容它的全部生活意义。他们早晨出门耕作，早餐是一碗稀粥拌地瓜，午间一盘萝卜或蔬菜、豆类烧的热菜。这里令人满足的是阳光、空气、水!

弘一大师到这里，便爱上了它的真正山居情调，早晨课后，出门便到田畴边，捡遗落的萝卜、地瓜、枯柴回来，把被弃的萝卜橛儿沾盐当菜，吃得津津有味。他说这里是世界上最美好的地方，这正如他赞美每位有为的法师、居士，都是佛门龙象一样。在世界上，没有腐坏的人，但人心的病，则是积习传下来的。

因为他捡地瓜，吃工人丢弃的半截萝卜，使得慧田法师暗中告诉工人，田里不能再遗落什么了，让弘一大师捡回去当菜吃，是叫人惭愧的!

弘公在这里一住便过了农历年，再回到灵应寺，在整个春天，都有人寄来大批的贺寿词联。

福林【叁贰】

民国三十年农历元旦，弘公六十周甲已过了三个多月，可是，照中国的古法一算，因为落地占一岁，这一年没到生日也算一岁，便是六十二岁。同时，中国人过生日做寿，整数是不做的，不是提前一年，便是晚后一年；因此，弘公实际的年龄是六十一岁，他的朋友、学生、佛门同道，便为他大张旗鼓地祝寿一番。但是又有一层，因为他虽出生在中国北方，但到闽南云游，也有十三年了。在江浙的法侣和朋友，因为战争无法来，便纷纷寄些寿诗、寿词、寿字来；这些弟子和朋友是一番尊师重道的好意，可是以弘公一个苦行、持戒的出家人看来，对他却是一次煎熬。

这些钱拿来布施给没饭吃的中国老百姓，布施给寺庙里出家人不是更好？太阳照在阴暗的角落，总没有照在广大的原野显得温暖、光明。

四十九岁时，弘公在一个偶然的际遇里，路过闽南，结果住下来，便是十三年。

在闽南，比泉州的缘似乎更深。

二月二十八日，他在南安度过了十方施主供养的一次寿诞。本来，他应该接受承天寺转尘老和尚的邀请，到泉州讲经——转尘老人在春天已两度到灵应寺邀约，谁知弘公的痔疾突然暴发，不能去赴约，只好接受檀林乡福林寺的邀约，去那里度夏。

在这年农历四月，有两件事一道儿发生。其中之一，是佛诞节之后，大师亡母八十冥诞不久就要到了，因此提前十多天，他把自己关在寮房中念一天经，为亡母回向。四月十日，在给永春李芳远的信中，写了一张刺血佛号相赠。

另一件事，快离开灵应寺之前，于四月十八日，又到水云洞与慧田法师辞行，再尝一次真正山居的粗菜淡饭。四月十九日，为上海的陈海量居士写一幅偈语，文曰：

即今休去便休去，若欲了时无了时。

末了，题跋曰：“辛巳四月十九日第二次居南浦水云，明朝将复之福林。——晚晴老人，时年六十又二，未御鱼目（眼镜）书。”

离开水云，回到灵应寺，便整理行囊，与传贯法师由陆路到晋江檀林乡间福林寺。他在闽南十多年中，到福林寺这还是第一次。这里比泉州清静，也没有整天空袭的烦扰。

弘公是一个外形如止水、心如磐石般的高僧，但是，上天竟给他一副不甚结实的色身，随缘住世六十年，差不多没一年没病过。他的病，又是一种消耗性的肺结核、支气管炎，有时患关节痛，伤风感冒成了座上客。虽然病魔缠了他一辈子，他还是把他自己铸成中国历史上一个有地位的艺术家、中国佛教界一位律学大师。

他让那些寿字、寿诗、寿词由后学们去辑成专册，自己移单到福林寺，为的是夏天又来了，可以在这里结夏安居。

四月二十，弘公到了乡间福林寺。这所规模不小的禅院，像笼罩在佛陀的光里，顿时因为他的翩然而来，欣欣不已。

这里的住众，有他的法侣妙莲、传贯、怆痕，而泉州所属各县的出家人到这里来结夏的，也足够形成一次盛会。

他安居下来，便是息心念佛，一志于念佛三昧。他深深觉得，住世的日子，已没有多久；当落日西沉时，它的光辉更形灿烂，不过，仅在那一瞬间，便带着鲜红的余韵，没入西山。

在这三个月结夏期中，他全心力向年轻的比丘们讲析律学，这是他精神的立脚点，在何时何地，对戒律的宣扬，都不遗余力。

除了讲律，他同时编定了自己的著作：《随讲别录》《晚晴集》。又向同修道友演述“印光大师的行谊”。

讲到印光大师，弘公便抑制不住他欢欣鼓舞的情绪，他把印公当作他的偶像，作为他行持的榜样；他也希望后来的僧界，也能出现一两个“印光”。

他讲印光大师的故事，神情是庄严的，谦逊的。

“哦！同道们！大师的巍巍盛德，不是我们所及的；但是学他，模仿他，是我们的权利。

“大师一生，有四大特色，我们应该牢记！

“第一，有一次，我到普陀山，那时他六十四岁了。照中国人的脑子衡量，他已是一个老人。可是什么事，都是他自己操劳。直到去年他圆寂之前，在苏州灵岩山已是中国佛学的泰斗，他还是每天抹桌、扫地、洗衣服、添灯油……

“第二，大师的衣食住行最简单、最粗劣。我在民国十三年朝普陀亲近他七天，每天从早到晚，他一言一动，都看在我的眼里。他每天早餐，吃粥一大碗，无菜，已经吃了三十年；食后用舌头舐碗，到干净为止……到中午，吃饭一碗，大锅菜一碗，饭菜吃完，还是用舌舐碗，到干净无粒米残汤为止。——师与客人同桌，见有人碗里留下饭粒，一定大声说：‘你有多大福气，这样糟蹋粮食，当知盘中餐，粒粒皆辛苦！你也学佛啊？……’同时，要有人以冷茶倒入痰盂，师也厉声责备，毫不留情！

“第三，大师一生最重因果业报，遇人便说：‘善有善报，恶有恶报，不是不报，时间未到。’因果与业报是连锁的！世间人，能深明因果，社会上便没有强梁匪盗，人类的生活便有了安全的保障！大师一生，见何等人，都以因果律的真理痛切地告诉他们！

“第四，大师精通佛典，可是自己行持与劝人学佛时，都以专修念佛法门相告。深一层的，便说到念佛三昧。师的崇拜者何止千万人，受高等教育的知识分子，师绝不与他们讲高深哲理，只劝他们专心念佛。因此，那些人也全部奉行，不敢轻视念佛法门！——世间有许多东西，因为表象单纯，为人们所忽视。其实，世间没有一样单纯的东西。

“同道们！大师这四种特色，我们归结到‘勤劳’‘惜福’‘注重因果’‘专心念佛’。另外，大师一生过午不食，一生不做丛林住持，不剃度出家弟子，不蓄钱财，把肉身的‘我’化为‘法身的我’。于是，他的光，便无所不照！我们要以他做榜样呀！能学他一点点也不错了！

“古今高僧，没一个不是一门深入、净严戒律的。世间一些朝秦暮楚、不拘小节的菩萨戒比丘、菩萨戒优婆塞们，想在历史上留一席地，恐怕是做不到的！——当时混混世人的眼睛是可以的，即使如此，也混不了几天，生命浮名，很快便如泡沫般幻灭！

“我说这些话，无非盼望年轻的同修中，多出几位出乎其类、拔乎其萃的佛门代表人物，能多出这些人物，众生才能免于沉沦之苦！说这话时，我的心是苦的，而我们却又是如此不堪入目，好像人人都有一颗勇敢的心，向地狱门进军；今天的僧道日非，叫人目不忍睹了。有些人一举手、一投足之间，望之一无道气——佛法真是陵夷到令人痛哭流涕了！身为一个比丘的我们，都是其中一分子，也都有一份沉重的责任！这时，我们真的应该醒醒了！真的应该不看金刚看佛面了！真的应该息心忏悔了！……”

弘公悲悲惨惨地说到这里，已经话不成声，泪流满面。听他讲的人也幽幽地抽泣起来！

这番披心沥血的话，讲在五月初；闽南的雨季，正在如泣如诉之时；山间整日蒙落着一层白迷迷的水汽。

过了不多天，黄福海从这一地区首邑石狮镇来了，这个年轻人，崇拜弘公的艺术成就过于崇拜他的卓绝梵行。

他从别人嘴里知道弘公从南安来了，便独自跑到福林寺来，这时是上午十点多，雨是疏落地飘。

在福林寺，他认识弘公的侍侣传贯法师。当时贯师在大殿里，看到黄居士来，便领他上楼。弘公正在楼上，凭着栏杆，手里捧着一本经，向着东面一个池塘远眺。

弘公见到黄居士来，便说:“噢！你来了，请会客室坐！”

他便行了礼，走到右边一小间会客室里，一齐坐下。

“我近来身体还好。”弘公淡淡地说，“不咳嗽了。枇杷膏还没断。”

“法师，这里每天还要说法吗?”黄说。

“不错，我也随缘跟结夏的同道们随便讲讲，和编一些律宗方面的小册子。这里气候，在夏天要好得多!”

“噢！……”

随后，弘公又问问他近来生活上的变迁，便默默无语地坐了很久很久。

这份寂寞，逐渐向黄福海心头侵袭而来，好像整个的空间堕入了太空的海洋，缥缈、沉落！

黄福海终于“难耐寂寞”，心里有说不出的惭愧，站起来向弘公告别。

弘公平静地点点头。

黄福海下了楼，如同被赦的阶下囚，离开福林寺。回到石狮以后，几乎是寝食难安。但他找不到一条理由来解释他为何难耐那份“寂寞”。

三天后，弘公托人带一幅字给他。弘公对每一个学佛的年轻人，都寄予无限的期望，而这期望便是盼望佛门多出些可造之才，相对地便减少一些焦种败芽。

黄福海展开一看，原是晚唐诗人韩偓的两首诗，诗云：

炊烟缕缕鹭鸶栖，藕叶枯香插野泥。
有个高僧入图画，把经吟立水塘西。

另一首则是：

江海扁舟客，云山一衲僧。
相逢两无语，若个是难能？

啊！黄福海总是个有些脑筋的人，看弘公写来这两首诗，便恍然大悟，前一首正是那天弘一大师的写影，后一首则是对坐时的白描！

“相逢两无语，若个是难能？”世人之“不甘寂寞”，岂不是妄心难伏？

送这字的人是个年轻和尚，除字，还有一卷纸，打开一看，原来是许多宽窄不等的宣纸条。

“这些纸送来干吗？”黄说。

“这是你以前送去的纸，法师裁了写完后，余下这些零碎纸，顺便要我奉还您。——噢，”小和尚说，“法师的衣衫破了，都是垃圾堆里破布捡回去补缀的呀！”

“他为什么这样刻苦自己啊！”黄福海的心一落。

他想到两年前，在泉州承天寺初会这位律宗的大师，大胆地说：“法师！您虽然出了家，不再谈世间艺术，但在我心里，您一直是一位艺术家——”

弘公听到这里，低沉地说：“不敢当。”

他又说：“我始终从艺术观点来瞻仰法师，然而，师说：佛法非迷信、非宗教、非哲学；但却没有说到‘非艺术’，我想，您的生活，是不是艺术？”

弘公点点头：“万法唯心，可以这样说——佛法，是人类精神的艺术！”

他又回想到，有一次，未经通报，便直进弘公的幽居“晚晴室”，弘公正在写字，见黄福海来了，便要放下笔，黄说：“啊，法师！请写字，请写字，我瞻仰您写字好吗？”弘公便点头，仍旧写字。黄便看他用笔和指法。弘公一面写一面说：“我写字，好像摆图案，其实！写字不背图案的原则……”

“我很喜爱学您的字体，我曾写过您珂罗版印的《金刚经》，临摹很久，还是不像。”

“你写得与我很相近！我看过你的字呢。”弘公说。

弘公的声音，如钢琴上C调，自然、真纯、清晰、准确；他讲话不浪费一个字，不多说一句话；他的话真是可贵如珠。听到他的话，使人想到古代的“筝”，那真是一种精神上的受益。

这一年的夏天过去了，秋天也过去了，他还住在福林寺静静地念佛，一心地念佛，偶尔也写写字，他的工夫全用在念佛上，似乎正在准备自己的身后事。

到十月初，他的法侣传贯，从泉州带来一束红色菊花，这花细细的茎，花线似的绿色细叶，花如伞形，单层，花蕊是剑形，四周向上卷翘，这是一枝西洋种的菊花，色红如血，娇艳可爱。

弘公见了这枝洋菊，随作一偈：

亭亭菊一枝，高标矗晚节。
云何色殷红？殉道应流血！

然后执笔落在纸上，下署“晚晴老人于苐林”。并间酬柳亚子。

平静如一尊圣像似的晚晴老人，他的内心对一个传道士在这个末法时代，应该采取如何态度，这是最好的表达。这时正是抗日战争已到最艰危的关头，僧林又陵夷得将要破产，由于本身的不健全，寺庙所遭遇的苦难也随之而来，他心底的情感是这样悲哀。

他最痛心的，还是佛法不振，戒律扫地！他常常与法侣怆痕叹息这将死的佛教形式主义，因此，送一个“律华”的法号给怆痕。这不过表示他期望佛门后辈，能负起释迦牟尼的沉重责任，“以戒为师”，把佛法传给后人。

他写了一幅偈语留给怆痕法师：“名誉及利养，愚人所爱乐，能损害善法，如剑斩人头！”他的心意与愿力，无时无刻不表达在他的日常生活里。

十一月，弘公受到泉州佛教界的虔诚礼请，不得已再去泉州，先住百原寺，后住承天寺。这年冬天，闽南各佛教寺院，受到战时的经济威胁，日渐无以为生。上海刘传声居士，想到这位梵行卓绝的高僧，在闽南十四年，唯恐他断了口粮，便由海道请人带了一千元法币到泉州，交给承天寺的广义法师转给弘一大师。广义法师把刘居士这一片虔诚与供养告诉弘公。

弘公看完信，说道：“我从民国七年出家，从来不受别人供养，即使是好友子弟的资财，也全部用在流布佛书上。我不管钱，也不收钱，他送钱来何用呢？还是拿回去吧……”

“法师！现在上海交通断绝了，怎么办?”义师说。

弘公想了想，说：“这么说，开元寺本靠南洋转道法师维持，现在太平洋战争起了，他们僧多粥少，经济来源断绝，你把这笔钱供养他们，由他们去信谢谢刘居士吧!”

义师听了心里一怔，然后想想，弘公拒绝了这笔供养，送到开元寺也罢。

半晌，弘公又说：“——我的朋友夏丏尊，十年前送我一副白金水晶眼镜，太漂亮了，我不配戴它，请你一并送给开元寺，大概也值得五百块钱了！……”

这有什么话说呢，弘公说着便到房里，把一副白金装边的水晶眼镜拿出来，连特制的皮盒子交到广义法师手里。这副白金眼镜，经过十年埋没，这一次总算有了出头之日。

弘公在年根岁底到泉州，不免受到这里人群的热烈欢迎。

这件事，传到永春李芳远耳里，这个十三岁时就显发前因的年轻后生，一方面敬爱弘公如生佛，一方面也居然敢说几句不大入耳的话，让弘一大师听听。

他又在信上写道：

法师！听说您最近由乡下回到泉州，泉州的官绅，想又有一番盛会欢迎您，以您的法体与德行，均不宜受到这些名闻利养的骚扰。师以梵行坚决而感动人天，务请珍重，息心摒去外缘，一心念佛，以了生死。弟子大言不惭，盼师顾念弟子曲谏的真情，弟子虽堕地狱而无憾！……

这位年轻人的信，弘公接到手上，仔仔细细地看完，规规正正地叠好，放在抽屉里。虽然，他这次到泉州也受到各方的礼遇，比起初到闽南那几年，还是免了很多。

因为这次在泉州住了二十天，才有一时的轰动。

他本与李芳远书信往来很多，他了解这个孩子爱他到何种程度，虽微少的名闻利养也感觉生不如死。他便在当晚执笔回信：

来书欣悉，朽人这次在泉州两旬，日堕于名闻利养的陷阱之中，又惭又愧。决定明天午前归卧萧林，闭门静修……音启。古十二月二十一日。

果然，第二天中午，便与传贯法师又悄然回到檀林乡间的福林寺。以后，李芳

⊙一九四一年，弘一大师在福建泉州所留之影。

远又来一信，请弘公闭关，便无人打扰。弘公过了旧年，到新年壬午，又写了一封信复李芳远：

芳远居士：

此次朽人到泉州，虽不免名闻利养，但比起三四年前，已减轻很多。这次来泉州，未演讲未赴斋会，仅仅在三处吃了便饭，但是每天见客与写字，却成为一件忙事。写字结缘虽是弘扬佛法，但在朽人，道德学问一无所成，实在惭愧不安。自今以后，决心退而潜修，谢绝事务，以后断绝一切信函，来信也不披阅，请原谅……

以后，倘有他人问朽人近状，请答以“闭门思过，念佛待死”八字。

壬午元宵　音启

又：此次至泉州，朽人自身未受一文钱的供养，凡有供养者，都转赠寺中作生活费用，或买纸就近结缘。往返泉州旅费，则由传贯法师布施。附白。

这些信，不因李芳远是一个乳臭未干的小儿，便马虎了事；弘公的心地对任何人全是一片青天白日的情怀，丝毫不带半丝假意。

年底，又因为澳门佛教界对“佛说女身难度”问题，提供了一张表解，答复竺摩法师。他说：“佛学是活的智慧，佛陀的法是因时代、对象而有所不同。学佛者应有所了解！”

不过，弘公在新年是六十三岁了，这一生被病魔已折磨得够了，因此，胸部胃部时时发疼，经常有超体温热的感觉。他有几次因病以为必定西逝了，但是没有死。现在，似乎肯定世缘已尽，在新年中又写了几封信给北方的朋友。二月初，则留下最后一封信，给李芳远：

芳远居士：

惠书敬悉一一。自当遵命闭关，力思前非。仁者慧根深厚，深望自此用功，勇猛精进。朽人近来病态日甚，不久便生极乐世界，犹如西山落日，殷红彩绚，瞬即西沉。未圆满的身后事，深盼仁者继续完成，我虽凋谢，亦无憾矣！

弘一和尚

在福林禅苑，弘公有心闭关，然而机缘却逆道而行，除了为陈海量居士的父亲写一篇传，为他的十五岁念佛西逝的四弟立钧作一传，便没有做什么。在新年二月（一九四二年三月），惠安县长石有纪（已由安溪调惠安）亲请弘公到境内“灵瑞山”讲经。

这次弘公与他的学生约法三章，“不迎，不送，不请斋”。到惠安讲经一个月，从此，与檀林的世缘已了，他的光辉在福林禅寺留下最后余韵，注定他的归期将到。惠安法事完了，回到泉州，因色身渐现衰容，福林寺闭关已成梦影，便住到泉州的“温陵养老院”。

那是他离开人世之前，他的光热最后照耀的地方。

【叁叁】晚钟

这是一九四二年（民国三十一年）三月，弘一大师由惠安回到泉州，住在百原寺，刚巧逢上春假，曾经以艺术目标而崇拜大师的顾一尘—— 一个教育工作者，由他的学校到泉州来，无意中，见到广义法师，广义法师告诉他："弘一法师已来到泉州了，他很怀念你，请你到百原寺看看他。"

这时，醉心艺术的顾一尘，便欣然地去了。但他突然来一种预感——弘一法师不久要离开人世了，他自己颇能自知。当他见到弘公时，弘公面容清瘦，声音低沉，带有点震栗，但却欣喜地欢迎他来。然而，在那一种忧郁的空间，却罩上了一层看不见的哀愁。

当若干年前，弘一大师曾写了一幅字给他，是一首古人的白话诗——诗曰：

过去事已过去了，未来不必预思量。
只今便道即今句，梅子熟时栀子香。

他隐约地背出他收藏的那幅字，那字里行间，透露着哲人的平淡与豪放。

顾一尘始终没有在佛理上皈依他。他们只是方外之交，不像高文显他们。

本来，弘公在泉州住了几天，又回到福林乡间，但未能掩关。因为抗日战争，已到最艰苦的关头，谁胜谁败，系之千钧一发。日本人，正在气焰高涨。厦门与泉州之间，随时有接火的可能。在泉州的佛界，以为弘一大师在乡间，消息不易传递，所以仍旧希望他在泉州来静养。

结果，在叶青眼居士以及温陵养老院诸居士请求下，决定三月二十五日再动身到泉州。依照过去的约定（按民国三十年大师在泉州开元寺时，叶请师驻锡温陵养老院），住在温陵养老院。并由觉圆法师、龚天发童子（龚是传贯法师俗家外甥）陪同前来。同时，挂单在福林寺的妙莲法师已代替传贯法师，侍随弘公（传贯法师因故未能来，此时，性常法师二度闭关）。妙莲法师是弘一大师最后一任侍侣—— 一位德行具足的法师，深为弘公所钦赞。

他们到泉州后，弘公住入“晚晴室”，妙莲法师一行住在“华珍一二三室”。

到泉州后，各地仍有聘请弘公说法讲经的函件，均被谢绝。五月以后，写下《持非时食戒者应注意日中之时》一文，界定了“过午不食”的时间定义。又在五月中旬，为福州怡山长庆寺，手书《修建放生园池记》，这是他最后遗作。

七月初，永春王梦惺居士二度聘请弘公到永春弘法，并寄来旅费。弘公婉谢，也将旅费寄回去了，一心在温陵养老院安居。

到中秋节这天，在开元寺尊胜院讲《八大人觉经》，由广义法师译闽南语。此时，他还保持着几十年来一贯轻微、沉重的腔调，可是更苍凉了。在那秋夜般萧寂的脸上，可以嗅出丝丝凄凉的伤感。

这似乎是他在最后阶段，感叹经文的每个字，到今天真正地成了“经文”，而无人去理会它的本义。另一方面，在解义时，每说到人世的“苦空无常”，也不免令人感觉人生如朝露。

可是，听讲的人无论如何也测不透弘公的突然忧伤，究竟为的什么。

《八大人觉经》在两天内讲完。

同时他在私下里一直是叨念着，收拾着。

讲经停了一个星期，他又为两个同道写两副大殿上的柱联。写字，已成了弘公的徽号。写给善男信女的“南无阿弥陀佛”与“经联”，至少也有几万幅！

真有人怀疑着弘一大师要远游了，因为夏丏尊无时无刻不盼望弘公回到浙江的晚晴山房，去终此一生。但在这天（农历八月二十三日）傍晚，妙莲法师说他发了烧，遍身不得劲儿。喏，这也是弘公的老病，没有人用心留意。第二天饮食照常，只是少吃些。

平时，他经常服用北京同仁堂的枇杷膏。他那种病，发时总要烧的；这正与他病时，要吞那种黑油油、甜兮兮的枇杷膏一样。

使人乐观的：病后两天，八月二十五日，他又替晋江中学的学生们写了一百多张《华严经》偈，这幅字，就是后人所熟知的“不为自己求安乐，但愿众生得离苦”。

二十六日那天，突然饭量跌落到小半碗，这叫侍奉他的人们吃了一惊。但是，他还写字。他对写字，是献身的。他这一生，几乎就为那些看来软绵绵、柔如无骨的字而活着。

二十七日，他宣布绝食，这与“甘地”的宣布绝食没有什么不同。有人怀疑他病重，拿药、请医生，他也不争辩什么。他还喝开水。

这一来，使人们真正地觉得弘一法师是病着，他是一个冷静、严肃的人。病，使他的伤感、忧郁，有了印证。

第二天清早，弘公叫他的侍侣妙莲法师，要告诉他几句话。

“妙莲法师!”声音很低，很沉重，“你来!”

妙莲法师，捧着一颗破碎的心，走到他的枕边。

“我相信您会好。”莲师幽幽地说。

“我会好？”枯瘦的脸上，浮着一片落日的余晖，“你期望我的病好？病好了，便怎么?”莲师被弘公这一问，便答不出所以然来。

“好与歹，是差不多的！”弘公转动一下身子，吉祥而卧，“你把笔墨准备着，有些话，记下来。”

莲师脸上还是带着凄楚的笑，内心实在是忍受着一种煎熬。他把笔墨准备好。

“我说，你写。写下我的留言。”

“您，您不会的！您……”莲师沉重地提起笔，心在震动。

“不会——不会?”老人断续地，“你听清了。”

“是的，法师。”

“——当我还没有命终以前，以及生命终了、死后，我的事——全由妙莲法师一人负责，其他任何人毋用干预。”弘公断续地说，叫妙莲法师用他的印，郑重地盖在遗言末端。

“我死之后，照我的话做，我这个臭皮囊，处理的权利，全由你哩。莲师！请你照着世间最简单、最平凡、最不动人的场面安排。我没有享受那份‘死后哀荣’的心。一切祭吊，都让他们免了!”

大师说完，似睡非睡地闭上了眼睛。

妙莲法师蹑着脚走出晚晴室，大约他已看出弘公不久于世间了，心头的悲哀，随着情感的浪潮起伏着。他亲近大师，足足有五年，弘公这一生，落的只是平淡、谦诚、恬静而已。这正如他的书法，他的思想，他主修的知识一样。

到八月二十九日下午五时，弘公又特别叮咛妙莲师几件事。

这几件事，无非是准备圆寂后“助念”的交代。

但有两点，要妙莲法师特别注意的——

一、如在助念时，看到眼里流泪，这并不是留恋世间，挂念亲人；而是说，那是一种悲欣交集的情境所感。

二、当他的呼吸停顿，热度散尽时，送去火葬，身上只穿一条破旧的短裤。遗骸装龛时，要带四只小碗，准备垫在龛脚上，装水，别让蚂蚁昆虫爬上来。

过了两天，弘公依然没有舍报，整天默念“阿弥陀佛”。

九月一日上午，他又应黄福海之请求，在纪念册上题字两行。文曰：

吾人日夜行住坐卧，皆须至诚恭敬。

双十节大病中书勉福海贤首。

直到下午四点左右，端正地在桌上写了“悲欣交集”四个字，交给妙莲法师。

他依然默念佛名。

“这个世界，我总要来。”他偶尔会说一两句这样的话，“释迦牟尼佛与我们这个世界有不尽的因缘，我们与未来的世界亦然。”

他说的话，多数时间只是妙莲法师一个人听着。

他把要交代的话交代了，要料理的事料理完了，便放下一切外缘，不吃饭，不吃药；心里只是不绝如缕的佛号。

延到农历九月初四（阳历十月十三日）这天，晚间七点多钟，弘公的呼吸开始有些急促，莲师一看，弘公的神色正是临终时的征兆，面容忽而泛红，忽而泛白；似乎有一颗伟大的灵魂，开始脱去它的躯壳。他轻轻地走到弘公身边，对着他耳边，低声说：“弟子妙莲来助念！”

于是，莲师抑扬而缓慢的佛号在弘公的灵魂里起落了，接着是几个出家人和在家的居士，参加念诵；声调是和缓的、舒徐的，像一首幽美的进行曲：“南……无……阿……弥……陀……佛……”

弘公没有痛苦，没有悲哀，平静地向右侧身卧在床上，好像假寐，静听一曲美好的音乐。

助念的周期，遵守着自己安排的程序，先念《普贤行愿品》，而后是正文。再后一点是“佛号”，末了便是《回向文》。

当助念的人齐声念到“普利一切诸含识”时，弘公清瘦的眼角上，汩汩地沁出泪光。

待八点敲过，莲师走到床边，细看弘公，已经“睡”去了。侧耳细听，再也听不出鼻息；便强忍着悲苦，虔诚念佛，直到深夜。夜静更深时，他让助念的人休息去了，自己这才轻轻关上晚晴室的窗户，然后锁起大师的房门。

这座养老院，如一座古城，荒凉、寂寞、安静。没有人哭，也没有人笑。但是弘公的寂灭，使世间千万颗心震落了！

第二天，天刚亮，养老院突然如一锅沸水，哭声、念佛声、呼号声，惊动了整个泉州城。

妙莲法师照弘公的吩咐，把他的身后事办好；唯有一点，不能满足的，凡是参加弘公“荼毗”的人们，都作诗作文、作联作偈，痛切地动员一切来悼祭他的圆寂。

这不仅在他身后如此闹他一番，并且在他圆寂之后若干年，还把他的著作、信函，上穷碧落下黄泉地搜出来，把他的字画裱糊起来，把他的歌词曲谱收集起来，传之未来。竟把他当作苏格拉底、莎士比亚、荷马般地抬出来，使他身后又“备极哀荣”了。

弘一大师与李叔同——在我们新旧两代的中国，都留着音响，他在僧俗两界，都播散着光热！

他，竟走得这样沉默。

他生平只用“知识、苦行、品格”与乎多姿多彩的生命，向世界传播真理。

学他这些，已足够了！正如他的生命，是多方面的，犹如太阳的光，你猛一看，它灼人、刺眼，只是一种火焰般的白色。如果你用“分光仪”去看，它的颜色，是红、黄、蓝、青、绿、橙、紫……使你眼花缭乱，无法透视。

身后的事，几天便办完了。

助念、关窗、封龛、荼毗……

弘公的骨灰，分为两坛：一坛送到泉州承天寺的普同塔；另一坛送到开元寺的普同塔。

弘公一走，闽南这半边天，仿佛上了一层雾，太阳也没了光热。

妙莲法师的心，比别人更灰暗。他与弘公的关系与别人究竟有些不同，虽然，弘公的至交好友，法门侣弟，也不只他一个，但毕竟弘公的后事，是他一手承当。在这方面，他具备了法子和孝子两重身份。

等一切都过去了，吊祭弘公的远近人们也都星散了，几个伤心人，已越过那一阵剧烈的痛苦，妙莲法师忽地想起弘公临终前几天，给他那几个字。

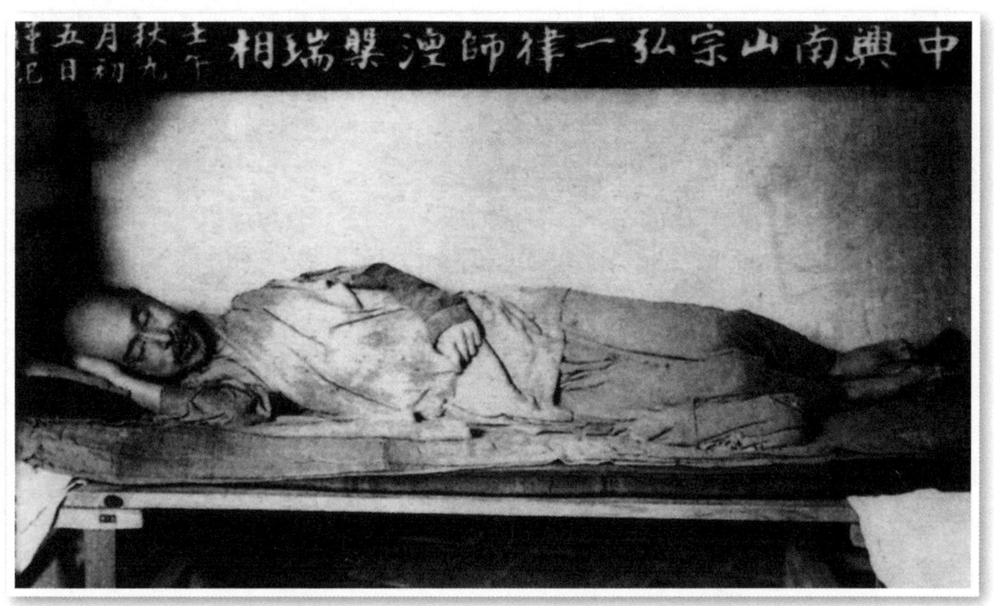

⊙一九四二年十月十三日（农历九月四日）晚八时，弘一大师右胁而卧，安详圆寂于泉州温陵养老院晚晴室。

那是农历九月初一的下午四点钟，弘公亲笔写的“悲欣交集”那四个字。

还有，在最后弘公遗留给他的手写《药师经》。

他从抽屉里翻出来，面对着它，默默地睇视很久。

他永远不会忘记，从弘一大师那里承受的那份深刻的人生态度。因之，使他成为一个尊重人生价值的比丘僧。

弘一大师入灭，照当时情况说，是轰轰烈烈地震动了沦陷区里一些人。然而他离开人世，却是默默无闻的。他的死，在佛家所示现的修持功夫，并没有突出的表现。唯一值得人评论的，他只是“走”得比平常人洒脱、悠闲。照我们凡夫的说法，他对死非常看得开，放得下，无牵无罣，无痛无苦，他为自己安排了一个“日子”。

这事隔不久，由于他的方外朋友多，他的出家法侣也相从如云，这使中间传播着不少关于身后的轶闻。

弘公圆寂前一年，曾给年轻的比丘“律华”一封信，告诉律华法师，那封信要他慎重保存，留待他死后再看，这是别人无权知道的。

他圆寂后，律华法师也闻讯赶来悲悼。

为了要揭破这封信的神秘，他便在僻静处，慎重拆开弘公的信。

信是用粉纸信瓤、墨笔正楷写的：

律华法师：

朽人与仁者多生有缘，所以能与仁者长久相处，并且，在道行上，彼此都有所利益。朽人对仁者的善根夙慧，极其感佩。然朽人抚心自问，实万分不及其一。因此，朽人与仁者长久共住，能获得极大的利益也。

复次，妙莲法师，行持谨严，悲愿深切，为当代僧中罕见，且如朽人，心中敬彼如敬师长。惟朽人在世，恐世人疑诟，而不敢明言。

今朽人已西归了，心中仍感悬念者，以仁者年龄太轻，如不亲近老诚有德的善知识，恐将退堕，故敢竭我愚诚，请仁者自今而后，与妙莲法师同住，并尽形寿，发心承侍，奉如师长，自称弟子，即使遭受恶辣责斥，亦甘之如饴，不可舍弃……

这是一个六十三岁的老和尚，给一个年刚弱冠比丘的遗言。

信里的妙莲法师，是弘公的侍侣。

弘公与任何人的关系，都是在这种状况下建立的。

律华法师逐字读信，一字一泪。他不知道该如何地感激老人的师情；当他与他同住时，事实上，他认为弘一大师的冷漠、严厉、缺乏表情，都令人难以忍受。另外再加上一个妙莲法师恶声恶语，整天无情棒喝，几乎使他失去当和尚的勇气。

如果，世间也有所谓哲人，面对哲人，你一定会感觉平淡无奇。释迦牟尼、孔子、柏拉图，都是这一类缺乏表情的典型人物。

这些所谓圣贤，他们的思想、言论、行为，往往为当代所不容；甚至不为俗人所欢迎。但等到千百年后，他们的话，却成了后世的经典，他们的光辉，照彻人类灰暗的灵魂。

当弘公活着的时候，何尝不是如此？律华法师与他共同生活时，不过崇拜他若干年前的风流文采。等到长期地接近他，这才发现他没有“文采”，更不“风流”；简直如同“槁木死灰”，整天除了“写经”“念佛”“静坐”，偶尔说两句话，全是前人的“迂腐”。

他为此而深感后悔。

他对弘公是“高山仰止”的。

并且，弘公讲话，毫无煽动性，又没有眉飞色舞的情态表达，而最大的缺点，则是他的话里竟无半句“警语”。他的舌头，又时常打结，以致他所讲的话，不是语不通畅，便是文字陈旧；全是千古以来流传的“子之迂言”。

“呵，仁者，我们要劳动，劳动；天将降大任于斯人也，必先劳其筋骨，饿其体肤，苦其心志……能劳动的，能吃苦的人，才能担起大任！呵，我们的印光大师，活到八十岁了，还整天劳苦地洗衣、擦桌、扫地哩，我们的印光大师！”

提到印光大师，弘公全是“我们”的。

“呵，印光大师吃完饭，还用舌头把饭碗舐干净，深怕糟蹋了米粮，然后，再加开水冲过，吞下腹中，每天那两餐，全是一菜一饭——印光大师是过午不食的。

“印光大师同客人在桌上，客人要不爱惜米面，也同样要受到他的苛责；他会大声地吼：‘你呀，有多大的福气，如此糟蹋粮食，你知道不？须知盘中餐，粒粒皆辛苦！’——印光大师是什么人呀？

“我们要惜福呀！仁者，何必把福享尽了呢？留一点让你的朋友，你的子孙，你自己的来生享吧……”

诸如此类的家常话，最多也不过告诉人，要“深信因果”啊，“专心念佛”啊，“严持净戒”啊，“别作法师”啊！这些话还要他说吗？这些话古人说得太多了。

律华法师把这封信捧着，每一个活生生的字，都如那些老诚的话一样，蒸发着手心，照射着心灵。“哲人便是如此的，是不?”

平淡、冷静、庄严、谦诚，他一个律华，二十来岁的和尚，怎么能承受他弘一大师如此的恭敬、关怀?

原来，哲人便是一个最平凡、最伟大的人类同情者。他的话，平淡无奇，与一切人毫无两样，不过他们永远遵从自己的箴言；但平凡的人，则浪费自己的箴言!

律华法师把信恭而敬之地送给妙莲法师看了。

莲师捧着信，呆呆地出了一会儿神，忽然，双手把脸一蒙，号啕地失声哭泣起来。

“啊……恩……师……”

崇仰弘一大师的人，当然不只是妙莲、律华这几个出家人；在俗界，还有承传他艺术衣钵的弟子和他少年时代的知交。这些人散在天涯海角，对他的圆寂消息，有的已在报上看到好几回了。在以前，他并没有圆寂。新闻是假的。

在这一年四月十六日，上海陈海量居士给他的朋友朱良春的信中，描写弘一大师的方外生活时，写道：

弘一大师不轻易为人挥毫，昔年有一位政要赠师数百金，求题几个字，师不受金钱，也不写字。但是，每见有德行操守的人，虽其人至穷至困，师则尝以墨宝相赠；若以势干，虽求半字也不可得。居士既酷爱师墨宝，容当为居士图。师年来谢绝各方通信，惟与二三有缘者，间通音讯。弟业障深重，过愆殊多，蒙师谆谆诱诲，慈悲摄护，愧弟无颜，有负师训。师具有神通，弟所深知，但师自秘，不愿人知。师尝言，弟前生为天台山老僧，今落风尘，良足悲伤……

三年前，弘公深居在永春山里闭关，上海的一家晚报，突地刊出一段花边消息，说“遁迹空门二十年的音乐家、书法家、戏剧界先进——李息霜，于三十年十月二十九的夜里，在关房圆寂。那时侍者性常在侧，并遵嘱办理后事，从此一代艺术天才，终于殒落空门……”

这类消息，若干年前，在上海新闻纸上，大同小异地逐年几次。这几乎使弘一大师的在家朋友和出家法侣，着了慌。有的从遥远的重庆飞电吊唁，并追问圆寂情形，有的便亲自赶来奔丧。这其中之一，便是开明书局编译所的夏丏尊与上海美专教授刘质平。夏是他三十多年的知己，刘是弘公传承音乐的弟子。刘质平看到报上的噩耗，简直晕眩了!

结果呢，他来信说：宣布与外界隔绝通信，闭关著作，不知怎么落到新闻记者的耳里，变成关里圆寂。

这一次，是第多少次，也记不清了。上海的日报，又同样地发布了弘一大师的新闻，这次唯一的不同，是“弘公圆寂在泉州”，侍者是妙莲法师。如此这般在虚无缥缈中，描写一番，末尾附上一张照片。如此衬托起来，登在文化戏剧版。

这条新闻一出，关心他的人们，当然又吃惊一番。

但这一类新闻，你只能当它做新闻，而不能认它做事实。那个年头，一来是战火交错在中日战线的每个角落；再者，哪个人如在世间有了点浮名，时常被发布“讣闻”，也不算稀奇。那时记者们爱登谁就登谁，他们登人家死讯，只是为社会造一两条花边新闻。

这是农历九月二十二日（阳历十月三十一日）上午八点多钟，夏丏尊先生，刚到开明编译所办公室才坐下，那位管庶务的余先生笑嘻嘻地交给他一封信，说：“弘一法师又有挂号信来了！”这里的同事，都爱看弘一大师的信，所以弘公的信到，丏尊是公开看的。丏尊展开信，每个字都是活的，美的，真实的。

信很简单，寥寥的几个字：

丏尊居士：朽人已于九月初四迁化（迁化便是圆寂），现在附上偈言一首，附录于后。

丏尊在迷惘间，呆了一呆，这种句子绝不像出于死人之笔。

然后再看偈语：

君子之交，其淡如水；
执象而求，咫尺千里。
问余何适，廓尔亡言；
华枝春满，天心月圆。

同这封信一样，同一天也有一封信及四言偈，寄到美专刘质平手里。

这封信，平平淡淡，像一首平平淡淡的四言诗，不仅没有任何圆寂的痕迹，他所表达的仅仅是“我要走了，留诗为赠”的小别意思，连互道珍重的话也没有说，这为何是死呢？

可是，信上虽然近于谈禅，夏丏尊却相信，弘一大师的确是圆寂了。因为，他一生从无戏言。

不过他的死，能预先告诉他，就不能不令人暗暗地出奇。

弘一大师有病，是老病，不是三朝两日磨得倒的。假如说，因“念佛功深”而“预知时至”，遍向师友辞行，这倒足可相信。

不管如何，丏尊还是打了电报到泉州开元寺问问，结果呢，弘一大师于民国三十一年（一九四二）九月初四晚上，在泉州温陵养老院圆寂。

丏尊证实了弘公已确实圆寂，因为突然死去一个至情、至性、至爱的方外朋友，觉得人生顿有所失，不禁万感交迸，泪如泉涌。他曾经因为弘公而素食，做一个学佛的居士；他在悲伤中感觉，弘公走得不仅自然，并且是有计划的。丏尊强抑着泪把信看完。

“……问余何适，廓尔亡言；华枝春满，天心月圆。”这正是弘一大师亲证之境。

一如禅宗学者形容佛性一样，这种境界是“光灼灼，圆陀陀，活泼泼地……”

“华枝春满，天心月圆。”这正不是生命圆满的境界吗？

至于“君子之交，其淡如水；执象而求，咫尺千里”则是写他们半生知己的友情境地。

不管天涯海角，只要弘一法师在这个世界上，丏尊断断忘不了他。

不久，另一位方外之交叶圣陶（即叶绍钧），为了悼念弘公的圆寂，特意把弘公给夏丏尊的四言偈，拿来解释一番，歌颂他一生丰富的生活。

他说：

“和尚临终的偈子，第二首后两句‘华枝春满，天心月圆’，依我的看法，这是描绘他的生活，说明他生活的体验；他入世一场，经过种种，到临命终时，正当‘春满’‘月圆’。……”

如果弘一大师在他的佛光里，看到这位朋友这样解释他的“偈语”，恐怕他会“微笑”一下，逗他的朋友一下机锋哩，原来这个朋友对于佛法，只能表同情，而不能相信；对于他自己，是一个永远“教宗堪慕信难起”的人。不能信佛，如何入于生命的真谛？

弘公的偈语，很爽直，很平淡，整个是一贯的。

佛意，斩不得的。

他交给妙莲法师的“悲欣交集”四个字，有些错解弘公临终偈语的朋友，也解释一番。叶圣陶先生说：他以为那个“欣”字，该作“一辈子好好地活了”“到如今又好好地死了，因此，欢喜满足，了无遗憾”。

⊙弘一大师于临终前三日，留下最后墨宝“悲欣交集”四字。现刻石于泉州清源山风景区大师舍利塔旁。

这般解释，便是和尚的“悲欣交集”。

这几句话又怎么是弘一大师的意思呢？

弘公把“悲欣交集”交给他的法侣妙莲法师，是告诉妙莲，他是决定“往生”了。“悲欣交集”是弘公当时临终的情境，是一种念佛见佛、一悲一喜的心情境界，不见佛的人，便不知道念佛也会起悲心。

弘一大师这封信，经过一些时间，大家辗转流传，都知道了。

这一来，好像发现神迹一般，世人说弘一大师毕竟是一个“哲人”，否则他怎么知道人生最可怕的“死”期？

最令人惊异的，还是那八句偈言，使他圆寂之后成为“圣哲”的表志。

由于“华枝春满，天心月圆”的不可解，便成了一代高僧智慧的铭言。

当弘一大师圆寂后七天，依照大师遗言，遗体以旧短袴遮覆，在泉州承天寺化身窑荼毗。执行遗嘱的妙莲法师与温陵养老院的叶青眼居士，都有相同的记述，写下火化时的情景。

是（农历）九月十一日下午七时，参加举火大众，开始讽诵《普贤行愿品》，随之念《赞佛偈》，到八时举火，火化约一小时，众人恭敬围绕，此时悠然异彩如虹，从窑门冲射而出，火焰猛烈而逼人，大众被震惊，厉声念佛，待异彩迸射完了，大师色身便快捷地化尽。

以后，在一百天内，由妙莲法师在骨灰中陆续捡出一千八百粒舍利子：银色的、白色的、透明色的、象牙色的、淡红的、深绿的……蔚为人类生命的奇景！

以这些晶晶莹莹的舍利，所形成的弘一大师的德性光辉，将永照人寰！

（注：凡文中未注明阳历年月日，均以农历记月记日。）

一九九六年八月一日总修订

附录：弘一大师行谊大事年表

一八八〇（清光绪六年·庚辰）：九月二十日辰时，生于天津。取名文涛。行列第三。

一八八四（清光绪十年·甲申）：五岁。八月五日，生父李世珍（筱楼）病逝。

一八九七（清光绪二十三年·丁酉）：十八岁。十二月与天津茶商俞氏之女缔婚。

一八九八（清光绪二十四年·戊戌）：十九岁。五月，奉母偕妻，南下上海，住法租界，加入上海“城南文社”，开始文学活动。

一八九九（清光绪二十五年·己亥）：二十岁。三月，全家移居“城南草堂”，同时遍攻诗、词、金石、书、画、戏剧。在上海艺坛，初露头角。

一九〇〇（清光绪二十六年·庚子）：二十一岁。三月加入“上海书画家公会”为会员。

一九〇一（清光绪二十七年·辛丑）：二十二岁。四月，入南洋公学就读，改名李广平。

一九〇五（清光绪三十一年·乙巳）：二十六岁。年初，与许幻园、黄炎培等创办“沪学会”。农历二月五日，生母病逝，哀痛万状，改名李哀，字息霜。八月东渡日本。

一九〇六（清光绪三十二年·丙午）：二十七岁。七月，参加东京“随鸥吟社”，此后与东京诗人联吟赋诗多次。九月二十九日入上野美专，在上野攻西画之外，复在音乐专校攻钢琴，又学西洋戏剧于剧作家藤泽浅二郎之门。是年冬，与留学生曾孝谷组织“春柳剧社”。

一九一一（清宣统三年·辛亥）：三十二岁。三月，学成归国。回国后，在“天津工业专门学校”任西洋画教席。日籍夫人径去上海，赁屋居于上海法租界。同年冬，国内盐业因清廷行政措施变革，导致家资数十万银元被倒，濒临破产。

一九一二（民国元年·壬子）：三十三岁。冬假正月，由天津至上海，任教于“上海城东女学”，同年三月，参加柳亚子主持之“南社”。不久，受聘陈英士创办之《太平洋报》，任艺术编辑，与苏曼殊、柳亚子、陈无我同事，并组织“文美会”，编《文美杂志》。七月，《太平洋报》倒闭，受聘浙江两级师范，与夏丏尊、姜丹书、单不厂等同事，主教音乐、西画。此后，与夏丏尊成为莫逆之交，丰子恺、刘质平、吴梦非、李鸿梁、黄寄慈等为入室弟子。

一九一三（民国二年·癸丑）：三十四岁。五月，编《白阳》中英文专刊。

一九一五（民国四年·乙卯）：三十六岁。五月，在杭州西泠印社出席“南社雅集”，与柳亚子等二十余人相晤。六月，撰《乐石社社友小传》。同年，作校园歌曲《送别》《早秋》等。

一九一六（民国五年·丙辰）：三十七岁。兼任南京高等师范教席。冬十一月三十日至十二月十九日，在杭州大慈山虎跑寺，试验断食二十天，写《断食日记》，取号“李欣”。

一九一八（民国七年·戊午）：三十九岁。正月初八，在杭州虎跑寺皈依了悟上人。七月十三日，披剃于虎跑寺，依了悟上人为剃度师，法名演音，号弘一。

一九一九（民国八年·己未）：四十岁。春季驻锡玉泉寺，四月到虎跑寺结夏，秋天挂单灵隐，冬残，回玉泉寺与程中和居士共燃臂香，依天亲“发菩提心论”，发“十大正愿”。

一九二〇（民国九年·庚申）：四十一岁。云水浙东，六月，至贝山闭关不成，至衢州，写经，整理藏经。本年写《金刚三昧经》《无常经》《大乘戒经》等多种经文。

一九二一（民国十年·辛酉）：四十二岁。正月，由贝山回杭州。三月，由杭州到永嘉，在城下寮（庆福寺）闭关。六月，在关中完成《四分律比丘戒相表记》初稿。

一九二二（民国十一年·壬戌）：四十三岁。正月，在城下寮礼寂山方丈为依止师。

一九二三（民国十二年·癸亥）：四十四岁。初春，由温州经杭州、上海，云游至衢州，住莲花寺，刺血写经。四月在上海太平寺谒印光大师。腊月，恳请普陀山印光大师列为门墙。印祖劝告专修念佛三昧。岁底回永嘉。

一九二四（民国十三年·甲子）：四十五岁。五月，至普陀山参拜印光大师，侍奉七日。八月，《四分律比丘戒相表记》定稿，青年僧因弘法师侍编。上海穆藕初居士独资影印一千部。

一九二六（民国十五年·丙寅）：四十七岁。写《华严经十回向品初回向章》，为近代写经杰作。

一九二七（民国十六年·丁卯）：四十八岁。三月中，闭关于杭州城内吴山常寂光寺。同年底，丰子恺、裘梦痕二生，将师名曲《朝阳》《忆儿时》《送别》《悲秋》等二十多首，选入《中文名歌五十曲》一书，为国内各级学校音乐教材。

一九二八（民国十七年·戊辰）：四十九岁。与丰子恺同编《护生画集》，由丰绘图，师写偈语。

一九二九（民国十八年·己巳）：五十岁。四月，发现清初刻本《华严经》及《华严疏论纂要》。

一九三〇（民国十九年·庚午）：五十一岁。全力研究《华严》，并写成《华严集联三百》。

一九三一（民国二十年·辛未）：五十二岁。正月，在庆福寺关中罹恶性疟疾。

一九三二（民国二十一年·壬申）：五十三岁。十一月，自上海去厦门，挂单万寿岩，与性常法师结法侣之缘，自此定居。

一九三三（民国二十二年·癸酉）：五十四岁。五月，去泉州，驻锡开元寺尊胜院。著作律学。

一九三四（民国二十三年·甲戌）：五十五岁。二月，自泉州至厦门，在南普陀寺，嘱瑞今法师创办“佛教养正院”，作育僧材。

一九三五（民国二十四年·乙亥）：五十六岁。三月，去泉州开元寺，讲《一梦漫言》。

一九三六（民国二十五年·丙子）：五十七岁。正月，从草庵扶病到厦门疗养，病中在南普陀养正院讲学。五月，病愈移居鼓浪屿日光岩闭关。十二月，回南普陀寺后山安居。

一九三七（民国二十六年·丁丑）：五十八岁。二月，在南普陀寺佛教养正院，讲“南闽十年之梦影”。九月回厦门，厦门面临战火威胁，师发愿与危城共存亡。

一九三八（民国二十七年·戊寅）：五十九岁。正月至四月，在泉州、惠安、鼓浪屿弘法。

一九三九（民国二十八年·己卯）：六十岁。二月二十八日，自泉州乘车去永春山中蓬壶乡普济顶寺潜居五百七十二天，在此编著律学多种，与外界断缘，外界传说弘一大师圆寂于此。初夏，画家徐悲鸿在新加坡为师绘巨幅油画像，存广洽法师处。

一九四〇（民国二十九年·庚辰）：六十一岁。九月二十日，度六十周甲世寿。十月九日，去南安洪濑灵应寺闭关，性常、广洽法师等影印《金刚经》，丰子恺绘《护生画集续集》为师寿。

一九四一（民国三十年·辛巳）：六十二岁。四月，去晋江檀林乡福林寺结夏，寄书各地师友，暗示行将告别。十一月，至泉州，做最后一次弘法活动，腊月底，回福林寺。

一九四二（民国三十一年·壬午）：六十三岁。二月，至灵瑞山讲经。三月，回泉州，挂锡百原寺，不久移居“温陵养老院”，停止一切活动。八月十五、十六两天，在温陵养老院，讲《八大人觉经》（这是弘一大师最后一次讲经），同时在养老院向院中老人讲“净土法要”。九月初四（阳历十月十三日）下午八时，右胁而卧，安详圆寂于养老院“晚晴室”。

（注：本文所用月、日，完全采用农历记述。）